KB219609

자유인의 교회

이 도서의 국립중앙도서관 출판시도서목록(CIP)은 e-CIP홈페이지(http://www.nl.go.kr/ecip)와 국가자료공동
목록시스템(http://www.nl.go.kr/kolisnet)에서 이용하실 수 있습니다. (CIP제어번호 : CIP2013005172)

자유인의 교회

향린교회를 말하다

| 조헌정, 김진호 외 지음 |

차례

책머리에

이 책의 독자들이 먼저 읽어주기를 바라는 몇 마디

이 책을 세상에 내놓는 것은 퍽이나 조심스럽고 쑥스러운 일입니다. 『자유인의 교회』는 향린교회가 2013년 현재 어떻게 작동하고 있는지를 가감 없이 담고 있습니다. 동시에 오늘의 향린교회를 형성하는 바탕이 된 60년 역사의 주요 대목도 스스로 기억하는 범위 안에서 거의 모두 드러내 보여주고 있습니다. 이렇게 자신의 과거와 현재를 객관화하는 일은 부담스러울 수밖에 없습니다. 그 일이 제대로 됐는지 조심스럽고, 그 일의 결과물이 남들 앞에 내놓을 만한 가치가 있는 것인지 쑥스럽다는 얘기입니다.

그런 마음의 짐을 안고 『자유인의 교회』를 세상에 선보이면서 이 책을 기획하고 진행한 '향린교회60년사편집위원회'의 입장에서 독자들께 먼저 몇 말씀 드리고자 합니다.

첫째는, 기본적으로 이 책을 향린교회 구성원들의 '신앙고백'인 동시에 '자기성찰'로 읽어주길 바란다는 것입니다. 신앙고백은 스스로를 절대화하기 십상이고, 자기성찰은 그것 자체가 쉬운 일이 아니면서 절대적인 기준을 용납하지 않는 것입니다. 공존이 어려운 두 가지 일입니다. 만약 이 책에서 서로 모순되는 대목들이 발견된다면 필자들이 그런 어려운 지경에서 분투한 결과라고 이해해주길 바랍니다.

그런 어려움에도 불구하고 우리는 이 책을 꿰뚫는 두 가지 축 모두를 포기하고 싶지 않았습니다. 오늘 이 땅에 그리스도인으로 살기 위해서는 그 두 가지가 다 필요하기 때문입니다. 그것은 민주주의가 자유와 평등을 동시에 필수적인 가치로 끌어안고 있는 것이나, 한반도에 사는 상식적인 사람들이 민주주의와 민족통일을 충분히 양립 가능한 과제로 보는 것과도 비슷한 일일 것입니다.

이 책의 제목도 그렇습니다. '자유인의 교회'라니 너무 과하지 않느냐고 생각할 수 있습니다. 그러나 그것은 향린교회 교인들에게는 너무도 익숙한 개념입니다. 예배 말미의 파송사에서 "자유인으로 사십시오"라는 말을 자주 듣기 때문입니다. 그것은 향린의 사람들을 평안하게도 하지만 대단히 부담스럽게도 합니다. 그 평안과 부담, 편안함과 불편함의 사이에 자유인의 비밀이 있고, 자유인의 교회의 역할이 있다고 저희는 생각합니다.

둘째는, 이 책을 지난 60년간 삶과 신앙을 일치시키고자 노력해온 한반도 남쪽 땅의 그리스도인들의 한 가지 기록으로 읽어주길 바란다는 것입니다.

향린교회의 60년 역사를 지탱해온 몇 가지 키워드가 있다면 그것은 '기독교 신앙인의 정체성'을 분명히 하되 '우리의 삶 전체'가 그 정체성을 실현하는 것이 되어야 한다는 것입니다. 그것은 창립자들의 정신이기도 했습니다. 필요하다면 '성전을 허물고서'라도 세상 속에서 '하느님 나라의 실현'을 위해 노력해야 한다는 것이었습니다. 물론 그런 극단적인 상황이 실제 일어나지는 않았지만, 눈에 보이는 교회 자체를 키우지 않겠다는 정신만은 지금도 여전히 유지되고 있습니다.

8

그런 점에서 향린교회의 어제와 오늘이, 비슷한 길을 가고자 하는 이 땅의 교회들에 '하나의 모델'이 될 수 있기를 희망합니다. '모델'이라는 말이 지나치다면 그저 비슷한 길을 먼저 걸은 '동지'라고 해도 좋고, 이도 저도 잘못되었다고 생각한다면 '반면교사'라고 해도 좋습니다. 그 어느 쪽이 됐건, 이 책이 향린 60년의 도전과 성취, 실패와 자성, 그리고 새로운 도전의 기록인 것만은 분명합니다. 그래서 가능하다면 가장 낮은 곳에서 가장 약한 자들을 섬기고, 힘이 닿는 한 구조악과 드잡이하고자 하는 이 땅의 그리스도인들에게 하나의 거울이 될 수 있기를 바라는 것입니다.

셋째는, 진보적 기독교 신앙을 공유한 가운데 어깨 걸고 한국 사회의 험난한 길을 함께 가고자 하는 사람과 교회가 있다면 그런 분과 그런 교회 앞에 드리는 '함께 가자'는 제안으로 이 책을 읽어주길 바랍니다. 이미 기독교와 그리스도인이라는 이름이 조롱거리가 된 세상에서 아직도 그 이름에 가치가 있다고 생각하고, '청년예수'의 깃발 아래 아직도 할 일이 남아 있다고 믿는다면 함께 가도 좋지 않겠습니까?

이를 위해 향린교회는 60주년 기념사업의 하나로 사회선교센터를 준비하고 있습니다. 물론 향린교회의 울타리 '밖'에 세우는 것입니다. 뜻을 같이하는 사람들과 함께하고자 합니다. 그것은 향린교회가 지금까지 제 몸집 키우기를 거부하고 기회 있을 때마다 분가해온 흐름의 연장선상에 있는 일이기도 합니다. 이 책과 이 사회선교센터가 이 땅에서 어떻게 살아가야 할지 고민하는 그리스도인들에게 작은 연대의 씨앗이 될 수 있기를 희망합니다.

『자유인의 교회』를 발간하는 일에 향린교회 내부의 필자들 외에도 정말 여러 분이 힘을 보태주었습니다. 우선 역대 담임목사 또는 설교자의 설교 내용을 분석하는 일은 내부에서 하기 힘든 일이었는데, 김진호, 최형묵 목사님과 이영미 교수님이 바쁜 시간 중에도 흔쾌히 맡아주셨습니다. 설교 텍스트가 현재 향린교회 안에 남아 있는 범위 안에서 작업을 했기 때문에 김호식 초대 담임목사의 설교를 다룰 수 없어 유감스럽지만, 이 정도라도 해낼 수 있었던 것은 전적으로 이들 필자들의 동참 덕분이었습니다. 또 이정훈 목사님은 향린의 우리가락 예배를 정말 꼼꼼히 살펴서 애정 어린 조언을 해주셨습니다. 향린뿐만 아니라 앞으로 자신의 예배에 우리가락을 도입하려고 시도하는 교회가 있다면 그 조언이 큰 도움이 될 것입니다.

향린교회 목회자들과 평신도들의 참여가 이 책의 가장 중요한 동력이었음은 두말할 필요도 없습니다. 앞서 언급한 것처럼 신앙고백과 자기성찰을 겸하는 글쓰기가 평소 익숙한 것이 아니었음에도 불구하고 바쁜 시간을 쪼개어 쉽지 않은 일에 함께해준 모든 분들께 이 자리를 빌려 감사드립니다. 또 평소 향린의 이모저모를 사진으로 남겨준 강인권, 권남근, 김균열, 김명진, 박김형준, 박상범, 임한결, 한송이 님 등의 노작 덕분에 이 책이 한결 편안하고 입체적인 모양새를 갖출 수 있었습니다. 이 또한 감사한 일입니다.

이렇게 원고가 마련되었다고 책이 저절로 만들어지는 것은 아닙니다. 어려운 출판계의 상황 속에서도 향린교회 교인이라는 '죄'로 이 책의 출판을 수락해준 도서출판 한울의 김종수 사장님, 촉박한 시간 속에서 치밀한 장인정신으로 책의 모양새를 갖춰준 한울 직원 여러분께 깊이 감사드립니다.

이 책에서는 한국 교회에서 혼선을 빚고 있는 하느님-하나님 호칭을 '하느님'으로 통일했습니다. 향린교회는 현재 공동번역성서를 사용하고 있기 때문에 그 호칭을 자연스럽게 받아들이고 있고, 원고에서 다른 호칭을 사용한 일부 외부 필자들께는 양해를 구해 통일한 것입니다.

『자유인의 교회』가 한국 사회에서 교회의 존재양상에 대해 고민하는 분들께, 한국 교회의 갱신에 관심을 가진 분들께, 그리고 기독교에 대해 마지막 희망의 끈을 놓을까 말까 지금 막 고심하고 있는 분들께 작은 불씨 하나라도 던지는 작업이 되었기를 바랍니다. 이 책이 그렇게 누군가의 기억에 남게 된다면 그것은 거룩한 영의 도우심에 힘입은 일일 겁니다.

향린교회의 또 다른 60년을 바라보며
2013년 5월

이 책의 필자와 엮은이들을 대신하여
김창희 향린교회60년사편집위원장 드림

제1부

신앙고백과 역사

'청년예수' 깃발 들고 세상 속으로

향린교회의 목회와 선교

한문덕 향린교회 부목사

들어가는 말

"그들은 모든 사람에게서 호감을 샀다." 사도행전 2장 47절(새번역성경)의 일부분이다. 성서가 증언하고 있는 대로 초대교회와 당시의 그리스도인들은 세상으로부터 좋은 평가를 받았다. 그런데 지금 한국 교회는 세상으로부터 칭찬보다는 비난을 듣고 있다. 한 대학의 교수는 한국 기독교의 문제를 이렇게 지적했다.

사실 한국의 기독교는 많은 문제들을 안고 있다. 시커먼 밤하늘에 둥둥 떠다니는 시뻘건 십자가의 반문화적 행태, 좋은 말씀을 전하러 왔다며 남의 집 문을 멋대로 두드리는 외판원적 행태, 거리와 전철에서 멀쩡한 사람들을 죄인이나 바보 취급하는 비정상적 행태, 수천억 원의 돈을 들여서 거대한 교회를 짓는 경쟁에 골몰하는 개발꾼적 행태, 수많은 신도들의 공유재인 교회를 멋대로 자식에게 세습하는 반민주적 행태, 막대한 봉급과 이익을 챙기면서 세금은 사실상 한 푼도 내지 않는 비사회적 행태, 다른 종교를 배척하는 것을 넘어서 아예 파괴하려 드는 비종교적 행태, 이권과

권력을 위해 정치꾼보다 더 강력히 정치적 활동에 몰두하는 세속적 행태
등은 그 중요한 예들일 것이다.

_ 홍성태, "스스로 '신'이 되려는 '장로' 대통령", ≪프레시안≫, 2010.2.10.

한국 교회의 모습에서 도덕적 타락, 반문화적이고 비사회적인 행태, 세
속적이고 제 잇속만 차리는 장사치의 행동과 배타적이고 독선적인 모습,
권력을 향한 세속적 욕망을 본 세상 사람들은 세상을 구원한다는 교회에
등을 돌리게 되었고, 한국 교회는 오히려 세상의 걱정거리가 되었다. 그러
는 한편으로, 원치 않았던 식민지 생활과 동족 간의 전쟁을 겪고, 반세기
넘게 분단체제 속에서 왜곡되고 기형적으로 흐를 수밖에 없었던 격랑의
역사를 살아온 한국인들에게는 참으로 쉴 수 있는 공간이 필요하며, 국가
의 경제적 성장을 무색하게 만드는 신자유주의의 세계화 물결 속에서 여
전히 많은 이들이 생존의 위협과 불안에 떨고 있고 물질 만능의 천박한 자
본주의 사회 속에서 가치관의 혼란을 겪고 있기에, 여전히 사람들은 그리
스도교에 삶의 의미를 진지하게 물으며 예수께서 베푸시는 구원의 빛이
자신들에게 비치기를 바라고 있는 것도 사실이다.

교회에 대한 세상의 무시와 조롱, 반대 속에서도 묵묵히 교회의 본질과
사명을 다하려고 노력하는 교회들은 여전히 존재한다. 향린교회는 1953
년 한국전쟁의 참화라는 민족의 시련 속에서 세워졌다. 뜻을 모은 30대 초
반의 젊은 신앙동지들은 한국 교회의 대안이 되는 교회를 만들어 보리라
는 원대한 이상을 품고 교회를 세웠다. 그들의 창립 이념은 공동체 생활,
입체적 선교, 평신도 교회, 독립교회였다. 초대 예루살렘 교회의 생활공동
체의 모습을 본받아 공동체성을 지향하고, 삶 전체를 헌신하는 선교를 하
며, 목회자 없이도 평신도가 주체적 신앙을 가지고 교회의 모든 활동과 선
교에 책임을 다하며, 교단과 교파의 싸움에 휘말리지 않는 교회가 이들의

목표이자 지향점이었다. 교회 창립 이후 60년이 흐른 지금 외형적 모습으로는 교단에 가입하고 목회자가 있는 일반 교회가 되었지만 향린교회의 목회와 선교에는 여전히 초창기의 창립 정신이 녹아 있다. 또한 40주년을 맞아 스스로 개혁하고자 선포한 교회갱신선언에 따라 시대가 요청하는 교회의 사회적 책임을 다하려고 노력하고 있다.

이러한 노력의 결과로 향린교회만의 몇 가지 특색 있는 목회와 선교가 이뤄지고 있고, 외국에서 한국 교회를 찾아오는 손님들이나, 진보적 신학과 신앙을 가지고 세상과 소통하는 목회, 세상을 변혁하는 목회에 관심 있는 목회자와 교인들로부터 향린의 목회와 선교에 대해 소개해 달라는 요청 또한 종종 받아왔다. 따라서 60주년을 계기로 향린교회가 자신의 목회를 스스로 성찰하는 동시에 이웃 교회와 세상이 하나의 타산지석으로 삼을 수 있도록 향린교회의 목회를 소개하게 되었다. 여기에서는 교회의 본질과 사명을 되짚고 한국 교회의 위기 상황을 직시하며 향린교회의 목회와 선교의 특징들을 개괄적으로 소개하려 한다. 물론 이 모든 논의는 한국 교회의 일원으로서의 향린교회의 자성을 전제로 한 것이다.

교회의 본질과 사명, 그리고 한국 교회의 위기

예수 그리스도는 그의 공생애 동안 교회를 세운 적도 없고, 계획적으로 어떤 선택된 자들의 공동체를 소집하여 제도나 조직을 결성하지도 않았다. 열두 제자를 부른 것은 교회를 세우기 위해서가 아니라 이스라엘 열두 지파, 즉 하느님 백성 전체를 새롭게 한다는 상징이었을 뿐이다. 즉, 예수는 우리가 생각하는 교회를 세우려 하기보다 그가 선포한 하느님 나라의 실현을 위해 일했을 뿐이다. 그러나 예수의 죽음과 부활 이후 제자들을 비롯하여 많은 이들이 나사렛 예수를 기억하며 모였고 이렇게 교회는 시작되었다. 교회는 조직이나 제도, 건물이 아니다. 예수의 생애와 죽음과 부활을 기억하는 사람들의 모임이다.

처음 모인 사람들은 예수에게서 결정적으로 하느님을 뵈었다는 고백에 근거하여 '하느님의 백성', '예수 그리스도의 몸'으로 자신들의 정체성을 삼았다. 따라서 처음 교회는 하느님의 백성으로서 세상의 가치나 지배자들의 말을 듣기보다 하느님의 말씀에 복종했다(행 4:19, 5:29). 또한 교회는 그리스도의 몸으로 예수의 하느님 나라 운동에 헌신했다(마 4:17, 10:1). 따라서 교회는 맘몬과 권력의 노예로 사는 불의한 세상에 대항하여 정의와 평화, 자유와 평등을 실현하는 하나의 대안 공동체였고, 언제 어디서나 이 땅에 하느님의 나라와 뜻을 이루려고 노력해왔다.

현 한국 교회의 위기 상황은 이러한 교회의 본질을 상실했기 때문에 초래된 결과다. 우선, 현재의 한국 교회는 '하느님의 백성'으로서 하느님의 말씀에 복종해야 함에두 돈과 권력의 노예가 되었다. 한국 교회는 종교생활을 현세에서의 출세와 성공, 물질적 축복과 직접적으로 연결시킴으로써 신앙의 눈으로 본 세계와 삶의 궁극적인 목적과 의미, 보편적 가치의 추구를 상실했다. 오늘 필요한 양식을 채우는 것을 넘어 세속적인 욕망을 채우는 이기적인 탐욕을 신학적으로 그리고 신앙적으로 정당화했고, 물질의 축복을 신앙의 크기와 연결 지음으로써 비윤리적인 방법을 써서라도 결과만 좋으면 하느님의 축복인 양 가르쳐 왔다.

이리하여 한국 교회는 맘몬을 섬기는 우상숭배의 길로 들어서게 되었다. 하느님이 교인들의 삶과 가치의 중심에 계신 것이 아니라 개인의 물질적이고 가시적인 축복을 위한 도구로 전락하게 된 것이다. 역사적으로 볼 때 한국 교회의 기복주의는 한국의 전통적인 무교의 영향과 미국 교회로부터 수입된 소위 '적극적이고 긍정적인 사고방식', 교회 성장주의와 번영

예수의 가르침과 활동을 요약하면 그것은 세상을 위해 자신을 내어준 삶을 살았다는 것이다. 따라서 예수를 따르는 교회의 존재 목적은 세상을 위해 자신을 내어줌에 있다. 교회는 예수가 전하고 실천했던 하느님 나라를 실현하기 위해 존재하는 것이다.

의 신학의 영향이 한 짝을 이루어 형성되었으며, 이런 기복주의적인 경향은 한국전쟁 이후 자본주의의 본격적인 도입과 군사독재하에서 경제개발과 새마을운동을 통해 그 시대적 정당성을 얻게 되었다. 이런 과정에서 교인들은 교회의 예언자적이며 도덕적인 사명을 방기한 채 기독교의 신앙행위를 물질적 부와 현세적 성공을 이루는 주술적 행위로 받아들이고 실행하게 된 것이다.[1]

교회의 본질에 대한 둘째 대답은 교회가 '예수 그리스도의 몸'이라는 것이다. 위에서 밝힌 대로 예수가 교회를 세운 것은 아니지만 교회는 '예수가 그리스도시다'라는 고백 위에, 즉 예수 때문에 생겼다. 어떤 공동체가한 인격에 모든 것을 걸었다면 그 공동체가 그 인격과 얼마나 닮았느냐가

---

1 이학준, 『한국 교회, 패러다임을 바꿔야 산다』(새물결플러스, 2011), 71~74쪽.

그 공동체의 완성도의 기준이 된다. 따라서 예수 그리스도의 몸인 교회는 예수가 행했던 가르침과 선교를 오늘의 시대에 재현해야 하는 사명을 갖는다. 그렇다면 예수는 누구였으며 그는 무엇을 했는가?[2]

예수는 하느님의 나라 또는 하느님의 통치를 선포했다. 예수는 강하고 자애로우신 하느님께서 가까이 오고 계시며, 그분은 우리를 구원하실 것이고, 이 땅에 정의와 평화를 세우실 것이라고 믿었다. 그분이 오시면 모든 가치들이 뒤집힐 것이다. 인간으로 대우받지 못하고 무시당했던 사람들이 맨 윗자리를 차지할 것이지만, 회개하지 않고 복음을 믿지 않는 자들에게 예수의 선포는 큰 걸림돌이고 하느님의 심판이 될 것이다. 예수는 하느님의 통치를 그만의 방식으로 실천했다. 먼저 그는 제자들을 불렀다. 남성들뿐 아니라 여성들도 그의 부름에 응답했다. 그들은 자신들의 가족과 집, 그리고 직업과 마을을 떠나 예수를 중심으로 형제와 자매가 되어 새로운 가족공동체를 형성했다. 예수는 그 당시 사회의 주변부에 있는 사람들 편에 섰다. 그는 죄인들과 교류했으며 그들에게 용서를 베풀었다. 예수는 병자들을 직접 만지면서 그들의 병을 고쳤다. 또한 병을 죄의 형벌로 보는 신념체계를 부정했다. 하느님의 능력으로 병자들의 몸과 영혼을 치유했다. 문둥병이나 다른 병으로 인해 마을로부터 추방된 자들을 치유함으로써 그들이 다시금 다른 사람들과 생명력 있는 관계를 맺도록 했다. 예수는 또한 인간을 사로잡은 귀신을 내쫓고 악의 세력과 싸웠다.

예수는 제자들뿐 아니라 자신에게 관심 있어 하는 사람들과 두루 관계를 맺었는데, 함께 식탁에 둘러앉아 빵과 음료를 나누었다. 예수는 자신이 마련한 식탁에 죄인들과 세금 걷는 자, 매춘부, 모든 면에서 하느님의 통

---

2 Elizabeth A. Johnson, *Consider Jesus* (New York: Crossroad, 1990), pp. 49~61.

치에 적합하지 않다고 여겨지던 보잘것없는 사람들을 포함시켰다. 그들은 예수의 설교를 듣고 난 후 함께 빵을 뜯거나, 또는 많은 사람들이 고침받고 용서받은 후에 서로 그들의 회복을 기뻐하며 빵을 나눴다. 사람들은 예수와의 새로운 공동체 속에서 결코 함께 앉게 되리라고 생각지 못했던 사람들과 한 식탁에 앉아 있는 자신들을 발견했다. 그래서 기쁨이 넘쳤다. 하느님 앞에서 자신의 존엄성과 평화를 되찾게 되었다는 깊은 감정에서 우러나오는 기쁨이었다. 새로운 공동체 안에서 서로 사랑함으로 참된 자신을 찾게 되었다. 그것은 하느님의 통치를 미리 맛보는 것이었다.

하느님 통치의 핵심은 바로 사랑이다. 예수는 하느님 사랑과 이웃 사랑에서 율법의 완성을 보았다. "네 마음을 다하고 목숨을 다하고 뜻을 다하여 주 너의 하느님을 사랑하라. 그리고 네 이웃을 네 자신과 같이 사랑하라"(마 22:37~39). 이는 쉽게 하는 사랑이 아니라 자신을 내어주는 사랑이다. 사랑 때문에 때로는 율법학자들과 대치하면서 예수는 스스로 자유롭게 하는 삶을 창조했고 하느님 나라를 이루었다.

예수는 길어야 3년, 혹은 겨우 몇 달간의 공적활동을 하다가 한창 피어나야 할 30대 초반의 나이에 제자와 추종자들에게 배반당하고, 적대자들에게는 조롱과 모욕을 당하고, 하느님과 인간들에게 버림받은 채 가장 치욕스럽고 잔인한 처형방식으로 죽임을 당했다. 하느님과 인간 사이에 어떤 매개물도 필요 없다는 생각으로 인해 성전을 중심으로 기득권을 누리던 종교권력자들의 눈에 밉보였고, 식민지를 통해 배를 불리던 로마의 권력에 위험한 인물로 비쳐졌기 때문이다. 역사적으로 볼 때 예수의 죽음은 우연적 사고가 아니었고 그의 사역의 대가였다. 그의 설교와 활동은 종교적 지도자들, 유대 전통과 충돌했고, 그를 따르는 수많은 군중은 로마지배하에 있는 유대 사회를 위험하게 만들 정치적 불안을 내포하고 있었다. 마커스 보그에 의하면 예수의 재판 장면을 살펴볼 때 예수는 사회적 예언자로서 당시의 지배체제에 대해 하느님의 이름으로 도전했기 때문에 처형당했다. 예수는 이 세상의 왕국에 반대했으며 하느님의 나라에 입각한 대안적인 사회적 비전을 내세웠기 때문에 처형되었다. 당시의 지배체제는 예수를 하느님 나라의 예언자로서 살해했다.[3]

그러나 이것으로 끝이 아니었다. 하느님의 사랑의 힘에 의해 예수는 부활했다. 부활한 존재는 우리의 상상을 초월한다. 왜냐하면 시간과 공간을 초월한 다른 차원의 존재이기 때문이다. 만약 예수가 부활하지 않았다면 우리의 신앙은 헛된 것이 되었을 것이며, 모든 사람들 중에 우리는 어리석은 자들이 되었을 것이며 가장 불쌍한 자들이 되었을 것이다(고전 15:17~19). 모든 것이 바로 부활에 달려 있었다! 여기에서 꼭 기억해야 할 것은 부활이 평범한 사람이 아니라 십자가형을 받은 사람에게 일어났다는 점이다. 그리고 예수는 우연히 십자가에 매달린 것이 아니다. 그가 고집스럽게 행해온 사역 때문이었다. 그러므로 그의 사역, 즉 가르침과 활동은 부활뿐만 아니라 죽음도 설명해준다.

오늘 교회는 이런 예수의 삶과 가르침을 재현해야 한다. 예수의 가르침과 활동을 요약하면 그것은 세상을 위해 자신을 내어준 삶을 살았다는 것이다. 따라서 예수를 따르는 교회의 존재 목적은 세상을 위해 자신을 내어줌에 있다. 교회는 예수가 전하고 실천했던 하느님 나라를 실현하기 위해 존재하는 것이다.

---

3 마커스 보그 & N. 톰 라이트, 『예수의 의미』, 김준우 옮김(한국기독교연구소, 2001), 153~154쪽.

성전을 허무는 향린교회의 목회와 선교

그런데 왜 한국 교회는 예수의 삶과 가르침을 재현하지 못하게 된 것인가?

1) 구원관

첫째, 그것은 한국 교회가 구원에 대해 편협하게 이해하고 있기 때문이다. 하느님께서 온 세상을 선하게 창조하셨듯이 하느님의 구원의 지평은 온 세계의 모든 생명체의 회복이며 그것은 과거, 현재, 미래를 포괄하는 넓은 개념이다. 그러나 한국 교회가 지닌 기존의 전통적 구원관은 구원자인 예수와 구원받은 개인에게 집중되어 있다. 이것이 문제의 지점이다.

전통적인 그리스도론에서는 구원과 관련하여 "예수 홀로 모든 일을 다 한다". 성육신은 오직 한 순간에, 그리고 세상의 한 지점, 오직 인간 예수에게서 일어난다. 이제 하느님은 언제 어디에나 계신 것이 아니라 오로지 예수에게만 계신다. 이것은 기적이고, 나아가서 예수는 우리와 전혀 다른 분이 된다. 그래서 그의 죽음과 부활은 우리에게 완전한 구원을 준다. 희생적이고 대리적인 속죄와 그 변형들은 예수 그리스도를 통해 이루어진, 전 인류를 대신한 그리고 전 인류를 위한 충만하고 완전한 구원을 선포한다. 모든 것이 예수에게 초점이 맞춰져 있다. 이런 그리스도론은 그리스도인으로 하여금 아무것도 할 일이 없게 만든다. '예수 홀로 모든 일을 다 한다'면, 굶주리는 사람이나 신음하는 자연을 살리기 위해 우리는 할 일이 없어진다.

전통적인 그리스도론에서의 구원 이해의 가장 큰 문제는 그것이 개인주의적이며 영혼 구원에만 관련되어 있다는 것이다. 전통적 구원론은 전 우주적 관점이 아니라 인간에게 초점을 맞출 뿐만 아니라 그것도 한 개인,

더 내부적으로 그의 영적인 구원에만 관심을 가졌다. 즉, 심리적인 만족과 개인의 행복, 고통의 치유, 영혼의 구원에 관심을 쏟는다. 예수는 수난과 죽음을 통해 우리의 죄를 대신 보상한다는 구원론이 주류를 이루었는데, 이것은 인간을 위한 예수 그리스도의 연대성을 제시한 의미 있는 시도임에도 불구하고 실제적으로는 그리스도교의 복음을 상당히 왜곡하는 결과를 가져왔다.

지금 한국 대다수의 교회는 '예수께서 구원하신다'는 말의 의미를 단지 그의 성육신 혹은 그의 죽음과 부활이라는 한 점을 통해 규명하고자 함으로써 예수를 따르지 않고 다만 종교적 우상으로 받드는 '예수 숭배'에 이르렀고, 구원의 의미가 개인주의적이며 인간중심주의로 편협하게 되었으며, 관념적이고 사변적이고 심리적인 만족에 머물게 되었다. 또한 이러한 문제점들은 개인의 욕구 충족을 우선시하여 끝없이 성장을 부추기는 신고전주의적 경제적 세계관을 지지하는 결과를 낳게 되었다.[4]

향린교회의 목회와 선교가 다른 교회와 가장 다른 지점이 여기에 있다. 예수 그리스도 안에서 온전한 인격으로 거듭나고, 하느님으로부터 무한한 위로를 받으며, 예수를 믿는 사람은 누구나 사나 죽으나 하느님과 함께 영원한 생명을 누린다는 사실을 향린교회 또한 부인하지 않는다. 그러나 예수가 선포한 하느님 나라와 구원은 개인의 영혼뿐만 아니라 지금 이 시간 고통과 아픔 가운데 있는 이 세계와 사회에서 실현되고 또 이루어져야 한다고 향린교회는 믿는다. 예수 그리스도께서는 선한 목자로서 양들이 생명을 얻고 또 더 넘치게 얻게 하려고 이 세상에 오셨다(요 10:10). 그러나 세상은 온갖 불의로 가득 차 있다. 어둠에 휩싸여 있다. 정치, 경제, 문화,

---

4 샐리 맥페이그 지음, 『풍성한 생명』, 장윤재·장양미 옮김(이화여자대학교 출판부, 2008), 241쪽.

사회적 현실은 하느님 나라와 거리가 멀다. 위정자와 기득권자들은 자신의 욕망을 위해 사회적 약자를 희생시키고, 생태환경은 파괴당하고, 많은 노동자들은 삶터와 일터에서 쫓겨나고, 같은 민족끼리 총부리를 겨누면서 늘 전쟁의 불안에 떨고 있고, 어린이와 청소년들은 경쟁의 정글에서 자신의 목숨마저 포기하는 일들이 벌어지고 있다.

이런 세상에서 교회는 무엇을 해야 하는가? 세상의 빛과 소금이 되어야 할 교회가 제 몸 불리기에 혈안이 되어 이제는 성직의 세습조차 비일비재하게 일어나고 있다. 예수 당시 민초들의 피를 빨아먹어 강도의 소굴이 된 성전의 꼴을 하고 있는 것이다. 그런 성전은 허물어져야 하고, 예수의 예언과 같이 돌 위에 돌 하나 남지 않게 될 것이다. 향린의 목회와 선교는 그러한 성전을 허물고 성문 밖 세상으로 나가는 것에 초점이 맞춰져 있다.

향린의 강단에서 선포되는 하늘뜻펴기[5]는 이 세상의 현실을 직시하고 교인들이 그 현장으로 가야 함을 매번 역설한다. 교회 건물에서만 외치는 설교가 되지 않기 위해 고난당하는 현장에서 그들과 함께 직접 예배하기도 한다. 향린의 선교는 그러한 눈물과 억울함과 서러움이 있는 현장을 찾아 나서서 그들과 함께 울고 매 맞고 싸우고 몸부림치는 것이다. 우리는 바로 그곳에 청년 예수가 계시다고 믿기에 향린교회의 깃발에는 '청년예수'라는 글씨가 큼지막하게 쓰여 있다. 세상 사람들이 겪는 일상의 문제, 특히 사회의 구조적 악과 불의한 이들의 착취 및 억압 때문에 고통당하는 곳이라면 바로 그곳에서 하느님 나라가 이루어져야 하고 귀신 축출과 온갖 병든 것들의 치유가 일어나야 한다고 향린은 믿고 그것이야말로 예수가 주는 구원의 의미라고 생각한다.

---

5 향린교회에서는 설교를 '하늘뜻펴기'라고 부른다.

향린의 선교는 눈물과 억울함과 서러움이 있는 현장을 찾아 나서서 그들과 함께 울고 매 맞고 싸우고 몸부림치는 것이다. 우리는 바로 그곳에 청년 예수가 계시다고 믿기에 향린교회의 깃발에는 '청년예수'라는 글씨가 큼지막하게 쓰여 있다.

예수 당시에도 갈릴리 민중은 헤롯의 착취와 로마의 폭력, 예루살렘 성전 기득권자들의 종교적 징죄 속에서 고통당했고 예수는 그러한 모든 것과 싸웠다. 예수는 하나의 종교를 만든 것이 아니다. 그는 세상에서 당시 일반 서민들과 함께 그들의 고통을 해결해주려고 노력했고, 그것이 하느님의 뜻이라 믿었다. 오늘날 교회도 성전 안 자기만의 울타리를 치고 거기에 머물러서는 안 된다. 세상으로 나아가야 한다. 향린교회의 목회와 선교는 세상으로 파송받은 자의 사명을 다하기 위해 기획되고 실행되는 것이다.

2) 목회자의 권위의식

둘째로 한국 교회가 가지고 있는 큰 병폐는 목회자의 권위의식과 교인의 맹목적인 순종이다. 믿음을 빙자하여 목회자의 말에 순종할 것을 강요하기에 합리적 의사소통이 부재하고, 신앙의 이름으로 교회 조직의 노예가 되게 한다. 한국인의 사회윤리적 정서의 밑바탕에 있는 서열 중심의 권위주의와 가부장적 집단주의가 교회에 스며든 것이다. 우선 유교의 장유유서 논리에서 비롯된 한국 사회 권위주의의 한 단면을 살펴보자.

> 이런 작태는 오늘날 한국 사회의 여러 분야에서 그대로 나타난다. 아무리 아랫사람들이 합리적인 결정을 하더라도 윗사람이 자기 마음에 안 맞으면 한마디로 무시해버릴 수 있는 게 우리의 현실이다. 그러니 자기 몸의 보신을 위해 윗사람의 눈치만 보고 그가 좋아하지 않을 것 같은 이야기는 알아서 하지 않는다. 또 소신껏 말한 사람은 나중에 불이익을 당하게 되니 일부러 윗사람의 비위에 거슬리려고 하지 않는다.[6]

이런 한국인의 생활방식이 한국 교회의 직제와 연결되어 나타난 것이 성직자의 권위의식이라 할 수 있다. 반쯤은 신이 된 듯한 분위기를 연출할수록 '거룩하고 신령한 영적 지도자'로 모셔지는가 하면, '평신도'라고 불리는 교인들이 그렇게 만들기도 하고, 또 '성직자' 자신들이 그러한 기대에 부응한다는 구실로 거드름을 피우기도 한다. 성직자들의 권위적인 태도는 사물을 관찰하고 분석하여 그 답을 얻는 과학적 방법이나 민주적 대화와 담론을 통해 의사결정에 이르는 방법과는 상당히 거리가 멀다. 따라서 다른 곳보다 교회에서는 더욱 합리적인 의사소통이 이뤄지지 않고, "목사님 말씀이니" 들어야 한다는 식의 위계질서적 감각을 내면화하면서 신앙의 주체적 형성이나 실행에 이르지 못하고 스스로를 노예화하는 교인들을

---

6 최준식, 『한국의 종교, 문화로 읽는다 1: 무교, 유교, 불교』(사계절, 1998), 193~194쪽.

양성하게 된다.

이런 권위주의에 기댄 한국 교회에서 나타나는 주된 경향 중 하나는 바로 이성을 경시하는 것이다. 이성 경시의 풍조는 신학과 신학적 성찰을 경시하게 만들고, 많은 이단의 출현을 도와 교인들이 이단에 빠지게 했으며, 비민주적으로 교회가 운영되게 만들었다. 그동안 한국 교회는 하느님에 대한 순수한 신앙과 성서의 절대적 권위에 대한 무조건적인 복종, 목회자의 카리스마적 리더십에 대한 순종을 내세워 크게 부흥했지만, 복잡다단하고 빠르게 변화하는 시민사회 속에 살아가는 현대의 교인들이 당면하는 문제들에 적실하게 대처하는 능력은 키우지 못하게 했다.[7]

향린교회의 목회에서 창립 때부터 지금까지 계속 이어 내려왔고, 앞으로 더욱 심화되도록 스스로 노력하고 있는 정신은 바로 '평신도목회'다. 향린교회는 평신도가 주체적으로 모든 목회활동에 참여하도록 교회의 모든 구조와 조직을 민주적인 틀로 바꾸었다. 오랜 논의와 시행착오의 단계를 거쳐서 민주적 교회운영을 배우고 익혔디. 한국 사회의 뿌리 깊은 권위주의가 교회에 들어오면서 목회자나 소수의 당회원들에게만 권력과 정보가 집중되는 모습이 왕왕 나타난다. 향린교회는 정관을 만들고 목사와 장로 임기제, 교회를 운영하는 기구의 다원화, 각 단위의 역할 분담, 회의기구의 장을 한 명이 동시에 맡을 수 없도록 한 규정 등을 통해 교회 내 목회자와 교인 간, 또는 교인들 사이의 수직적 권력구조가 발생하는 것을 차단했다. 연령, 성별, 교회 다닌 기간, 직분에 상관없이 하느님 나라 운동과 교회의 목회활동을 위해서라면 누구든 자신의 의사를 표현할 자유를 주었고, 교회 일에 참여할 수 있는 권리도 부여했다. 그동안 성직자의 전유물

---

7 이학준, 『한국 교회, 패러다임을 바꿔야 산다』(새물결플러스, 2011), 91~96쪽.

로 여겼던 설교(하늘뜻펴기), 축도에서도 평신도가 참여할 수 있는 길을 열어 놓음으로써 모든 교인이 신학과 신앙이 괴리되거나 신앙과 삶이 어긋나는 것을 성찰할 수 있는 기회를 가졌고, 이로 인해 더욱 하느님의 백성 된 자로 주체적 신앙을 가지고 활동할 수 있었다.

교인 한 명 한 명이 주체적 신앙인이자 만인제사장의 책임과 권리를 가지고 목회활동에 참여하려면 함께하는 모든 구성원들 사이의 민주적 의사소통은 필수적이다. 비합리적이고 비상식적인 논리를 가지고 고집을 피운다든지 자신만 옳다는 독선적 사고를 하면 서로 협력하는 목회활동을 할 수 없다. 서로 협의하는 과정에서 남의 말을 들을 줄도 알고 자신의 생각을 표현할 줄도 알며, 다수의 찬성에 의해 결정되면 자신의 것을 포기할 줄도 아는 성숙한 시민의식이 있어야 한다. 신앙의 분별력뿐만 아니라 민주시민의 교양이 필요한 것이다.

신앙의 분별력과 성숙한 시민의식을 키우기 위해 향린의 교육은 다양한 체험과 토론, 그리고 학습자 또는 당사자가 자율적으로 참여하여 실행할 수 있도록 기획된다. 향린 교인이면 누구나 새로운 모임을 만들 수 있고, 또 거기에 자유롭게 참여할 수 있다. 목회자의 설교는 성서를 꼬치꼬치 캐물어가며 인간의 이성을 최대한 동원하면서 듣게끔 구성되고, 폭넓은 인문학적 정보와 정치경제적 정보를 제공한다. 성인들을 대상으로 하는 각종 신앙, 신학 강연과 생명, 인권, 통일, 노동, 타 종교 이해와 같은 주제들과 관련된 강연들은 맹목적 신앙에 머물러 권위주의에 순응하는 평신도에서 벗어나도록 돕는다. 목회자들이 개설하는 성서배움마당 또한 성서를 앞에 놓고 함께 토론하며 생각하는 방식으로 진행된다. 향린의 재정과 각종 회의의 안건과 토론 내용들은 홈페이지를 통해 투명하게 공개된다. 이런 노력들을 통해 향린의 교회 운영과 목회 활동은 민주적으로 이루어지며 또 그것을 통해 교인들의 성숙을 가져오는 선순환 구조가 형성된다.

3) 개교회 이기주의

셋째, 한국 교회가 가지고 있는 또 다른 병폐 중 하나는 개교회의 이기주의가 너무 강하여 사회의 공적 영역에서 역할을 하지 못한다는 것이다. 이것은 한국 사회의 병폐 중 하나인 혈연, 학연, 지연으로 확대된 가족중심적 집단주의가 교회 안에 들어와 생긴 현상이다.[8] 한국 교회는 교회의 근본적인 사명과 임무보다는 개교회 자체의 외형적 성장에만 초점을 맞추는 경우가 많고, 교인들의 신앙생활과 가치관, 신앙의 에너지와 열정을 개교회 안으로 축소하거나 제한하는 경우가 많다. 그렇기 때문에 성도들의 신앙적인 에너지와 은사와 능력을 삶의 다양한 현장과 연결시켜주지 않고 교회의 또 다른 성장을 위한 계기로 사용하기에 급급하다. 이런 상황이 되면 교인들은 단지 목회자의 욕망을 실현시키는 사병이 되어버리고, 장로들도 교회의 성장 논리가 자신들의 교회 내 영향력과 헤게모니의 확장에 유리하다고 판단해서 이 논리에 동조하거나 오히려 부추기는 경우가 많게 된다. 따라서 이런 풍토는 자연스럽게 교회의 성장논리를 가져오고 참된 신앙에서 교회를 운영하기보다 경영기법을 교회에 도입하게 되어 그 과정에서 숱한 우상숭배의 결과를 낳고 있다.

이런 가족중심적 방식의 가장 큰 문제는 가족에 들지 못하는 타인들에 대해서는 무관심하거나, 경쟁적 혹은 배타적인 태도를 취하게 된다는 것이다. 이런 경우 가족중심적 집단주의는 타인의 정당한 권리와 위치를 침해하고 박탈하는 집단이기주의로 전락하게 된다. 한국 교회의 배타적 특성은 바로 이런 것과 긴밀히 연결되어 있는 것이다.

---

8 이학준, 『한국 교회, 패러다임을 바꿔야 산다』(새물결플러스, 2011), 79~81쪽.

이런 병폐를 극복하기 위해 향린교회는 분가선교를 한다. 일정 수 이상이 모이면 좀 더 기민하게 하느님 나라의 실현을 이룰 수 있도록 덩치를 줄이는 것이다. 또한 종교 이기주의에 빠지지 않도록 이웃 종교를 만나고 배우며, 하느님 나라 확장을 위한 이웃 종교와의 연대에 어떠한 교리적 배타성을 가지지 않는다. 이웃 종교뿐만 아니라 다른 교단, 사회의 여러 NGO 단체들과도 늘 협력한다. 교회 공간을 그들에게 개방하여 필요한 이들이 사용할 수 있도록 한다. 교회야말로 세상의 공공 영역에서 국가와 정부가 해내지 못하는 일들을 할 수 있는 가장 좋은 공동체이다. 그리하여 교회는 세상 속의 교회, 저 하늘에 떠 있는 교회가 아니라 이 땅에 뿌리박아 이웃에게 향기를 품는 공동체여야 하는 것이다.

4) 신앙과 삶의 괴리

마지막으로 한국 교회와 교인에게 의심의 눈초리를 보내는 세상 사람들의 비판은 교인들의 말과 삶이 일치하지 않는다는 것이다. '기독교인이 물에 빠지면 입만 뜬다'는 세상의 조롱은 신앙과 삶의 괴리를 잘 나타낸다. 또 기독교는 외래 종교이지 한국인의 것이 아니지 않느냐는 비판이 있다. 서구로부터 들어온 종교인 기독교의 역사가 200년이 넘었지만 한국 교회는 이 땅의 문화와 현실에 제대로 뿌리내리지 못한 것 아니냐는 비판인 것이다. 일면 일리가 있는 지적이다. 기독교 복음이 무교와 유교의 부정적 요소에 의해 왜곡되기도 했지만 다른 한편으로 여전히 기독교는 한국인들에게 맞지 않는 옷을 입은 것 같은 느낌을 준다. 그렇기 때문에 교인들이 신앙 따로 삶 따로의 모습을 보이게 되는 것이다.

이것은 한국 교회의 예배신학과 예배문화와 밀접한 관련을 맺는다. 대다수의 한국 교회는 아직도 묵도-찬송-기도-찬송-설교-기도-찬송-축도-찬송이라는 19세기 미국 천막 부흥집회 형식의 예배를 드리고, 서구 교회의 문화를 비판과 성찰 없이 수입하고 있다. 교인 한 사람 한 사람의 신앙 성숙에 따른 일상의 변화와 세상의 변화를 도모하기보다는 교회성장 신학에 의해 교회를 키우기 위한 도구로 무분별한 외국 대형교회의 문화를 수입하는 것이다. 이것이 새로움을 주기도 하지만 이 땅에 뿌리박은 한국 기독교를 만드는 것에 얼마나 도움이 되는지는 회의적이다.

향린교회는 1993년 교회갱신선언을 통해 교회의 예배와 문화에 민족적 정서를 도입할 것을 제안했고, 20년 넘게 그것을 실현하기 위해 노력했다. 그래서 지금은 매주 우리가락으로 찬양을 드리고, 우리 악기로 연주하는 우리가락예배를 드리고 있으며 더 나아가 우리 민족의 풍성한 문화적 전통을 예배에 녹여내기 위한 연구를 계속하고 있다. 복음이 한국에서 열매를 맺으려면 한국 문화라는 토양에 잘 적응해야 한다. 이것을 마치 타락이나 왜곡인 것처럼 호도해서는 안 된다. 복음의 본질은 얼마든지 다양한 문화 속에서 피어날 수 있기 때문이다.

나가는 말

사무엘하 7장 4~7절에 의하면 야훼 하느님은 한 집에 머무는 분이 아니시다. 또한 예레미야는 그가 성전에서 행한 설교(예레미야 7장)를 통해 참된 성전이 무엇인지 명백하게 보여주고 있다. 주님의 성전은 공간이 중요한 것이 아니다. 정의와 인권이 행해지는 그곳에서 살겠다는 야훼 하느님의 말씀은 오늘날 교회됨의 의미를 지시하고 있다. 도둑질하고 사람을 죽이고 음행을 하고 거짓으로 맹세를 하고 악이 가득한(렘 7:9~11) 성전, 그래서 강도들의 소굴로 바뀐 성전을 예수께서는 허무셨다(막 11:15~17). 성전이 허물어진 자리에 하느님에 대한 신뢰와 기도와 이웃 형제에 대한 용서로 이뤄진 공동체, 즉 교회가 서게 된 것이다(막 11:22~25).

하느님은 세상을 사랑하셔서 그 아들을 보내셨다(요 3:16). 그 아들은 세상을 섬기러 왔고, 많은 사람을 구원하기 위해 자신의 목숨을 내주었다(막 10:45). 이제 그 아들은 제자를 불러 세상으로 파송하신다(마 28:18~20). 교회는 예수가 그러하셨듯이 세상을 위한 존재이지 자기 자신을 위한 존재가 아니다. 한국 교회는 이제 교회성장 신학에서 과감하게 벗어나야 한다. 제 몸 불리기에 쏟고 있는 모든 노력과 수고를 이웃과 세상을 섬기는 데 사용해야 한다. 예수의 하느님 나라 선포는 당대의 기득권자들에게는 복음이 아니라 심판의 예언이었다. 교회는 인간을 억압하고 생명을 유린하는 모든 세력에 대해 저항해야 한다. 예수의 십자가 사건이 당시 로마 권력과 유대 지도자들이라는 지배체제에 대한 항거에서 비롯되었음을 기억해야 한다. 한국 교회는 정부와 법조계, 재벌과 언론이 벌이는 불의에 맞서 싸워야 한다. 불의를 자행하는 모든 세력에 예언자의 목소리를 내야 하고 정의의 실현을 위해 담대히 외쳐야 한다.

한국 교회는 한국의 교회다. 그러므로 한국의 정치·경제·사회·문화 현실에 민감하게 대응해야 한다. 분단되어 늘 전쟁의 위협 속에 놓인 민족의 고통과 불안의 현실을 깨뜨리기 위해 애써야 한다. 종교적 사대주의에 물들어 서양 선교사나 교회들이 전해준 것들에만 매몰되지 말고, 이 땅의 백성과 민중의 가슴 속에서 우러나오는, 일상에서 자연스럽게 익힌 우리 문화와 정서로 예배해야 한다. 복음은 한국 땅이라는 새로운 토지에서 새싹을 틔우고 자라고 열매 맺어야 한다. 교회에서 행해지는 모든 활동은 예수를 따르는 제자를 키워내는 교육적 효과를 가져야 한다. 세상과 소통하는 교회는 신앙이 깊어짐과 동시에 세상에 대한 바른 지식과 이해를 가져야 한다. 교인으로서 교회에 대한 봉사와 섬김이 필요하겠지만 세상으로 파송받은 자로서 세상 속에서 무엇을 할 수 있는지 끊임없이 배우고 도전해야 한다. 신학과 목회를 전문적으로 하는 목회자에게 모든 것을 맡기지 말고 평신도 스스로 교회의 모든 활동에 참여해 목회자와 평신도가 함께 교회를 세워나가야 한다. 하느님 앞에 단독자로 서서 개인의 영성을 키우고, 깊이 있는 성서 묵상과 인격수양을 함과 동시에, 이 세상에 가득한 불의한 구조와 악의 세력에 맞서 싸우는 담대한 용기와 실천이 있어야 한다. 강단에서 선포되는 하느님 말씀은 일방적인 선포가 아니라 교인들과의 내적 공감과 소통을 하면서도 그들이 거룩한 하느님 앞에 서도록 해야 하고, 동시에 세상으로 보냄받은 사도를 세우는 역할을 감당해야 한다. 설교가 단순히 개인의 심리적 만족에 머물거나 위로의 차원에서 멈춰서는 안 된다. 하느님의 백성으로서의 교회, 그리스도의 몸으로서의 교회가 하느님을 가두는 성전이 되어서는 안 된다. 교회는 예수처럼 언제든 십자가에 달릴 준비가 되어 있어야 한다. 그래야만 부활도 맛볼 수 있을 것이다.

처음 교회는 세상 사람들로부터 칭송을 받았다. 한국 교회도 복음의 씨앗이 처음 뿌려진 그때는 많은 백성을 살리는 종교였다. 이제 그때를 회복해야 한다. 어떻게 할 수 있는가? 결국은 하느님 앞에 선 교인 한 사람 한 사람이 다시 한 번 거듭나야 한다.

125년경 기독교 철학자인 아리스티데스는 당시 교인들을 보며 이렇게 썼다.

그들은 매우 친절하고 겸손하게 삽니다. 그들에게는 거짓됨이 전혀 없습니다. …… 그들은 과부를 업신여기지 않으며 고아들을 박대하지 않습니다. 가진 자들은 갖지 못한 자들에게 풍성하게 나누어줍니다. 객들을 보면 그들을 자기 집에 거하게 하며 마치 그가 자신의 형제인 것처럼 그와 함께 즐깁니다. …… 그리고 가난한 자가 죽었다면 자신의 능력껏 장례를 치러주었습니다. 또 그들 중의 누군가가 메시아의 이름을 위해서 투옥되거나 압제받고 있음을 알았을 때 그가 필요로 하는 모든 것을 마련해주었으며 만일 그가 석방될 수만 있다면 어떻게 해서든 구출해 내었습니다. 그들 중에 누군가가 가난하고 궁핍한데도 도울 여력이 없으면 그들을 돕기 위한 금식기도회를 2~3일간 했습니다.

_리처드 포스터, 『단순성의 기독교』 122쪽 재인용

그리고 초대교부 중에 한 명인 터툴리아누스도 그의 책 『변증』에서 처음 신자들에 대해 이렇게 말하고 있다.

각자가 한 달에 한 번씩 약간의 돈이나 그 밖의 것을 가져온다. 아무도 강요받지 않는다. 자발적인 헌금이다. 성의껏 내는 신탁기금이라 할 수 있다. 그 돈은 …… 빈민들을 먹이고 그들이 죽으면 장사를 치르는 데 쓰이며, 재산과 부모가 없는 소년 소녀들을 위해서와 나이든 노예들과 파선한 선원들을 위해서 쓰인다. …… 이 같은 사랑의 행위는 어떤 사람의 눈에는 우리를 알아보는 표가 되고 있다. 그들은 이렇게 말한다. '보라, 저들은 얼마나 서로 사랑하는가!' …… 그래서 우리는 마음과 혼이 하나가 되며 주저 않고 가진 바를 서로 나눈다. 우리에게는 아내만을 빼놓고는 모든 것이 공동이다.

_『변증』 39. 1. 5. 7.

오늘도 하느님은 자신의 백성을 부르시고, 예수 그리스도는 제자를 부르신다. 그 부름에 응답하여 나갈 것인가, 아니면 서성이며 회피할 것인가? 교회는 세상으로부터 세상을 위해 부름받은 이들의 모임이었다. 한국교회의 미래도 바로 여기에 있다.

'실험'에서 '모델'로

오늘의 향린을 만든 60년의 도전과 굴곡

이규성 향린교회 교인

　외부의 초청 강사가 향린교회 강단에 서면 향린에 대한 '칭찬'으로 말문을 떼는 경우가 왕왕 있다. '칭찬은 고래도 춤추게 한다'지만 간혹 그런 이야기를 들을 때마다 '칭찬은 거북이도 간지럽게 한다'는 말이 더 적합하게 느껴지곤 한다. 동시에 향린교회는 외부에서 바라보고 기대하는 그 어떤 모습에 맞추기 위해 끊임없이 자신을 채찍질하고 끌어올려야 하는 운명을 가진 것이 아닐까 하는 생각도 갖게 된다.

　향린에 대한 기대의 내용은 앞의 글 「청년예수 깃발 들고 세상 속으로」에 분명하게 드러나 있다. 그러나 오늘의 향린을 구성하는 여러 요소들, 즉 진보적 신앙고백과 예언자적 설교, 아픔의 현장을 찾아가는 사회선교적 실천, 공동체 구성원의 참여를 통한 교회의 민주적 운영, 예배에 민족정서를 담아내고자 하는 국악예배 등을 하나씩 분리해서 살펴보면 향린이 다른 교회들보다 모두 앞서 있는 것은 아니다. 각각의 부분에서 향린보다 더 잘 실천하고 더 밀도 있는 발걸음을 내딛는 교회들이 얼마든지 있다. 그럼에도 불구하고 향린이 주목받는 이유는 다른 '유별난' 교회들에 비해 예배-선교-교육-친교 등의 모든 분야에서 일반적인 교회의 틀을 고스란히

"수많은 교회에 더하여 또 하나의 비슷한 교회를 만드는 것이 무슨 의미가 있단 말인가?" 창립 멤버들의 문제의식은 지금도 끊임없이 반추되면서 향린교회가 스스로를 변혁시켜나가는 힘으로 작용하고 있다. 사진은 향린교회 창립 직전인 1952년 전주에 모여 '서약의 밤' 행사를 가진 일신회 멤버들. 앞줄 왼쪽부터 안병무, 홍창의, 한철하, 이종완, 뒷줄 왼쪽부터 장하구, 이영환, 곽상수 선생이다. 이 가운데 한철하 선생을 제외한 모든 멤버가 그 이듬해 향린교회 창립에 참여했다.

유지하고 있다는 점과 교인의 구성에서도 모든 세대를 아우르는 외형상 아주 전형적인 교회의 꼴을 갖추고 있다는 점 때문일지 모른다. 즉, 앞서가는 실험의 예가 아니라 따라 배울 수도 있는 모델이라는 점이다.

  향린이 오늘날의 모습을 갖추게 된 역사적 맥락을 짚어보고자 한다. 무릇 역사란 객관성을 가장한 주관적 투시일 가능성이 높고, 현재의 눈으로 과거를 해석하는 작업일 수밖에 없다. 그렇더라도 역사 서술에서 객관성을 추구하는 성실한 노력을 방기하면 그것은 일종의 선전물로 전락하기 마련이다. 그렇기에 과거는 과거의 눈으로 바라보도록 하는 것이 역사 서술의 기본적인 태도다.

하지만 이 글은 '오늘의 향린'이 어떻게 이루어졌는지를 살피는, 지극히 목적 지향적인 서술이다. 오늘의 향린이 있을 수밖에 없는 역사적 필연성이란 존재하지 않으며, 향린은 사실 지금과는 전혀 다른 모습으로 발전할 수도 있었다. 이런 점을 전제한다면 향린의 역사에 담길 내용물은 훨씬 더 복잡하고 풍부할 것이다. 하지만 이 책의 목적이 오늘의 향린을 파악하고 성찰하는 데에 있기에 이 글의 내용도 거기에 초점을 맞추고자 한다. 또한 이 글의 구성도 연대순이 아니라 오늘의 향린교회가 만들어진 과정이 보다 분명히 드러나도록 조정했다.

오늘의 향린을 형성한 하드웨어 1974~1986

흔히 오늘의 향린교회와 가장 거리기 먼, 아니 향린 역사의 본궤도에서 일탈한 시기라고 생각되는 시기가 있다. 1970년대 중반부터 1980년대 중반까지, 박정희 정권의 유신 통치와 전두환 정권의 철권 통치가 맹위를 떨칠 때 향린교회는 초고속으로 성장했다. 한국 대형교회들의 성장과정과 비교하면 아무것도 아니겠지만 그래도 교인 수가 100명 선에서 700~800명으로 증가하고 예산 규모도 그에 걸맞게 성장한 것은 한국기독교장로회에 속한 교회로서는 매우 드문 경우였다. 향린교회가 설립된 지 21년 만인 1974년 평신도교회를 포기하고 김호식 제1대 담임목사의 목회 방향을 따른 이 시기에 급속한 성장이 이루어졌음은 두말할 필요가 없다. 이 시기에 향린교회는 실험적인 교회의 모습을 탈피하고 일반적인 교회의 형식과 내용을 모두 갖추게 되었다. 물론 이 과정에서 초창기의 창립 정신은 희석됐다.

바로 이런 점 때문에 흔히 이 시기를 향린교회 주류 역사에서 벗어난 흐름으로 생각하기 쉽다. 하지만 오늘의 향린의 특징들을 단지 '실험적' 요소들로만 파악하는 것이 아니라 그러한 요소들을 일반 교회의 틀 속에서 견실하게 유지하고 있는 '모델'이라고 본다면, 이 시기는 역설적으로 향린의 오늘을 형성한 가장 중요한 시기로 파악될 수 있다. 1980년대 후반부터 이뤄진 향린교회의 변화와 개혁은 이 시기를 비판적으로 바라보고 이를 극복하는 방향으로 나아간 것은 틀림없지만, 그렇다고 이 시기에 형성된 교회 공동체의 다양한 요소들을 폐기한 것은 아니다. 그러기는커녕 이 시기에 틀 지어진 예배-선교-교육-친교 등의 요소들을 균형 있게 보존하려고 노력한 것이 그 이후의 역사였다.

김호식 목사가 처음 향린교회를 방문한 것은 그의 첫 출근 날이었다. 남산동과 남창동을 거쳐 1968년 현재의 을지로 2가에 자리 잡은 향린교회의 4층 건물은 빌딩 숲 사이에 움푹 파묻혀 눈에 잘 띄지도 않는데다가 표지판 하나도 제대로 되어 있지 않아서 김 목사는 근처를 몇 차례 빙빙 돌다가 겨우 찾아왔다고 한다. 당시 40세였던 김 목사는 자신보다 10살 이상 나이가 많은 교회의 창립 동지들이 당회를 구성하고 있던 향린교회에 미국 유학을 채 마무리하기도 전에 첫발을 내디뎠다. 그는 그 이전의 21년간 향린이 걸어온 전통을 무시할 생각은 없었지만 그렇다고 자신의 목회철학이나 노선을 포기하거나 양보할 생각도 없었다. 본래 김호식 목사를 청빙한 이유는 무엇보다도 당시까지 설교를 담당하던 안병무 박사가 1970년 한신대 교수가 된 이후 설교를 병행하기 힘든 사정도 있었고, 창립 정신에서 이미 크게 벗어난 향린교회는 이제 일반 교회로 진로를 잡아야 한다는 그 나름의 판단에 따라 안병무 박사가 담임 직을 사임했기 때문이었다. 따라서 김 목사에 대한 기대는 설교와 그동안 제대로 행하지 못한 교인들에 대한 돌봄 정도였을 것이다.

그러나 김 목사는 부임하자마자 교육을 담당할 전임 목회자와 교회 사

제1대 담임목사인 김호식 목사의 목회 기간에 향린교회는 매우 견실한 교회로 성장했고 그 뒤 균형 잡힌 교회의 틀을 유지할 수 있는 자양분을 얻었다. 김호식 목사가 일군 목회 다방면의 풍요로움이 향린교회를 전혀 다른 길로 나아가게 할 수도 있었지만 바로 그 정점에서 향린교회는 자신이 걸어온 길을 되돌아보며 창립정신의 맥을 이을 새로운 길을 찾아 나섰다.

찰을 두었으며 이듬해 심방 및 교인 돌봄을 담당할 여전도사를 두어 교회 전반을 체계적으로 운영할 수 있는 인적 구성을 갖추었다. 김 목사의 눈에는 기존의 향린교회가 일부 지식인들이 자신들만의 울타리를 만들고 거기에 자족하는 것으로 비쳤다. 특유의 친화력과 카리스마적 지도력을 동시에 갖춘 김 목사는 자신의 새로운 목회노선을 어렵지 않게 향린교회 안에서 실현해나갈 수 있었다. 그의 목회 12년간 향린은 눈부신 성장을 거듭했다. 100평 규모의 공간은 금방 2부 예배를 필요로 했고, 그것은 3부와 4부 예배로까지 확장됐다. 새로운 교인들이 찾아들었다. 기존 교인들이 기독인으로서 실존적 결단과 헌신을 위한 공동체를 찾아 향린으로 왔다면, 이제는 중산층 지식인들이 품격 있는 신앙생활을 위해 향린을 찾았다.

강단은 새로 단장되었고, 강단의 꽃 한 송이도 세심하게 관리되었으며, 예배 분위기를 흩뜨리는 것은 용납되지 않았고, 성가대는 최고 수준을 지향하며 많은 예산을 가져갔다. 김 목사는 기존 향린의 전통, 민중신학자로 점점 변신해가는 안병무 박사의 존재, 당시 향린의 선교적 지향 등과 때로는 충돌하기도 했지만 결코 불협화음을 심하게 내지도 않았고 이를 교회의 구성 요소로 잘 그러안았다. 김 목사의 설교는 일반 보수교회의 개인 구원이나 축복과는 분명히 다른 것이었지만, 일반적으로 기독교인의 개인적 신앙생활의 충실성에 초점이 맞춰져 있었고 사회적·정치적 상황에 대한 예언자적 메시지는 찾기 힘들었다. 하지만 설교 이외에 교회 안에서 이뤄지는 여러 강연회 등에서는 민주주의, 통일, 인권 등을 화두로 하여 당대의 진보적 지식인들의 목소리가 교회에 울려 퍼지는 것을 막지 않았다.

12년 동안 이러한 김호식 목사의 목회의 결과로 향린교회는 기장 교회로서는 적지 않은 규모의 매우 건실한 교회로 성장했고, 그 뒤 향린교회가 큰 변화를 겪으면서도 균형 잡힌 교회의 틀을 유지할 수 있는 자양분을 만들어냈다.

두 개의 향린? 1974~1986

하지만 이것이 이야기의 전부는 아니다. 김호식 목사 시기의 향린교회는 매우 이질적인 두 흐름이 공존하는 형태였음을 부인할 수 없다. 김 목사는 당시 향린교회 장로들과 매우 긴밀한 협력관계를 만들어냈지만 모든 장로들과 그렇게 하지는 못했다. 안병무의 존재감 또한 여전히 너무나 컸다. 담임목사가 자신과 전혀 다른 설교를 하는 전임 설교자에게 한 달에 한 번 강단을 내어주는 것은 어쩌면 매우 굴욕적인 것이었는지도 모른다. 하지만 김 목사는 그렇게 해야 했다. 안병무 박사의 교회론(분가교회)에 입각해 분가를 고집하던 일부 기존 교인들이 집단적으로 교회를 떠나기도 했다. 김 목사는 외형상 이런 이질적인 요소들은 품거나 견뎌냈지만 결코 자신의 길을 양보하지는 않았다.

김호식 목사 부임 후 채 500일이 되기 전, 김호식의 목회가 교회 안에서 튼튼히 뿌리내리기도 전인 1976년 3월 1일 안병무 박사가 3·1민주구국선언의 주모자로 구속되는 일이 발생했다. 서슬 퍼런 유신정권에 정면으로 도전한 이 사건은 당시 사회적으로 엄청난 반향을 불러일으켰다. 게다가 안 박사는 그 바로 하루 전날인 2월 29일 5개월 만에 향린 강단에 올라 "절망에서 소명으로"라는 제목의 설교를 통해 향린 교인들을 향해 일종의 출사표를 던져두었던 것이다. 하지만 안 박사의 구속 소식은 교회의 주보에 단 한 줄도 등장하지 않았다. 그를 위한 기도회나 모임도 없었고 하다못해 영치금을 넣었다는 이야기조차 없었다. 여신도회가 기도회를 한 번 했다는 이야기만 전해질 뿐이다. 이 일은 어찌어찌 하다 보니 그렇게 된 것이라고 보기 힘들다. 이제 막 목회의 길에 들어선 40대 초반의 목회자에게 유신의 협박과 폭압은 너무나 크게 다가왔는지도 모른다. 김 목사가 선택한 길은 이 일이 있은 지 거의 정확하게 15년 후 홍근수 제2대 담임목사가 안기부에 구속되었을 때 김호식 목사가 향린교회 부목사로 뽑았던 후배 김경호 목사가 선택한 길―김경호 목사는 전 교인과 함께 결연히 안기부에 대항하여 싸웠다―과 전혀 다른 것이었다. 이 일은 향린교회의 두 이질적인 흐름이 공존은 하지만 결코 조화를 이루는 관계가 아니었음을 드러내는 것이었으며, 바로 이 사건이 그러한 길로 들어서게 된 시발점이었는지도 모른다.

1970년대 중반에서 1980년대 중반까지 향린교회에는 여전히 안병무 박사의 존재감이 향린의 정체성을 구성하는 요소로 남아 있었다. 그리고 그 내용도 반독재 민주주의를 위해 실천하는 양심적인 지식인에서 출발하여 보다 근원적으로 역사의 주체로서의 민중, 예수와 함께하는 민중을 발견하는 민중신학으로 확장돼 나갔다. 그로 인해 가끔씩 이루어지는 안병무 박사의 설교에 많은 젊은이들이 모여들었다. 그뿐만 아니라 당시 향린교회 대학부는 유신의 탄압으로 발붙일 곳을 잃은 학생운동 세력들이 합법적인 모임의 공간을 확보하기 위해 찾는 공간이기도 했다. 김상복, 김병곤, 김부겸, 김종수, 박기평(박노해), 이목희 등 수많은 1970년대 민주화운동의 핵심 인사들이 향린교회를 찾았고, 이런 흐름은 1984년 대학 내에 학생회가 부활될 때 향린교회 대학생부 출신 학생들이 주요 대학의 총학생회장으로 다수 선출되는 상황으로까지 이어졌다.

이들의 존재로 인해 향린교회 대학부 구성원들은 빈번히 구속과 석방을 반복했고, 그로써 향린교회가 반독재 민주화 운동에 앞장선 듯한 인상을 주었지만 이들이 향린교회의 전체 구성원들과 유기적으로 결합하거나 소통하는 관계에 있었던 것은 아니다. 그렇다고 이들은 향린의 구성원들과 완전히 별개도 아니었다. 그중에는 향린교회 창립 멤버의 자녀인 홍영진, 장덕주도 있었고, 교인으로 뿌리내려 오랫동안 교회 활동에 적극 참여한 김종수, 김양호 등도 포함되어 있었다.

대학생부에서 함께 활동한 이들 청년들과 한신대 출신의 전도사들, 그리고 향린교회 제2세대로서 교회 안에 신앙적 뿌리를 가지면서 진보적 의식을 키워온 청년들이 결합하면서 1980년대 전반에 향린 안에는 과거와는 전혀 다른 새로운 흐름이 형성됐다. 이들은 과거의 대학부처럼 교회 안에서 '유령'과 같은 존재가 아니라 성가대, 교사, 봉사모임 등 교회 활동에 적극적으로 참여하는 '실체'였다.

이들은 교회 창립 30주년을 맞는 1983년 '점의 출발'이라는 주제로 심포지엄을 열어 그간의 김호식 목사의 목회노선에 따른 성장일변도의 방향이 향린의 창립정신에서 크게 벗어나 있음을 비판하고 나섰다. 교회 창립 멤버가 여전히 영향력을 갖고 있던 당회도 이러한 청년들의 비판적 시각을 무시할 수 없었다. 그동안의 교회 성장과정에서 김호식 목사에 대해 전폭적인 신뢰를 갖고 뒷받침해온 당회도 한국기독교장로회의 사회선교에 대해서조차 거리감을 두는 김 목사에 대해 의구심을 갖기 시작했다. 1985년 전두환 정권이 학생운동을 노골적으로 탄압하기 위해 제정하려던 학원안정법을 반대하는 기장 목회자들의 서명운동에 김 목사가 참여하지 않은 것을 계기로 당회와 김 목사 사이의 간격은 더욱 벌어졌고, 결국 1986년 4월 김 목사는 사임했다.

김호식 목사가 일구어놓은 목회 다방면의 풍요로움이 향린교회를 전혀 다른 길로 나아가게 할 수도 있었지만 바로 그 정점에서 향린교회는 자신이 걸어온 길을 되돌아보며 향린 창립정신의 맥을 이어나갈 새로운 길을 찾아 나섰다.

창립 정신의 생명력 1953~1974

도대체 향린의 창립정신이 무엇이길래 향린교회는 중요한 순간마다 그것을 다시 반추하며 상기하고 그 뜻을 이어가려고 노력하는 것일까? 그것을 확인하기 위해서는 1974년 김호식 목사의 부임 시점에서 21년을 거슬러 올라가 향린교회의 창립 순간을 살펴봐야 한다.

향린교회 창립 멤버들은 일제강점기 말 만주와 일본에서 이런저런 인연을 맺어온 청년들이었다. 이들은 그 뒤 서울대학교 기독학생회로 함께 모였으며, 졸업 후에는 신앙운동 모임인 일신회를 만들어 관계를 이어나갔다. 단순한 인연을 넘어서서 좀 더 목적의식적인 신앙운동의 동지로 결합된 일신회의 결성 시점으로 보더라도 향린교회는 설립 이전에 6년 정도의 전사(前史)를 가지고 있었다. 이들의 문제의식은 기존 교회의 한계에 대한 비판과 기독인으로서의 보다 투철하고 헌신적인 삶이었다. 이들이 처음부터 교회를 세우려는 생각은 없었다. 1952년 한국전쟁 중에 안병무

서울 중구 남산 기슭에 자리 잡은 향린교회는 성서의 초대교회처럼 반(半)수도원적인 형태의
생활공동체로 시작되었다. 이 정신은 교인의 수가 금방 100명이 넘고 이들 모두가 생활공동
체에 참여하는 것이 불가능하게 되면서 외형적으로는 포기되었지만 공동체적 삶의 원형으
로서 향린교회에 여전히 남아 있다.

의 노력으로 일신회 회원 중 일부가 전주에 모여들었다. 이들은 서로 다른
교회에 다니면서 자신들만의 독자적인 모임을 통해 신앙운동을 이어 나갔
다. 이들의 모임에 100명 이상이 모이자 주위에서는 의심의 눈초리를 보내
기도 했다. 안병무 박사가 주도하고 전폭적으로 헌신한 신앙 동인지 ≪야
성≫을 통해 전국의 기독교인들과도 소통하면서 관심을 모았다. (≪야성≫
은 향린교회 창립 이후인 1956년까지 통권 12호가 발행되었으며 한때는 전국의
독자들에게 3,000부가 배포되기도 했다.) 이들은 1952년 상반기와 하반기에
3~4일 계속되는 집중 토론회를 열어 모임의 향후 진로를 모색하는 가운
데, 서울로 돌아가서 교회를 설립해 신앙운동을 지속해나갈 것을 결의했
고 새로 설립되는 교회가 어떤 정신과 원칙을 가질 것인지에 대해서도 의
견을 모아 ≪야성≫에 실었다.

　이러한 과정에서 형성된 무형의 자산이 그 뒤 향린교회의 역사에 길게

자취를 남겼다. 무엇보다도 교회는 그것 자체가 '목적'이 아니며 참된 기독교인으로 살아 나가기 위한 하나의 '방법'으로 선택되었다는 점이다. 이로써 다른 일반적인 교회가 설립 이후 무엇보다도 교회로서의 '꼴'을 갖추는 데에 거의 모든 힘을 집중하는 것과 달리 예수를 따르는 삶을 얼마나 제대로 실천하고 있는지를 성찰의 준거틀로 가지게 되었다. "수많은 교회에 더하여 또 하나의 비슷한 교회를 만드는 것이 무슨 의미가 있단 말인가?"라는 성찰의 화두는 현재의 향린교회에서도 끊임없이 반추되면서 향린교회가 제자리에 머물지 않고 스스로를 변혁시켜나가는 힘으로 작용하고 있다.

또 한 가지 주목할 점은 향린교회는 명시적인 창립정신 아래 설립되었다는 점이다. 교회의 설립자가 나름대로 설립정신을 정리하여 발표하는 경우는 종종 있겠지만, 여러 청년들이 자신의 삶을 헌신하고 이를 교회를 통해 구현해 나가겠다는 창립정신에 뜻을 모으고 이를 단순히 액자로 모셔두는 것이 아니라 그 뒤의 모든 과정에서 실천해 나가리고 노력하고, 거기서 조금씩 이탈할 때마다 자괴감을 가지면서도 그 정신을 다른 형태로 이어가려고 노력한 것은 아마 유례를 찾기 쉽지 않을 것이다. 기회가 주어질 때마다 뜻을 모아 교회의 방향과 진로를 정리해 발표하고 이를 구체적으로 끈질기게 실천해 나가려는 노력은 향린교회에서 하나의 전통이 되었다. 향린교회 40주년 때 발표된 '향린교회 교회갱신선언'과 이를 구체화한 '교회갱신실천선언'이 단순한 언술에 그친 것이 아니라 그 뒤 20년 동안 향린교회에서 구체화되고 실현되어 나갔다는 사실을 통해 이를 확인할 수 있다.

그러면 향린교회의 창립 정신에는 구체적으로 어떤 내용이 담겨 있을까? 그것은 크게 네 가지로 요약된다. '생활공동체', '입체적 선교', '평신도교회', '독립교회'가 그것이다.

서울 중구 남산 기슭에 자리 잡은 향린교회는 성서의 초대교회처럼 반 (半)수도원적인 형태의 생활공동체로 시작되었다. 안병무 박사는 '생활공동체'가 다른 세 가지 정신들을 뒷받침하는 중추라고 생각했고 여기에 큰 집착을 가졌다. 그러나 안병무 이외의 동지들이 대부분 결혼하고 자녀를 가진 상태였기에 모든 것을 함께 나누는 생활공동체를 이루는 것은 꿈에 불과했다. 게다가 금방 교인의 수가 100명이 넘게 되자 이들 모두가 생활 공동체에 참여할 수는 없는 노릇이었기에 이 정신은 처음부터 삐걱거렸다. 이 정신이 무너져 내리자 안병무 박사는 큰 좌절감을 안고 독일 유학을 떠났다. 생활공동체에는 두 가지 내용이 담겨 있었다. 하나는 예수를 따르는 삶은 철저한 헌신이어야 하며 이를 위해서는 '반(半)수도원적인' 생활방식이 필요하다는 생각이었고, 다른 하나는 공동체 구성원 간의 완전한 평등성에 기반을 둔 나눔이었다. 비록 이 정신은 가장 먼저 포기되었지만 공동체적 삶의 원형으로서 향린에 여전히 남아 있다. 1970년대 '향린동산'의 조성 노력이나 현재 진행 중인 '생태마을 공동체'는 생활공동체의 창립정신을 이어나가기 위한 노력으로 볼 수 있다.

향린교회는 교회를 창립한 지 3년 만에 경기도 광주에 거암교회를 개척하고 전도사를 파견했으며 이를 10년 이상 지속적으로 지원했다. 그뿐만 아니라 거암교회를 거점으로 의료봉사활동을 전개해 상당 기간 매주 수십 명의 인원이 거암교회를 찾아 의료봉사 활동을 벌였다. 새로 설립된 교회가 자기 자신을 유지하는 것도 버거운 것이 일반적인데 이러한 선교 활동을 전개해나간 것은 놀라운 일이 아닐 수 없다. 이는 창립정신의 하나인 '입체적 선교'를 실천에 옮긴 것이었다. 입체적 선교란 보통의 신앙생활, 즉 일요일에만 교회 나가고 나머지는 일상적 삶에 파묻히는 삶, 그리고 선교라고는 주변 사람들을 교회로 끌어들이는 전도에 한정된 삶에 대한 적극적인 대안으로 제시되었다. 각자 자신이 가진 달란트를 가지고 삶의 현장, 직업 현장 속에서 하느님의 선교를 실천해 나가자는 것이 '입체적 선교'의 본래 취지였다. '입체적'이라는 말 대신 '유기적'이라는 말을 사용하기도 했는데 이는 개인과 교회, 생활과 선교가 유기적으로 결합되어야 한다는 의미였다.

이 당시에는 오늘날 향린교회나 한국기독교장로회가 선교의 밑거름으로 삼고 있는 '하느님의 선교' 신학이 받아들여지기 이전인지라 선교라는 것은 보통 전도를 의미하는 것으로 받아들여졌고 여기에 구제나 봉사를 포함시키는 정도였다. 창립 멤버 중 어느 누구도 체계적인 신학 교육을 받은 사람이 없던 상황에서, 오늘날의 '하느님의 선교'와 마찬가지로 하느님의 뜻을 이 땅에 실현한다는 포괄적인 내용을 가진 '입체적 선교'를 창립 정신의 하나로 정립하고 이를 구체적으로 실천하려고 노력했던 것이다. 창립 멤버 중 한 사람으로 후에 서울대학교병원장을 역임한 홍창의 장로는 60년 동안 향린교회를 지켜오면서 자신이 가진 의료인으로서의 달란트를 직업과 생활 속에서 꾸준하고 집요하게 실천해 '입체적 신교'의 예를 몸소 보여주었다.

하지만 '입체적 선교' 개념도 엄밀히 말하면 생활공동체를 전제로 정립된 개념이었다. 즉, 매일 함께 기도하면서 생활을 공유하고 그것을 기반으로 각자 사회에 나가 하느님의 뜻을 실천한다는 것이었다. 모두가 생활공간을 따로따로 가지면서 일주일에 한 번 교회에 모이는 일반적인 형태의 신앙생활 속에서는 공동체가 '함께' 실천해나갈 선교 전략이 필요했다. 그렇기에 구제와 봉사로서의 선교뿐만 아니라 사회구조적인 문제의 해결을 위해 공동체가 함께 노력하는 보다 확장된 의미의 입체적 선교를 본격적으로 실천한 것은 1987년 홍근수 제2대 담임목사의 부임 이후라고 할 수 있다.

세 번째 창립 정신인 '평신도교회'는 향린교회가 기독 청년들의 신앙운

향린교회는 교회를 창립한 지 3년 만에 경기도 광주에 거암교회를 개척하고 지원하면서 상당 기간 매주 수십 명씩 이곳을 찾아 의료봉사활동을 펼쳤다. 이는 자신이 가진 달란트로 삶의 현장, 직업 현장에서 하느님의 선교를 실천해나가자는 창립정신의 하나, 즉 '입체적 선교'를 실천에 옮긴 것이었다.

동이 발전된 형태로 설립된 교회이니만큼 당연한 선택이었는지도 모른다. 전문 목회자를 청빙하지 않고 청년들이 스스로 교회를 운영하고 설교도 네 명의 주요 창립 멤버들이 돌아가면서 했다. 당시 안병무 박사는 신학을 전공하지는 않았지만 이미 신학대학에서 강의를 할 정도였으며 한국전쟁 전에는 짧은 기간 일신교회를 만들어 목회를 하기도 했고, 창립 멤버의 한 사람인 장하구 장로도 스스로 신학을 전공하려는 결심을 하기도 했을 만큼 단단한 신학적 기반을 갖고 있었다. 이들이 평신도교회를 선택한 것은 '목사가 없는'이라는 소극적인 개념이 강했다. 즉, 이전에 다니던 교회에서 목사들의 역할에 대한 실망이 컸기 때문이었다.

'평신도교회'의 선택이 비록 스스로 목회 역량을 가졌기 때문에 선택한 것이었을지라도 그 뒤의 과정에서 평신도교회가 겪어야 하는 혹독한 경험을 거치면서 그것이 가진 적극적인 의미를 체득해 나갔다. 전문 목회자가 아니면서 설교를 준비하는 것도 쉬운 일이 아니었으며, 100명 이상의 교인들이 생기면서 발생하는 여러 가지 교회 운영상의 문제는 결코 만만한 일이 아니었다. 안병무 박사가 독일 유학을 떠나고 교회의 거처도 남산동을 떠나 남창동에 일반적인 교회 건물을 지어 이사한 뒤에는 평신도교회로서의 하루하루가 악전고투의 나날이었다. 10년 만인 1966년 안병무 박사가 귀국하여 설교를 전담했지만 교회에서 이뤄지는 성례전과 교인들의 삶에 필요한 목회적 돌봄은 빈약하거나 공백으로 남을 수밖에 없었다. 결국 평신도교회 출범 21년 만에 담임목사 청빙을 결정할 수밖에 없었다.

하지만 평신도교회를 포기했다는 점보다는 21년이나 평신도교회를 유지했다는 점에 더 큰 방점을 두는 것이 필요하다. 그것은 힘들었지만 매우 소중한 경험이었다. 하나의 교회 공동체를 운영하기 위해 어떠한 목회적 역량이 필요한지를 확인하게 되었고 이는 현재의 향린교회가 추구하는 '평신도목회'에 큰 자양분이 되고 있다. 오늘의 '평신도목회' 개념에는 목회자와 평신도가 수평적 관계 속에 각자의 목회 역량을 실현해 나가는 것을 포함하고 있으며 여기에는 교인 모두가 평등한 공동체의 성원임이 전제되어 있다. 하지만 창립정신의 '평신도교회' 개념에는 '목사 없는'이라는 소극적 개념이 강했고 공동체의 모든 성원, 특히 여성의 평등한 지위를 적극적으로 사고하지 못했다. 나중에 소수의 창립 멤버 중심의 지도력이 일반 교인에게 확장되지 못했던 점에 대해 스스로 비판적 성찰을 하기도 했으며, 안병무 박사는 설교를 통해 "지금 내가 후회하는 것이 뭐냐 하면 왜 남자들끼리만 모여서 결정을 했냐는 것입니다. 여자들도 함께했어야 했는데 그것이 잘못인 것을 저는 회개합니다"라고 직접적으로 표현하기도 했다.

마지막 네 번째 창립 정신인 '독립교회'는 해방 후 그리고 전쟁 중에 더욱 노골화된 교단의 대립과 분열 등에 대한 비판적 인식의 결과였다. 향린교회는 6년 만인 1959년에 매우 현실적인 이유—'교단에 가입하지 않은 교회는 법적·제도적으로 어떤 지위도 보장받을 수 없다'—로 한국기독교장로회에 가입하려 했을 때 자신들의 신앙과 신학이 기장과 가장 가깝다고 어렵지 않게 판단했을 만큼, 김재준 박사를 중심으로 한 기장의 신학과 처음부터 동질감을 많이 갖고 있었다. 그럼에도 불구하고 교단의 분열에 대해 민감하게 반응하면서 에큐메니칼의 입장을 고수하는 차원에서 독립교회를 고집했던 데에서 창립 멤버들의 신앙과 신학이 가진 폭과 깊이를 엿볼 수가 있다.

독립교회는 '고립'을 위한 선택이 아니라 진정한 '연대'를 위한 선택이었음이 분명했다. 향린교회는 어쩔 수 없이 교단에 가입한 직후 주보에 다음과 같은 공식적인 입장을 발표했다. "1. 우리 교회는 교회연합운동의 선봉이 된다. 2. 우리 교회는 우리 교단의 지체인 동시에 전 한국 교회의 지체이다. 3. 우리는 교회와 교회 사이, 교파와 교파 사이에 서로 이해가 깊어지고, 화친하게 되고, 긴밀히 협동하게 되기 위하여 힘쓰며……." 한국 교회에서 교파의 갈등과 분열이 가속화되던 시절에 한 작은 교회가 독립교회를 포기하고 교단에 가입하면서 이러한 교회연합운동의 정신을 선포했다는 것은 향린교회가 추구한 에큐메니칼 정신의 견결성을 확인시켜준다. 현재 향린교회는 교단 간의 분열이나 대립의 문제를 넘어서서 가톨릭을 포함한 기독교 전체와의 연합(향린교회는 가톨릭에서 받은 영세를 교회에서 받은 세례와 동일하게 인정한다), 타 종교와의 대화, 나아가 하느님의 선교를 실천하는 데 있어서 비종교인과의 연대까지 포괄하는 에큐메니칼 정신을 추구하고 있다. 향린의 이러한 에큐메니칼 정신은 독립교회를 추구했던 창립 정신의 이면에 깔린, 진정성 있는 교회연합 정신이 밑거름이 되었다고 할 수 있다.

이처럼 네 가지 창립정신은 하나하나가 충실한 의미를 함축하고 있었으며 한 교회의 창립정신을 넘어서서 한국 교회가 담아야 할 시대정신을 표현하고 있었다. 또한 창립정신은 시대의 변화에 따라 재해석되고 확장될 수 있는 보편적 내용을 담고 있었다. 그렇기에 창립정신을 하나씩 포기하고 마침내 일반 교회의 틀을 갖추어 교회의 내적 성장에 집중하던 시기에도 결코 땅 속에 파묻어 둘 수만은 없었다. 앞서 이야기한 1970년대 중반에서 1980년대 중반까지의 제1대 담임목사 시기에 이러한 창립정신이 더 이상 주목받지 못했던 것은 분명하다.

하지만 이 시기를 경과하면서 향린교회는 창립정신을 하나의 실험적 차원이 아니라 '완성형'의 교회에서 추구해나갈 수 있도록 건실한 기반을 쌓게 된 것도 분명한 사실이다. 그러기 위해 향린교회는 매우 혹독한 자기부정, 자기 혁신의 과정을 거쳐야만 했다. 제1대 담임목사 김호식의 사임 이후 약 5년간 향린교회에 불어 닥친 내우외환은 향린교회의 창립정신을 완전히 새로운 차원에서 추구해나갈 수 있는 자양분을 형성했다.

내분과 외환을 통해 단단해진 향린 1987~1993

1986년 김호식 목사 사임 이후 향린교회에는 교회의 진로를 두고 전체 교인들이 함께 논의하는 공론의 장이 형성되었고, 그 과정에서 새로운 담임목사의 상을 그려내기도 했다. 청년들은 한국에서 민주화운동이나 민중운동에 헌신해온 목사를 청빙하기를 원했지만 당회는 김 목사 때와 마찬가지로 미국에서 박사학위를 받은 목사를 청빙했다. 전두환 군사정권의 폭압 속에서도 정치 참여를 극히 제한했던 김 목사에 실망한 장로들이 이번에는 사회정치적 의식이 뚜렷한 목사를 청빙했다는 것이 다른 점이었다. 그러나 당회의 이 청빙 결정은 향린의 앞길을 누구도 예상치 못한 방향으로 전환시킨 변곡점이 되었다.

1987년 부임한 홍근수 제2대 담임목사는 현대신학에 큰 영향을 끼친 마르크스주의 철학자 에른스트 블로흐를 연구했고, 당시 북미주에서 활발하게 전개되던 통일운동에도 깊숙이 참여했다. 무엇보다 중요한 점은 홍 목사는 그 누구보다도 기독교의 사회참여, 사회적 구원에 뚜렷한 확신을 가지고 있었으며 한국의 민주화운동, 민중운동, 통일운동에의 참여를 자기의 예언자적 사명으로 결연히 떠안고자 하는 인물이었다는 점이다. 그가 한국에 발을 내디뎠을 때는 박종철 고문치사 사건으로 정국이 소용돌이치고 있었고 6월민주항쟁을 향해 한걸음씩 나아가고 있을 때였다. 향린교회의 입구에는 현재 6·10민주항쟁 기념패가 걸려 있는데 이는 6월항쟁의 중심조직인 '민주헌법쟁취 국민운동본부'가 공안당국의 눈을 피해 향린교회에서 기습적으로 결성된 사실을 기념하기 위한 것이다. 이 당시 홍 목사는 향린교회 목사로 취임한 지 채 4개월도 되지 않은 시점이었지만 당회의 사전 승인 없이 이 일을 추진했다.

홍 목사를 청빙한 주체인 당회가 홍 목사와 충돌하기까지는 1년도 걸리지 않았다. 다수의 장로들은 홍 목사가 설교 때 정치 문제를 논하는 것을 삼가 달라고 요청했지만 홍 목사는 자신의 신앙적 양심을 굽힐 생각이 추호도 없었다. 다수의 장로들(10명 중 8명)은 홍 목사 취임 1년 만에 그의 국적 문제를 빌미로 그가 향린교회의 당회장 자격이 없다고 노회에 소원장을 제출했다. 내용은 차치하더라도 그들이 이 일을 추진함에 있어 뜻을 달리하는 일부 장로와 대부분의 일반 교인들 모르게 은밀히 진행했다는 점 때문에 교회 내에서 더욱 큰 공분을 샀다. 교회의 최고의결기구인 공동의회를 소집할 수 있는 권한이 당회에만 있었기에 교인들은 자신들의 뜻을 '교인대회'라는 형식을 통해 모아나갔다. 이렇게 시작된 내분은 홍 목사가 국가보안법으로 구속된 뒤까지 꼬리를 물고 지속됐다. 자신들의 뜻이 교인들의 반대에 부딪혀 가로막히자 다수의 장로들은 많은 수의 교인들과 함께 교회를 떠났다. 안병무 박사의 눈물겨운 호소가 담긴 중재에도 불구하고 40년 넘게 신앙의 동지로 함께해온 4명의 창립 동지 중 2명은 떠나고 2명은 남았다. 격렬하게 대립했지만 지저분하지는 않았다는 것이 제3자의 평가다. 홍 목사가 구속된 상황에서 또다시 문제를 일으키는 오점을 남기기는 했지만 교회에 내분이 일어날 때 일반적으로 수반되는 난잡한 다툼은 없었다.

홍 목사의 정치적 메시지를 수용할 수 없다는, 어찌 보면 작은 문제에서 출발한 대립이었지만 엄밀하게 바라보면 향린교회의 내분은 한국 사회의 변화 발전 과정에서 치러야 할 근본적인 모순관계를 내포하고 있었다. 6월 민주항쟁 이후 한국 사회는 노동자 대투쟁의 시기를 경과하면서 계급적인 문제의 해결을 사회적 과제로 격렬하게 표출하기 시작했다. 종로서적 사장으로 노사분규를 겪었던 창립 멤버 장하구 장로는 향린교회 청년부가 당시 청년부 회원으로 있던 종로서적 노조 조합원을 사주했다고 격노하기도 했다. 장하구 장로는 4·19혁명 당시 향린교회 내에서 누구보다도 앞장서서 민주화에 목소리를 높였던 사람이었다. 한국 사회가 민주화의 과제를 넘어서서 보다 근본적인 계급적 문제를 제기하는 시점에 이르자 자신들의 사회경제적 지위에 따라 입장이 분화되었다. 다른 한편으로 그동안 금기시되어온 북한에 대한 새로운 인식이 사회적으로 확산되고 그에 따라 통일운동이 활기차게 전개되자 반북·반공 이데올로기에서 한 치도 벗어날 수 없었던, 북한에 고향을 둔 전쟁세대들은 완고하게 등을 돌렸다. 향린교회에도 북한에서 내려온 완고한 반공 기독교인들이 상당수 있었다. 1987년 이후 한국 사회에서 전개된 노동운동과 통일운동의 확산에 따라 향린교회 구성원들 내부의 차이점이 넘어설 수 없는 간격으로 벌어졌고 이것이 홍 목사 개인에 대한 찬성과 반대의 형태로 드러난 것이라고 볼 수 있다.

1991년 국가안전기획부는 느닷없이 홍근수 목사를 국가보안법 위반으로 구속했다. 결과적으로 이 구속 사건은 향린교회 교인들을 더욱 단결시키는 계기가 되었다. 꼬박 18개월을 감옥에서 보낸 홍 목사가 다시 강단에 섰을 때 향린교회 교인들은 더 이상 그가 처음 부임했을 때의 교인들이 아니었다.

김호식 목사가 사임했을 때 그를 따라 교회를 떠난 상당수의 교인이 있었고, 2차로 홍근수 목사와의 대립으로 또다시 상당수의 교인들이 교회를 떠났다. 이제 교인 수는 절반 이하로 줄어 주일예배 평균 출석 성인 교인의 수는 300명 내외에 머물렀다. 당연히 예산 규모도 급격히 줄었다. 남은 교인들이라고 홍 목사의 목회 방향에 모두 동의하는 것도 아니었다. 떠나간 장로들에 대한 실망 그리고 오랫동안 인간적으로 얽힌 관계 때문에, 홍 목사의 목회 방향에 동의하지 않더라도 남은 교인들이 다수 있었다. 그렇기에 내분 이후에도 향린교회가 헤쳐 나가야 할 과제는 간단치 않았다.

그럴 즈음 1991년 2월 22일 국가안전기획부는 느닷없이 홍근수 목사를 국가보안법 위반으로 구속했다. 홍 목사는 1988년 9월 KBS 심야토론에 출연해 한국 사회의 '금단의 열매'라고 할 수 있는 반공이데올로기를 가차 없이 비판하고, 미국의 제국주의 정책을 신랄하게 공격했으며, 북한의 자주적인 정신을 높게 평가하는 발언을 하여 큰 사회적 파장을 몰고 왔다.

그 이후 홍 목사는 범민련 활동 등 통일운동에 앞장섰다. 안기부는 홍 목사의 행적이나 미국에서의 통일운동 경력 등을 근거로 북한과 모종의 관계를 조작해낼 수 있을 것으로 생각했을 것이다. 하지만 홍 목사는 구속 직후 교인들에게 자신은 교인들에게 숨길 만한 어떠한 내용도 없다는 것을 분명한 메시지로 전달했다.

결과적으로 이 구속 사건은 향린교회 교인들을 더욱 단결시키는 계기가 되었다. 거의 전체 교인들이 예배 후 남산의 안기부 앞까지 시위행진을 벌이는 등 지속적으로 전개된 향린교회 교인들의 저항과 석방운동은 도리어 사정당국을 당혹스럽게 만들었다. 홍 목사는 꼬박 18개월을 감옥에서 보내야 했다. 그러나 그가 향린교회 창립 40주년을 9개월 정도 앞두고 향린교회 강단에 다시 섰을 때 향린교회 교인들은 더 이상 그가 처음 부임했을 때의 교인들이 아니었다. 5년에 걸친 내분과 외환을 겪으면서 이를 단결된 힘으로 헤쳐 나간 향린교회 교인들은 이제 지난 일들을 교훈 삼아 본격적으로 교회의 앞날을 개척해나길 의지를 나서고 있었다.

창립 정신을 계승한 새로운 향린 1993~현재

40주년을 준비하는 향린은 그 어느 때보다 교회의 사회적 책임에 민감했고 교회의 민주적 운영도 강력하게 지향하고 있었다. 40년 동안의 굴곡 있는 다양한 경험들이 그 자양분이 되었으며 최근 5년간의 격랑이 힘을 모을 수 있는 동인이 되었다. 교인의 수는 대폭 줄었지만 그 어느 때보다 뜻을 하나로 모아가려는 의지가 강했다. 이러한 기반을 통해 1993년 향린교회는 그 뒤 20년의 역사에 밑그림이 되는 몇 가지 중요한 실천과 결의를 했다. 이는 마치 창립정신이 그 이후 20년의 역사에 뼈대가 된 것과 마찬가지였다.

그중 하나는 '통일공화국 헌법(초안)'을 발표한 것이었다. 통일을 구호로만 외칠 것이 아니라 현실의 문제로 받아들이기 위해서는 그 청사진을 그려보는 것이 필요하다는 안병무 박사의 제안에 따라 진행된 일이었다. 물론 이것은 한 개교회가 책임 있게 수행하기에는 격이 맞지 않은 일임에 틀림없었다. 하지만 홍근수 담임목사는 향린교회가 추구해야 할 가장 중요한 선교적 과제로 민족의 통일을 꼽았기에 이 작업을 통해 통일에 대한 의미와 열망을 담아내려고 노력했다. 체제와 이념을 뛰어넘어 남북한이 가진 긍정적인 측면을 최대한 살려 '이상적인' 민족공동체의 미래를 담아 보고자 했다. 당시에는 통일운동이 사회 각 방면에서 다양하고 활발하게 논의되고 진행되던 시기였기에 향린교회의 '통일공화국 헌법' 발표는 큰 주목을 받기도 했다. 그 내용이 향후 향린교회의 통일운동에 대한 구체적인 방향 제시는 아니었지만 그 뒤에 지속적으로 진행된 향린교회의 통일에 대한 노력과 열망을 상징적으로 담아내기에는 충분했다고 볼 수 있다.

최근 20년의 향린을 파악하기 위해서는 무엇보다도 1993년 발표된 '교회갱신선언'과 이듬해 이를 구체적인 실천과제로 정비한 '교회갱신실천선언'을 말하지 않을 수 없다. 여기에는 현재의 향린을 형성한 모든 내용이 담겨 있다고 해도 과언이 아니다. 민족 정서를 담은 예배와 문화의 갱신, 민주적 공동체로의 교회 갱신, 선교지향적 공동체로의 갱신 등이 주요 내용이다. (이 모든 것은 오늘의 향린을 구성하는 직접적인 내용들이기에 이 책의 다른 부분 곳곳에서 상세하게 다루어지고 있다.)

또 하나는 40주년 기념교회로 강남향린교회를 설립한 일이다. 현재 향린교회는 '향린공동체'라는 이름 아래 향린교회, 강남향린교회, 2004년 강남향린교회에서 분가한 들꽃향린교회, 그리고 2013년 향린교회에서 분가한 섬돌향린교회의 네 교회가 선교적 과제를 공유하면서 긴밀한 교류를 이어가고 있다. 향린교회를 제외하고는 50~100명 정도의 교인들이 모이는 작은 교회들이다. 향린은 이것을 '분가선교'라는 이름으로 지속적으로 추진해왔다.

처음 분가선교를 제안한 것은 역시 안병무 박사였다. 그는 교회가 일정한 규모를 넘어서면 공동체성을 유지할 수가 없고, 목회는 '경영'이 되어버리며, 많은 교인들이 익명성 속에서 자신이 가진 달란트를 발휘하지 못하게 된다는 문제의식을 설립 초기부터 가지고 있었다. 그는 향린교회 설교 담임 직을 사임하면서 다시 한 번 이를 상기시켰고 그에 따라 일부 교인들이 분가선교를 추진하기도 했다. 하지만 김호식 목사가 이제 막 향린교회를 체계화시켜 나가는 시점에서 이러한 움직임은 환영받지 못했고 결과적으로 일부 교인들이 교회를 떠나게 되는 상처만 남겼다. 그 후 분가선교는 1992년 감옥에 있던 홍근수 목사에 의해 다시 한 번 실천 과제로 제안되었다. 당시 교회가 큰 어려움을 겪으면서 교인 수도 크게 줄어든 상황이었기에 그의 제안은 매우 파격적이었다. 하지만 향린교회는 분가선교의 의미를 자신의 정체성의 하나로 가지고 있었기에 어려운 가운데 이를 추진했다. 비록 결과는 '분가' 교회가 아니라 일종의 개척교회 형태의 40주년 기념교회로 강남향린교회가 설립된 것이었지만 이로써 분가선교의 꿈을 처음으로 실현했다. 김호식 목사에 의해 향린교회 부목사가 된 뒤 홍근수 목사 초기 5년간 수많은 과제를 떠안고 해결해온 김경호 목사가 강남향린교회의 담임목사가 되었다. 김경호 목사는 2004년 강남향린교회에서 다시 분가선교를 실천해 들꽃향린교회를 설립함으로써 향린의 '분가선교'를 확고하게 틀 지었다. 이를 바탕으로 향린교회는 60주년 기념사업의 하나로 분가선교를 다시 제안하여 2013년 1월 진정한 의미의 분가선교를 실천에 옮겨 섬돌향린교회를 설립했다.

향린의 분가선교는 다른 일반적인 교회의 문어발식 확장이나 개척교회 설립과 어떻게 다른 것일까? 우선 향린교회는 교회가 안정되거나 인적·물적으로 넘쳐날 때 분가선교를 추진한 것이 아니었다. 분가선교는 확장·확산보다는 나눔의 뜻을 담고 있다. 새로 설립된 교회에 일정 기간 동안 물적 지원을 하기는 하지만 종적인 관계가 아닌 수평적인 관계를 형성했다. 분가선교는 무엇보다도 평신도들이 직접 새로운 선교의 현장을 찾아나간다는 의미를 가지고 있다. "고여 있지 않고, 머물러 있지 않아야 한다"는 것은 처음 분가를 제안한 안병무 박사의 강력한 메시지였다. 그래서 그는 분가를 할 경우에는 오랫동안 교회를 다닌 사람들이 먼저 나서야 한다고 주장했다.

"향린이니까 가능하다고?"

신학교를 졸업하고 목회 현장에 뛰어들면서 자신의 꿈을 실천하려는 젊은 목회자들은 흔히 이런 말을 듣는다고 한다. "학교에서 배운 신학은 모두 잊어야 한다." 대부분의 신학생은 대학에서 현대의 새로운 신학 방법론을 체득하며 다양하고 깊이 있는 신학적 담론을 접하지만 막상 목회 현장에서는 이를 제대로 활용할 수도 없고 발전시켜나갈 수도 없다. 온갖 현대의학 기술을 배운 의과대학 졸업생에게 청진기 하나만 주며 환자에게는 이것이면 충분하다는 것과 다름없다. 오로지 필요한 것이라고는 교회성장을 위한 기술뿐이다.

향린교회가 다른 교회와 본질적으로 다른 측면은 사회선교나 국악예배 등에 있다기보다는 향린교회 내에서 이뤄지는 신앙과 신학을 둘러싼 목회자와 평신도, 평신도과 평신도 사이의 소통 방식과 내용에 있다. 향린교회 목회자들은 '성령'과 '구원'과 '천당' 등 몇 가지 단어로 조제한 만병통치약을 처방하지 않는다. 그들은 자신들의 신앙적 고뇌를 평신도들과 함께 나누며, 신학적 탐색을 함께해 나간다. 이러한 소통의 문화가 다른 교회에서 형성되는 것은 그리 쉬운 일이 아니다.

향린교회가 적절한 규모의 교회 공동체를 유지하고 그 형식에서도 일반 교회의 틀을 유지하고 있다는 측면에도 불구하고 다른 교회가 쉽게 향린을 모델로 삼기 어려운 것은 이런 점 때문이다. 향린교회의 이러한 특성도 향린교회의 역사 속에서 그 근원을 찾을 수 있다. 향린의 외적인 특징 중 다른 교회와 크게 차이가 나는 부분은 교인들의 구성이다. '지식인' 교회라는 특성은 향린의 출발에서 현재에 이르기까지 일관된 특징의 하나다. 이는 향린교회가 서울대학교 기독학생회의 회원을 모체로 출발했기에 어쩔 수 없이 각인된 특성이기도 하다. 안병무는 자신의 치열한 실존주의적 신학을 담은 ≪야성≫을 전국에 배포해 큰 관심과 주목을 받았는데, 그 독자층은 초기 향린교회 교인들을 구성하는 데에 영향을 미쳤다.

교회 창립 20주년 당시의 통계 자료에 따르면 성인 교인 129명 중 40.4%가 교수 혹은 교사였으며, 10.9%가 의료계에 종사했다. 학력에서도 대학 재학 이상이 92.2%를 차지했는데 1973년도 상황임을 감안하면 이는 경이롭기까지 하다. 이러한 구성은 교인 수가 크게 늘어난 1983년도의 통계에서도 지속된다. 통계 응답자 521명 중 대졸 이상이 59%에 이르렀으며(대학 재학을 별도 항목으로 했을 것으로 보이나 기록이 남아 있지 않다) 더욱 특이한 점은 신학교를 졸업한 교인 수가 102명으로 전체 응답 교인의 19%를 차지했다는 점이다. 2011년 조사한 통계에서도 대졸 이상이 83.4%를 차지해 지식인 교회의 특성을 유지하고 있다. 하지만 이때의 통계는 1970년대의 통계와 달리 다른 교회(서울의 중산층 도심교회)의 통계와 질적으로 구분된다고는 할 수 없다. 이렇게 볼 때 향린교회의 구성원은 초기의 엘리트 지식인 중심에서 점차 중산층 지식인으로 변화했으며 현재도 그 성격을 유지하고 있다. 다만 현재는 인터넷을 통한 정보 접근성의 확장으로 인해 과거보다는 다양한 신앙적, 문화적 배경을 가진 교인들이 늘어나고 있다.

이러한 교인 구성은 그 자체에 큰 의미가 있다기보다는 그것으로 인해 예배에서 선포되는 메시지와 설교의 방식, 집단적 열광 분위기를 조성하지 않는 조용하고 차분한 예배 문화, 신앙적 언어를 전면에 드러내지 않는 교인들 간의 소통 양식, 충실한 내용이 담긴 넘쳐나는 인쇄매체 등 교회 전반의 분위기와 문화를 결정하게 되었다는 점이 중요하다.

교회의 역사에서 설교만큼 그 교회의, 해당 시기의 특징을 분명하게 드러내는 것은 없을 것이다. 설교는 해당 시기 교회의 방향에 가장 큰 영향을 주는 담임목사의 신앙과 신학, 교인들과 소통하는 방식과 내용을 집약적으로 담고 있기 때문이다. 그리고 설교를 통해 구성원들이 무엇을 함께 공유하고 있는지, 구성원들이 무엇을 바라고 있는지도 확인할 수 있다. 즉, 설교는 해당 시기의 방향타이면서 동시에 그 시기 교회 모습의 반영물이다. 향린교회의 지식인 교회로서의 특징을 가장 잘 드러내는 것도 설교에서 찾을 수 있다. 지난 60년간 향린의 강단을 담당했던 설교자들은 초기 1953~1966년 4인(교회 창립자였던 안병무, 장하구, 이영환, 홍창의. 1956년 안병무의 유학 후에는 3인)이 번갈아가며 설교하던 시기, 독일 유학 후 귀국한 안병무 박사가 전담하던 1966~1974년 시기, 첫 담임목사로 부임한 김호식 목사의 1974~1986년 시기, 홍근수 목사의 1987~2003년 시기, 그리고 현재 조헌정 목사의 2003~2013년 시기로 나누어질 수 있다. 이 모든 시기에 걸쳐 일관된 공통분모는 약간 과장된 표현이기는 하지만 '대학교 강의실 같다'고 할 만큼 진지하고 조용한 분위기에서 지적으로 전달되는 설교였다는 점이다. 부흥사를 뺨칠 만큼 격정적이고 역동적인 설교자였던 안병무 박사도, 눈물의 설교자로 감성에 파고들던 김호식 목사도, 파격적인 사회 비판과 예언자적 메시지를 담아내던 홍근수 목사도, 현대신학과 한국 사회 전반의 다양한 과제를 정연하게 흡수해 교인들의 실천적 결단을 촉구해내는 조헌정 목사도 각각 서로 다른 특징을 가지고 있었지만 철저히 준비된 설교문에 따른(안병무 박사는 완전한 형태의 설교문을 준비하기보다는 설교 노트를 준비했다) 논리 정연한 지적인 설교였다. 이러한 설교는 향린의 구성원들의 성격을 반영하는 것이면서 동시에 그러한 구성원의 특성을 보다 강화하는 데 기여했다고 볼 수 있다.

역사적 배경 속에서 형성된 향린교회 구성원의 특징, 그리고 그것을 반영하면서 또한 강화해온 목회자의 설교 방법과 내용 등으로 인해 흔히 "그건 향린이니까 가능한 거야!"라는 말이 함축하고 있는 독특한 소통의 문화가 형성됐다. 최근 10년간에는 한국 교회가 신학적 보수성에 더하여 공격적인 정치적 보수화를 노골화, 가속화했다. 그에 따라 기존에 다니던 교회를 떠나 향린교회를 찾아오는 교인들이 많아졌다. 이들은 보통 향린의 사회선교적 실천에는 쉽게 공감하고, 개방적이고 자유로운 문화까지도 어느 정도 적응해나간다. 하지만 '청진기'와 '만병통치약'으로 형성된 신앙적, 신학적 기반이, 역사비평적 방법론으로 대변되는 새로운 성서 이해에 접하면서 큰 도전을 받게 된다. 많은 사람들은 쉽고 간단한 답을 원하지, 더 복잡해지고 어려워지는 문제에 직면하려고 하지 않는다. 쉽고 달콤한 답 대신 어렵고 쓰디쓴 답을 함께 찾아나가려는 향린교회의 발걸음 앞에는 늘 가시밭길이다. 향린교회도 이러한 어려운 과제를 떠안고 헤쳐 나가려고 노력하고 있다. '향린이니까 가능하다'고? 그런 문제는 없다. 향린도 마찬가지로 분투하고 있을 뿐이다.

제2부

설교

체험된 소통의 기록들

'긴 1986년' 안병무의 설교 분석

김진호 제3시대그리스도교연구소 연구실장

'긴 1986년', 체험된 소통의 시간

향린교회의 1970년 1월 25일자 설교[1]에서 안병무 선생은 '비인간화한 대중'이라는 표현을 썼다. 독재체제에 의해 장악된 매스미디어에 이용당하고 있는 대중을 가리킨다. 대중에 대한 이와 비슷한 기조가 1972년에 쓴 글 「우상화」[2]에서도 나타난다. 여기서 대중은 매스미디어에 호도되는 존재이며 수동적으로 순응하는 대상으로 표상되고 있다. 그런 맥락에서 독재정부와 우상화의 기제를 간파하는 지식인의 예언자적 역할이 시사되고 있다.

그 뒤 1972년 유신체제가 등장하자 이러한 독재정부와의 불화는 고조되었고, 특히 1974년 인혁당 재건위 사건과 민청학련 사건을 거치면서 안

---

1 『구걸하는 초월자』(한국신학연구소, 1998)에는 제목이 "단 둘"인데, 향린교회 주보에는 "단 둘이 마주섰을 때"로 되어 있다.
2 ≪현존≫, 제31호(1972. 5-6 합본), 50~52쪽.

병무 선생의 신학적 문제제기의 담론 형식은 극적인 도약을 하게 된다. 1975년 3·1절 기념예배는 민청학련 사건으로 구속되었던 기독자 교수들인 김찬국, 김동길의 석방을 환영하는 모임을 겸했는데, 이날 강연 겸 설교를 맡은 안병무 선생의 글 「민족·민중·교회」[3]는 사실상의 민중신학의 출범선언이었다. 여기서 선생의 대중/민중에 대한 생각은 이전 시기의 그것과는 사뭇 다르다.

성서에는 민중을 표시하는 두 가지 다른 개념의 용어가 있다. …… '라오스'는 오늘의 '국민'이라는 말과 통하는 것으로서 어떤 집단권 내에서 보호받을 권리를 가진 민중의 칭호인 데 반해서, '오클로스'는 권외의 '대중'이다. …… 그런데 주목할 것은, 가장 처음 쓰여진 마르코복음에서는 예수가 싸고돌았고, 또 예수를 무조건 따르며 그에게 희망을 건 사람들을 '라오스'라고 하지 않고 '오클로스'라고 했다는 사실이다.[4]

또한 같은 해 5월 정권에 의해 강제해직당한 이후, 민주화운동으로 인해 구속되었다가 출소한 이들과 해직당한 이들이 주축이 되어 설립한 갈릴리교회의 8월 17일 창립예배 설교에서 선생은 "수난당하는 자, 눌린 자, 어두움과 죽음의 그늘에 신음하는 자의 편"에 서고자 한다고 말했다.[5]

이러한 극적인 도약은 '대중/민중'에 대한 어법의 전환을 수반한다. 그 이전의 대중이 '우상'에 호도되는 자였다면, 그 이후의 대중은 수난당하는

---

3 《기독교사상》(1975.4).

4 「민족·민중·교회」, 24쪽. 이것은 위의 《기독교사상》의 글을 재수록한 NCC 신학연구위원회 엮음, 『민중과 한국신학』(한국신학연구소, 1982)을 인용한 것이다.

5 「갈릴리 교회는 왜 세워졌나?」, 『구걸하는 초월자』(한국신학연구소, 1998), 427쪽.

이로 표상된다. 이 두 어법은 공히 대중을 대상화된 수동적 존재로 보고 있다. 이들은 소통의 상대편이 아니라 지배권력에 의해 호도되거나 지식인들과 선각자들에 의해 구출되는 대상인 것이다.

그런 점에서 1975년 태동한 민중신학은 민중을 '위한' 신학의 성격을 지닌다. 그런데 이러한 대상화된 수동적 대중에 대한 생각은 1970년대 말경부터 점차 바뀌기 시작한다. 그러한 생각의 전조를 보여주는 글은 1979년 발표된 「전달자와 해석자」,[6] 그리고 이듬해 발표된 「그리스도교와 민중언어」[7]다. 앞의 글은 예수전승이 구술(oral)로 되었다는 점을 주목하면서 구술전승의 전달자는 지식인이 아니라 '민중'임을 말하고 있고, 뒤의 글은 그러한 민중의 이야기의 독특성에 대해 말하고 있다. 여기서 주목되는 점은 이 두 글이 예수 이야기의 진정한 계승자는 바로 오클로스로 표상되는 무지렁이 대중이었다는 점을 설득력 있게 문제제기하는 계기였다는 사실

---

6 동일한 글이 1986년 선생의 글 모음집으로 출간된 『역사 앞에 민중과 더불어』(한길사)에는 「민중의 설교자」로 수록되어 있고, 선생 사후 안병무선집 형식으로 편찬된 책의 하나인 『기독교의 개혁을 위한 신학』(한국신학연구소, 1999)에는 「전달자와 해석자」로 수록되었다. 필경 같은 글이 두 개의 제목으로 떠돌고 있었는데, 두 책의 편찬자들은 그 사실을 알지 못했던 것 같다. 한데 이 글이 처음 출간된 것은 ≪현존≫, 101(1979.5)에서였고 그 제목은 "전달자와 해석자"였다. 하지만 이 글은 그전 해인 1978년 5월에 갈릴리교회에서 했던 설교를 원고로 만든 것으로서, 그 제목은 "민중의 설교자"였다. 설교와 그 이듬해의 원고 사이의 차이에 대해서는 알 수 없지만, 같은 글이 두 제목으로 떠돌아 다녔던 이유는 이런 사연을 갖고 있다.

7 「전달자와 해석자」가 제목이 다르지만 같은 원고의 예라면, 「그리스도교와 민중언어」는 제목이 같지만 다른 글인 예를 보여주는 사례다. 즉, 선생의 글 가운데 「그리스도교와 민중언어」라는 제목의 글이 두 편이 있다. 하나는 ≪현존≫, 108(1980.1-2 합본)에 처음 게재된 글이고, 다른 하나는 1985년 한국기독교장로회 총회에서 주제강연으로 발표된 글이다. 이 두 글은 『역사 앞에 민중과 더불어』에 같이 수록되면서 전자는 「그리스도교와 민중언어 1」로, 후자는 「그리스도교와 민중언어 2」로 구분되어 있다.

이다.

이런 생각의 발전에 힘입어 1984년 저술한 「예수 사건의 전승모체」[8]는 선생의 '민중예수'론의 결정판이다. 이 글의 특기할 점은 예수 사건의 전승 형식인 민중언어의 성격을 유언비어(루머)로 보고 있다는 점이다. 예수가 처형당한 이후 삼엄한 분위기 속에서 예수 사건은 유언비어로 유포되었고, 그것을 유포한 이들은 다름 아닌 오클로스였다는 것이다.

이는 오늘 우리가 갖고 있는 가장 오래된 복음서인 마가복음의 예수는 '오클로스가 기억한 예수'라는 사실을 의미한다. 여기서 오클로스의 기억이 없으면 예수도 없다. 가장 오래되었고 다른 두 복음서의 원본인 마가복음에서 우리가 확인할 수 있는 예수는 오클로스의 경험과 관심을 통해 보존된 예수라는 것이다. 하여 예수와 그 주변의 대중인 오클로스를 분리하면 예수는 우리의 시야를 벗어난다. 그 둘이 함께 어우러져 일으킨 사건 속에서만 예수는 존재하고 있는 것이다. 이것은 주변의 대중으로부터 예수를 분리하려 했던 주객 이원론을 극복해야만 신성 예수를 알 수 있다는 것을 의미한다.

이러한 방법론적 주장은 신학적 인식론으로 이어진다. 즉, 예수는 오늘 우리 사회의 민중사건 속에서 계속 일어나고 있다는 것이다. 예수는 영으로 그 사건 속에 함께 있다. 지금 여기서 예수와 민중이 더불어 일으키고 있는 민중사건은 원사건인 예수사건이 지금 여기서 재현되는(incarnated) 양식이다. 이것이 선생의 민중예수론의 골자다.

---

8 이 글은 한글판으로만 무려 6회나 재수록된 글이고 영문 저작으로도 여러 차례 재수록된 글이다. 이 글이 처음 발표된 것은 1984년 10월 12일에 했던, 전국신학대학협의회가 주최하고 한국신학연구소가 후원한 〈한국 기독교 100주년 기념 신학자대회〉에서였다. 한국신학연구소 엮음, 『1980년대 한국 민중신학의 전개』(한국신학연구소, 1990) 참조.

한데 이러한 생각은 "한국의 정치현장에서 얻은" 것, 곧 당신이 얽혀 있는 당대의 역사 속에서 '체험된 것'이라고 선생은 토로한다.[9] 사석에서 한 얘기에 따르면 그 정치현장은 바로 '광주사건'이다. 광주사건이 신군부에 의해 장악된 언론에 의해 철저히 은폐, 왜곡 보도되고 있을 때, 그 진실이 전달된 것은 유언비어 형식의 말이었고, 그 말의 전승자는 민중이었다는 것에서 예수사건의 전승에 대한 선생 특유의 생각이 발전하게 된 것이라는 얘기다.

이것은 역사비평학적 사유의 일반적 전개 형식과는 정반대다. 실증주의 역사학의 산물이자 결정판인 역사비평학은 후대의 역사적 기억들에 의해 첨삭된 것을 제거하여 '순수한 예수'를 발견하려는 경로로 연구가 수행되었다. 이것은 체험된 것의 제거가 곧 '순수한 예수'의 발견 원칙이라는 것이다.

한데 선생은 그와는 반대로 역사적 기억들을 통해서 예수를 읽어낸다. 선생은 자신의 역사적 체험에서 복음서, 특히 최초의 복음서인 마가복음 저자의 역사적 체험을 읽는다. 여기에는 광주사건의 진실을 전한 오늘 한국의 대중/민중의 기억과 예수 사건을 유포한 1세기 팔레스티나의 오클로스의 기억이 유비를 이룬다. 이는 역사적 체험의 제거가 아니라 역사적 체험을 통해서 비로소 역사의 예수가 조명될 수 있다는 것을 뜻한다.

아무튼 이제 선생에게서 대중/민중은 더 이상 수동적이고 대상화된 존재가 아니다. 오클로스(민중)가 전승했기에 우리는 마가복음을 통해 예수를 알 수 있게 되었고, 대중/민중이 전달해준 덕에 광주사건의 진상도 역사 속에 드러나기 시작했다.

---

9 같은 책, 239쪽의 주 33.

이렇게 대중/민중은 예수와 소통하는 존재로서 역사 속에서 행동했다. 1세기 팔레스티나에서 일어난 '그 예수사건'에서 예수는 민중(오클로스)과 소통하며 사건을 벌였다. 그리고 예수가 권력에 의해 죽임당하자, 그이가 죽지 않았다고 외치면서 그 부활한 그이와 소통하는 이들, 그 오클로스가 전해준 이야기가 채록된 것이 마가복음이다. 즉, 마가복음은 예수 사후 '부활한 예수'와 민중이 소통하며 벌인 사건의 기록이다. 한편, 부활한 예수는 시공간을 뛰어넘어 대중/민중과 만나기 위해 '영'이 되었다. 하여 영으로서의 예수가 전태일 사건으로 1970년의 한국에서 대중/민중과 소통하며 사건을 벌였다. 또한 1980년 광주사건으로 그 소통의 역사가 재현되었다.

「예수사건의 전승모체」와 같은 해(1984)에 태국 치앙마이에서 열린 '아시아 그리스도론 워크숍'에서 발표한 "Jesus and People"[10]에서 선생은 김지하의 희곡「금관의 예수」이야기로 글을 시작한다.

가톨릭교회당 앞 금관을 쓴, 시멘트로 된 예수상 밑에서 구걸하는 거지들을 바라보며 아무것도 할 수 없어 눈물 흘리는 예수, 그 눈물방울이 머리에 떨어진 거지. 하여 예수와 거지들이 대화한다. 예수는 자신이 시멘트 감옥에 갇혀 있다고 말하면서 머리에 쓰인 금관을 벗겨달라고 한 뒤 이렇게 말한다.

내 힘만으로는 안 된다. 너희들이 나를 해방시키지 않으면 안 된다. …… 네가 내 머리에서 금관을 벗겨내는 순간 내 입이 열렸다. 네가 나를 해방시켰다. …… 내겐 금이 필요 없고, 금은 네게 필요하다. 금을 가져다

---

10 이 글은 "예수와 민중"이라는 제목으로 이듬해 《신학사상》, 제50집(1985, 가을)에 번역·게재되었다.

네 벗들과 함께 나누어라.[11]

김지하의 생각을 빌어서 선생은 「예수사건의 전승모체」의 문제의식을 신학적으로 더 급진화시켰다. 민중이 예수를 구원한 것이다. 물론 이것은 예수가 민중을 구원한다는 것이 전제되어 있다. 요컨대 양자의 소통은 구원사건의 관점에서 필연적이다. 예수가 없으면 민중의 구원이 없고, 민중이 없으면 예수의 구원도 없다. 하여 소통은 서로의 구원사건이다. 이 쌍방 구원사건이 바로 예수사건/민중사건인 것이다.

그러나 아직 선생은 예수사건/민중사건의 관찰자이며 증언자로만 남아있다. 선생의 생각은 이 소통 과정에 참여하고 있지만 몸은 아직 소통하고 있지 않다. 여전히 선생 자신에게서 대중/민중은 거리감이 있다. 그 거리감의 해소가 신학적으로 표명된 책이 바로 선생의 민중신학의 결정판이라고 할 수 있는 『민중신학 이야기』[12]다.

1985년 어간부터 선생의 건강이 급격히 악화되어 글을 쓰는 것이 여의치 않게 되었다. 그 이후 선생의 글은 대필자를 필요로 하게 되었다. 1980년 2차 해직 즈음 선생은 당대 최고의 논객의 한 사람이 되었고, 기자들과 편집자들은 선생의 글을 얻기 위해 언제나 선생 주위를 맴돌곤 했는데, 그런 필력의 소유자가 글을 쓰는 것이 여의치 않게 된 것이다. 이런 상황에서 제자들은 고육지책으로 선생의 말을 글로 옮기는 작업을 기획했다. 10명 미만의 제자들이 모여서 워크숍을 하고 거기에서 만들어진 질문들을 선생을 만나 질의하는 방식의 대담을 기획한 것이다.

---

11 김지하, 「금관의 예수」, 안병무, 『예수와 민중』, 645쪽에서 재인용.
12 한국신학연구소, 1990.

첫 번째 대담은 1985년 말 아니면 1986년 초 선생의 수유리 자택에서 있었다. 그것이 "민중의 교회"라는 제목으로 ≪신학사상≫에 실렸고,[13] 같은 해 2회의 좌담이 더 실시되었고 같은 잡지에 게재되었다. 그리고 이것 외에 가상대담으로 엮은 글들을 모아 『민중신학 이야기』가 출간된 것이다.

앞서 말했듯이 이 책을 기획한 이들의 생각은 선생의 건강이 악화되어 글을 쓰는 것이 여의치 않은 상황에서 어떻게 해서든 글을 쓰게 하려는 것이었다. 한데 이 기획은 선생 자신에게서 뜻밖의 성과를 낳았다. 대담을 하면서 미처 생각하지 못한 것에 생각이 이르게 된 것이다. 그 이후 선생은 사석에서나 공적 자리에서 종종 "질문이 대답을 만든다"는 말을 하고는 했다. 실존주의자였던 선생에게 이런 말이 그리 낯선 것은 아니었지만, 자기 스스로 생각을 정리하여 표출할 수 있던 때에는 절감하지 못했던 것이 몸이 글쓰기를 허용하지 않게 되자 보다 절절하게 체험된 것이다. 즉, 역사적 체험만이 아니라 몸의 체험도 이 소통에 참여하게 된 것이다.

이제 김지하의 「금관의 예수」를 언급했던 이때 전의 문제의식, 곧 시멘트로 박제된 예수가 꼼짝하지 못한 채 굶주린 거지에게 금관을 벗겨가라고 하소연하던 것, 그것이 예수의 구원이라는 생각이 자기 자신에게 대입되게 된 것이다. 심하게 악화된 몸은 타인의 말과 행동에 의지하지 않을 수 없게 되었는데, 그이들의 물음이 선생의 성찰을 낳게 했고, 그이들의 정리가 그 성찰을 글로, 책으로 탄생시킨 것이다. 그것이 바로 선생의 모든 글 가운데 가장 빛나는 역저인 『민중신학 이야기』다.

그리하여 시멘트에 박제된 예수와 권력의 법적, 경제적 체계에 의해 꽁꽁 묶여버린 대중/민중이 각기 개별적으로는 스스로를 구원할 수 없는 상

---

13 제53집(1986 여름). 『민중신학 이야기』에는 '민중의 공동체'로 수록되었다.

안병무 선생에게 대중/민중은 수동적이고 대상화된 존재가 아니다. 오클로스(민중)가 전승했기에 우리는 마가복음을 통해 예수를 알 수 있게 되었고, 대중/민중이 전달해준 덕에 광주사건의 진상도 역사 속에 드러나기 시작했다.

황에서 서로 만나고 소통함으로써 서로의 구원이 가능해지는 사건이 예수사건/민중사건이듯이, 선생도 몸이 질병의 포로가 됨으로써 비로소 그 소통에 참여할 기회를 얻었고 그 결과 구원에 동참할 수 있게 된 것이다. 선생에게서 이 소통은 지각된 소통이 아니라 '체험된 소통'이다. 그리고 이 체험된 소통에서 선생은 구원사건을 체감했다.

이러한 체험된 소통의 결과 선생의 신학은 예수사건/민중사건의 '관찰'이자 '증언'인 동시에 자기 자신의 구원체험에 대한 '간증'의 기록이 된다. 하여 예수-대중/민중 사이의 거리감이 신학적으로 해소되었다. 그러한 신학적 인식의 보고서가 바로 『민중신학 이야기』인 것이다.

이렇게 1970년대 말을 출발점으로 하여 1986년 『민중신학 이야기』에서 절정에 이르고, 소천한 1996년까지 계속된 선생 말기의 신학적 사유를 나는 '역사적으로 체험되었고 몸으로 체험된 소통의 시간'이라는 관점에서 읽고자 한다. 또한 그 사유의 결정판이 출간된 1986년은 그 전후의 20

년 가까운 긴 시간의 인식을 표상한다고 할 수 있고, 그런 의미에서 그 시기를 '긴 1986년'이라고 명명하고자 한다.

'체험된 소통의 효과'로서의 '긴 1986년', 이것이 내가 이 글에서 전제하는 선생의 신학에 관한 작업가설이다. 나는 이 글에서 그 시기 선생의 설교들을 살펴볼 것이다. 그 속에서 '긴 1986년'이 어떻게 신앙과 신학의 기록으로 남겨졌는지를 이야기할 것이다.

자료들

안병무 선생은 보통 메모로 설교를 한다. 그리고 그 설교들의 일부가 후에 원고로 작성되어 글로 발표되었다. 이것은 선생의 설교를 연구하는 데 있어 부딪치는 첫 번째 난관이다. 설교 자체로 남은 글이 거의 없으니 그 많은 선생의 글 가운데 어느 게 설교인지를 확인하는 것이 큰 과제다. 선생 자신은 그것에 관한 정보를 명시적으로 남기지 않았다. 간혹 편집자가 설교 원고임을 밝히고 그것의 날짜를 기록하기도 했고, 그중에는 간략한 정보가 더 들어 있기도 하다. 하지만 이런 경우는 극히 드물다. 그러므로 글들 속에서 설교임을 찾아내는 문헌비평적 작업이 필요한데, 선행 작업이 거의 없으니 그 과제는 매우 많은 시간과 노고를 필요로 한다.

한편, 메모가 한 편의 글로 완성되는 과정에서 많은 보충과 수정이 있었음은 짐작하기 어렵지 않다. 문제는 얼마나 어떻게 첨삭되었는지를 추정하기 어렵다는 것이다. 게다가 1986년 어간 이후에는 메모를 글로 만들 때도 대필자가 선생이 불러주는 것을 옮겨 적는 형식으로 진행되었다. 이것은 그 원고를 완성된 형태로 만드는 과정에서 편집자가 훨씬 적극적으로 개입하지 않을 수 없었음을 뜻한다. 이렇게 되면 원래의 설교 문제뿐만 아니라 선생이 구술한 초고가 어느 정도인지를 찾아내기조차 어려워진다. 이 점이 두 번째 난관이다.

향린교회의 주보에는 그전 주에 행했던 설교들의 요약이 들어 있다. 선생의 많은 설교들도 요약 형태로 주보에 수록되어 있다. 주보를 통해 그 설교의 날짜와 정황을 추론할 수 있어 이 자료는 매우 소중하다. 한데 이 요약본은 주보의 안쪽 면을 4등분하여 수록한 것이니, 실제 설교를 상당 부분 축약한 것임을 알 수 있다. 설교를 그대로 채록한 자료를 보면 공책에 빽빽하게 적은 손글씨로 10쪽을 훨씬 넘는다. 또 거의 축약하지 않고 문장만 정리하여 녹취하여 출간된 것으로 보이는 원고들은 대개 12쪽 내외가 된다. 그러니 향린교회 주보의 요약본은 요약자의 생각으로부터 자유로울 수 없다. 이것이 세 번째 난관이다.

하지만 많지는 않아도 설교의 원본들이 일부 보존되어 있다. 우선 소천 이후 ≪살림≫에 실린 선생의 설교들 중 많은 것들이 거의 축약되지 않고 문장만 정리한 것으로 보인다. 또 선집에 실린 일부 설교들은 선생의 설교 음성 테이프를 모아서 채록하고 정리한 것들이다. 이때 수거한 테이프 대부분은 유실되었지만 그것을 채록하여 글로 옮긴 것들이 상당수 선생의 선집에 수록되어 있다. 『생명을 살리는 신앙』[14]과 『구걸하는 초월자』[15]에 많이 수록되었고, 그 밖의 선집에도 일부가 포함되어 있다. 다행히도 이 글들은 대개 연도와 날짜 정보가 포함되어 있고, 간혹 어느 교회인지 명시되어 있기도 하다. 그러나 그 설교들은 대개 1960~1970년대의 것들이고, 추적해보면 향린교회의 것들이 압도적이다. 민중신학적 사고가 담긴 1980

---

14 한국신학연구소, 1997.
15 한국신학연구소, 1998.

년대의 설교들은 선집에서 별로 찾아볼 수 없고, 다른 어디서도 그다지 많지 않다. 특히 1987~1989년에는 향린교회의 설교가 거의 없는 반면 한백교회의 설교가 많았는데, 그 일부를 녹음한 테이프가 선집 제작 시 수거되었으나 녹취원고로 남겨지지 않고 대부분 유실된 것으로 보인다.

한편, 향린교회 문서고에서 손으로 녹취한 선생의 설교 19편('자료 I')이 발견되었는데, 주로 1973년의 것들이다. 이것들은 보존 상태가 매우 훌륭한 데다 선생의 설교 전체를 거의 가감 없이 채록한 것이어서 대단히 중요한 자료 가치가 있다. 또 향린교회 웹사이트에서 11편의 설교 녹취 원고(자료 II)가 발견되었는데, 1986년 1편, 1991년 6편, 1992년 2편, 1993년 2편 등이다. 이것 역시 자료 가치가 매우 훌륭한 글들이다. 특히 모두 선생의 민중신학적 사유가 꽃피던 시기의 것들이어서 선생의 민중신학적 설교를 살피는 데 있어 결정적인 자료라고 할 수 있을 것이다.

이 글은, 앞서 언급했듯이, '긴 1986년'이 어떻게 신앙과 신학의 기록으로 남겨졌는지를 설교를 통해 살피려 한다. 이 경우 시점을 언제로 하여 설교를 검토할 것인지가 문제인데, 우선 드는 생각은 1984년 혹은 1986년 이전과 이후를 나눌 수 있지 않을까, 그 전후 사이에도 생각의 변화를 추적할 수 있지 않을까 하는 것인데,[16] 연구할 시간적 여유가 부족한 탓에 이 글에서는 그 작업을 포기하기로 했다. 하여 잠정적으로 여기서는 1986년 이후의 설교만을 참고하기로 했다.

1986년 이후의 설교 원고를 찾아낸 것은 총 25편이다. 앞서 말한 '자료 II'의 11편 중 5편은 ≪살림≫에, 1편은 『구걸하는 초월자』에, 1편은 ≪살

---

16 또한 선생의 민중신학적 사유의 출발시기인 1974/1975년부터 1970년대 말과 1970년대 말부터 1984년 혹은 1986년 이전까지의 설교를 비교하는 것도 의미가 있지 않을까 한다.

구분		총 편수	중복편수	실제 참고자료	계
'자료 II'		11	7	11	11
『살림』		11	6	5(=11-6)	5
『광야의 소리』		3		3	3
안병무 선집	『구원에 이르는 길』	1		1	5
	『우리와 함께 하는 예수』	1		1	
	『생명을 살리는 신앙』	1		1	
	『불티』	1		1	
	『구걸하는 초월자』	2	1	1(=2-1)	
	『한국 민족운동과 통일』	1	1	0(=1-1)	
음성파일		1		1	1
계		33		25	25

림≫과『한국 민족운동과 통일』에 동시 수록되었다. 한데 ≪살림≫과『구걸하는 초월자』,『한국 민족운동과 통일』에 실린 글보다 '자료 II'의 것이 더 원래의 설교에 가까워 보이므로 여기서는 '자료 II'를 사용했다.[17] 그 밖에 ≪살림≫에만 실린 설교 원고가 5편, 선집들인『구걸하는 초월자』,『불티』,[18]『생명을 살리는 신앙』,『우리와 함께 하는 예수』,[19]『구원에 이르는 길』,[20]『한국 민족운동과 통일』에만 실린 글이 각 1편씩 총 6편 등이 있다. 또한 향린교회 설교집인『광야의 소리』에 3편이 있으며, 설교음성 파일(한백교회 설교)[21]도 1개가 있다.

---

17 이 글에서는 '자료 II'에 편의상 적은 글의 일련번호를 붙여서 인용할 것이다(자료 II-01~ 자료 II-11).

18 한국신학연구소, 1998.

19 한국신학연구소, 1997.

20 한국신학연구소, 1997.

21 이것은『갈릴래아의 예수』(한국신학연구소, 1990)에서 가장 주목할 만한 글인 여덟째 마당「예수와 여인」에 도달하기 전의 중간단계의 사유를 보여주는 설교다. 하지만 이

불통의 시대, 유실된 체험

1991년 2월 20일 홍근수 목사가 국가보안법 위반 혐의로 강제 연행되었다. 이에 향린교회는 비상대책위원회를 만들어 국가보안법 폐지 운동을 본격화하기 시작했고, 특히 3월 3일 교인들이 성가대 가운을 입고 십자가가 그려진 마스크를 쓴 채 노상기도회 겸 가두행진을 했다.

안병무 선생은 이 가두행진이 있던 날로부터 보름 후에 한 설교[22]에서 국가보안법이 공정한 법치를 왜곡시키는 주된 장치라고 문제제기했다. 국가와 사회를 위기에 빠뜨릴 만한 큰 범죄가 처벌되지 않고, 죄라고 할 수 없는 것을 중죄로 처벌하는 법적 장치라는 것이다. 더욱 문제적인 것은 이 법이 사람들을 특정한 증오에 고착시켜 버린다는 점이다. 하여 사람들은 모두를 위기에 빠뜨릴 만한 큰 범죄에 무감각하고 사소한 것에 흥분하곤 한다. 이것은 '체험의 유실'이다. 체험된 것을 직시하지 못하고 왜곡되게 느끼고 행동하게 하는 장치, 곧 일상의 망각의 장치이기도 하다는 것이다. 그스음 직면한 향린교회의 분열 위기도 바로 그러한 체험의 유실 현상에 속한다.

선생은 이를 '기가 막힌 것'이라고 명명한다.[23] 여기서 '기'는 히브리어 '루아흐(רוח)'와 그리스어 '프뉴마(πνύμα)'에 대한 선생의 번역어다.[24] '영'이

글과 그 설교의 선후 관계는 알 수 없다. 다만 논리상 설교는 완성된 글의 전 단계를 보여준다. 이에 대하여는 나의 글 「고통 공감의 열린 공동체를 향해: 막달라 마리아와 민중 메시아론 다시 읽기」, 김진호·이정희·차정식·최형묵·황용연 공저, 『죽은 민중의 시대 안병무를 다시 본다』(삼인, 2006) 참조.

22 「작은 도둑, 큰 도둑」(1991.3.17, 자료 II-03).

23 「예수, 통일의 기수」(1991.6.16, 자료 II-06).

24 「잔치」(1991.5.19, 자료 II-05)와 「숨」[(1990.5.20, 《살림》, 117(1998.10)].

라는 통상적인 번역어는 그 개념을 인격화했고, 동시에 지극히 숭고한 위치(위격)의 존재로 해석하는 경향을 담고 있어 이 단어의 함의를 왜곡시킨다는 것이다. 왜냐면 그리스어 프뉴마로 번역된 히브리어인 루아흐는 바람, 숨, 교류하는 힘, 에너지 같은 의미를 갖는데, 인격적이고 위격적인 함의를 갖는 '영'의 뉘앙스는 범접할 수 없는 신의 위상의 하나임을 시사하고 있기 때문이다. 하여 '영'으로 쓰는 순간 신과의 소통은 사라지고 군림하는 신만이 남아버린다는 주장이다.

한데 사도행전 2장 1~13절의 설화에 따르면 프뉴마가 불의 혀처럼 제자들 몸 위로 내려앉는 순간 그들은 각기 그들 주위에 모인 여러 나라 사람들의 언어로 말하게 되었다. 즉, 자기의 언어가 아니라 그들이 소통해야 하는 낯선 이들의 언어로 말하게 되는 사건이 바로 프뉴마 도래 사건이라는 것이다. 즉, 프뉴마는 소통이 일으키는 담론 효과를 의미한다. 선생은 바로 이러한 의미를 가장 적절하게 담은 표현을 '기'라고 보았다. 그러므로 '기가 막혔다'는 것은 소통의 부재를 상징한다. 곧, 국가보안법으로 인한 법치의 왜곡은 그 사회가 소통의 부재, 즉 불통의 세계임을 말해준다.

선생은 다른 설교에서 이러한 불통의 세계의 특징을 좀 더 체계적이고 거시적으로 정리하여 제시한다. 즉, 불통의 세계는 두 가지 형식을 지니는데 하나는 국가보안법처럼 부당하게 사람들을 구속하고 생각을 왜곡시키는 국가체제이고, 다른 하나는 사람들의 욕구들이 무분별하게 충동되게 하는 시장체제다.[25]

국가와 시장은 근대 사회의 두 개의 지배체제적 요소다. 국가주의냐 시장주의냐 식의 이분법은 적절치 않다. 근대 이후의 어느 시대도 국가가 완

---

25 「마라나타」(1986.12.24), 『우리와 함께 하는 예수』.

전히 퇴각한 적이 없으며 시장도 완전히 퇴각한 적이 없다. 어느 사회든 국가와 시장 간의 힘의 균형이 어느 지점에 맞춰지느냐의 차이가 있을 뿐 서로 담합하면서 지배체제를 구성해왔다. 그리고 그러한 체제 아래서 늘 어떤 부류의 사람들은 그 사회의 시민으로 포섭되고, 또 어떤 부류는 '비시민'으로 배제된다. 이러한 시민 대 비시민의 틀은 안병무 선생의 라오스 대 오클로스의 틀과 유비되는데, 여기서 오늘의 오클로스는 이러한 국가와 자본의 동맹을 통한 근대체제의 희생자들이다.[26]

하여 선생은 이러한 국가-시장적 체제를 '제물, 곧 희생양을 요구하는 신'[27]들의 체제라고 규정한다. 그 체제는 눈먼 아비를 치료하기 위해 딸 심청을 희생시키는 체제이고,[28] 선왕의 공덕을 위한다는 이유로 거대한 성덕왕 신종(에밀레종)을 제작하려 혹은 국가방위의 이유로 만리나 되는 장성을 쌓으려 백성(맹부인)의 고혈을 짜냈던 죽임의 체제다.[29]

선생은 오늘의 지배체제를 이렇게 규정한다. 그 체제는 대중/민중을 희생양 삼아 존속하는 체제이고, 그 소통망에서 그이들을 배제하는 체제다. 소통망에서 배제되었다는 것은 그이들에 대한 체계적인 망각이 작동한다는 것을 의미한다. 구체적으로 그이들의 희생은 시민들에게 보이지 않는다. 혹은 보이기는 하더라도 왜곡되게 보인다. '왜곡되게 보인다'는 뜻은 그이들의 고통이 지배체제의 가학성 때문이 아니라 그이들 자신이 게으르고 불온하며 부정한 탓이라고 생각되게 한다는 것을 의미한다.[30] 하여 시

---

26 오늘의 오클로스와 안병무의 오클로스에 대하여는 나의 글 「민중신학과 '비참의 현상학」, 『한국문화신학회 논문집』(한들, 2010) 참조.
27 「산제물」(1986.9.21, 자료 II-02).
28 같은 설교.
29 「예수가 메시아라는 의미」(1993.1.24, 자료 II-11).

민들의 체험의 기록에서 대중/민중의 기억은 유실된 것, 그것이 선생이 보는 오늘의 세계다.

소통의 시간, 체험의 복원

막달라 마리아의 응시하는 눈길을 의식하면서도 예수는 뒤를 돌아볼 수 없었다. 사랑하는 그녀에게 마지막까지 의연하고 싶었던 남자의 자존심, 이것이 예수로 하여금 십자가를 짊어지게 했다. "할 수만 있다면 그 잔을 내가 받지 않을 수 있게 해주소서." 바위 같던 예수가 시시각각 다가오는 최후의 순간을 절감하며 이렇게 기도했다. 불과 하루 전이다. 하지만 그녀의 시선을 뒤로 하고 예수는 다짐했다. 그 십자가의 길을 가겠노라고.

1988년 한백교회에서 했던 선생의 설교는 이런 내용을 담고 있다.[31] 1988년 겨울, 크리스마스 직전에 했던 설교다. 한데 이런 선생의 해석은 중요한 한 가지 논점을 입증해야 한다. 이 설교는 예수와 막달라 마리아가 연인 사이여야 한다. 그렇지 않았다면 그녀의 응시를 의식하며 죽음의 길을 가야 했던 청년 예수의 심정은 잘 설명되지 않는다.

선생은 예수가 마지막에 예루살렘에 간 것을 전태일이 몸을 불사르기로 작정하고 실행에 옮긴 것과 연결시켜 해석하곤 했다. 즉, 선생에 의하면 예수는 죽기 위해 예루살렘에 간 것이다. 그것을 그이는 제자들에게 여러 차례 이야기했다. 하지만 그들 모두 마지막 때에 누가 주님의 오른편에

---

30 주 26의 논문 참조.
31 주 21의 글 참조.

앉을 것인가를 두고 서로 언쟁할 만큼 그이의 죽음의 행보에 대해 무감각 했다. 한데 한 명의 제자만은 그것을 마음에 새기고 있었다. 선생의 해석에 의하면 말이다. 그이가 바로 막달라 마리아다.

왜 그녀만은 그것을 알고 있었을까? 이 해석을 위해서는 다른 전제가 필요하다. 선생에 의하면 그녀는 예수의 발에 향유를 부은 여자 바로 그녀다. 요한복음 12장 1~8절에 의하면 그녀는 마르다의 자매이고 나사로의 누이 마리아다. 그녀가 값비싼 향유가 든 옥합을 깨뜨려 예수에게 부을 때 제자들 혹은 주변 사람들은 값비싼 것을 낭비한 그녀를 나무랐지만 예수는 그녀를 두둔했다. 누가복음을 제외한 세 복음서(마 26:6~13; 막 14:3~9; 요 12:1~8)는 모두 그녀의 이 행동을 곧 죽을 예수의 장례를 예비하는 행위로 해석했다. 선생은 질문한다. 도대체 아무도 눈치채지 못했던 예수의 죽음의 길을 어떻게 그녀만은 절감하고 있었을까? 그녀와 예수가 아무도 눈치채지 못한 것을 소통하는 사이였다는 것이 선생의 해석이다.

한데 막달라 마리아는 예수가 십자가에 처형되는 자리에 함께 있었고, 그이가 안장된 무덤에도 제일 먼저 간 사람이다. 그녀는 죽음의 자리에 처한 예수, 그리고 죽임당한 예수와도 소통하고 있었다. 선생은 그녀의 이런 행동과 향유 부은 여자의 행동 사이의 유사성을 '사랑'이라고 보았다. 그 텍스트들 속의 소통의 양상은 사랑하는 사람들의 그것이라는 얘기다. 하여 선생은 '향유 부은 여인=마르다의 자매 마리아=막달라 마리아'라는 등식을 유추하면서, 예수와 사랑을 나누는 여인 막달라 마리아가 그이를 응시하고 있다는 상상을 편 것이다.

이 설교의 결론은 이것이다. 예수의 죽음은 그와 소통하고 있는 이와의 관계 속에서 실행된 것이다. 예수가 '주(主)'이고 주위 사람을 '객(客)'으로 보며, 예수의 행동이나 말을 '객'의 요소와 무관한 독백적 언행으로 해석하고자 했던 기존의 해석에 대해 선생은 그 주객 이분법이 해체되어야만 역사의 예수를 읽어낼 수 있다고 주장하는 것이다. 예수의 행보 중 가장 결정적인 것이 죽음이라면, 그것조차도 그를 사랑한 한 여인의 응시가 없었다면 불가능했을 수도 있다는 얘기다.

지금까지의 성서에 대한 역사비평적 해석에서 그녀는, 아니 예수 주변의 대중은 예수를 해석하는 데 전혀 유용한 변수가 아니었다. 하여 그이들과 예수가 얽힌 체험들을 간과했다. 요컨대 예수 전승에서 주변의 대중의 체험은 해석자에게서 유실된 기억에 속했다. 마치 지배체제, 그리고 시민에게 비시민의 기억이 유실되었듯이 말이다.

하지만 선생의 해석은 이들, 예수 주위 대중의 체험을 복원했다. 그것이 어떻게 가능했냐 하면, 먼저 선생 당대의 민중의 행동에서 민중의 체험을 선생이 공감하게 되는 것으로 출발했다. 가령 전태일 사건이 그렇다. 전태일 사건에서 선생은 자기 자신에게서 망각된, 유실된 민중의 체험에 관한 기억을 복원하고 그것에 공감하게 되었다. 그리고 나서 성서의 민중, 곧 예수 주변의 대중의 체험과 선생 당대의 민중의 체험을 유비시킨다. 체험의 공감을 통한 시간의 소통이 가능해진 것이다. 하여 예수와 대중 사이의 공통된 체험에서 예수의 언행을 읽어내는 방식으로 선생은 역사의 예수를 해석했다.

바로 이런 해석이 '긴 1986년' 시기의 선생의 설교들에서 엿보인다는 것이다. 어떤 사람들의 언행이 선생으로 하여금 유실된 체험을 복원하게끔 했을까? 선생의 대답은 이렇다. 첫째가 박해를 당하는 자, 둘째가 불의를 보고 견딜 수 없는 자다.[32] 한국과 중국의 두 편의 설화가 그 실례를 보여준다. 앞서 얘기한 에밀레종 설화와 맹부인 설화가 그것이다.[33]

---

32 「마라나타」.

에밀레종 설화만 살펴보자. 이것이 주류 담론에서는 신라 성덕왕 신종 이야기로 남겨져 있다. 선왕인 성덕왕의 공덕을 기리기 위해 그의 아들인 경덕왕이 제작을 명한 것인데, 무려 12만 근, 72톤에 해당하는 구리를 녹여 만든 거대한 종이다. 한데 에밀레종 설화는 이 신종이 소리를 내지 않아 시주를 바치지 못하는 가난한 아기를 함께 녹여 만들었고, 그제야 종은 소리를 내었는데 그 소리가 '에밀레'라고 했다는 얘기다.

선생은 이것을 주류 기억에 대한 일종의 반기억(counter-memory) 현상이라고 보는 것이다.[34] 즉, 왕의 허튼 종교심과 효심 때문에 고혈이 빨리는 민중의 저항의 기록이라는 주장이다. 주류 기억에는 경덕왕의 지극한 효심과 강력한 신라의 국력이 칭송되고 있지만, 그 속에는 고혈이 빨리는 민중의 고통이 망각되어 있다. 소리를 내지 못하는 종은 수탈당하면서도 강요당한 민중의 침묵, 그 소통부재의 침묵을 상징한다.

반기억의 설화 속에 등장하는 '에밀레 에밀레' 하고 울리는 종소리는 고통에 신음하는 민중의 신음소리이고, 주류 기억 속에 식제된 민중의 체험을 삽입시키는, 그러한 민중 체험의 복원을 호소하는 소리다. 하여 오늘의 대중은 이 반기억의 설화 속에서 삭제된 민중, 그이들의 체험에 공감할 수 있게 되었다는 것이다. 반기억의 설화가 비시민과 시민 사이의 소통을 가능하게 한 것이다.

광주사건을 유언비어로 유포한 민중의 이야기는 우리 시대의 대표적인 반기억의 설화다. 그 설화를 듣는 시민은 비로소 지배적 기억에서 삭제된, 아니 왜곡된 광주의 민중, 그이들의 체험을 복원하고 공감할 수 있었다.

---

33 「예수가 메시아라는 의미」.

34 '반기억'에 대하여는 명연남, 「집단학살의 기억과 서사적 대응」, ≪현대소설연구≫, 제46호(2011.4) 참조.

그이들은 피 흘리고 목숨을 빼앗긴 주검들이고, 철사줄에 묶인 채 고문당하고 감옥에 갇힌 자들이지만, 패배당한 수동자였지만, 그 반기억의 설화 속에서 그이들의 침묵의 절규가 되살아나 많은 시민들로 하여금 광주사건의 증언자가 되게 했다.

하여 선생은 묻는다. 그렇다면 누가 당신, 시민들의 이웃인가?[35] 죽이고 고문을 가하고 감옥에 수감하는 군부체제의 불의함에도 불구하고, 그 불의함을 미처 알지 못하고 민중의 고통 체험을 망각한 이들이 반기억의 설화를 접하면서 수난자의 고난에 공감하고 그 고난을 증언하며 어떤 방식으로든 동참하게 했다면, 불의에서 벗어나게 하고 정의를 위한 이의 대열에 서게 한 저이들, 수난당하는 광주의 민중이 우리와 체험을 공감하게 되고 소통하게 된 진정한 이웃이 아닌가.

선생은 이러한 문제인식에서 누가복음 10장 36절의 '강도 만나 부상당한 사람에게 누가 진정한 이웃인가?'라는 예수의 물음을, 독자이자 해석자인 우리에게 되묻는다. "누가 당신의 이웃인가?" 강도에 의해 부상당해 사경을 헤매는 그이가, 그이의 신음이 우리로 하여금 그이를 돌보지 않으면 안 되게끔 이끌었고, 그이처럼 고통에 신음하는 이를 위해 행동하게 했다면, 누가 우리의 이웃인가, 라고 말이다.

이러한 반기억의 설화 속의 민중은 자신이 수난당하고 있다는 것 자체가 하나의 저항이 되는, 일종의 '존재론적 저항'의 행동이라고 할 수 있다. 이러한 존재론적 저항은 그 고통의 신음으로 시민들의 기억에서 삭제된 민중의 체험을 복원하게 하는 효과를 갖는다.

한데 다른 설교들에서 선생은 민중의 저항을 인식론의 차원에서도 이

---

35 「누가 이웃이냐」, 『불티』(1989).

야기한다. 유대인 대 이방인, 남자 대 여자, 그 분단의 장벽을 허무는 운동을 그리스도 평화운동이라고 한다면, 그런 운동을 벌인 이들은 누구인가? "높이 높이 두터운 벽 가로놓여 있으니 아하 누가 나의 손을 잡아주면 좋겠네"라고 노래하는 김민기처럼, 손을 마주잡고 서로 소통하게 하는 피스메이커는 누구란 말인가? 고린도전서 4장 10절 이하에 의하면 그이들은 "어리석은 자, 약한 자, 천대받는 자, 주리고 목마르고 헐벗고 얻어맞고 정처 없이 떠도는 자, 고된 노동을 하는 자, 이 세상의 쓰레기처럼 되고 만물의 찌꺼기처럼 된 자"다. 바울 자신이 그런 자이고, 바울의 동료들이 그런 자들이다. 곧 민중이다. 그런 이들이 바로 그리스도 평화운동의 주체다.[36]

독일의 통일에 관한 해석에서 선생은 민중이 그것을 가능하게 했다고 단언한다.[37] 정권은 통일을 원하지 않았는데 그것이 실현된 것은 바로 민중이 밀어붙였기 때문이라고 말이다. 그런 맥락에서 선생은 한반도의 통일도 그렇게 얘기한다. 마태복음처럼 수동적으로 당하는 자로서 신음하는 데 그치는 게 아니라 적극적으로 행동하는 민중, 그들이 차지 않으면 한반도의 통일은 불가능하다는 것이다.[38] 여기서 선생이 말하는 저항의 민중은 '인식론적이고 윤리적' 선택을 하는 주체이기도 하다.

한편, 흥미롭게도 '긴 1986년'의 선생에게서 민중은 심지어 '해석자'이자 '증언자'이기도 하다. 1991년 초 어느 날, 한 민중교회 목사가 원고 뭉치 하나를 선생에게 건네주었다. 경기도 군포의 민중교회인 돌샘교회에서 노동자인 교인들과 목사(이대수)가 마가복음을 함께 읽고 이야기를 나눈

---

36 「분단의 담을 넘으려는 바울의 투쟁」(1991.9.15, 자료 II-08).
37 「숨」[1990.5.20, ≪살림≫, 117(1998.10)]과 「해방과 제사」[1990.8.12, ≪살림≫, 115 (1998.8)].
38 「전에는 …… 그러나 지금은」(1992.6.28, 자료 II-09).

채록원고다. 선생의 성서 해석 방법도 역사비평적 방법을 무시하곤 하지만, 선생이 보기에 깜짝 놀랄 만큼 기발하고 과감한 성서 읽기 방법이 담겨 있었다. 그런데 더욱 놀라운 것은 그이들의 그런 이야기 나눔이 성서학 연구자인 선생의 생각들을 훌쩍 넘어서곤 한다는 점이었다. 선생은 이 원고에 끼어들어 지면으로 그 대화에 참여했다. 그리해서 그해 책으로 출간되었다. 『우리가 만난 예수: 노동자와 함께 읽는 마가복음』[39]이 그것이다.

이에 대해 선생은 "해석권이 …… 점점 평신도에게로 옮겨지고, 그것도 별로 생각할 시간도 없는 노동자에게로 …… 옮겨진 것을 보고" 탄복했다고 말한다. 이제 민중은 해석의 주역이 되기까지 했다. 그리하여 체험된 소통의 기록은 민중 자신에 의해서도 수행되었던 것이다.[40]

이렇게 존재론적으로 저항하든 인식론적 윤리적으로 저항하든 민중의 행동은 불통의 시대를 넘어 소통의 시간을 도래하게 했다. 그것은 부재하는 민중의 체험을 복원하고 시공간을 넘어서는 공감을 낳았으며, 그러한 공감의 실천을 가능하게 했다. 시민들, 지식인들이 민중을 이웃으로 생각하고 그것을 가로막는 체제에 저항하게 한 것이다. 하여 이들 해석의 주역들이 반기억의 이야기를 생산하게끔 했고, 동시에 반기억의 이야기는 다른 시민들을 소통의 공론장으로 초대했다. 하지만 그것만이 아니다. 심지어 민중 자신이 해석의 주체로 부상하기까지 했다. 그이들의 해석은 때로 해석의 전문가들을 놀라게 할 만큼 빛나는 것이었다. 이렇게 '긴 1986년', 선생의 민중신학이 꽃을 피우던 시절, 선생의 설교도 그랬다.

---

39 형성사, 1991.
40 「잔치」와 「절망을 넘어선 희망」(1991.7.21, 자료 II-07).

'정치적' 목사의 '복음적' 설교

홍근수 목사의 설교 분석

최형묵 천안살림교회 담임목사, 한신대학교 외래교수(기독교 사회윤리학)

정치적 목사의 선동이라는 평가에 대한 오해와 이해

홍근수 목사와 그 설교에 대한 세간의 평가 가운데는 악의적인 딱지가 포함되어 있다. '정치적 목사', 더 적나라하게는 '좌경-용공-빨갱이 목사'[1]의 '정치적 선동'[2]이라는 딱지다. 세간에서 그렇게 딱지를 붙였을 때 그 의미는 성서 또는 복음과는 거리가 멀다는 것을 함축한다. 실제로 많은 사람들이 그렇게 오해할 것이다.

그의 설교가 정치적이라거나 선동적이라는 것은 맞는 이야기다. 설교자 스스로도 그 사실을 인정하고 있다. 그래서 본인이 설교집을 엮어내면서 아예 첫 설교집과 세 번째 설교집에 각각 "홍근수 목사의 정치적 설교", "홍근수 목사의 선동적 설교"라는 부제를 붙이기까지 했다. 설교자 스스

---

1 홍근수, 『독수리 날개를 타고: 홍근수 목사의 예언적 설교』(서울: 한울, 1990), 4쪽.
2 홍근수, 『산 아래 현실로 내려가자: 홍근수 목사의 선동적 설교』(서울: 한울, 1991), 3쪽.

로 자신의 설교에 대해 '정치적 설교'요 '선동적 설교'라는 사실을 인정하고 있다면 그 진의를 진지하게 헤아릴 필요가 있지 않을까?

홍근수 목사는 자신의 설교가 "진정한 의미에서 정치적"이라는 사실을 인정하며, 설교가 역사적·정치적일 수밖에 없는 까닭을 두 가지 차원에서 해명한다.[3] 첫째는 인간의 삶 자체가 역사적이고 정치적이기에 이 세상에 사는 사람들에게 선포되는 설교는 의당 역사적·정치적일 수밖에 없다고 본다. 둘째는 신학적인 이유로, 하느님과 성서가 모두 역사적이고 정치적일 뿐 아니라 하느님이 독생자를 보내신 곳이 역사적이고 정치적인 세상 한복판이기에 역시 설교는 역사적이고 정치적일 수밖에 없다고 본다. 여기서 하느님의 독생자로서 예수 그리스도가 구원자라는 의미 또한 정신적·영적 구원자임은 물론이고 사회적·정치적 해방을 포함한 포괄적 해방을 성취하는 해방자임을 의미하는 것이다.

설교가 정치적이라는 말이 악의에 찬 비방임에도 불구하고 그 적극적 의미를 스스로 받아들이고 있듯이, 홍근수 목사는 자신의 설교가 선동적이라는 말에 대해서도 그 적극적인 의미를 긍정한다. 홍 목사는 예언자들과 예수 그리스도의 선포가 선동적이었다고 말한다.[4] 하느님의 심판의 대언자로서 예언자는 불의하고 억압적인 권력에 대해 비판을 가하는 한편 민중들에게 그 억압에 복종하지 말고 저항하고 해방받으라고 선포했다. 예수 역시 민중들에게 해방의 복음을 선포했고 그 때문에 민중선동죄(눅 23:14)로 처형당했다. 선동(煽動)의 사전적 의미가 무엇인가? 그것은 "어떤 행동 대열에 참여하도록 남을 부추기어 움직임"이라는 뜻이다.[5] 바로 그

---

3 홍근수, 『광야에서 온 도전장: 홍근수 목사의 정치적 설교』(서울: 한울, 1990), 4쪽.
4 홍근수, 『산 아래 현실로 내려가자: 홍근수 목사의 선동적 설교』(서울: 한울, 1991), 4쪽.
5 국어국문학회, 『새로 나온 국어사전』(서울: 민중사, 2002).

런 의미에서 홍 목사의 설교는 정말 선동적이다. "설교란 이 세상에서 활동하시는 하느님의 선교를 증언하고 선포하여 교회와 그리스도의 제자들로 하여금 이에 참여하게 촉구하는 것이므로 설교는 인간을 억압하는 이 땅의 사회·정치적인 모순이 구조화된 체제에 대한 비판, 도전, 심판을 의미하고, 동시에 선동을 의미하지 않을 수 없다."[6]

홍근수 목사에게서 그 설교가 정치적이고 선동적인 것은 분명한 신학적 근거를 갖고 있다. 홍 목사의 정치적 선동으로서의 설교는 세간에서 오해하고 있듯이 비성서적인 것이 아니다. 오히려 그 성격은 성서의 증언을 온전히 전하는 방식이다. 바로 그 점에서 홍 목사의 설교는 '복음적'이다. 예수의 복음에 대한 철저한 증언이라는 점에서다.[7] 홍 목사의 설교를 단한 번이라도 제대로 경청했다면, 아니 그의 설교문을 단 한 편이라도 제대로 읽어본다면 그의 설교가 비성서적이라거나 비복음적이라는 것은 터무니없는 오해라는 것을 금방 알 수 있다. 이 글의 제목을 "'정치적' 목사의 '복음적' 설교"라고 붙인 까닭이 여기에 있다.

물론 그렇다고 하여 그의 설교가 전적으로 '정치적 선동'의 성격만 지니는 것은 아니다. 홍근수 목사는 치유자로서 목회자의 역할을 분명히 인식하고 있거니와, 따라서 사람들의 내면적 성찰과 각성을 호소하고 고통을 겪고 있는 이들에 대한 치유의 선포로서 설교의 성격 또한 간과하지 않는다. 홍 목사의 설교는 정치적 해방을 지향하는 메시지로서의 성격을 지니고 있을 뿐 아니라 개인의 내면에 관심을 기울이고 고통받는 영혼들의 진정한 치유를 지향하고 있다. 그의 설교가 복음에 충실한 증언이고자 하는

---

6 홍근수, 『산 아래 현실로 내려가자: 홍근수 목사의 선동적 설교』(서울: 한울, 1991), 6쪽.
7 홍근수, 『새 시대의 도전과 기독교의 개혁: 홍근수 목사의 설교집』(서울: 한울, 1994), 212, 244쪽.

한에서 그것은 너무나도 당연하다 하겠다. 예수 그리스도의 구원의 복음은 '총체적인' 성격을 지니고 있기 때문이다.[8]

이 글은 향린교회 60년의 역사 가운데 장년에 해당하는 시기에 그 강단에서 선포된 홍근수 목사의 설교를 분석함으로써, 교회의 존재 의의를 구성하는 중요한 하나의 요소로서 교회의 선포가 어떻게 그 몫을 다할 수 있는지 가늠해보고자 하는 목적을 지니고 있다. 교회의 존재 의의를 구성하는 데는 매우 다양한 요인들이 있지만 그 가운데서 하느님의 말씀의 선포는 가장 중요한 요체 가운데 하나다. 특히 말씀 위주의 개신교 교회에서 그것은 결정적인 역할을 한다. 물론 이때 교회에서 선포된 말씀은 그저 그때그때 허공에 던져졌다 사라지고 마는 공허한 것일 수 없다. 그것은 구체적으로 교회를 구성하는 회중과 유리될 수 없고 결국 교회 공동체의 방향을 결정짓는다는 점에서, 교회의 존재 의의를 확인시켜주는 단지 하나의 요인이 아니라 교회의 존재 의의를 구성하는 다양한 요인들을 일관되게 꿰어주는 결정적인 요인이라 할 수 있다. 이 글은, 바로 그런 맥락에서 홍 목사의 설교를 분석함으로써 오늘 한국 사회에서의 향린교회의 위치와 역할을 가늠하고, 나아가 대안적인 교회상을 찾는 한 실마리를 구하고자 하는 의의를 지니고 있다.

1987년 1월부터 2003년 5월에 이르기까지 향린교회에서 목회를 하는 동안 홍근수 목사의 설교는 꼼꼼하게 기록되었다. 국가보안법 위반으로 감옥생활을 하는 1년 6개월의 공백과 1년 안식년의 공백, 그리고 향린교회의 특성상 빈번하게 다른 설교자가 강단을 대신한 경우를 제외하고 매번 선포된 그의 설교는 빠짐없이 ≪향린강단≫에 수록되었고, 그 가운데

---

8 홍근수, 『새 시대의 도전과 기독교의 개혁: 홍근수 목사의 설교집』(서울: 한울, 1994), 244쪽; 『빈들에서 외치는 설교』(서울: 한들출판사, 2006), 103쪽.

절반 이상의 분량은 일곱 권의 단행본으로 출간되었다. 이 글은 전적으로 그 기록을 분석대상으로 하고 있다.[9]

이 글은 먼저 홍근수 목사의 설교방식상의 특성을 분석하고("말씀과 역사"), 다음으로 그의 설교에서 두드러진 주제들을 탐색하는 것을 주 내용으로 하며("복음의 총체성" 및 "교회와 그리스도인의 역사적 실존"), 마지막으로 홍 목사 설교의 일관된 중심 메시지를 환기시켜 오늘 한국의 교회 및 그리스도인의 역할을 가늠하는 것으로 결론("자유인으로서의 삶")을 맺고자 한다.[10]

말씀과 역사

말씀과 그 말씀이 선포된 역사적 상황은 불가분의 관계를 맺고 있다. 그것은 역사적 상황을 떠나서는 말씀을 올바로 이해할 수 없다는 것을 말한다.[11] 설교자에게 이 원칙은 이중적 과정을 동반한다. 첫 번째로 그것은 성서본문 말씀을 그것이 기록된 역사적 상황에 비추어 해석하는 것을 뜻

---

9 정확하게 말해 ≪향린강단≫에서 선별 출간된 일곱 권의 설교집을 중심으로 했음을 밝힌다.

10 엄밀하게 말해 이 글은 홍근수 목사의 설교에 대한 본격적인 비평이라기보다는 그 설교의 전모를 한 눈에 파악할 수 있도록 대강의 얼개를 재구성하는 시도라고 해야 할 것이다. 그 재구성이 갖는 의의는 이 시대에 적합한 한 설교의 전형으로서 홍 목사의 메시지의 요체를 분명하게 드러냄으로써 오늘의 그리스도인과 교회의 역사적 실존의 의의를 밝혀보고자 하는 데 있다.

11 홍근수, 『예수님이 서울에 오신다면: 홍근수 목사의 도전적 설교』(서울: 한울, 1991), 7~8쪽.

하고, 두 번째로 그것은 오늘의 역사적 상황 가운데서 성서 말씀의 의미를 재조명하고 '오늘의 메시지'를 구하는 것을 뜻한다. 이러한 의미에서 설교 자의 과제는 "그 역사적 상황 속에서의 본문과 그것이 우리의 역사적 상황 속에서 말해주고 있는 것 사이의 정확한 상호작용이 무엇인지 발견해내는 과제"[12]라 할 수 있다. 바로 그 원칙에 충실한 홍근수 목사의 설교는 그 설교의 선포방식에서 다음과 같은 몇 가지 중요한 특징을 지니고 있다.

첫째, 앞서 말한 설교의 원칙 그대로 홍근수 목사의 설교에는 말씀과 역사가 촘촘히 교직되어 있다. 그것은 역시 이중적이다. 성서 본문의 역사적 상황을 충분히 헤아리고 있을 뿐 아니라 오늘의 역사적 상황에 대한 언급 또한 세세하다. 성서 본문의 '원 메시지'의 시공간이 확연하게 드러날 뿐 아니라 선포되고 있는 '오늘의 메시지'의 시공간이 분명하게 드러나 있다. 향린교회에서 목회하는 기간 중의 홍 목사 설교를 따라 읽어가자면 1980 년대 후반부터 2000년대 초반에 이르는 한국 현대사의 연대기가 파노라 마를 방불케 한다. 물론 설교에서 언급되는 사건들은 당대의 중요한 역사 적 사건들이 중심을 이루지만, 그뿐만 아니라 서민들의 일상적인 생활의 단면을 읽어낼 수 있는 기사들 또한 적지 않게 등장한다. 이러한 홍 목사 의 설교는 메시지가 선포된 역사적 삶의 자리를 분명히 하는 예언자적 선 포의 전형에 충실하다고 할 수 있다.[13]

둘째, 철저한 성서 본문 위주의 설교라는 데 홍근수 목사 설교의 중요한 또 하나의 특징이 있다. 많은 설교자들이 설교 메시지의 호소력을 높이기

---

12 로버트 M. 브라운/이동준 옮김, 『새로운 기조의 신학』(서울: 한국신학연구소, 1986), 89쪽.
13 두 번째 설교집은 '예언적 설교'라는 부제를 달고 있는데, '정치적 설교' 및 '선동적 설교' 와 함께 이 역시 허명이 아니다.

위해 서두에 예화를 들거나 역사적 상황을 먼저 언급하는 방식을 취한다. 홍 목사의 설교에도 그와 같은 방식으로 접근하는 경우가 없지 않으나 대부분의 경우 곧바로 성서 본문의 의미를 해석하는 것으로부터 시작하며, 또한 대부분 성서 본문의 서사구조를 그대로 따르며 해석하는 방식을 취한다. 고전적인 성서 주석에 충실하다고 할까? 철저하게 주석적이다. 여러 현대 성서비평 방법을 모를 리 없지만 홍 목사 설교는 고집스럽게 본문의 서사구조를 그대로 따라가며 주석을 하는 일관된 경향을 지니고 있다. '정치적'이고 '선동적'이기 때문에 비성서적일 것이라는 편견은 바로 이 점에서 터무니없다는 것을 금방 알 수 있다.

셋째, 홍근수 목사의 설교는 전통적 교의에서 크게 일탈하지 않는 성격을 지닌다는 것 또한 중요한 특징이다. 급진적인 정치적 목사의 설교로서 상당히 의외로 여겨질지 모르나, 메시지의 교의적 측면에서 평하자면 '정통파'라고 말하는 것이 온당할 것 같다. 예컨대 삼위일체, 부활, 대속, 믿음으로 얻는 구원, 종말과 재림, 교회론 등등 기독교 역사에서 그 중심적 교의로 받아들여진 교의들의 의미를 고스란히 받아들이고 있다. 물론 '정통파'라고 이름붙일 수 있다고 해서 그 교의들에 대한 수용의 태도가 소위 보수적 목사들의 그것과 아무런 차별성이 없다는 것은 결코 아니다. 홍 목사는 그 중요한 교의들이 개인적이고 내면적 차원에서만 해석됨으로써 그 혁명성이 제거되고 결국 박제화되어 버렸다는 점을 주목하며 역사적 맥락에서 그 의미를 재해석하고 있고, 언제나 그 교의들이 지니고 있는 실천지향적 성격을 밝히고 있다는 점에서 소위 기존 정통파의 태도와는 확연히 다르다.

넷째, 앞서 말한 세 가지 중요한 특성과 무관하지 않겠지만, 홍근수 목사의 설교에는 과거의 사건에 대한 기억과 미래의 전망이 언제나 긴밀히 교호작용을 하고 있고[14] 이를 가교하는 오늘의 시대정신이 깊게 배어 있다. 스스로 강력하게 의식하고 있듯이 역사적 상황에 대한 강조는 단지 객관적으로 사건을 주목하는 차원을 넘어서서 그 사건의 의의를 해석하면서 미래의 전망을 찾아보려는 태도를 담고 있다. 이때 역사를 해석하는 안목은 당대의 시대정신과의 풍부한 교감을 필요로 한다. 홍 목사의 설교를 읽다 보면 당대의 수많은 사상가들과 교감하고 있는 것이 분명하게 드러난다. 그 설교에는 에른스트 블로흐, 에리히 프롬, 위르겐 몰트만, 윌리엄 버클레이, 안병무 등을 위시해서 수많은 사상가들의 저작이 인용되고 있을 뿐 아니라 시와 소설 등 다양한 문학작품의 통찰 또한 빈번하게 등장한다. 이는, 1년 6개월의 감옥생활을 통해서 비로소 읽고 싶은 책을 제대로 읽을 수 있었다고 고백하고 있음[15]에도 불구하고 사실은 바쁜 목회활동과 쉼 없는 실천현장의 참여 가운데서도 풍부한 독서를 바탕에 두었던 설교자의 미덕에 기인하는 것이다.

다섯째, 홍근수 목사의 설교에는 청중과 상호소통 하고자 하는 노력이 분명하게 드러나 있다. 설교가 선포된 자리에 있지 않고 설교문만을 보면서 어떻게 그것을 알 수 있을까? 홍 목사의 설교문에는 청중들의 상황이 적지 않게 반영되어 있다. 급진적인 설교의 수위조절을 요구하는 청중들의 상황, 급기야 그 때문에 교회가 분열될 수밖에 없었던 뼈아픈 상황이 드러나 있을 뿐 아니라, 감옥에 갇힌 교인들의 상황과 여러 교인들의 형편도 심심치 않게 언급된다. 또 매우 억제되어 있음에도 불구하고 홍 목사 자신의 인생역정이나 실존적 정황에 대한 진솔한 고백도 간간이 엿보인다. 회중들과 인격적 교감을 나누고자 하는 목회자의 진정성을 엿볼 수 있

---

14 홍근수, 『빈들에서 외치는 설교』(서울: 한들출판사, 2006), 507쪽.
15 홍근수, 『인생의 계절: 홍근수 목사의 설교집 5』(서울: 한울, 1994), 6쪽.

는 대목이다. 대형화된 교회에서는 도무지 불가능한 설교의 미덕이다.

여섯째, 홍근수 목사의 설교는 호흡이 무척 길다. 매 설교문이 거의 논문 한 편이 될 만큼 길다. 성서 본문에 대한 꼼꼼한 주석과 동시에 오늘의 역사적 상황에서 주는 메시지를 집요하게 캐묻는 방식으로 준비하는 설교이니 당연한 귀결일지도 모르겠다. 분량으로나 메시지 자체의 중량감으로 볼 때 오늘의 시대를 풍미하는 '인스턴트' 방식과는 다른 그 설교문을 대하면, 홍 목사의 목회적 열정이 느껴질 뿐만 아니라 그 청중, 곧 향린교회 회중의 저력과 내공이 동시에 느껴진다. 교회의 사회적 책임을 다하고자 하는 대안적 교회의 한 모델로서 향린교회가 결코 간단히 형성되지 않았음을 설교를 통해 간접적으로 실감한다.

일곱째, 홍근수 목사의 설교는 우회하지 않고 일관되게 직언과 실천적 결단을 촉구한다. 특별히 오늘의 불의한 현실을 고발하고 질타하는 데서 에누리가 없다. '지혜롭게' 돌려서 말했더라면 설교 때문에 감옥에 가는 일을 면할 수 있었을까? 홍 목사는 스스로 그런 우회로를 달갑게 여기지 않는다. 하느님의 선교를 실천하며 소신껏 설교를 외치다가 감옥에 가야 하는 상황이 오면 꽁무니 빼거나 주저할 필요가 없다고 확신한다.[16] 스스로 확신이 없는 상태를 설교자의 위기로 인식하고 있는[17] 까닭에 홍 목사는 언제나 거의 모든 설교에서 그 확신에 따라 청중에게 실천적 결단을 촉구하는 말로 끝맺음한다. 무릇 제대로 된 설교라면 결단을 촉구하는 것으로 끝맺음하는 것이 당연하다 하겠으나, 홍 목사의 설교는 유독 실천적 결단을 촉구하는 물음으로 끝맺는 경우가 많다. 그 방식은 청중에게 점잖게

---

16 홍근수, 『새 시대의 도전과 기독교의 개혁: 홍근수 목사의 설교집』(서울: 한울, 1994), 6쪽.

17 같은 글.

'지혜롭게' 돌려서 말했더라면 설교 때문에 감옥에 가는 일을 면할 수 있었을까? 홍근수 목사는 스스로 그런 우회를 달갑게 여기지 않았다. 하느님의 선교를 실천하며 소신껏 설교를 외치다가 감옥에 가야 하는 상황이 오면 꽁무니 빼거나 주저할 필요가 없다고 확신했다.

권유하는 방식보다 훨씬 강력하게 느껴진다. 권유형 결단의 촉구가 그저 설교자의 한 견해로만 받아들여질 수 있는 반면, 선택을 요구하는 물음에 대한 답은 고스란히 청중의 몫으로 다가오기 때문이다. 스스로 인정하고 있듯이 홍 목사의 설교가 정말 선동적이 되는 이유가 바로 여기에 있다고 할 수 있다.

복음의 총체성

앞에서는 홍근수 목사의 설교방식에서의 인상적인 주요 특징을 살펴보았다. 이제 그 내용상의 주요 주제들을 탐구하려고 한다. 커뮤니케이션의 한 형태로서 설교 방식도 중요하지만, 그 선포를 통해 과연 무엇을 말하고자 하는지 파악하는 것은 보다 본질적인 의미를 갖는다. 그것은 설교자 자신의 정체를 드러내는 것이며 그 설교를 받아들이는 청중, 곧 교회공동체의 정체성을 드러내는 것이기 때문이다.

홍근수 목사는 설교에서 선포되는 메시지로서 '복음의 총체성'을 강조하고 있는 만큼, 기독교의 역사와 오늘의 역사적 상황에서 나타나는 다양한 쟁점들에 대해 거의 언급하지 않은 것이 없을 정도로 설교에서 다루는 주제 및 소재가 다양하고 풍부하다. 하지만 그 다루는 주제들에 대해 일일이 정리하는 것은 제한된 지면으로는 감당할 수 없기에, 이 글에서는 홍목사의 설교에서 두드러진 몇 가지 주요 주제들에 한정하여 살펴보고자 한다. 이 글에서 비록 제한된 주제들에 한정하여 살펴본다 하더라도 설교자가 그 주제들을 다루는 방식을 파악하면 여타의 주제들에 대한 입장이 어떤 것일지 미루어 헤아릴 수 있을 것이다. 본 평자가 그러한 이해를 도울 수 있도록 성공적으로 다룰 수 있게 되기를 바랄 뿐이다.

1) 복음의 총체성

홍근수 목사가 강조하는 복음의 '정치성'[18]은 사실 더 엄밀하게 말하자면 복음의 '통전성' 또는 '총체성'을 나타내는 말로 이해하는 것이 적절하다.[19] 홍 목사는 '정치'의 의미를 "인간 공동체에서 인간과 인간의 관계를 규율하는 인간의 공적인 삶과 그 공적 삶을 규율하는 모든 정책과 제도"를 통틀어 이르는 말로 정의하고 있다.[20] 그것은 곧 사회적 관계 안에 있는

---

18 같은 책, 212쪽.

19 홍근수, 『광야에서 온 도전장: 홍근수 목사의 정치적 설교』(서울: 한울, 1990), 6쪽.

20 홍근수, 『새 시대의 도전과 기독교의 개혁: 홍근수 목사의 설교집』(서울: 한울, 1994), 212쪽.

인간 삶의 방식을 강조하는 것으로, 특별히 복음이 개인적이고 내면적인 차원에서만 받아들여지는 기존 기독교의 현실에서 복음의 본래적 의미를 회복하려는 의의를 지니고 있다.

복음은 "인간을 구원하는 하느님의 능력"으로서, 이때 구원은 "영적 구원과 함께 육체적 구원, 그리고 이 세상에서의 구원"을 뜻한다. "구원은 인간이 참 인간이 되지 못하게 가로막고 방해하는 모든 장애세력과 요소, 즉 인간의 육체적, 심리적, 정서적, 정신적 문제와 질병 같은 인간의 내적 장애로부터의 해방은 물론이고 인간 외적인 환경인 사회적, 정치적 억압이나 속박에서부터의 해방과 구원을 포함하고 있는 총체적 개념"이다.[21]

복음에 대한 이와 같은 이해는 당연히 그 복음의 구원하는 능력이 구현되어야 하는 오늘의 현실에 대한 관심으로 이어질 수밖에 없다. 오늘의 현실에서 인간을 인간되게 하지 못하는 조건에 대한 규명이 이루어져야, 바로 오늘의 현실에서의 구원의 전망 또한 분명해지기 때문이다. 개인구원이 강조되는 한국 교회의 현실에서 불가불 사회구원에 상대적으로 높은 관심을 기울이고 있는 홍 목사가 주목하는 구원의 주된 장애조건은 역시 거시적이고 역사적인 조건들이다. 자본주의화한 세계 가운데 자리 잡고 있는 불평등한 국제질서, 특별히 그 세계질서 가운데서 분단을 겪고 있는 한민족의 현실, 그리고 국내적 차원에서의 정치적 억압과 경제적 불평등의 현상이, 홍 목사의 설교에서 두드러지게 강조되는 오늘 구원받아야 하는 역사적 현실이다. 이러한 역사적 조건은 구조적 불의로 자리 잡고 있을 뿐 아니라 각 개인의 생활조건과 생활방식, 그리고 내면까지 결정하는 조건이 되고 있다는 것이 홍 목사의 진단이다. 이러한 삶의 조건에서 해방되

---

21 홍근수, 『예수님이 서울에 오신다면: 홍근수 목사의 도전적 설교』(서울: 한울, 1991), 50쪽.

는 요건으로 가장 중요한 지표는 '자주적인 삶'이다. 그것은 민족적 집단에서든 개인적 차원에서든 공통된 구원의 구체적 지표다. 하느님의 구원하는 능력으로서 복음의 총체성은 전인적인 해방을 가능케 하기 때문이다.

하느님의 구원하는 능력으로서 복음의 총체성을 회복하고자 하는 홍 목사의 설교는, 이상과 같은 기본적인 역사적 인식을 기반으로 하면서 그 역사의 현장에서 제기되는 여러 문제들에 대한 답을 구하고 있다. 이제 중요한 몇 가지 중심 주제들을 살펴보고자 한다.

2) 민족과 민중

홍근수 목사에게 붙은 또 다른 별칭 가운데 하나가 '구족사도(救族使徒)'다. "민족을 구할 사도"라는 뜻이다.[22] 그와 다르지 않은 의미로 "통일의 사도"로 불리기도 한다.[23] 특별히 민족통일운동에 지대한 기여를 한 홍 목사의 실천적 삶의 이력과 더불어 이와 같은 별칭이 풍기는 인상은 '민족주의자'의 면모다. 마땅치 않은 표현이기는 하지만 항간에서 통용되는 말로 하면 'NL', '종북주의자'라고도 할 수 있을까? '반미 빨갱이 목사'라는 비난을 늘 받고 있었으니[24] 언뜻 그런 인상을 피하기 어렵다.

홍근수 목사의 설교에서 민족주의적 인식은 매우 뿌리 깊게 자리하고 있는 것이 사실이다. 홍 목사는 복음의 성격과 교회의 과제, 그리고 오늘의 역사적 과제와 관련해서 일관되게 민족주의적 인식의 중요성을 설파한

---

22 홍근수, 『빈들에서 외치는 설교』(서울: 한들출판사, 2006), 401쪽.
23 홍근수, 『새 시대의 도전과 기독교의 개혁: 홍근수 목사의 설교집』(서울: 한울, 1994), 176쪽.
24 홍근수, 『빈들에서 외치는 설교』(서울: 한들출판사, 2006), 145쪽.

다. 기독교를 '애국애족의 종교'로 규정하는가 하면,[25] '민족교회'로서 향린교회의 설립정신을 강조하고 있고,[26] 나아가 1000년 이상 지속해온 민족[27]을 '존재의 뿌리'[28]라고까지 말한다.

홍근수 목사의 민족주의에 대한 인식은 일차적으로 각 개인의 존재가 집단적 귀속성을 갖고 있다는 현실인식에 뿌리를 두고 있다. 그것은 앞서 말한 복음의 총체성에 대한 인식과 맥락을 같이한다. 이 점에서 홍 목사는 예수의 구원의 선포가 집단을 겨냥한 사실을 늘 주목한다. 그 민족주의에 대한 인식은 단지 자연적인 혈통을 강조하는 맥락에서 비롯되는 것은 아니며 분명한 역사적 맥락을 갖고 있다. 그것은 민족의 분단과 예속의 상황이다. 일제로부터 해방되었지만 민족의 운명을 자주적으로 결정하지 못한 채 분단을 맞고 또 다른 강대국 미국에 사실상 예속되어 있는 현실이다.[29] 이 점에서 홍 목사의 민족주의는 민족지상주의를 말하려는 것이 아니라 스스로의 운명을 주체적으로 결정하지 못하는 불공평한 조건 가운데 처한 민족의 자주성을 회복하려는 데 그 근본 뜻이 있다.

홍근수 목사의 민족주의 인식이 단순한 민족지상주의로 동일화될 수 없다는 것은 그의 민중에 대한 뚜렷한 인식을 통해 더욱 분명해진다. 홍 목사는 민족에 대해 강조하는 만큼 민중에 대해서 또한 일관되게 강조하

---

25 홍근수, 『예수님이 서울에 오신다면: 홍근수 목사의 도전적 설교』(서울: 한울, 1991), 224쪽; 『빈들에서 외치는 설교』(서울: 한들출판사, 2006), 87쪽.

26 홍근수, 『새 시대의 도전과 기독교의 개혁: 홍근수 목사의 설교집』(서울: 한울, 1994), 242쪽.

27 홍근수, 『빈들에서 외치는 설교』(서울: 한들출판사, 2006), 493쪽.

28 같은 책, 503쪽.

29 홍근수, 『예수님이 서울에 오신다면: 홍근수 목사의 도전적 설교』(서울: 한울, 1991), 224쪽 이하.

고 있다. 홍 목사는 아기 예수의 탄생, 곧 성육신 사건을 민중사건으로 인식하고 있거니와,[30] 민중의 땅인 갈릴리가 기독교의 발상지라는 사실을 강조하며,[31] 예수는 당시 체제에 의해 죄인이 될 수밖에 없었던 가난한 민중들과 함께했고,[32] 따라서 예수의 복음은 가난한 민중들의 복음이라는 점을 강조한다.[33] 감옥에 갇혔던 홍 목사가 누가복음을 연구하고 그 결과를 교회 강단에서 펼쳤던 것도 누가복음이 갖고 있는 가난한 민중의 복음서로서 두드러진 성격 때문이었다.[34]

예수의 복음을 민중의 복음으로 인식한 까닭에 홍근수 목사는 항상 오늘 민중들의 고통스러운 상황을 주목하고 그들에게 빛이 되는 복음의 의미를 강조한다.[35] "이 땅의 노동자, 농민들, 도시 빈민들, 철거민들, 병들었으나 가난하여 제대로 치료받지 못하는 사람들, 여러 가지 형태로 차별당하고 억압받는 사람들, 전교조 교사들, 감옥에 갇힌 사람들", 곧 "이 땅의 기층민들"에게 빛이 되는 복음을 강조한 것이다.[36] 남북분단의 현실을 주목하고 민족통일의 절박성을 강조한 것도 그 분단의 현실이 민중들의 고통을 가중시키고 있다는 것 때문이었다.[37]

30 홍근수,『인생의 계절: 홍근수 목사의 설교집 5』(서울: 한울, 1994), 190, 199쪽;『빈들에서 외치는 설교』(서울: 한들출판사, 2006), 75, 124쪽.

31 홍근수,『인생의 계절: 홍근수 목사의 설교집 5』(서울: 한울, 1994), 264쪽;『새 시대의 도전과 기독교의 개혁: 홍근수 목사의 설교집』(서울: 한울, 1994), 129쪽.

32 홍근수,『빈들에서 외치는 설교』(서울: 한들출판사, 2006), 271쪽.

33 같은 책, 389쪽 이하.

34 같은 책, 445쪽.

35 홍근수,『예수님이 서울에 오신다면: 홍근수 목사의 도전적 설교』(서울: 한울, 1991), 310, 337쪽.

36 같은 책, 337쪽.

37 같은 글.

한편으로는 민족을 강조하고 또 다른 한편으로는 민중을 강조하는 인식은, 민족에 대한 비판적 성찰이 활발해진 오늘의 시점에서 볼 때 일견 부조화처럼 보일 수도 있다. 사실은 홍근수 목사 자신도 민족적 인식과 계급적 인식의 차이를 분명히 구별하고 있었는데,[38] 그 부조화를 어떻게 이해할 수 있을까? 우리는 여기서 제1세대 민중신학에서 나타나는 '민중적 민족'이 갖는 함의를 주목하게 된다. 한국 사회에서 민중의 발견과 민중사건의 체험을 통해 민중신학적 인식이 태동했는데, 그 입장에서 볼 때 당시 민족의 현실은 민중의 현실과 동일시될 수밖에 없었다. 단지 민족 구성원의 절대다수가 민중이라는 의미에서가 아니라 민족국가가 엄존하는 현실에서 주체성을 보장받지 못하는 민중의 현실이 그와 같이 인식된 것이다. 이것이 '민중적 민족'이라는 개념이 함축하고 있는 의미다.

그런 의미에서 민족과 민중은 모순관계로 인식되지 않고 병행관계로 인식되었다. 한발 더 나아가 '민족적 민중'이라는 말까지 통용되었던 사정은 그러한 인식을 반영하고 있다. 홍 목사의 민족과 민중에 대한 인식은 그와 같은 시대정신의 맥락에서 해명될 수 있다.

하지만 기독교 복음의 발상지로서 민중의 현장을 강조하고 있는 입장은 민족의 문제를 바로 그 원점에서 재조명하도록 여지를 열어두고 있다는 점을 오늘의 시대에 새삼 주목해야 할 것이다.

3) 정의에 토대를 둔 평화, 사랑, 그리고 화해

어떤 설교자가 성서와 기독교 역사에서뿐 아니라 오늘의 시대에서도

---

38 같은 책, 546쪽.

중심가치가 되고 있는 주제들에 대한 언급을 피할 수 있을까? 정의와 평화, 사랑, 그리고 화해 등의 주제는 어떠한 설교에서도 빠지지 않는 중요 주제들이다. 그런 까닭에 단순히 그 주제들이 언급되고 있는 빈도 자체를 확인하는 것만으로 설교자의 어떤 확신이나 메시지의 특징을 파악할 수는 없다. 동일한 주제라 하더라도 극과 극의 입장이 있을 수 있는 이와 같은 주제들에 대해서는 각기 그 내용을 어떻게 정의하는지, 또 그 상호관계를 어떻게 설정하는지 파악함으로써 메시지의 특성을 드러낼 수 있을 것이다.

홍근수 목사의 설교 가운데 가장 빈번하게 등장할 뿐만 아니라 오늘 세계 현실에서 가장 극명하게 대립되는 의미를 지니고 있는 주제는 역시 평화다. 남북이 분단되어 대치하고 있는 역사적 상황 가운데서 평화에 대한 역설은 당연히 중심 메시지가 될 수밖에 없다. 평화에 대한 강렬한 희구는 전쟁의 경험과 지속되고 있는 분단과 대치라는 거시적인 역사적 조건에서만 비롯되는 것은 아니며 매우 구체적인 국제적 역학관계 안에서 발생하는 전쟁의 위험성에서 비롯된다. 홍 목사는 소위 북핵문제와 관련해 미국이 북한을 선제공격할 수도 있는 현실을 엄중히 인식하며 평화의 절박함을 설교를 통해 선포한다. 세칭 '반미주의자'로서 홍 목사는 미국의 경제적 패권에 대해서도 계속 비판하지만 미국에 대해 비판의 목소리를 높이는 경우 대부분 패권국가로서 미국이 평화를 위협하는 세력이라는 점을 겨냥한다. 이는 힘의 우위를 통해 평화를 유지하고자 하는 미국의 전략에 동의하지 않는 평화관에서 비롯된다.

홍근수 목사는 "평화는 단순히 군사적·정치적 의미의 평화, 즉 전쟁 없는 상태만을 의미하는 것이 아"니라, "우리의 건강으로부터 시작하여 인간의 안녕, 복지, 해방, 구원, 평등, 정의 등을 모두 포함하는 총체적·포괄적 개념"으로 정의하고 있다.[39] 전쟁 없는 상태도 소극적 의미의 평화로 받아들일 수 있으나 그것만으로는 진정한 평화라 할 수 없다는 입장이다. 하물며 힘의 우위를 통해 평화를 유지한다는 공공연한 전략과도 정면으로 배치되게 세계 곳곳에서 전쟁을 일으키고 있을 뿐 아니라 정치적·경제적 패권을 남용하는 미국은 당연히 평화를 위협하는 세력으로 질타의 대상이 될 수밖에 없다.

포괄적인 평화의 개념에서 이미 드러나듯이 홍근수 목사의 평화에 대한 이해는 정의를 그 밑바탕으로 하고 있다. 홍 목사는 "평화가 진정한 해방과 정의에 근거한 평화가 아니고 억압적 평화, 힘에 의해 강요된 가짜평화, 즉 강자에 의해 일방적으로 강요된 고요함이어서 불평등이 강요되고 정의가 부재할 때" 그것은 '사이비 평화'에 지나지 않는다고 말한다.[40] 이때 정의는, "가난하고 억압받는 사람들의 해방과 진정한 정의에 토대한 평화"라는 주장[41]에서 드러나는 바와 같이 가난하고 억압받는 사람들의 해방을 뜻한다. 홍 목사는 예언자들의 선포에서 나타나는 하느님 사랑과 사회정의의 병행관계를 강조하고 있거니와, 그 전통을 이어받고 있는 예수의 메시아 취임사(눅 4:18~19)를 실현되어야 할 정의의 요체로 인식하고 있다. 곧, 정의란 "억눌린 자들, 찢긴 자들, 포로들, 옥에 갇힌 자들, 슬퍼하는 사람들, 재를 뒤집어썼던 사람들, 상복을 입었던 사람들, 침울한 마음을 가졌던 사람들"이 해방되는[42] 공평한 관계가 이루어지는 현실이다.[43] 복음의 발상지로서 민중의 현장을 강조한 입장에서 당연한 인식이다.

---

39 홍근수, 『인생의 계절: 홍근수 목사의 설교집 5』(서울: 한울, 1994), 144쪽.
40 홍근수, 『빈들에서 외치는 설교』(서울: 한들출판사, 2006), 248쪽.
41 홍근수, 『인생의 계절: 홍근수 목사의 설교집 5』(서울: 한울, 1994), 144쪽.
42 홍근수, 『예수님이 서울에 오신다면: 홍근수 목사의 도전적 설교』(서울: 한울, 1991), 330쪽.
43 홍근수, 『산 아래 현실로 내려가자: 홍근수 목사의 선동적 설교』(서울: 한울, 1991), 210쪽.

홍근수 목사에게서 평화의 기초로서 정의는 또한 사랑의 실질적 내용을 의미한다. 홍 목사는 "정의는 사랑의 사회적 번역"이라는 것을 힘주어 강조한다.[44] 기독교가 사랑의 종교라는 데 대해서는 누구도 이의를 제기하지 않지만, 정의와 사랑의 관계가 전혀 다른 항목으로 받아들여지고 있는 기존 교회의 인식에 반하여 사랑이 정의에 토대한 것임을 강조한 것이다. 정의와 사랑이 선택적인 관계로 인식될 때, 정의의 하느님은 엄격한 심판의 하느님으로 인식되고 사랑의 하느님은 용서하시는 하느님으로 인식된다. 하지만 홍 목사는 "정의를 심어 사랑의 열매를 거두리라"는 호세아의 예언이 지니는 뜻을 새김과 아울러 "'정의'란 불의 앞에서 폭발하는 '사랑'의 분노"라는 문익환 목사의 말[45]을 빌려 정의와 사랑이 배치되거나 대립되는 것이 아니라고 말한다.[46]

여기에서 홍근수 목사의 독특한 용서와 화해에 관한 입장이 형성된다. 홍 목사의 설교에서는 평화에 관한 메시지만큼이나 화해에 관한 메시지가 자주 등장한다. 그 메시지가 등장하는 것은 주로 남북 간의 적대관계를 극복해야 하는 민족사적 과제를 역설하는 맥락에서다. 그렇게 남북 간의 화해를 강조하는 반면, 국가로서 미국에 대해서는 언제나 단호하게 비판적 입장을 견지하며 광주학살의 책임자와 권위주의 지배세력에 대해서도 단호하다.

이러한 태도는 언뜻 보기에 모순되는 이중적 태도로 비칠 수도 있다. 홍근수 목사 자신도 그 점을 의식하고 이에 대해 해명하기까지 한다.[47] 한

44 홍근수, 『빈들에서 외치는 설교』(서울: 한들출판사, 2006), 415쪽.
45 문익환, 『히브리민중사』(서울: 삼민사, 1990), 161쪽.
46 홍근수, 『새 시대의 도전과 기독교의 개혁: 홍근수 목사의 설교집』(서울: 한울, 1994), 285~286쪽.

국전쟁에 대한 책임과 적대행위에 대해 북쪽에만 일방적 '사죄'와 책임을
물을 수 없는 것은 남쪽 역시 그 책임을 지니고 있기 때문이라는 것이었
다. 상호간의 책임이 성립되는 관계에서는 스스로를 먼저 돌아보는 책임
적인 태도가 필요하다는 뜻이다. 반면에 국가로서 미국은 세계질서에서
일방적인 외교적·군사적 힘의 우위 정책을 펼치고 있는 까닭에 그로 인해
피해를 겪은 처지에서 그에 대한 책임을 묻고 사죄를 요구해야 한다고 보
고 있다.

이처럼 서로 다른 태도를 결정짓는 판단의 근거는, "내가 행동의 주체일
때를 규율"하는 태도와 "남이 행동의 주체로서 내게 어떤 행동을 했을 때
내가 어떻게 반응할 것인가" 하는 태도를 구분하는 데서 비롯된다.[48] 이것
은 나아가, 전적으로 스스로가 행동의 주체일 때 요구되는 개인적 윤리의
태도와 지배적 힘의 우위를 가진 세력이 행동의 주체로서 사회 전반에 심
각한 영향을 끼침으로써 다수의 사람들을 곤경에 빠뜨릴 때 요구되는 사
회적 윤리의 태도를 구분하고 있는 것이다.

기독교 사회윤리학을 전공한 홍근수 목사는 개인 간의 도덕적 태도와
집단 간의 정치적 태도를 구분함으로써 개인윤리와 구별되는 사회윤리의
실마리를 제시했던 라인홀드 니버로부터 상당한 영향을 받은 흔적을 지니
고 있다. 실제로 홍 목사의 설교에는 니버의 통찰이 빈번하게 인용되고 있
다. 그러나 한편으로 홍 목사는 전적으로 니버의 입장을 따르고 있는 것은
아니다. 홍 목사는 니버의 "현실주의적 기독교 윤리가 국제정치학에서 힘
의 균형의 윤리"로 귀결된 점을 주목하며, 성서의 윤리는 그와는 달리 "군

---

47 홍근수, 『빈들에서 외치는 설교』(서울: 한들출판사, 2006), 152쪽 이하.
48 같은 책, 452쪽.

사적 힘을 무장해제하는 것은 군사적 힘이 아닌 다른 어떤 힘, 그보다 더 위대한 힘"이라는 점을 제시하고 있다고 보며, 그것을 "정의와 평화의 힘"이라고 보고 있다.[49] 이것은 앞서 말한 정의와 평화의 관계에 비추어 볼 때 '정의의 윤리'라 이름붙일 수 있을 것이다. 여기에서 현실적으로 실행 가능한 규범으로서 윤리적 요구가 포기되는 것은 아니다. 특별히 사회적 약자들의 경우 정의의 요구 외에는 다른 대안이 있을 수 없으며, 또한 정의의 요구는 그 자체로 현실적 힘을 지니고 있기 때문이다. 이 점에서 홍 목사가 강조하는 적대적 관계의 화해 역시 정의의 요구가 충족될 때 비로소 실현가능하게 된다.

정의의 관점에서 인간 사회의 적대적 관계를 화해의 관계로 회복해야 한다는 홍근수 목사의 견해는 인간과 자연의 화해 및 관계 회복과 관련해서도 일관된다. 자연의 타락과 병듦은 인간과 자연의 관계에 대한 이해가 근본적으로 잘못되어 "인간이 다른 자연과 마찬가지로 피조물이라는 것을 망각하고 인간이 자연 위에 군림하면서 다른 피조물들을 남용, 남획, 수탈"한 데서 비롯되었다고 진단하며, 인간과 자연의 관계가 "정복자와 피정복자의 관계가 아니라 상호관계, 동반자 관계, 공존공영의 관계", 곧 "정의로운 관계"로 회복되어야 한다는 것을 역설한다.[50]

4) 양성평등

홍근수 목사의 설교에서 앞서 다룬 주제들에 비해 양성평등의 문제를

---

49 홍근수, 『인생의 계절: 홍근수 목사의 설교집 5』(서울: 한울, 1994), 213쪽.
50 같은 책, 106~107쪽.

직접적으로 다룬 경우는 그리 많지 않은 편이다. 그러나 오늘 여전히 남성 중심의 가부장제 문화가 지배적인 상황에서 양성평등의 실현 과제는 사회적으로나 교회적으로 중요한 관심사가 될 수밖에 없는 까닭에, 홍 목사의 설교에서 이에 관한 견해를 들춰내는 것은 의미 있는 일이라 생각된다. 이 글이 미처 다루지 못한 주제들에 대해서는 앞서 밝힌 주제들에 대한 견해에 비추어 미루어서 헤아릴 수 있는 가능성이 충분히 있고, 따라서 양성평등에 관한 견해 역시 그런 방식으로 미루어 판단할 수도 있다. 하지만 다행스럽게도 홍 목사는 그 양적 비중이 적음에도 불구하고 복음의 총체성을 설파하는 설교의 논지 가운데 중요한 비중을 차지할 수밖에 없는 양성평등 문제와 관련하여 분명한 입장을 밝히고 있다.

먼저 홍근수 목사는 "가부장제적이고 권위주의적인" 체제가 지배하는 사회에서는 "계급의 차별, 혈통의 차별, 학벌의 차별, 종교의 차별" 등 여러 차별현상이 연쇄적으로 발생한다는 점을 지적한다.[51] 그 인과관계에 대한 견해는 분명치 않지만 남성 중심의 가부장제가 여러 차별현상을 강화하는 결정적인 요인으로 작용하고 있다는 인식은 분명해 보인다. 홍 목사가 주목하는 것은 "가부장적이고 권위주의적인 고루한 종교가 되어"버린 기독교의 현실이다.[52] "여성들이 남성들보다 수적으로 다수를 차지하고 있는 상황"에서도 "소수의 남성에 의해 지배를 당하고 있는" 교회의 현실[53]이 문제인 것이다.

그러나 예수에게서, 그리고 초대교회에서는 그 양상이 전혀 달랐다. 홍근수 목사는 복음서들과 사도행전의 증거들을 통해 초기 기독교에서 여성

---

51 홍근수, 『빈들에서 외치는 설교』(서울: 한들출판사, 2006), 559쪽.
52 같은 책, 565쪽.
53 같은 책, 510~511쪽.

들의 활약과 기여를 확인한다.[54] 옥합을 깨뜨린 여인, 나사로의 여동생 마르다, 사마리아 여인, 간음하다 붙잡힌 여인 등의 이야기에서 당시의 시대적 통념과는 다른 예수의 여성관을 확인하고 있다. 당시 통념으로는 가르침을 받을 수 없었던 대상인 여성들도 남성 제자들을 대하는 것과 똑같이 대했던 예수의 태도에서 "남성과 여성의 장벽"을 허문 예수의 입장을 확인한다. 예수에게서 그렇게 인정되었기에 여성들은 무엇보다도 부활의 첫 증인이 될 수 있었다. 여성들은 초기 기독교 안에서도 여전히 중요한 몫을 담당하고 있었다. 홍 목사는 바로 그런 초기 기독교의 현실을 주목함과 동시에, 하느님에 대한 인식에서 성차별적 요소가 지니는 문제를 진단하고 '하느님 어머니'로 부르고자 하는 여성신학자들의 의견에 공감을 표한다.

남성과 여성의 장벽을 무너뜨린 예수의 복음을 따라 오늘의 교회 현실에서 양성평등을 구현하고자 한 홍근수 목사의 입장은 강단에서 선포된 메시지 그 자체로서보다는, 사실은 교단 내 모든 대의구조 안에서 여성할당제를 도입해야 한다는 향린교회의 방침을 통해 보다 실질적인 힘을 발휘했다. 지금 한국기독교장로회총회가 각 노회로 하여금 여성총대권을 보장하도록 한 것이나 양성평등위원회를 설치한 것은 누차에 걸친 향린교회의 헌의에서 비롯되었기 때문이다. 그 성과는 목회자의 소신이 교회를 어떻게 변화시킬 수 있는지를 보여주는 중요한 하나의 사례라 할 만하다.

---

54 같은 책, 556~565쪽.

교회의 역사적 실존

홍근수 목사의 설교 가운데서 결정적으로 중요한 비중을 차지하고 있는 것 가운데 하나는 그리스도인의 공동체로서 교회의 역사적 실존에 대한 끊임없는 성찰이다. 이 땅 위에서 총체적 구원의 능력을 지닌 복음을 구현하기 위해서는 실질적으로 그 구현의 주체에 대한 인식이 뚜렷해야 하기 때문에 그리스도인의 공동체로서 교회의 역사적 실존을 성찰하고 과제를 모색하는 것은 지당한 일이라 하겠다.

홍근수 목사는 정의롭지 못한 현실에서 복음 구현의 과제를 설파하고 있는 것과 마찬가지로 교회가 교회로서 그 본분을 다하지 못하는 현실에서 교회의 과제를 모색한다. 양적으로 급성장을 했지만 도무지 살아 있는 종교로서 역할을 하지 못하고 있는 오늘 한국 기독교에 대한 인식이 그리스도인의 공동체로서 교회의 사명을 재확인하는 출발점이다.[55]

"교회가 사랑의 공동체로서 이 세상에 보여주는 것이 아니라 오히려 분열과 싸움을 일삼는 곳, 독선과 아집, 교권주의와 권위주의 등으로 불화와 반목을 일삼고 비민주적인 곳, 서로 주도권을 장악하기 위해 추한 싸움을 일삼는 곳"이라는 진단[56]은 단순한 하나의 가정이 아니라 오늘 한국 교회의 실제적인 단면이다. 게다가 교회가 화해, 통일, 평화의 옹호자가 아니라 반화해적, 반통일적, 반평화적 사회세력으로 지탄받고 있는 것 또한 사실이다. 그렇다면 교회는 변혁의 주도세력이 되지 못하고 거꾸로 변혁의

---

55 홍근수,『새 시대의 도전과 기독교의 개혁: 홍근수 목사의 설교집』(서울: 한울, 1994), 210쪽.
56 홍근수,『산 아래 현실로 내려가자: 홍근수 목사의 선동적 설교』(서울: 한울, 1991), 278쪽.

대상으로 전락할 수밖에 없고 사람들은 오히려 교회 때문에 걸려 넘어질 수밖에 없다.[57] 홍 목사는 이러한 오늘 한국 교회의 현실을 엄중하게 인식하며 그 대안을 제시한다.

무엇보다 교회는 세상의 빛과 소금으로 존재해야 한다.[58] 이 세상에 빛과 소금으로 존재해야 하는 교회의 사명은 "그리스도의 몸으로서 교회"에 대한 이해에서 더욱 구체화된다.[59] 그리스도의 몸으로서 교회는 오늘 이 땅의 역사적 현실에 그리스도의 임재를 나타내는 것으로, 홍 목사는 그것을 세 가지 차원으로 집약한다.

첫째, "교회가 더 이상 이 세상에 신체적으로 존재하지 않는 예수 그리스도를 만질 수 있고 만날 수 있는 물질적·신체적 형태로, 인간적 모습으로 보여주는 것을 의미한다". 이 대목에서 홍근수 목사는 자신을 비워 섬기러 오셨고 가난한 민중들의 친구가 되셨던 예수를 강조한다. 그 예수는 결코 '달콤한 예수'가 아니라 오늘의 특권적 지배계층에게는 가시 같은 존재가 될 수밖에 없다. 여기서 부활의 의의가 간과될 수 없는데, 부활은 불의한 정치세력에 의해 죽임을 당한 예수를 하느님이 다시 살려낸 사건이다.

둘째, "예수님의 교훈과 말씀이 그대로 증거되는 것을 의미한다". 예수의 교훈과 말씀은 이웃을 자신의 몸과 같이 사랑하라는 것이었다. 그것은 모든 차별을 넘어서 인간들 사이에서 사랑을 구현하는 것을 뜻한다.

셋째, "그리스도께서 이 세상에서 하시던 메시아적 선교, 즉 하느님의

---

57 같은 글.
58 같은 책, 277쪽; 『빈들에서 외치는 설교』(서울: 한들출판사, 2006), 318쪽.
59 홍근수, 『예수님이 서울에 오신다면: 홍근수 목사의 도전적 설교』(서울: 한울, 1991), 14~16쪽; 『새 시대의 도전과 기독교의 개혁: 홍근수 목사의 설교집』(서울: 한울, 1994), 270~272쪽.

선교를 계속하는 것이라고 할 수 있다". 예수의 하느님의 선교의 내용은 예수의 메시아 취임사에 집약되어 있다. 곧 "가난한 자들에게 기쁜 소식을 선포하고, 포로 된 자들에게 해방을 선포하며, 눌린 자들을 놓아주고, 눈 먼 자들에게 눈 뜨임을 선포하며, 주의 은총의 해를 선포하는 것"(눅 4:17~19)이다. 앞서 밝혔듯이 이것은 홍 목사가 강조하는 정의의 요체다.

그 지당한 교회의 과제가 오늘 이 땅의 현실에서 어째서 구현되지 않는 것일까? 홍근수 목사는 오늘의 교회가 세상으로부터 받는 유혹에서 헤어나오지 못하기 때문이라고 진단한다.[60] 홍 목사는 그 유혹의 실체를 역시 세 가지로 집약한다.

첫째, "교회가 이 세상에서 노아의 방주가 되라는 유혹"이다. 이것은 이 세상을 멸망해야 할 대상으로 단정하면서 교회가 이 세상으로부터 떠나야 하는 것으로 간주하는 태도를 말한다. 교회가 이 세상을 구원하기 위해 이 세상에 보냄을 받았다는 사실을 망각하는 데서 그 유혹이 다가온다.

둘째, "교회가 바벨탑이 되라는 유혹"이다. 바벨탑은 인간의 오만의 표현이고, 그것은 한국 교회에서 교회의 대형화로 나타나고 있다. 교회의 대형화는 교회의 선교적 사명을 앞세우기보다는 교회 자체를 절대시하는 교회지상주의로 귀결되고 있다. 이를 강조하는 데서 홍 목사는 흥미로운 일화를 덧붙인다. 대형교회를 꿈꾸는 목사는 그 설교에서 세 가지 금기를 지켜야 하는데, 첫째, 재물과 자본주의를 비판하지 말 것, 둘째, 정치와 정부를 비판하지 말 것, 셋째, 미신과 기복신앙을 비판하지 말 것 등이 그것이다.[61] 이 세 가지를 비켜가면서 선포되는 설교는 교회의 예언자적 사명을

---

60 홍근수, 『예수님이 서울에 오신다면: 홍근수 목사의 도전적 설교』(서울: 한울, 1991), 17~21쪽; 『새 시대의 도전과 기독교의 개혁: 홍근수 목사의 설교집』(서울: 한울, 1994), 272~277쪽.

방기하는 것이 되므로, 그 금기를 지키면서 성장해온 대형교회의 위기는 매우 본질적인 것일 수밖에 없다.

셋째, "십자군이 되라는 유혹"이다. 이것은 교회가 그 사회에서 소수자일 때 받는 유혹으로서 노아의 방주가 되라는 유혹과는 대조되는 것으로, 교회가 지배적인 세력이 될 때 받는 유혹이라 할 수 있다. 홍 목사는 오늘날 사회적으로 큰 영향력을 지닌 한국 교회가 이미 이 유혹에 빠져 있다고 진단한다.

홍근수 목사는 이 유혹들을 넘어 교회가 진정한 그리스도의 몸으로서 세상의 빛과 소금의 역할을 다해야 한다는 것을 기회 있을 때마다 강조할 뿐 아니라 교회의 선교방침으로서 그것을 구체화할 방향을 제시한다. 향린교회는 정관에 교인정원제를 제정하고, 그에 따라 분가선교를 시행하고 있다. 그에 대한 전망은 이미 홍 목사의 설교를 통해 누누이 강조되었고,[62] 오늘의 그 성과는 그 메시지의 열매라고 할 수 있을 것이다. 이 점은 교회가 세상에서 그 역사적 사명을 다하고자 할 때 교회의 내적 구조의 변혁을 동반하지 않으면 안 된다는 사실을 일깨워주는 것으로서 중요한 의의를 지니고 있다.

자유인으로서 그리스도인의 삶

이상의 내용으로 홍근수 목사의 방대한 설교에서 드러나는 메시지를

61 같은 책, 275쪽.
62 같은 책, 223, 235쪽.

온전하게 다 구성한 것은 결코 아니다. 단지 두드러진 주제들을 중심으로 그 대강의 얼개를 구성해본 것에 지나지 않는다. 여기에서 다루지 못한 그 밖의 여러 주제들은 설교로서 선포되지 않았기 때문이 아니라 지면의 한계로 미처 다루지 못했을 뿐이다. 앞서 말한 대로 여타의 주제들에 대해서는 미루어 헤아릴 수 있기를 기대해본다. 그럼에도 불구하고 마지막 결론 삼아 홍 목사의 설교가 함축하고 있는 중심 메시지를 확인하고 음미하는 것은 오늘의 그리스도인들의 존재 의의가 어디에 있는지를 확인하는 데 매우 중요한 통찰을 던져 주리라 생각된다.

장시간 열변을 토한 강사에게 던지는 어리석고 무례한 질문 가운데 하나는 "그래서 한마디로 말하면 뭡니까?"라는 질문일지 모른다. 홍 목사의 방대한 설교 가운데서 한 가지 중심메시지를 구하고자 하는 시도 역시 그와 같이 어리석고 무례한 짓일 수 있다. 그러나 천만다행인 것은 홍 목사 스스로 "지금까지 내가 말하고자 한 것은 바로 이겁니다" 하는 식으로 스스로 설교의 중심 메시지를 제시해주고 있다는 점이다. 그래서 우리는 그 무례한 질문을 던지지 않고도 그 답을 찾을 수 있게 되었다.

홍근수 목사는 향린교회 고별설교의 제목을 "자유인으로 사십시오"라고 붙였다.[63] 그것은 매 주일 되풀이되는 향린교회 예배의 마지막 파송사이기도 하다. 그 파송사를 고별설교의 제목으로 붙인 까닭은 그것이 항상 말하고자 하는 메시지의 중심이라는 것을 시사한다. 홍 목사는 고별설교에서만 이 중심 메시지를 선포한 것은 아니고 역시 기회 있을 때마다 그것을 환기해왔다.[64] 그뿐만 아니라 여러 신학자들과 사상가들의 논거를 통

---

63 홍근수, 『빈들에서 외치는 설교』(서울: 한들출판사, 2006), 575~583쪽.
64 홍근수, 『인생의 계절: 홍근수 목사의 설교집 5』(서울: 한울, 1994), 157~164쪽.

해 그 메시지가 갖는 의미를 강조해왔다. "그리스도인은 이 세상에서 어느 누구에게도 예속되어 있지 않은 자유인이다." 종교개혁가 마르틴 루터가 짧은 저작『그리스도인의 자유』에서 말한 이 주장은 오늘에도 끊임없이 반향을 불러일으키고 있다. 홍 목사의 인용에 따르면, 한스 큉은『기독교인이 된다는 것』에서 그리스도인이 되는 것은 "철저하게 인간이 된다는 것"이라고 역설했고,[65] 콘첼만은『예수는 자유를 의미한다』에서 예수를 믿는 것은 스스로 자유인이 되는 것을 뜻하는 동시에 다른 사람을 자유케 하는 사람이 된다는 것이라고 말했다.[66] 또한 에리히 프롬은『정신분석학과 종교』에서 '권위주의적 종교'와 '인도주의적 종교'를 나누고 오늘의 기독교와 불교 등은 권위주의적 종교인 반면 예수와 석가의 종교는 인도주의적 종교라고 했다.[67] 여기서 인도주의적 종교가 인간의 가능성을 인정하고 인간의 자유를 고양시키는 것을 요체로 함은 물론이다.

그래서 홍근수 목사는 선포한다. "여러분, 한 사람의 기독교인이 되려고 애쓰지 마십시오. 한 사람의 참된 인간이 되려고 노력하십시오. 우리 인간은 참된 인간을 실현하기 위해 이 세상에 태어났지 기독교인이나 불교인이 되기 위해 태어난 것은 아닙니다." "여러분, 자유인이 되십시오. 그것은 예수를 따르는 사람들이 된다는 것을 의미합니다."[68]

이 선포가 오늘 한국 교회에서 낯설지 않게 된다면 오늘의 교회가 예수 그리스도 앞에서 또한 낯설지 않게 될 것이다.

---

65 같은 책, 161쪽.
66 홍근수,『빈들에서 외치는 설교』(서울: 한들출판사, 2006), 576쪽.
67 같은 글.
68 같은 책, 583쪽.

행동하는 신앙인의 실천을 촉구하는
성서적 설교

조헌정 목사의 설교 분석

이영미 한신대학교 교수(구약학)

들어가면서

향린교회의 역대 목사들의 설교에 대한 논평을 부탁받고는 내심 큰 부담이 아닐 수 없었다. 조헌정 목사와는 2009년 봄학기 한신대 신학대학원에서 "구약주석과 설교"라는 교역과목을 함께 진행한 짧은 인연이 있기는 하지만, 그냥 어려운 대선배 목사님이라는 표현이 더 맞다. 한 한기 동안 바쁜 와중에도 충실하게 학생들의 설교를 읽고 꼼꼼히 평가해주시고 학기 말에는 집으로 학생들을 초대해 담화를 나누시는 목사님의 자상한 모습에 많은 감동을 받기도 했다.

설교 비평은 설교를 하는 일만큼이나 어렵다. 비평이 비평가의 주관에 따른 일방적인 글이 되면 공평하지 못하기에 어떤 관점에서 설교를 비평하는가를 분명하게 밝히는 것은 중요하다. 이 글에서는 조헌정 목사의 설교를 두 가지 관점, 즉 조헌정 목사의 설교 이해와 향린공동체의 신앙관을 근거로 분석할 것이다. 사실 설교 비평이라기보다는 조헌정 목사의 설교를 통해 향린교회의 특성을 엿보고, 그 앞길에 대한 기대를 부연해보고 싶다.

설교와 비평 사이에서

1) 설교와 비평 사이: 실천하는 신앙공동체

설교와 비평 사이에서 비평가는 무엇을 비평기준으로 삼아야 할까? 스스로에게 던진 이 질문의 답을 찾으면서 설교와 비평 사이에 설교가 선포되는 신앙공동체가 있음을 발견했다. 설교는 목사의 현학적인 신학연설이나 개인적인 소견발표 시간이 아니라 구체적인 청중인 신앙공동체를 대상으로 복음을 선포하는 행위이므로 설교에 대한 비평은 설교자의 신학적 관점만 다루어서는 안 되며 그 설교를 듣는 신앙공동체의 영적 건강상태를 함께 고려해야 한다. 설교는 과거의 전통 및 종말론적 미래의 제시와 함께 현재적 결단과 삶의 변화를 이끌어내야 하기 때문이다. 예수의 첫 설교 역시 "회개하라"는 실천적 요구였다. 비평은 설교가 행해지는 장(場)인 공동체(교회)의 목회적 비전과 혹은 신학과 어떤 지점에서 합치되어 케리그마로 그리고 목회적 실천으로 승화되는지를 함께 살펴야 할 것이다.

또한 비평은 단순한 이론이 아니라 설교 주제의 핵심이 신앙공동체의 삶의 자리에 접목되어 재해석되고 그 공동체를 향한 선교적 혹은 신학적 현재적 계시로 구체화되고 있는지, 즉 계시의 현재성을 담보하고 있는가를 살피고 동시에 그 설교가 신앙공동체의 삶의 실천에 어떻게 담보되고 있는가를 함께 고려해야 한다. 따라서 아래의 비평은 조헌정 목사의 설교이해, 목회관, 그리고 향린공동체의 신앙관을 기준 삼아 설교의 특성과 수사학적 측면, 그리고 그가 몸담고 있는 향린공동체의 정신과 목적에 부응하는가를 기준 삼아 평가해보고자 한다.

2) 조헌정 목사의 하늘뜻펴기

조헌정 목사에게 "설교란 무엇인가요"라고 질문하자 선뜻 "설교란 성서사건의 재현을 통해 예배공동체로 하여금 하느님의 현존에 동참하도록 격려하고 권면하는 행위"라고 답한다. 그의 대답 속에서 나는 설교의 세 가지 요소, 즉 성서사건의 재현(주석), 예배공동체 상황에서의 신학적 성찰, 그리고 참여와 결단 과정을 발견한다. 이는 누가복음 10장 25~28절에서 영생이 무엇인가를 묻는 율법학자에게 예수님께서 던진 질문과 상통한다. 예수님은 율법학자에게 먼저 "율법에 무엇이라 기록되었는가?", "네가 어떻게 읽느냐?"고 물으신 후 "네 대답이 옳도다 이를 행하라. 그러면 살리라"고 말씀하신다. 예수님의 두 질문은 하느님의 계시의 진리를 찾기 위해서는 성경 자체의 해석과 자신의 상황에서의 신학적 해석이 필요함을 보여주며, 덧붙이는 말은 실천의 중요성을 보여준다.[1] 요약하면, 설교는 성경이 해당 주제에 관해 무엇이라 말하는지(주석) 살펴보고, 이 말씀을 어떻게 현실에 적용시킬지를 탐구하고(상황적 재해석), 그 속에 드러난 하느님의 현존과 계시를 삶 속에서 실천하도록 독려함으로써 개인과 공동체의 생명을 살리는 행위라고 정의 내릴 수 있다.

그는 설교를 '하늘뜻펴기'라고 부른다.[2] "설교(說敎)는 '풀어 가르친다'는 의미이지만 하늘뜻펴기는 땅의 사람들을 깨우친다는 의미가 강하기 때문"[3]이다. 깨우친다는 말은 깬다는 말이고 깬다는 말은 자기 생각이나 편견에 사로잡힌 사고의 관성의 틀을 깨어 부순다는 말이다. 그는 하늘뜻펴

---

1 이영미, 「법(토라)을 어떻게 하늘뜻펴기할 것인가?」, ≪헤르메니아 투데이≫.
2 조헌정 목사의 뜻에 따라 아래에서는 설교를 '하늘뜻펴기'로 부른다.
3 조헌정, 「광야기도」, ≪향린강단≫, 제22권 제7호(2008년 2월 17일), 74쪽.

기를 통해 교인들의 생각의 틀이 깨어지는 경험을 기대한다.

3) 향린교회의 창립동기와 정신

그렇다면 하늘뜻펴기가 선포되는 향린공동체는 어떤 신앙공동체인가? 향린교회는 자타가 공인하는 남한의 가장 진보적인 교회다. 조헌정 목사의 표현을 빌자면, "한 눈으로는 성서를 그리고 다른 한 눈으로는 민중의 고통받는 현실을 보는 신앙인들이 모인 곳이다. 제3세계적인 시각인 남미의 해방신학과 민중신학, 그리고 통일신학의 진보적 성서해석을 목말라하는 교인들이 다수를 점하고 있다."[4] 향린교회의 창립정신을 홍창의 장로는 네 가지—공동체적 교회, 평신도 교회, 입체적(유기적) 교회, 독립교회—로 요약한다.

여기서 유기체적 교회란 '교회가 세상을 향해 나아갈 때 목회자의 하늘뜻펴기만 가지고 가는 것이 아니라, 교인들 각자가 가신, 모든 것(직업, 능력, 시간)을 동원하여 입체적(유기적)으로 선교하는 교회를 의미한다. 평신도들이 자기의 직업을 가지고 유기적으로 목회에 참여한다는 것이다. 독립교회란 어느 교단에 가입하지 않은 교회를 말하는데 향린교회는 현실적인 이유로 한국기독교장로회에 들어갔다. 교단에 속해 있으면서도 향린교회는 자신들의 특수성을 살리기 위해 40주년에 '교회갱신선언서'를 발표했다. 여기에는 '민족 정서를 담아내는 예배', '교회의 민주화(목회위원회, 목사 및 장로의 임기제, 남녀 차별의 철폐 등)', '선교지향적 교회로의 갱신' 등의 내용이 포함되어 있다. 홍 장로는 여기에 하나를 더 붙여 향린교회가

---

4 조헌정, 「정용섭 목사의 설교비평에 답하다」, 정용섭, 『설교의 절망과 희망』(서울: 대한기독교서회, 2008), 371쪽.

'밖을 향한 교회'가 되는 것을 향린정신에 포함시킨다. 교회는 교인들만의 폐쇄된 공간이 되어서는 안 되며 타자를 위한 공동체일 때 비로소 교회로서의 존재의 의미가 있다고 본다.[5]

향린공동체의 구성원 분포를 잠시 살펴보면 향린교회 교인들은 40대가 27.8%로 가장 많고 다음으로 50대 19.9%, 30대 18.2%의 순이다. 성별은 여자가 52.4%, 남자 47.0%로 여성이 5% 정도 많다. 그리고 최종 학력은 대학 졸업자가 56.4%로 가장 많고 대학원 졸업 27.0%, 고졸 이하가 16.6% 이다. 가구별 1년 소득은 2,500만 원 단위로 나눠 2,500만 원 이하 26.4%, 2,500만~5,000만 원 28.6%, 5,000만~7,500만 원 25.2%, 7,500만 원 이상 19.8%로 고르게 분포되어 있다.[6] 교인들의 의식조사에서 향린교회의 사회참여에 대해 49.6%가 적절하다고 보았으며 '많은 편이다' 28.8%, '더 활발해져야 한다' 15.6%로 답했다. 그리고 자신들의 정치사회적 성향이 '진보적'이라고 답한 교인이 74.9%로 가장 많았고, '매우 진보적'이라는 응답이 13.9%, '보수적'이라는 응답은 10.9%였다.[7] 자신의 정치사회적 성향을 '진보적'이라고 인식하는 교인이 88.8%에 이르고 있음을 확인할 수 있다.

4) 향린공동체와 조헌정 목사의 목회관

조헌정 목사는 자신의 취임주일에 행한 하늘뜻펴기 「함께 가자 이 길을

---

5 홍창의, "창립 60년에 되돌아보는 '향린의 창립정신'", 향린교회60년사편집위원회 엮음, 「향린 60년, 나는 이렇게 기억한다」 10~14쪽.
6 향린교회60년사편찬위원회 엮음, 「향린, 우리는 누구인가?: 향린교회 창립 60주년 기념 센서스. 전교인 신앙 및 사회의식 조사 보고서」(2001), 30~33쪽.
7 향린교회60년사편찬위원회 엮음, 「향린, 우리는 누구인가?」, 65쪽.

(1): '진리의 길'」에서 창세기 12장 1~9절의 아브라함 소명기사와 사도행전 10장 17~38절의 베드로와 고넬료의 만남 기사를 본문으로 자신이 향린교회에 오게 된 것을 삶의 안전지대(comfort zone)를 떠나 모험과 미지의 땅으로 이민을 떠난 아브라함의 결단과 비교하고, 자신과 향린공동체의 만남을 인종과 전통의 벽을 넘어선 만남인 베드로와 고넬료의 만남과 비교했다. 그리하여 "우리 모두 신앙의 이해와 차이를 넘어서서 복음으로 하나 되는 아름다운 향린의 공동체를 만들어 나갑시다"라고 자신의 소신을 밝혔다. 그에게 복음이란 구체적으로 "북미불가침조약이 이루어져 이 한반도에 항구적인 평화가 구축되고 남과 북이 하나 되어 세계 안의 유일한 분단국가라는 오명을 벗고 세계에 진정한 예수 십자가 복음의 메시아적 역할을 감당하는 것"이며 이것이 바로 '진리의 길'이다.[8]

취임주일 하늘뜻펴기에서 밝힌 그의 향린교회에 대한 이해는 "한국 교회의 진보성을 대표하는 교회요 민족자주와 통일을 화두로 삼고 나아가며 미국의 패권주의를 비판하는 교회"이며, "50년 전 평신도목회와 공동체의 삶이라는 예수님 목회의 가장 큰 핵심을 붙들고 시작"한 교회다. 조헌정 목사는 24년 동안 미국에서 이민생활과 이민교회를 경험했다. 그는 "미국에서의 소수자 경험을 통해 민족 문제가 풀리지 않으면 '나'라고 하는 한 개인의 삶도 결코 풀리지 않는다는 역사인식을 갖고 있고, 이 역사인식에서 오늘 한국 민족의 최대 과제는 평화통일이며 이를 위해서는 분단사고의 극복이 우선시되어야 하고 이 극복에 가장 큰 장애가 되는 것은 미군 주둔이라고 하는 현실인식을 갖게 되었다"[9]라고 밝힌다.

8 조헌정, 「함께 가자 이 길을(1): '진리의 길'」, 2003년 6월 15일 성령강림절 II/취임설교, ≪향린강단≫, 제17권 23호, 177~184쪽.
9 조헌정, 「정용섭 목사의 설교비평에 답하다」, 359쪽.

그의 설교관 역시 이와 맥을 같이하며 그는 하늘뜻펴기에서 정치적인 이슈들을 성서를 바탕으로 그리고 신학적 성찰을 통해 청중들에게 풀어낸다. 그에게 정치(政治)란 하늘의 정(正)을 이 땅에 치(治)하는 넓은 의미로 해석되고 목사는 이를 위해 부름받은 사람[10]으로 이해된다. 하늘의 정의로 이 땅이 다스려지는 세상이 바로 하느님 나라이며 신도는 그 하느님 나라가 이 땅에 임하도록 기도하고 힘쓰며 살도록 부름을 받았다고 그는 믿는다.

다른 한편, 2005년 "성직의 회복(출 19:1~8; 벧전 2:9~10)"이란 제목의 새해맞이 주일 하늘뜻펴기는 평신도 교회에 대한 조헌정 목사의 목회관을 잘 보여준다. 그는 평신도 하늘뜻펴기를 주기적으로 실천하기도 한다. 그는 "나는 목사의 역할 중에 하늘뜻펴기보다 더 중요한 것은 사람을 키우는 일이라고 생각한다. 예수께서 제자들을 훈련시켜 사도로 보내셨듯이 교인들을 불러 세상의 빛과 소금의 역할을 감당하는 사람으로 내어보내는 것이 목회의 근본이다. 평신도 하늘뜻펴기는 바로 그러한 목회 훈련의 한 과정이다"[11]라고 밝힌 바 있다. 하늘뜻펴기는 삶을 변화시키는 목적도 있으므로 하늘뜻펴기를 듣는 것보다 하늘뜻펴기를 함으로써 믿음의 훈련도 함께 이루어질 수 있다고 보기 때문이다.

나아가 조헌정 목사는 성서일과(lectionary)에 따른 하늘뜻펴기를 행하면서 교인들과의 대화를 시도하여 하늘뜻펴기의 민주화를 시도하기도 한다. 성서일과로 이미 성경본문이 주어져 있으니 교인들이 그 본문을 읽으면서 생기는 개인적·사회적인 질문들을 던지고 본문과 어떤 관계가 있는지의

---

10 조헌정, 「정용섭 목사의 설교비평에 답하다」, 367쪽.
11 조헌정, 「정용섭 목사의 설교비평에 답하다」, 357쪽.

의견을 내면 하늘뜻을 준비하는 목회자가 이를 듣고 하늘뜻을 준비하는, 다시 말하면 일방 선포에서 쌍방 대화의 하늘뜻풀이를 시도한다.[12] 방식은 교회 홈페이지에 교인들이 댓글 형식으로 하거나 전화, 트위터 등의 SNS를 활용할 것을 제안한다. 이로써 남한 교회에서 가장 문제가 되는 "하늘뜻펴기에서 목사님들의 전횡으로 인한 평신도들의 비주체성"을 극복할 수 있으리라 기대해보는 것이다. 그는 계속해서 "우리 교회는 일 년에 몇 차례 평신도 하늘뜻펴기를 시행하고 있지만, 이것만으로는 부족하고 교인 전체가 보다 성서 말씀에 다가가도록 하고 자기주체적인 성서해석 능력을 키우도록 해야만 진정한 교회개혁이 일어나는 것입니다. 왜 교회가 부패합니까? 교인들의 입과 눈을 목사가 하늘뜻펴기로 가둬버렸기 때문입니다"라고 말한다.[13] 하늘뜻펴기를 준비하기 전에 교인들의 질문을 나누기 위해 홈페이지에 '하늘뜻펴기 나눔'란을 만들었고[14] 목요일까지 올라오는 댓글은 하늘뜻펴기에 반영하고 있다. 2012년 12월 19일 시작된, 교인들과의 소통하는 하늘뜻펴기 나눔은 2011년 5월 8일 주일까지 꾸준히 댓글행진을 이어갔다.[15] 그 뒤에는 교인들의 댓글이 거의 올라오지 않아 쌍방소통을 통한 하늘뜻 나눔과 준비가 현실적으로 많은 어려움이 뒤따름을 보여주기도 했다.

---

12 조헌정, 「하늘, 땅, 그리고 임마누엘」, ≪향린강단≫, 제24권 제51호(2010년 12월 19일), 566~567쪽.

13 조헌정, 「하늘, 땅, 그리고 임마누엘」, 567쪽.

14 조헌정, 「불확실한 시대와 구원소식」, ≪향린강단≫, 제24권 제52호(2010년 12월 26일), 594쪽. 성서일과 하늘뜻펴기를 시작하면서 조헌정 목사가 교인들의 참여를 부탁한 후 첫 주 한 주 동안 성서일과 본문에 대한 교인들의 참여는 전화 한 명, 댓글 두 명, 이메일 세 명으로 나타났다.

15 http://www.hyanglin.org. 하늘뜻펴기 나눔 게시판에서 2012년 11월 5일 인용. 그 뒤에는 댓글이 거의 없다.

조헌정 목사의 하늘뜻펴기 비평

1) 하늘의 뜻을 펼치는 하늘뜻펴기

조헌정 목사의 하늘뜻펴기는 "하늘뜻펴기란 성서사건의 재현을 통해 예배공동체로 하여금 하느님의 현존에 동참하도록 격려하고 권면하는 행위"라고 밝힌 자신의 설교 이해에 늘 충실한 내용을 담고 있다. 그의 하늘뜻펴기를 위한 본문은 늘 구약과 신약 두 곳에서 제시되며 본문의 선택은 하늘뜻펴기의 주제와 잘 맞아떨어지는 것은 물론 구약과 신약 본문 사이의 연관성이 잘 갖춰져 있다. 본문의 의미를 풀어내면서 성서의 역사와 배경, 주석적 논의들에 대한 학술적 논의들을 자연스럽게 하늘뜻펴기 속에서 설명해준다. 성서의 배경과 의미에 대한 설명은 적절한 시점에서 선보이는 예화 때문에 지루하지 않을뿐더러 하늘뜻펴기가 교리적이며 훈계조로 흐르지 않는다. 또한 고대의 성서본문의 주제를 현대 한국 사회의 당면 과제 및 현실문제들과 접목시키는 대목은 성서의 원론적인 선포에서 한 치의 양보도 없이 강하게 쓴소리를 던지며 청중의 결단을 촉구한다. 한마디로 그의 하늘뜻펴기는 정용섭 목사가 평한 대로, "탄탄한 구성력과 완성도를 바탕으로 주제를 심화시키면서 논리를 깊이 파고들어 가는 통찰력 있는 하늘뜻펴기"다.[16] 이러한 수사력은 평소에 꾸준히 수행해온 책 읽기와 사물에 대한 통찰력, 기독교 신앙의 본질과 삶의 심층적 인식에 대한 주체적 인식이 바탕이 되어 있어야 가능한 능력이다.

---

16 정용섭, 「값싼 은혜, 무거운 은혜」, 『설교의 절망과 희망』(서울: 대한기독교서회, 2008), 208쪽.

2) 새로운 해석과 수사력을 통한 하늘뜻펴기

조헌정 목사는 카프카가 "책을 읽다가 머리를 한 대 맞은 듯 정신이 번쩍 나지 않는다면 그 책을 왜 읽는단 말인가?"라고 한 말을 인용하면서 하늘뜻펴기를 들을 때 정신이 번쩍 나지 않는다면 도대체 그 바쁜 시간에 교회당에 무엇 때문에 앉아 있어야 하는지 반문한다.[17] 이처럼 듣는 이들의 잠자는 영혼을 번쩍 깨우는 하늘뜻펴기가 되기 위해 그가 심사숙고하며 준비했다는 흔적은 곳곳에서 나타난다. 그의 하늘뜻펴기에는 전통적인 해석과는 다른 새로운 관점에서의 해석이 자주 소개되는데 그 관점과 내용이 신선하다.

가령, "예수님이 예배당의 두 촛대 사이에서 십자형을 당하신 것이 아니라 두 강도 사이에 있던 십자가에서 그 도시의 쓰레기장에서 그분의 호칭을 히브리어와 라틴어와 헬라어로 써야 했을 만큼 세계화된 교차로에서 돌아가셨다"[18]는 스코틀랜드 아이오나 공동체의 창시자 조지 맥클라우드를 인용하는 대목에서 이제까지 골고다의 십자가형을 신학적으로만 바라보았던 나의 눈을 열어 다문화 사회 속에서의 예수님의 삶과 죽음을 새롭게 생각하게 해주었다. 또한 그가 "예수님의 씨 뿌리는 비유를 농부들이 듣는다면, '아니, 씨를 뿌리는 사람이 조심스럽게 뿌리지 않고, 마구 뿌려서 길에다가도 뿌리고 바위 위에다가도 뿌리고 가시 떨기 속에도 뿌릴까? 이스라엘 농부들은 정성이 부족하구나'고 생각할 것입니다"라고 언급하는데, 나는 씨 뿌리는 자의 비유를 이런 관점에서 해석하는 설교를 들어본

---

17 조헌정, 『양심을 습격한 사람들: 예언자와 오늘의 시대정신』(한울, 2009), 418쪽.
18 조헌정, 「성직의 회복」, 《향린강단》, 제19권 제55호(2005년 1월 2일), 461쪽.

조헌정 목사의 하늘뜻펴기(설교)는 회중의 양심을 습격하여 하느님의 백성으로 살지 못함을 회개하고 결단하도록 이끈다. 그러기에 그의 하늘뜻펴기가 '무거운 은혜'로 평가되는지도 모르겠다. 그러나 그는 자신의 하늘뜻펴기가 "예수님의 하늘뜻펴기에 비하면 너무나도 가볍다"고 고백한다.

적이 없다.[19] 그리고 그것이 농사를 지어보지 못한 탓에 농부의 시각에서 씨 뿌리는 비유를 바라보지 못한 결과임을 곧 깨달았다.

조헌정 목사는 새로운 관점에서의 성서해석뿐 아니라 하늘뜻펴기의 방식에서도 새로운 수사학을 선보인다. 그 한 예가 2008년 9월 14일 한가위 주일에 행한 하늘뜻펴기 「빼앗긴 땅, 그러나 빼앗길 수 없는 희망」[20]이다. 이 하늘뜻펴기는 애가 5편의 시가 담고 있는 아픔을 엘리자베스 큐블러의 '죽음의 심리학'의 단계에 따라 낭독하면서 이를 한반도의 아픔을 그려낸 시들과 병행시키는 방식으로 한가위를 통해 남북 분단의 고난과 아픔을

19 조헌정, 「좋은 밭을 향하여(마 13:1~9)」, ≪향린강단≫, 제19권 제57호(2005년 1월 12일), 470쪽.
20 조헌정, 『양심을 습격한 사람들』, 247~270쪽.

하늘뜻펴기로 풀어낸다.

그는 큐블러의 1단계 '부정과 고립'을 그려내는 애가 1장과 이상화 시인의 「빼앗긴 들에도 봄은 오는가」, 2단계 '분노'를 드러내는 애가 2장과 재일조선인 김학렬 시인의 「9월의 증언」, 3단계 '협상'을 표현하는 애가 3장과 고정희 시인의 「상한 영원을 위하여」, 4단계 '절망과 우울'을 보여주는 애가 4장과 김지하 시인의 「그날을 죽음이라 부르자」, 그리고 5단계 '수용인가? 탈출인가?'에서 애가 5장과 윤동주 시인의 「별을 헤는 밤」을 병치하여 시를 낭독한다. 그 하늘뜻펴기의 수사학도 멋질뿐더러 적절한 시를 골라내는 그의 문학적 지식의 풍성함에도 신선한 충격을 받았다. 설교자의 군더더기 말이 없이도 성서 자체가 하늘뜻펴기가 될 수 있는 좋은 사례로 보였다. 애가의 마지막 절이 수용으로 끝나지 않고 하느님을 향한 도전적인 질문으로 마치는 점에 착안하여 조헌정 목사가 큐블러의 죽음의 심리학과 결별하여 죽음의 메시지가 하느님을 향한 희망으로 논조를 돌린다고 지적하면서, "한 개인의 시한부 인생은 끝날 수 있어도 한 민족의 자유혼은 끝날 수 없기 때문이다"[21]라고 결론짓는 대목에서도 그의 창의적 통찰력에 감탄했다.

3) 다양한 방식의 하늘뜻펴기 본문과 주제선정

향린교회의 하늘뜻펴기는 언제나 제1성서와 제2성서의 본문을 바탕으로 이루어진다. 제2성서의 본문을 중심으로 하늘뜻펴기가 이뤄지는 한국교회 상황에서 좋은 범례다. 목회자의 임의적인 본문 선택은 자신의 선호

---

21 같은 책, 262쪽.

도를 반영하기 마련이다.

조헌정 목사의 하늘뜻펴기 본문을 살펴보니 2004년 37번에 걸친 하늘뜻펴기 중 제1성서 본문에서 오경 8번, 역사서 5번, 성문서 2번, 시편 3번, 예언서 19번이 선택되었고 2005년에는 26번에 걸친 하늘뜻펴기 중 제1성서 본문에서 오경 10번, 역사서 4번, 성문서 1번, 시편 6번, 예언서 5번이 선택되었다. 2006년에는 28회의 하늘뜻펴기 본문에서 오경 7회, 역사서 2회, 성문서 1회, 시편 8회, 예언서 10회가 선택되었다. 2004년과 2006년에는 예언서에 편중되어 본문이 선택되는 경향이 있었고 2005년에는 오경이 가장 많이 선택되었다. 그럼에도 공통된 성향은 시편을 제외한 성문서(지혜문학) 본문은 드물게 선택된다는 점이다. 특기할 점은 2011년 1월 4일의 하늘뜻펴기 「낮아지신 하느님과 자유인간」에서는 두 본문을 제2경전―집회서와 지혜서―에서 가져와 하늘뜻펴기 본문으로 정하기도 했다는 것이다. 이 두 본문이 요한복음 1장 10~18절 성육신의 배경을 잘 설명해주기 때문에 선택했다고는 하지만 개신교회에서 제2경전 본문을 주일 하늘뜻펴기 본문으로 삼은 것은 획기적인 일이다.

자칫 개인적 선호도에 따라 본문 선택이 편향적으로 이루어질 위험성을 조헌정 목사는 선택 주제에 따른 연속 하늘뜻펴기와 성서일과 본문에 따른 하늘뜻펴기를 통해 극복하고 있다. 연속 하늘뜻펴기도 다양한 방식으로 전개되는데, 2006년에는 5회에 걸쳐 "향린의 개혁과 영성의 길"을 선포하고 8회에 걸쳐 요한의 묵시록에 대한 본문으로 하늘뜻펴기를 진행했다. 또한 2008년에는 4월 6일 주일을 시작으로 16주에 걸쳐 2008년 예언자 연속 하늘뜻펴기를 행했고 그 결과물이 책으로 출판됐다.[22] 이사야, 예

---

22 조헌정, 『양심을 습격한 사람들』.

레미야, 에스겔 세 명과 열두 예언자를 합하면 15명의 예언자이지만 나훔과 스바냐를 한 주에 묶어 뜻을 펼치고 애가와 다니엘을 이에 포함시켜 16번의 하늘뜻펴기가 된 셈이다.

그리고 2009~2010년에는 "이 땅을 살다간 작은 예수들"에서 성서의 인물들 및 서구 기독교의 신앙인들과 함께 이 땅의 선구적인 신앙들의 삶을 묵상해갔다. 여기에는 도산 안창호,[23] 남강 이승훈,[24] 안중근[25]과 같이 잘 알려진 민족인사들도 있지만 죽헌 도인권 목사[26]나 '조선의 호세아', '20세기의 프란체스코'라고 불린 이세종[27]과 같은 낯선 이름들도 등장한다. 그는 인물 중심의 하늘뜻펴기를 시도한 이유를 "오늘 남한교회 교인들이 루터나 칼뱅, 그리고 요한 웨슬레를 비롯한 조지 뮬러, 토마스 머튼, 헨리 나우엔, 링컨, 록펠러와 같은 서구 신앙인들에 대해서는 잘 알면서도 정작 우리나라의 신앙인들에 대해서는 무지하기 때문"이라고 설명한다.[28]

2010년 12월 19일부터 지금까지는 성서일과에 따른 네 본문으로 하늘뜻펴기를 행하고 있다. 성서일과에 따른 하늘뜻펴기를 시작하면서 그는 "향린교회와 같이 오늘에 일어나는 사회·정치·문화 전반 사건을 2000년

---

23 조헌정, 「이 땅을 살다간 작은 예수들(14), 도산 안창호: 개인회개와 민족사랑」, ≪향린강단≫, 제24권 제5호(2010년 1월 31일), 49~60쪽.

24 조헌정, 「이 땅을 살다간 작은 예수들(15), 남강 이승훈: 고난과 신앙의 양심」, ≪향린강단≫, 제24권 제6호(2010년 2월 7일), 61~72쪽.

25 조헌정, 「이 땅을 살다간 작은 예수들(17), 안중근: 악과의 투쟁, 예수, 본회퍼 그리고 안중근」, ≪향린강단≫, 제24권 제13호(2010년 3월 28일), 147~162쪽.

26 조헌정, 「이 땅을 살다간 작은 예수들(16), 죽헌 도인권 목사: 사람 낚는 어부의 아픔」, ≪향린강단≫, 제24권 제10호(2010년 3월 7일), 108~122쪽.

27 조헌정, 「이 땅을 살다간 작은 예수들(18), 이세종: 조선의 호세아, 20세기의 프란체스코」, ≪향린강단≫, 제24권 제15호(2010년 4월 11일), 174~185쪽.

28 조헌정, 「사람 낚는 어부의 아픔」, 108~109쪽.

전에 기록된 성서의 말씀으로 다시금 풀어내야 하는 예언자적인 교회에서는 지금까지 해온 두 개의 본문만을 다루는 일도 어려웠는데, 이제는 여기에 두 개를 더해 네 개의 본문을 동시에 다루어야 하기에 배나 더 노력해야 하는 어려움이 생겼습니다만, 말씀 훈련의 은혜로 받아들이고자 합니다"라고 고백한다.

설교비평을 위해 직접 향린교회를 방문해 하늘뜻펴기를 듣고자 찾은 주일의 본문은 룻기 1:1~18, 히브리서 9:11~14, 마가복음 12:28~34, 시편 146편이었다. 성서일과 본문 중 시 146편은 교독송으로 국악가락에 맞춰 노래로 찬송된 점이 무척이나 인상적이었다. 시편을 한국 전통의 4·4조 가락에 맞춰 예전으로 승화시키려는 노력의 결실들이 더 많이 확산, 보급되었으면 하는 생각을 했다.

이날 "산 예물, 산 예배"라는 제목으로 조헌정 목사는 룻기에 대한 전반적인 소개로 하늘뜻펴기를 시작했다. 역사비평에 입각한 성서소개는 성서와 그 배경에 대한 그의 깊고 명확한 이해를 잘 드러내주었다. 그는 룻기를 남성 중심의 억압적 역사에서 여성들이 빚어내는 사랑의 이야기로 요약하면서 한국의 억압상황에서 여성들이 펼친 정의와 사랑의 실천 사례를 공지영의 『의자놀이』와 김진숙의 고공투쟁 및 희망버스 이야기로 이어갔고 먼 길을 가장 빠르게 가는 방법은 사랑하는 사람과 함께 가는 것이라는 예화를 통해 룻기로부터 마가복음의 '사랑'의 의미에 대한 설명으로 자연스럽게 넘어간다. 마가복음이 계명을 하나의 사랑으로, 즉 하느님 사랑과 이웃 사랑을 동일시하지 않고 구분하여 설명하고 있음에 주목하면서 하느님 사랑은 이웃 사랑이지만 이웃 사랑이 하느님의 사랑은 아님을 경계했다. 사랑의 구분은 자연스럽게 이웃 사랑에 대한 성찰로 이어지고, 생면부지의 사람, 길에서 강도 만나 신음하는 사람, 이방 여인 룻 등으로 대표되는 소외된 이웃을 향한 사랑은 타자의 고통을 내면화하는 연민(憐憫)

으로 이루어진다. 사랑한다는 것은 아픔을 나누는 것이고 이를 통해 너와 나의 경계가 무너진다. 한 무리가 다른 무리를 권력으로 억압할 때 하느님의 연민이 발동하며, 십자가 사건은 바로 하느님과 인간의 경계가 무너지고 하느님 사랑과 이웃 사랑이 합일되는 사건이다. 이러한 사랑 실천이 모든 번제물과 희생제물을 바치는 것보다 훨씬 낫다는 율법학자의 말을 인용하면서, 현대인의 분주함 속에서도 마음을 다하고 지혜를 다하고 힘을 다하여 하느님을 사랑하고 이웃을 제 몸같이 사랑하는 것이 산 예물과 산 예배이며 '너는 하느님 나라에 가까이 왔다'는 예수님의 칭찬을 듣는 이가 되게 할 것이라고 권고하며 하늘뜻펴기를 마무리한다.

시편을 제외한 세 본문의 내용을 충분히 담아내고 이를 현실과 접목시키려는 엄격함은 설교가 길어지는 한 요인이 되기도 했다. 룻기에서 시작해서 마가복음의 본문을 흐름에 충실하게 그리고 세밀하게 그 뜻을 전하면서 히브리서 본문의 예수의 죽음과 희생의 의미를 마가복음의 하느님 사랑과 이웃 사랑의 십자가상에서의 합일로 이끌어내는 점, 그리고 룻기에서 마가복음으로의 전이를 예화를 통해 자연스럽게 바꾸어가는 점 등은 설교를 이끌어가는 유연함을 잘 드러내주었다. 성서일과 본문을 모두 아우르며 하나의 핵심주제로 모아 말씀을 선포하는 말씀 훈련의 노력을 볼 수 있었다.

4) 행동하는 지식인의 참여적 하늘뜻펴기

조헌정 목사 하늘뜻펴기의 백미는 그의 메시지가 항상 남한 사회의 중심적인 사회 문제들과 성서 메시지의 접목을 통해 삶의 실천을 권고한다는 점이다. 이는 조헌정 목사가 향린교회를 "한국 교회의 진보성을 대표하는 교회요, 민족자주와 통일을 화두로 삼고 나아가며 미국의 패권주의를 비판하는 교회"로 이해하고 이의 공동체적 실천을 이끄는 담임목회자의 임무에 충실하게 임하고 있음을 보여준다. 그는 자신이 살고 있는 시대의 상황을 세 가지로 소개한다.

첫째, 내가 발 딛고 서 있는 한반도가 분단되어 있다는 정치군사적 상황이다. 둘째, 교회 장로라는 이명박 대통령과 정부가 발 벗고 나서 추구하는 실용, 곧 맘몬주의적 가치가 지배하는 참가치가 뒤집어진 사회경제적 상황이다. 셋째, 학문적으로는 포스트모더니즘이라는 종교문화적 상황이다. 이 상황에서 목사가 펼치는 하늘뜻은 어떠해야 할까? 듣는 자들이 세상적 가치, 곧 돈 숭배와 물량으로 성공과 실패를 가르는 세상의 가치 기준에 대해 "아니다"라고 외치며 일어서는 하늘의 음성이 되어야 한다.[29]

이상에서 설명한 이 시대의 상황에서 조헌정 목사의 하늘뜻펴기에 가장 많이 반영되는 주제는 정치군사적 상황에서 도출된 사회적 이슈들, 가령 국가보안법 철폐, 한미FTA 반대, 평택 미군기지 문제, 제주 강정 해군기지 건설문제, 환경문제 등이다. 2008년 예언서를 통해 청중들의 양심을 습격하는 메시지를 풀어낸 하늘뜻펴기에서도 한미FTA 반대 촛불집회가 중심에 있었다.[30] 2005년 4월 24일은 팽성 대추리 초등학교에서 평택 현장예배를, 2008년 10월 12일은 군 훈련장 확장에 반대하는 주민들의 움직임에 동참하며 파주 무건리/오현리에서 현장예배를, 2011년 6월 26일에는 포이동 화재 현장에서 예배를 드리기도 했다.[31] 그가 선포하는 한반도

---

29 조헌정, 『양심을 습격한 사람들』, 417쪽.

30 조헌정, 『양심을 습격한 사람들』, 421~422쪽에 기록된 "2008년 예언자 연속 하늘뜻펴기 관련 일지"에 잘 나타나 있다.

31 조헌정, 「팽성은 오늘의 갈릴리」, ≪향린강단≫, 제19권 제69호(2005년 4월 24일), 585~592쪽, 「갈릴리에서 만나자」, ≪향린강단≫, 제22권 제43호(2008년 10월 12일), 481~488쪽.

의 정치사회적 문제들은 남북의 분단상황 극복과 미국의 동북아 패권주의 비판이라는 큰 관점에서 일관성 있게 다루어지고 있다.

두 번째 사회경제적인 주제와 관련해서는 한국의 실용주의를 핑계 삼은 조삼모사의 외적 성장 추구를 비판하고, 진정한 실용은 내면이 반석 위에 세워지는 것이라고 선포한 "하느님의 나라와 의를 먼저 구하라"는 하늘뜻펴기가 대표적이다.[32] 그는 이사야 58장 1~10절의 참된 금식 본문과 누가복음 12장 22~31절의 말씀으로, 내면의 목표를 세우는 것을 반석 위에 기초를 놓고 집을 짓는 사람에 비유하고 외면에 치중하는 사람은 기초 없이 맨땅에 집을 짓는 사람과 같다고 역설하면서 하느님 나라 운동의 실천을 다짐하도록 권고하며 하늘뜻펴기를 마친다. 그는 "예수와 함께 광야에로"라는 하늘뜻펴기를 통해 성공과 부자의 시대 유혹을 이기는 경건과 배움 훈련으로 초대한다.[33] 예수를 위한 불편한 삶을 촉구하는 것이다.

그러나 세 번째 종교문화적 상황과 관련된 하늘뜻펴기 주제는 거의 다루어지지 않는다.

비평을 마감하며

글을 시작하면서 조헌정 목사의 하늘뜻펴기를 그의 설교이해와 목회관, 그가 몸담고 있는 향린공동체의 신앙관에 비추어 비평해보겠노라고 전제

---

32 조헌정, 「하느님의 나라와 의를 먼저 구하라」, ≪향린강단≫, 제22권 제1호(2008년 1월 6일), 1~12쪽.

33 조헌정, 「예수와 함께 광야에로」, ≪향린강단≫, 제22권 제6호(2008년 2월 10일), 57~68쪽.

했다. 그의 하늘뜻펴기 중 어느 한 편도 이 세 가지 기준에서 벗어난 하늘뜻펴기는 없었다. 그의 하늘뜻펴기는 그가 출판한 책의 제목처럼 회중의 양심을 습격하여 하느님의 백성으로 살지 못함을 회개하고 결단하도록 이끈다. 삶의 무게를 피해서 교회에서 위로를 받고자 하는 이들에게 그의 하늘뜻펴기는 부담스럽게 다가올 듯하다. 그러기에 그의 하늘뜻펴기가 '무거운 은혜'로 평가되는지도 모르겠다. 이에 조헌정 목사는 자신의 하늘뜻펴기가 "예수님의 하늘뜻펴기에 비하면 너무나도 가볍다"라고 고백한다.[34] 십자가의 고난은 사라지고 메시아의 영광과 승리가 반복되어 선포되는 한국 교회 현장에서 삶의 결단을 촉구하는 성서원론적인 하늘뜻펴기가 무겁게 평가되는 것이 한국 기독교인들의 정서를 잘 표현해준다.

조헌정 목사의 하늘뜻펴기가 무거운 은혜라는 평가는 동의하지 못하지만 그의 하늘뜻펴기에서 공동체적 차원과 함께 개인적인 삶의 영역의 주제들과 영적 위로와 평안을 선포하는 측면이 소홀히 다루어지는 경향이 있는 것은 사실이다. 앞서 살펴본 본문 선택의 경향에서도 볼 수 있었듯이 조헌정 목사는 주로 예언서와 오경, 그리고 간혹 역사서의 본문을 중심으로 다루고 성문서는 거의 본문으로 채택한 예가 없다. 제2성서에서는 로마서를 제외한 바울서신과 목회서신이 본문으로 선택된 예도 거의 없다. 본문 선택의 편향은 그가 사회정치적인 주제를 하늘뜻펴기의 중심 주제로 선포하기 때문에 생긴 결과라고 본다.

그럼에도 제1성서에도 예언서와 함께 출애굽을 비롯한 이스라엘의 역사나 선조들에 대해 언급하지 않고 개인의 삶의 영역의 주제를 다루는 성문서가 존재한다는 점, 예수께서 병치유와 소외당하는 개인에 대한 위로

---

34 조헌정, 「정용섭 목사의 설교비평에 답하다」, 369쪽.

를 사회변혁의 사역과 함께 다루었던 점을 고려할 때 하늘뜻펴기의 주제 역시 공동체적 아픔과 문제들을 다루면서 개인의 삶의 주제들도 다루어 인간사회의 다양한 스펙트럼을 포용할 필요가 있다. 예수님의 하늘뜻펴기가 사회비판적이고 이 세상에 지르는 불의 뜨거움으로 읽는 이를 화들짝 놀라게 하기도 하지만 개별적인 어려움과 치유의 욕구를 가지고 다가온 개인들에게 다정한 말씀과 손길로 치유하는 경우도 많다. 하느님의 뜻을 삶 속에서 치열하게 실천하면서도 말씀 훈련이란 말이 무색하지 않을 정도로 진지하게 성서적이고 상황적인 하늘뜻풀이를 준비하는 조헌정 목사에게 이러한 개인적인 위로와 평안까지 기대하는 것이 무리일지도 모르겠다.

성전을 허무는 '하늘뜻펴기'

평신도설교의 배경과 실천

조헌정 향린교회 담임목사

들어가면서: 용어 사용에 대해

향린교회는 1993년 창립 40돌을 맞아 교회갱신선언서를 발표하고 예배에 민족문화를 수용하기로 했다.

그래서 국악찬송가를 만들었으며 우리가락에 관심 있는 교인들을 모아 국악기를 사용하는 '예향'이라는 찬양단도 발족했다.[1] 예배의 형식과 용어들도 바꾸는 가운데 '설교'는 '하늘뜻펴기'라고 한다. 요즘 사람들은 '잔소리하지 말라'는 의미로 "설교하지 말라"고 한다. 설교에 대한 세평이 이러하니, 땅에 떨어진 설교의 권위를 회복하고 우리말을 되찾는다는 의미에서 설교 대신 '하늘뜻펴기'라는 용어를 사용하고 있다.

신구약성서의 명칭도 제1성서, 제2성서[2]로 바꾸고, 신에 대한 명칭 또

---

1 향린교회에서는 오르간과 피아노를 사용하는 서양음악 위주의 성가대도 함께하고 있으며, 예배 중에는 '국악찬송가'(236곡 수록)와 일반적인 서양음악 중심의 찬송가 가운데 하나인 '21세기 찬송가'를 함께 사용하고 있다.

한 '하느님'[3]으로 하고 있다.

개신교의 위기, 어디서부터 극복해야 하나

2005년 기준으로 남한의 종교인 분포는 불교 22.8%, 개신교 18.3%, 가톨릭 10.9%였다. 그 이전 10년 동안 개신교 숫자는 줄어든 반면 불교와

---

2 구약성서는 제1성서로, 신약성서는 제2성서로 칭한다. 왜냐하면 '구약'과 '신약'이라는 말이 갖는 모순 때문이다. 구약성서 안에도 새롭게 해석하여 받아들여야 할 새로운 약속(新約)의 말씀이 있는가 하면 신약성서 안에도 폐기되어야 할 옛날의 약속(舊約)의 말씀이 있기 때문이다. 이미 서구의 성서학계는 오래전부터 제1성서와 제2성서 혹은 히브리 성서와 크리스천 성서로 불러오고 있다.

3 선교 초기에는 주로 '하느님'이란 용어가 사용되다가 1960년대 이후 세속 신 '하느님'과의 구별과 유일신을 강조하기 위해 '하나님'이란 용어가 공식화되어 공동번역을 제외한 모든 성서가 '하나님'을 사용하고 있다. 글쓴이는 향린교회가 공동번역성서를 공식적인 성서로 사용하고 있다는 이유도 있지만, 토착화 운동의 일환과 타 종교와의 열린 대화, 그리고 비기독교인들의 교회에 대한 배타적 심리를 완화하기 위한 의도로 '하느님'을 선호하고 있다. 국문학적으로도 공간의 무한성을 뜻하는 '한'과 시간의 무한성을 뜻하는 '늘'이 만나 '하늘'을 이루고 여기에 계신 '님', 곧 한늘님=하느님이 바른 표현 방식이라고 본다. 물론 수사 '하나'에 '님'을 붙이는 것 또한 모순이다. 히브리어 '엘로힘'이 복수임을 감안한다면 '하나님'보다는 '하느님'이 옳다. 그리고 모세에게 자신을 드러내신 이스라엘 부족신의 언급, 즉 '나는 스스로 있는 자니라'라는 문구를 히브리어로 읽을 때에, 남한 교회는 영어 'Jehovah'의 번역인 '여호와'라고 부르고 아직도 이를 고집하지만, 세계 대부분의 교회에서는 이를 '야훼' 혹은 '야웨'라고 고쳐 부른 지 오래되었다. 그런데 한글새번역 성경에서 이런 모순을 피하기 위해 '주님'이라고 바꾼 것 또한 성서문헌학적 입장에서 보면 문제가 된다. 끝으로 글쓴이는 하느님이든 하나님이든 이를 신의 이름으로 인식하는 것이 근본 문제라고 본다. 이름을 알려달라는 모세에게 답변하신 본뜻이 '인간들이 사용하는 문자 표기 방식에 따라 신을 규정하지 말라'는 것으로 글쓴이는 이해하고 있기 때문이다.

가톨릭은 그 숫자가 증가했고, 2008년 가톨릭 숫자는 공식적으로 500만을 넘어섰다. 각 종교의 신뢰도는 복수 응답의 결과 가톨릭이 66.6%, 불교가 59.8%인 반면 개신교는 26.9%에 불과했다. 가톨릭과 비교할 때 개신교인의 숫자가 두 배 가까이 많음에도 불구하고 신뢰도는 절반 이하였다. 개신교의 현실을 반영하는 수치다. 최근의 통계에 따르면 개신교인의 숫자가 정체된 것으로 보이지만, 글쓴이는 현재 평균 60세가 넘는 주류 교인들이 대개 세상을 떠나는 30년 후가 되면 그 숫자는 지금의 절반, 아니 어쩌면 3분의 1 수준에까지 이를 것으로 본다. 농촌교회에 가면 60세는 청년회 회원이다. 그리고 20, 30대 오늘의 젊은이들이 개신교를 '개독교'로, 목사를 '먹사'로, 평신도를 '병신도'로 공공연히 부르며 혐오하는 현실을 감안할 때, 이는 결코 글쓴이의 과장만은 아닐 것이다.

반면, 가톨릭의 지속적인 성장과 사회적 신뢰에 대해 가톨릭 스스로 답하기를 "인권과 민주화를 실천해온 한국 가톨릭의 역사가 신뢰의 비결이며, 여기에는 천주교정의구현사제단의 적극적인 사회참여가 뒷받침하고 있어 젊은이와 지식인층을 계속 끌어들이고 있기 때문이다"라고 분석했다. 불교는 "국민의 아픔을 치유하는 데 함께하는 모습이 좋은 평가를 받은 것 같다"고 말했다.[4]

이에 반해 개신교 목사들은 여전히 교회성장이라는 옛 패러다임에만 매여 있다. 미국과 남한은 처한 상황이 전혀 다르고, 기독교 국가라는 미국도 보수근본주의 우파 교회들이 급격히 퇴조하고 있는 현실[5]임에도 불구하고 남한의 교회들은 과거보다 더욱 미국 대형교회들의 성장 프로그램

4 ≪시사 In≫ 100호, 2009년 8월 15일자, 36쪽.
5 "The Decline and Fall of Christian America," *Newsweek*, 2009.4.10.

들을 쫓아가기에 여념이 없다. 마치 유효기간이 지난 물건들을 브랜드 효과만 생각하여 구입하는 것과 같다. 그리고 작은 교회의 목사들은 대형교회 목사들이 펼쳐 놓은 '교회성장 세미나'에 온통 마음을 빼앗기고 있다.

요즘 중소도시의 재래시장 상인들이 초대형 매장과 재벌에 맞서 반기를 들고 서로 연대하는 힘을 발휘했다. 그런데 나눔과 희생을 예수정신으로 선포하는 교회들 사이에서는 왜 이런 기본적인 연대조차 이루어지지 않고 있는 것일까? 초대형교회들이 대형버스를 운행해 작은 동네 교인들까지 싹쓸이 하는 것은 예수의 나눔 정신에 위배되고, 또한 총동원주일을 설정하여 선물공세를 펼치는 것은 기독교 윤리에 위배되는 일이라고 왜 소리 높이지 않는가? 그건 목사 자신들이 바알의 성공 신화에 현혹되어 있기 때문이다. 다른 사람은 몰라도 자기만은 성공할 것이라는 착각에 빠져 있기 때문이다. 전체 개신교 숫자가 아무리 줄어들어도 자기가 목회하는 교회만은 계속 성장할 것이라는 야베스의 성공비전을 갖고 있기 때문이다.

글쓴이는 몇 년 전 남한 교회의 타락한 현실을 드러내는 한 이야기를 들은 적이 있다. 한 한국인 신학도가 독일의 교회사 교수를 만나 '중세교회사를 공부하려 한다'고 했더니, 교수가 고개를 갸웃거리며 하는 말이 '중세교회사를 공부하려면 지금 남한의 대형교회들을 연구하라'고 했다는 것이다. 이제는 깨어나야 한다. 요즘 개신교와 관련하여 인터넷을 들여다보면 이는 부정할 수 없는 사실이다.

목사들이 깨어나야 할 때다. 하늘뜻펴기에서부터 그 근본 틀을 바꿔야 한다. 오늘의 신자유주의 성공신화를 배격하고 복음서에 드러난 예수를 좇아 가난한 자의 편에 선 예언자적인 하늘뜻펴기에 주력해야 한다.

하늘뜻펴기의 기본은 예언자의 사명 구현

복음서는 기본적으로 수난사다. 복음서의 출발이 되는 마가복음은 예수의 생애 전체를 균형 있게 다루고 있지 않다. 초점은 예수의 십자가 수난이다. 이를 향해 처음부터 물량적인 시간을 넘어 급하게 달려간다. '즉시로', '그때에', '곧바로', '그리고' 등이 마가복음의 이야기와 이야기 사이에 주로 등장하는 시간 부사들이며 가장 긴 부사는 '수일 후에'다. 절반 이상을 수난의 이야기에 할당하고 있다. 마태복음과 누가복음에 있는 탄생이야기와 예수말씀(Q어록)이 마가복음에는 없다. 반복되는 수난의 예언이 주음(主音)을 이룬다. 마가복음은 예수의 일생을 설명한다기보다는 예수수난의 이유와 과정을 설명하고 있는 것이다.

예수는 예언자 세례요한이 당시의 통치자 헤롯왕을 비난한 일로 옥에 갇히자 이에 그를 대신하여 세상에 나오셨다("요한이 잡힌 뒤에 예수께서 갈릴리에 오셔서", 막 1:14, 표준새번역). 예수께서는 세례요한이 정치적인 탄압을 받자 그를 대신하여 나오신 것이다. 공생애 시작 동기가 정치적이다. 그러고는 당시 사회 체제의 근간이 되는 안식일법과 정결법을 어김으로써 종교지배세력과 자꾸만 부딪쳤다. 가난하고 병든 갈릴리 사람들(οχλος, 민중) 편에 서는 일로 말미암아 정치지배세력들의 심기도 불편하게 했다. 그리하여 이 두 지배세력은 예수를 죽이는 일에 손을 맞잡는다. "그러자 바리새파 사람들은 바깥으로 나가서, 곧바로 헤롯 당원들과 함께 예수를 없앨 모의를 했다"(막 3:6). '곧바로'라니? 이미 바리새파 사람들과 헤롯 당원들은 그 이전부터 하나였음을 말하고 있고, 예수는 이 두 기득권 세력을 위협하는 인물로 등장했던 것이다.

오늘날도 그러하지만, 이천 년 전 종교와 정치는 불가분리의 관계였다. 그리고 이 지배세력과의 부딪힘은 성전을 숙청하는 일로 절정에 이르렀다. 그런데 마가복음은 이해하기 힘든 장면을 묘사한다. "성전 뜰을 가로질러 물건을 나르는 것을 금하셨다"(막 11:16). 성전 뜰을 가로지르는 물건들은 제사용 제기들과 희생 제물이었다. 그렇다면 성전 제사를 방해했다는 것인데, 이는 수많은 제사장들과 성전 일에 종사하는 레위인들, 그리고 성전 경비병들을 제압하지 않고는 가능하지 않은 일이었다. 실제 사건이 어떠했는지는 정확히 알 수 없다. 다만 마가복음은 예수께서 단순히 종교적인 의미에서 성전을 깨끗하게 하셨을 뿐만 아니라 정치사회적인 물의를 빚을 만한 중대한 사건(범죄?)을 저지르셨다고 말하는 것이다. 그래서 예수는 로마제국에 위협을 가하는 정치범들에게만 주어지는 십자가형을 받으셨다. 이상은 종교적인 전(前)이해 없이 읽혀지는 간추린 예수 죽음의 이해다.

그런데 요한복음은 공관복음서가 가장 맨 뒤에 놓고 있는 이 성전 숙청 이야기를 맨 처음에 둔다. 이는 예수의 하느님 나라 운동의 핵심이 바로 여기에 있음을 알고 있기 때문이다. 그리고 이 성전 숙청에서 단지 장사꾼들을 내쫓았다는 단순 해석을 넘어 "성전을 허물어라. 그러면 내가 사흘만에 다시 세우겠다"(막 2:19)는 성전 파괴론자로 나선다. 물론 이는 유대교의 멸망을 예고하는 것이지만, 우리가 문자주의적 태도를 벗어난다면, 이는 성전 밖의 민중의 삶을 외면하는 '성전제일주의' 혹은 '제사만능주의'에 대한 비판으로 해석해야 할 것이다. 오늘날로 말하자면 요한복음은 예수를 '교회성장론자'가 아닌 '교회파괴론자'로 얘기하고 있는 것이다.

교회에서 선포되는 하늘뜻펴기는 '인간 구원과 해방에 관한 약속과 성취'라는 큰 구도 아래 나타난 예수 그리스도에 관한 말씀이다. 그분이 걸어가신 삶의 궤적과 선포하신 말씀, 궁극적으로 그의 죽으심과 부활에 관한 선포다. 그러나 이런 설명만으로는 '성전을 허물라'는 예수님의 깊은 의도는 드러나지 않는다. 성전을 허물라 함은 무슨 뜻인가? 당시 예루살렘 성전이 갖는 사회적 역할은 무엇이었는가? 하느님의 법인 율법은 유대 사회법의 근간으로 주로 안식일법, 정결법, 할례법 등으로 백성들의 삶 전체를 옥죄고 있었다. 특히 이런 법들은 가난한 자, 억눌린 자, 소외된 자들을 죄인으로 규정함으로써 구원의 가능성을 차단하고 있었다. 곧 예루살렘 성전은 로마의 압제세력과 하나 되어 가난한 사람들, 특히 갈릴리의 민중들을 억압하는 세상 지배세력의 본거지였다.[6]

당시 성전은 "나는 곧 나다"(공동번역) 또는 "나는 스스로 있는 자니라"(새번역) 하시며 애굽 제국 바로왕의 압제 아래 신음하던 히브리 노예들의 한숨과 고통의 소리에 반응하시고 약자의 하느님이 되시기로 작정하신 야훼 하느님에 대한 철저한 배반이었던 것이다. 그리하여 예수께서는 하느님의 아들로 오시어 아버지의 잃어버린 명예, 곧 약자와 억울한 자의 대변인의 자리를 회복하고자 하신 것이다. 예수께서 허물라고 하시는 '이 성전'은 솔로몬 왕 이후 수백 년 동안 존속하다가 이천 년 전 로마에 의해 사라진 예루살렘 성전만을 뜻하는 것은 아니다. '이 성전'이란 야훼 하느님의 이름으로 민중들의 삶을 옥죄는 모든 지배기제를 통틀어 하시는 말씀이다. 예수께서 숙청하고자 하시는 것은 단지 성전 안만이 아니었다. 성전 밖이었다. 그래 요한복음은 '성전을 허물라'고 명하는 것이다.

---

6 종교와 정치에 관련된 보다 자세한 논쟁은 글쓴이의 졸저 『양심을 습격한 사람들: 예언자와 오늘의 시대정신』(한울, 2009) 서두에 실려 있는 정용섭 목사의 설교비평과 글쓴이의 반론을 참조하기 바란다.

하늘뜻펴기가 펼쳐져야 할 본래의 장소

네 개의 복음서가 모두 동의하는 바지만, 특히 요한복음의 성전은 예수를 그리스도로 고백하는 부활의 몸으로서 두세 사람이라도 함께하는 그곳이면 성전이다. 건물이 아니다. 오순절 사건 이후 초대교회는 거리에서 하늘뜻을 펼쳤다. 사도행전 2장 이후에 나오는 베드로의 하늘뜻펴기, 스데반의 하늘뜻펴기는 모두 거리에서 행해졌다. 다만 가르침과 떡을 뗄 때는 친교가 집안(건물)에서 이루어지는 것은 어쩔 수 없었다. 우리는 본래 예수님도, 첫 사도들도 모두 거리에서 민중들이 거하는 그곳에서 하늘뜻을 펼쳤음을 기억하자.

그래서 향린교회는 7, 8년 전부터 일 년에 한두 차례는 민중들의 아픔이 있는 현장에 가서 주일 예배를 드려왔다. 미군기지 확장으로 삶의 터전을 빼앗기고 아파하는 평택의 내추리와 도두리, 그리고 파주의 무건리를 찾아 주민들과 함께 예배하고, 한반도 운하를 반대하는 종교인 도보 순례단과 함께 예배하고 북한강을 따라 걸었으며, 용산참사 현장을 찾아 저들이 희생당했던 불탄 건물을 바라보며 따가운 볕 아래에서 예배를 드리고 아스팔트 위에 음식을 퍼놓고 희생자 가족들과 함께 식사했다.

이런 현장예배가 용산과 같이 가까운 거리라면 크게 문제가 없지만, 수백 명의 교인이 두 시간 가까이 걸리는 평택이나 파주까지 가려면 비용이나 준비가 만만치 않다. 그러나 향린 교인들은 이러한 거리예배에서 갈릴리 민중들과 함께하셨던 참 예수의 모습을 발견하며 이것이 예수께서 원하는바, 보이는 성전을 허물고 보이지 않는 부활의 몸으로서의 성전을 세우는 일임을 확인한다. 지금은 매주 목요일 아픔이 있는 거리의 현장에서 모이는 촛불교회를 통해 이러한 예수 정신을 일상화해가고 있다.

그 밖에도 민족민중정신과 역사인식을 함양하기 위해 교회 나름의 특

용산과 같이 가까운 거리라면 크게 문제가 없지만, 평택이나 파주까지 수백 명의 교인이 가려면 비용이나 준비가 만만치 않다. 그러나 향린 교인들은 이러한 거리예배에서 갈릴리 민중들과 함께하셨던 참 예수의 모습을 발견하며 이것이 예수께서 원하는바, 보이는 성전을 헐고 보이지 않는 부활의 몸으로서의 성전을 세우는 일임을 확인한다.

별주일을 정해 지켜오고 있다. 3·1절 산상예배, 4·19 민주의거와 5·18 광주민중항쟁 기념주일, 6월 민주항쟁 기념주일 등도 있다. 특히 11월에는 전태일열사 기념주일을 통해 노동자들의 고난에 찬 삶을 기억하고 그 주일 오후에는 청계천5가 전태일열사의 동상 앞에서 거리기도회를 갖고 있다. 그리고 10월 첫 주일은 한신대 자연의 숲 속에서 향린의 자매교회들이 함께 모여 세계성만찬주일로 지켜오고 있다. 이 밖에 전주 완주군에 있는 들녘 농촌자매교회와의 정기적인 강단 교류를 통해 도농 간의 벽을 허물고, 교회탐방 프로그램을 통해 여러 교회들, 특히 공동체 교회들을 돌아보고 있다.

하늘뜻펴기의 다양한 형태

하늘뜻은 반드시 인간의 언어를 통해서만 전달되는 것은 아니다. 때로는 자연을 통해서, 때로는 예술 작품을 통해서, 때로는 침묵으로 전달되기도 한다. 남한교회는 너무 일방적으로 서로마교회의 전통에만 매여 있어 하늘뜻펴기를 인간의 이성과 언어 논리에만 의존하고 있다. 글쓴이는 동로마교회의 수도원적인 침묵영성의 전통 또한 중요하게 여겨 주일 예배에서 장로님들의 목회기도 이후 2분간 침묵기도를 할 것을 제안해 그렇게 시행해오고 있으며, 하늘뜻펴기 또한 온전히 침묵으로만 한 적도 있다. 수년 전 분당 샘물교회의 선교단 두 명이 아프가니스탄에서 살해됐다는 소식을 들은 그 주일 글쓴이는 저들의 아픔에 동참하고 종교 간의 소통과 화해를 위한 침묵 하늘뜻펴기를 25분간 진행했던 것이다. 침묵의 효과를 높이기 위해 침묵으로 진행한다는 얘기를 사전에 전혀 하지 않았고, 마치 얘기를 시작할 것 같은 몸짓을 계속했다. 중간중간 죽음과 부활을 상징하는 촛불과 몇 개의 예수 십자가상을 보여주었다. 교인들에게는 충격으로 남아 있다. 말로 한 하늘뜻펴기였다면 진작 잊어버렸으리라!

또한 글쓴이는 요한계시록 하늘뜻펴기를 연속으로 하는 과정에서 한번은 계시록에 묘사되는 여러 장면들을 재현하기 위해 고대로부터 현대에 이르기까지의 20여 명의 50개 미술 작품들(여기에는 중세의 성화들뿐 아니라 피카소, 이중섭, 정신대 할머니의 작품까지 포함됐다)을 영상으로 만들어 그림을 통한 하늘뜻펴기를 전한 적도 있다. 계시록에서 들려지는 천상의 음악들을 오늘에 재해석하는 일은 아직도 나의 꿈으로 남아 있다.

흔히 하늘뜻펴기는 성서본문(text, 텍스트)을 오늘의 상황(context, 컨텍스트)에서 재해석해내는 작업이라고 이해한다. 글쓴이가 보기에 이런 이해는 너무나 단순하여 주관적인 잘못을 범하기 쉽다. 글쓴이에게 텍스트는 성서본문 자체가 아니다. 성서본문과 성서본문이 쓰인 당시의 시대적 상황 간의 역동적인 관계가 텍스트다. 이 '해석된 텍스트'를 오늘의 성서본문으로 하여 오늘의 사회적 상황에 넣을 때 '상황적 텍스트'가 나온다. 그것이 오늘 우리에게 임하는 하늘뜻이다. 그리하여 글쓴이는 거의 빠짐없이 오늘의 시대 상황을 보여주는 얘기를 처음이든 끝이든 어디에선가 언급한다.

하늘뜻퍼기는 전하는 방식에 따라 강해, 주석, 주제, 절기 등으로 구분한다. 글쓴이는 이 모든 방식을 골고루 도입하여 이야기 형태로 전해왔다. 몇 년 전에는 "이 땅에 살다간 예수들"이라는 제목 아래 인물 중심의 하늘뜻퍼기를 진행하기도 했다. 그 배경을 이렇게 설명한 바 있다.

저는 이 땅의 사회 부조리와 민족분열의 위기 속에서 우리 그리스도인들이 어떠한 삶을 살아갈 것인가 하는 물음을 안고 올 1월 초 이 땅을 살다 간 선배들의 믿음과 삶을 되새겨 보는 하늘뜻퍼기를 시작했습니다. 오백 년을 이어 내려온 조선의 역사를 총칼로 중단시키고 조선반도의 오천 년의 찬란한 문화를 '엽전'으로 비하하고 전 국민을 전쟁의 총알받이로 몰아넣어가는 일제의 불행한 역사를 살아가면서 성서가 전하는 예수 그리스도를 어떻게 이해하고 고백했는가를 알아보고자 했던 것입니다. 조선반도와 같이 외세에 끊임없이 휘둘렸던 피식민지 유대 땅에서 갈릴리 민중의 한 사람으로 태어나 서른 살 남짓의 피 끓는 젊음의 정열로 로마제국의 힘의 논리에 대항하다 십자가 처형을 당한 한 인물이 이제는 도리어 제국들을 떠받치는 정치 이데올로기로 탈바꿈하여 다시금 식민지 조선의 땅에 하느님의 아들로, 그리고 구원의 메시아로 전해진 서구화된 예수 그리스도를 어떻게 믿고 살았는지를 알아보고자 한 것입니다. 이는 서구, 특히 미국화되어버린 남한 교회의 자기 뿌리를 찾는 토착화 운동이자 자본과 물질, 그리고 욕망이 지배하는 오늘의 성공주의 시대에서 자유케 하는 진리를 찾아가는 역사적 예수신앙의 회복운동이기도 합니다.

_ 2009년 7월 26일 하늘뜻펴기 중에서

하늘뜻펴기는 목사들만의 전유물인가?

베드로 사도는 소아시아의 흩어진 여러 교우들에게 보낸 편지에서 선언한다. "여러분은 택하심을 받은 족속이요, 왕과 같은 제사장들이요, 거룩한 민족이요, 하느님의 소유가 된 백성입니다"(벧전 2:9). 오늘 남한교회의 가장 큰 약점은 평신도들의 주체적 권리, 곧 '평신도 제사장직'을 빼앗아버린 것이다. 하늘뜻펴기 또한 목회자들만의 전유물은 아닌 것이다.

글쓴이는 일 년에 여러 자례 평신도 허늘뜻펴기를 실행하고 있다. 이를 준비하는 과정에서 목사와 교인 간에 깊은 영적 유대감을 갖게 됨은 물론이요, 평신도들 또한 직접 하늘뜻펴기를 해봄으로써 목회자들이 갖는 고민과 수고를 체험하게 된다. 그리고 목사는 평신도들이 세상 속에서 살아가는 삶에서 이해하는 하늘뜻펴기를 통해 신학교에서 배우지 못한 새로운 말씀의 지평을 깨닫는다. 목회의 기본이 교인의 성숙에 있다면, 백번 하늘뜻펴기를 듣게 하는 것보다 단 한 번이라도 직접 전하게 하는 것이 훨씬 효과적이다.

요즘의 평신도들은 테이프, 인터넷과 TV를 통해 하늘뜻펴기를 밤낮으로 접하고 있다. 몰라서 못하는 것은 없다. 평신도들에게 목회의 구경꾼이 아니라 주인이 되도록 하는 것, 그것이 진정한 평신도목회다. 주일예배가 힘들다면 수요예배를 통해 할 수 있을 것이다. 해보면 목사가 더 큰 은혜를 받는다. 성전을 허물고 세상 안으로 나아가라는 예수님의 말씀의 깊이

향린교회에서는 몇 년 전부터 '평신도 제사장'직의 정신에 따라 함께 손을 잡고 고린도후서 13장 13절의 축복의 말씀으로 서로를 위한 공동축도를 드리고 있다. 목사들만의 전유물로 생각하고 있던 것들을 내어 놓는 일은 결코 쉽지 않지만, 한번 실행해보면 뜻하지 않은 결실과 기쁨을 얻게 될 것이다.

를 경험하게 된다.

더불어 공동축도까지 행할 수 있다면 더욱 좋을 것이다. 글쓴이가 섬기는 향린교회에서는 몇 년 전부터 이 '평신도 제사장'직의 정신에 따라 함께 손을 잡고 고린도후서 13장 13절의 축복의 말씀으로 서로를 위한 축도를 드리고 있다. 목사들만의 전유물로 생각하고 있던 것들을 내어 놓는 일은 결코 쉽지 않은 일이지만, 한번 실행해보면 뜻하지 않은 목회의 결실과 기쁨을 얻게 될 것이다. 개신교와 가톨릭의 가장 큰 차이라면 '평신도 제사장 신학'이다. 지금은 처음의 개혁정신과 성서 근본으로 돌아가 새 출발을 해야 할 때다.

생활목회자(평신도) 하늘뜻펴기

향린교회는 1953년 5월 30대의 기독청년 10여 명이 중심이 되어 생활공동체로 시작했다. 6·25라는 남북전쟁의 불행한 상황 속에서 당시의 기성 교회들과 지도자들이 보여준 모습에 실망하고 새로운 교회, 성서 안에 그려진 그 초대교회의 이상을 따라 시작했다. 그 중요한 목적 중 하나가 목사가 없는 교회, 그리고 교단에 가입하지 않는 교회공동체를 세우는 일이었다. 목사가 없이 운영되는 교회를 흔히 평신도교회라고 한다.

그런데 평신도라는 말은 많은 오해를 불러일으킨다. '평신도'는 '특별한 신도'를 전제하기 때문이다. 이때의 특별한 신도는 보통은 목사라고 여겨지지만, 목사를 신도라는 항목에서 제외하는 경우에는 장로와 같은 교회지도자를 특별 신도로서 암시하게 된다. 그런데 성서에는 평신도라는 말이 아예 없다. 영어에서 평신도로 번역되는 'laity'는 복음서에서 하느님나라의 주인인 'laos(헬, 백성)'로 설명된다. 물론 이 'laos'라는 보편적 언어 대신 마가복음은 'ochlos(헬, 민중)'를 하느님 나라의 주인으로 설명하고 있다.

흔히 평신도의 반대어로 사용되는 '성직자(clergy)'란 단어는 'kleros'라는 헬라어 단어에서 왔는데, 이는 '지명된 혹은 상속받은 사람들'이란 뜻이다. 이 단어는 성서에서 백성의 지도자가 아니라 백성 전체를 지칭하고 있다. "아버지께서는 성도들이 광명의 나라에서 받을 상속에 참여할 자격을 우리에게 주셨습니다"(골 1:12). 곧 성서는 하느님 나라의 주인이 되는 백성을 성직자와 평신도로 구분하지 않고 있다. 오히려 모두가 하느님 앞에서 사제임을 말하고 있다.

그러나 여러분은 선택된 민족이고 왕의 사제들이며 거룩한 겨레이고

하느님의 소유가 된 백성입니다

_ 베드로전서 2장 9절

목사나 교인 모두가 하느님 앞에서 같은 사제다. 다만 그 하는 직임이 다를 뿐이다. 그래서 필자는 오랫동안 '교회목회자'와 '생활목회자'로 그 명칭을 바꿔 부르자고 제안해왔다. 특히 향린교회는 처음에 언급했듯이 목사가 없는 교회로 시작했기에 생활목회자들이 돌아가며 하늘뜻펴기를 해왔다. 제1대 목회자가 오기까지 무려 22년을 그래 왔던 것이다. 그리고 제1대와 제2대 전임목사가 목회를 하는 동안 하늘뜻펴기는 목사가 전담해왔다. 제3대 목사로 부임한 필자는 이에 향린교회의 귀한 전통이었던 '생활목회자 하늘뜻펴기'를 되살려서 진행해온 것이다.

이와 관련해 연도에 따른 횟수와 담당자를 살펴보면 다음과 같다. 2004년(7회, 7명), 2005년(11회, 28명), 2006년(4회, 10명), 2007년(4회, 9명), 2008년(6회, 7명), 2009년(6회, 9명), 2010년(6회, 9명), 2011년(4회, 6명), 2012년(2회, 3명). 향린교회는 주일예배가 일요일에 한 번밖에 없으므로 이 모든 하늘뜻펴기는 이때 행해진 것이다. 향린교회 홈페이지에 가면 이분들의 하늘뜻펴기가 그대로 실려 있다.

생활목회자 하늘뜻펴기는 특별한 절기(예컨대 청년주일, 장애인주일, 노동주일, 어린이주일, 남북평화주일, 전교인수련회 주일, 한가위감사주일, 기독교개혁주일, 인권주일 등)에 행한 경우가 많았다. 특별한 주일을 의미 있게 드리고자 할 때, 이에 관련된 생활목회자들을 초청하여 말씀을 나누었고, 교인들의 반응은 항상 매우 좋았다. 2005년에 특별히 횟수와 참여수가 많았던 것은 매월 1회를 목표로 진행했고, 특히 당시에 북한방문과 인도선교 여행에 참여했던 분들이 함께 말씀을 나누었기 때문이다. 점차 횟수가 줄어드는 이유는 한 달에 한 번 부목사가 하늘뜻을 전하게 됨으로써 그 기회가

향린교회는 목사가 없는 교회로 시작했기에 생활목회자(평신도)들이 돌아가며 하늘뜻펴기를 해왔다. 제1대 목회자가 오기까지 무려 22년을 그래 왔던 것이다. 그리고 제3대 담임목회자로 조헌정 목사가 부임한 이래 귀한 전통이었던 '생활목회자 하늘뜻펴기'를 되살려서 진행해오고 있다.

줄어든 것이다.

이 하늘뜻펴기의 대부분은 교회목회자와 생활목회자가 함께하는 경우가 많았고, 이때 교회목회자는 성서 주석에 중점을 두고 생활목회자는 성서 말씀을 삶에 적용한 얘기들을 중점으로 나누었다.

생활목회자 하늘뜻펴기를 하게 될 때에는 최소한 한 달 전에 담당자를 정하고(대개의 경우, 성서배움마당 혹은 담당 신도회에 의뢰한다), 그분에게 그 주의 성서본문(주일공과에 따른)을 미리 읽고 묵상하도록 하고, 대강의 하늘뜻을 써보게 한 뒤 3, 4회에 걸쳐 직접 만나든가 아니면 이메일로 계속 대화하면서 이를 다듬어 나간다. 이 과정을 통해 목회자와 교인들 간에 특별한 만남이 이루어진다. 처음에는 모두 부담을 갖고 시작하지만, 이를 마쳤을 때 오는 만족감은 상상을 초월한다. 그 효과에서도 목사가 하는 하늘뜻펴기 100번을 듣는 것보다 단 한 번의 하늘뜻펴기를 직접 행함으로써 신앙적인 성숙이 더 크게 이루어지는 것이다.

향린교회는 생활목회자가 목회의 중심이 되도록 하기 위해 목회운영위원회를 두고 있고, 예배에도 중심이 되도록 하기 위해 인도, 기도 등의 거의 모든 부분을 생활목회자들이 담당하고 있다. 세례를 행할 때에도 일반적인 문구 "성부와 성자와 성령의 이름으로 내가 세례를 베푸노라" 대신 "…… 우리가 세례를 베푸노라"라고 목사는 말한다. 그리고 글쓴이는 부임 후 얼마 있지 않아 목사가 혼자 하는 전통적인 축도 방식을 버리고, 온 교인이 손을 잡고 함께 드리는 공동축도로 바꿔 고린도후서 13장 13절의 말씀을 함께 암송하여 나누고 있다.

오늘날 남한의 개신교회는 루터와 칼뱅으로 대변되는 개혁교회의 정신을 저버리고 또다시 성직자 중심의 옛 교회로 돌아감으로써 많은 문제를 만들고 있어 사회적 지탄을 받아온 지 오래다. 흔히 사도행전 2장의 말씀을 고집하여 목사는 '기도와 말씀'에 전념한다고 말하면서 설교를 목사의 전유물로 만들고 평신도들을 아예 설교단에 올라오지 못하도록 하는 일은 성서의 문자를 너무 확대해석한 지나친 일이라 하지 않을 수 없다. 더구나 SNS라는 새로운 소통방식을 통해 개인의 자유로운 표현이 중시되는 포스트모더니즘 사회에서 전통과 권위가 중시되던 시대의 옛 방식을 계속 고집하는 것은 성전의 벽을 허물라는 예수의 말씀에도 어긋나는 일이다.

1998년 한국갤럽조사연구소가 발표한 '한국인의 종교와 종교의식'에 관한 통계에서 개신교인들에게 왜 기독교를 믿느냐고 물었다. 66.8%가 "마음의 평안을 얻기 위해서"라고 대답했고, 12%가 "복을 받기 위해", 또 다른 12%가 "죽은 다음 천당 가기 위해", 그리고 6.9%의 사람들이 "삶의 의미를 찾기 위해"라고 대답했다. 종교의 힘으로 마음의 평안을 얻고 복을 받고 천당에 가고자 하는 기대를 잘못된 것이라 말할 수는 없다. 그러나 종교가 이러한 개인의 심리적 효과에 지나치게 의존하고, 그래서 결국 현실도피적인 종교로 전락하게 되면 타락은 필연적으로 일어나고 그 종교는 과거 속으로 사라지게 되는 것이다.

현재 남한 교회의 근본적인 문제는 예수에 대한 믿음만을 강조하고, 예수의 삶을 따라 곧 '자기 십자가를 지고 나를 따르라'는 예수의 초청과 명령에는 전연 무감각한 방관자적인 신앙이다. 그런 의미에서 생활목회자가 직접 하늘뜻펴기에 참여하는 일은 매우 중요하다고 하겠다. 모든 교회들이 이런 평신도 생활목회자 활동에 더욱 힘쓸 때, 남한 교회에 희망이 움틀 것이다.

투박한 삶의 굴곡을 그려내는
하늘뜻펴기를 그리워하며

평신도설교 후 남는 생각들

양회석 향린교회 교인

2004년 가을

어느덧 8년이 넘는 시간이 지났다는 것을 알고 조금 놀랐습니다. 새날 청년회 시절, 더 정확히는 2004년 여름 무렵으로 기억합니다. 잘 열어보지도 않던 우편함에서 교회로부터 온 편지를 발견하고 궁금한 마음에 서둘러 꺼내 읽어보던 기억이 새록새록 나네요. 편지내용인즉, 향린교회 첫 평신도 하늘뜻펴기를 할 10명의 사람 중 한 명으로 추천을 받았으니 이러저러한 모임에 참석해서 함께 이야기해보자는 것이었습니다.

하다못해 반장선거에서 추천을 받아도 한번쯤 사양하는 미덕(퍼포먼스)을 보여주는 것이 '그림'이라고 알고 있었을 법한 그 시절의 제가 왜 단 한 번의 사양도 없이 기쁜 마음으로 수락했는지 지금은 가물가물합니다. 한 가지 확실한 사실은 그 평신도 하늘뜻펴기가 제가 향린에 있는 동안 경험했던 가장 의미 있는 사건 중 하나였다는 것입니다. 사실 그전에도 전교인 수련회 등 특별한 경우에 평신도 하늘뜻펴기가 있어왔지만 주일 낮 예배에, 정기적으로, 적지 않은 수의 평신도들에게 연달아 강단이 열린 것은 그때가 처음이었고 공교롭게도 제가 첫 번째 순번을 맡게 된지라 여러 모로 기억에 남는 일이었습니다.

평신도 열 분과 목회자들은 여러 번 만나서 머리를 맞대고 고민하고 배웠습니다. 이러한 고민과 공부를 열심히 담아내려고 했지만 사실 당시의 평신도 하늘뜻펴기는 아직 과도기적이고 목회자 의존적인 형태였습니다. '예수의 비유'라는 한정된 주제가 주어졌을 뿐 아니라, "전반부는 목회자가 성서를 해석하고 후반부는 평신도가 삶에의 적용을 이야기한다"는 틀도 정해져 있었습니다. 원고를 써서 목사님과 공유하고 목사님의 의견을 고려해서 원고를 수정하는 과정은 개인적으로 매우 값진 경험이었습니다만, 그 와중에 세련된 설교의 모습을 얻었을지언정 원래의 투박하고 생생했던 문제의식은 옅어졌던 측면도 없지 않았습니다.

그런가 하면 반대의 의미에서 평신도들로부터의 불평도 있었다고 들었습니다. 이해합니다. 저부터도 향린에 정착하게 된 큰 이유가 홍근수 목사님의 투박하지만 폐부를 찌르는 하늘뜻펴기였으니까요. 하지만 일방적으로 메시지를 내려주는 구조가 고착화된 한국 교회의 상황에서 몇 번의 시도로 본질적인 변화를 기대하는 것은 애당초 무리였고, 돌이켜 보건대 당시의 시도는 절반의 가능성, 그리고 절반의 시행착오였다고 향린의 교인 한 사람으로서 자평합니다. 그 뒤로 더 많은 고민이 더해지고, 더 많은 평신도들이 강단을 통해 하늘뜻을 펼쳤고, 그것이 향린의 역동적이고 열린 분위기와 맞물려 많은 '은혜적', '문제적' 메시지가 던져졌고 지금에까지 이르게 되었지요.

'하늘뜻펴기'

8년이 지나서 다시 열어본 제 원고는 "내게 있어 하늘뜻펴기란 무엇인가?" 하는 질문으로 시작하고 있었습니다. 다소 상투적인 이야기를 인용하며 스물넷의 저는 이렇게 답했습니다.

> 예전 독일군의 유대인 수용소 가스실에서 죽어가던 한 유대인이 마지막 안간힘을 다해 벽에 영어로 "God is nowhere(하느님은 어디에도 없다)"라고 쓰고 죽었다고 합니다.
>
> 모두 뒤엉켜 죽어가는 그 끔찍한 곳에서 한 사람이 뚫어져라 그 글을 쳐다봅니다. 그리고 그도 남은 힘을 다해 그곳으로 기어가서 그 밑에 무언가 쓰고 이내 힘을 다해 숨을 거둡니다. "God is now here(하느님은 지금 여기에 계신다)". 그 위에 쓰인 글과 한 글자도 다르지 않지만, 그가 느낀 하느님은 달랐습니다. 그가 느낀 하느님은 그 참혹한 현장에서 그들과 같이 눈물 흘리고 계셨고, 그들과 같이 괴로워하며 함께 부둥켜안고 죽어가셨습니다. 제가 생각하는 하늘뜻펴기는 이 w와 h 사이의 띄어쓰기입니다.

네, 저는 아직 그렇게 생각합니다. 하늘뜻펴기는 "성서의 말씀(텍스트)을 주어진 상황(컨텍스트) 속에서 적극적으로 해석해내고 침묵하는 하느님을 대신해 선포하는 것"이라고 믿습니다. 누군가 '어디에도 없다'고 좌절할 때, 거기서 '지금 여기에'를 읽어낼 수 있는 밝은 눈과 그것을 선포해낼 강인함, 더 나아가 그 상황을 변혁해내는 진중함과 치열함. 이런 것들이 여러 경로를 통해 우리 삶에서 나타날 때 그 '하늘뜻'이 '펼'쳐지는 것이겠지요.

다소 원론적인 이야기지만 '선포는 목회자가 하고 평신도는 그것을 삶에서 이뤄가는 것이다'는 한국 교회의 전통적인 역할 구분은 평신도목회를 지향하는 향린의 창립정신과 정면으로 배치되는 것이었습니다. 목회자도 선포된 메시지를 받아 살아낼 '삶'이 있고 평신도에게도 상황을 통해 말씀을 해석할 '이성'이 있는데 이러한 분절적인 역할 구분이 얼마나 온당한 것인가? 평신도 지향의 목회는 교회의 권위와 전통에 어디까지 도전할 수 있는가? 이와 같은 문제의식은 향린의 창립정신과 더불어 평신도 하늘뜻펴기를 고민하고 시도할 수 있었던 배경이었습니다.

목회자, 평신도, 그리고 강단

평신도 하늘뜻펴기를 통해 저는 여기 다 나열할 수 없을 만큼 수많은 좋은 경험을 했고, 많은 것을 배웠습니다. 많은 분들이 공감해주셔서 소심하게 가지고 있던 생각에 용기를 더할 수 있었고, 많은 응원을 받았습니다. 하지만 이 글에서는 제가 평신도 하늘뜻펴기를 통해 얻은 수많은 것들이 아니라 그것들에 묻혀 미처 제가 발견하지 못했던 것에 대한 이야기를 하고 싶습니다. 평신도 하늘뜻펴기를 통해 우리가 얻어간 것들은 수없이 우리가 얘기했었으니까요.

돌이켜 생각해보건대 하늘뜻펴기의 주체가 목회자인가 평신도인가와는 상관없이 강단의 권위는 항상 절대적이었던 것 같습니다. 저는 신학이나 성례전에 문외한이라 섣불리 강단의 권위가 해체되어야 한다고 주장한다거나, 아니면 적어도 어느 수준까지 내려가야 한다고 주장할 수는 없습니다. 하지만 강단이 갖는 현재의 절대적 의미가 바뀌지 않는 이상 평신도 하늘뜻펴기는 그 궁극적인 목표에 닿기 어렵다고 생각합니다.

향린교회가 권정생 선생님이 꿈꿨던 마을 사랑방 같은 교회가 될 수 없다는 사실은 너무도 분명해 보입니다. 향린은 이미 스스로 감당하고 있는 다른 중요한 의의가 있는 교회이기도 하고요. 하지만 그것이 삶의 투박한 굴곡을 그대로 드러내는 말들, 그러니까 평신도의 언어를 어떻게 하늘뜻펴기로 가져올 것인가를 고민하지 않아도 된다는 뜻은 아닙니다.

하느님의 뜻을 대언하는 절대성과 목회자의 전문성은 인과관계의 순환으로 서로를 맞붙잡고 있고, 그 때문에 다른 요소가 비집고 들어갈 빈틈이 없어 보입니다. 그러니까, 하느님의 뜻을 대언해야 하므로 전문성이 있어야 하고, 또 전문성이 있기 때문에 하느님의 뜻을 비로소 대언할 수 있다는 순환논리 말입니다. 아닌 게 아니라 전문적인 교육을 받은 목회자의 감동적인 설교는 한국 교회에서 성공을 위한 핵심적인 요소로 인식된 지 오래됐고, 저를 포함해서 이른바 진보적인 메시지에 이끌려 향린을 찾은 이들도 이에서 자유로울 수 없습니다.

강단의 권위는 그 자체로 엄존하는 현상이고 메시지입니다. 하늘뜻펴기를 잘 마친 평신도 교인이 나중에 교회 안의 '네임드'나 '스타'가 되는 현상이 이를 반증하는 것 같습니다. 이런 상황에서 평신도 하늘뜻펴기가 강단에 오르는 사람의 이너서클이 조금 넓어졌다는 의미 이상을 가질 수 있을까요? 강단이 가지는 절대적 권위가 평신도에게 큰 부담으로 다가오고 종국에는 결국 메시지마저 그저 목회자의 언어에 수렴할 것 같다는 것은 너무 비관적인 생각일까요?

향린교회가 권정생 선생님이 꿈꿨던 마을 사랑방 같은 교회가 될 수 없다는 사실은 너무도 분명해 보입니다. 향린은 이미 스스로 감당하고 있는 다른 중요한 의의가 있는 교회이기도 하고요. 그리고 저를 포함한 많은 사람들이 그 지점을 예리하고 감동적인 언어로 풀어주시는 목사님들의 하늘 뜻펴기를 너무 사랑합니다. 하지만 그것이 우리가 공동식사 때나 향우실에서 차 마시면서 나누는 가볍지만 삶의 투박한 굴곡을 그대로 드러내는 말들, 그러니까 평신도의 언어를 어떻게 하늘뜻펴기로 가져올 것인가를 고민하지 않아도 된다는 뜻은 아닙니다. 평신도 하늘뜻펴기, 그리고 그 너머를 위해 향린강단이 갖는 의미와 권위를 함께 고민해야 한다고 생각합니다. 이는 평신도 하늘뜻펴기를 감당하면서 목회자의 언어를 구사하려고 노력했던 스물네 살 제 모습에 대한 아쉬움이기도 하고요.

2013년 봄

향린을 떠나와서 지구 반대편에서 소식만 들은 지 이제 만으로 3년을 채우는 봄입니다. 매주 만나서 이 이야기 저 이야기 들려주시던 교인들 한 분 한 분 얼굴이 생각납니다. '내게 평신도 하늘뜻펴기가 어떤 의미였나'라며 지난 8~9년을 되돌아보건대 얼기설기 빠져 있는 회상의 여백을 채우는 것은 미숙하고 어린 제 이야기보다는 그 나머지를 채워주신 한 사람 한 사람의 친구 같고 스승 같은 교인들이었습니다. 다시 함께할 날이 빨리 허락되기를 바라며 한 분 한 분 건투를 빌어봅니다.

제3부

예배

누추한 세상 속에서
향기 나는 이웃이 되고자

향린교회 예배 스케치

김창희 향린교회 교인

교회 가는 길

향린교회로 가는 길은 조금 복잡하다. 복잡하다기보다 설명하기가 애매하다고 하는 게 더 정확하겠다. 과거엔 '명동 입구 중앙극장 뒷골목'이라고 하면 그만이었다. 서울에 사는 사람이라면 대부분 알아들었다. 그러나 몇 해 전 이 극장이 파산해 문을 닫은 데다 인근 지역마저 모두 재개발 지역으로 지정돼 들쭉날쭉 온갖 공사판이 벌어지면서 요즘은 동네와 그 사이사이의 길들이 해체되는 과정에 있다. 그렇다 보니 혹시 처음 향린교회를 찾는 사람에게 설명이라도 할라치면 "백병원/명동성당 정류장에서 버스 내려서 조금 두리번거리면 보여!"라고 애매하게 말하고 만다.

모든 것이 바뀌고 어지럽게 변화하는 세상 한가운데에 향린교회가 있다. 돼지 내장 삶고 까뒤집고 씻어내는 것처럼 도시의 모양새도 그렇게 일조일석에 바꿀 수 있다고 생각하는 세상에서 교회라고 바뀌지 않을 리 없다. 하룻밤 자고 나면 뾰족탑에 십자가 달린 건물이 몇 개씩 선다. 또 그 건물들은 왜 그리도 유난히 높고 번쩍번쩍한지……

향린교회의 건물은 많이 낡았다. 45년 전인 1968년 이곳에 자리 잡을 때 지었던 건물을 몇 차례 수리해 그대로 사용하고 있으니 꽤나 누추한 편이다. '교회 건물을 포함해 자기 자신을 위해서는 돈을 쓰지 않는다'는 원칙이 공연한 말이 아님을 알 수 있다. 게다가 십자가도 달리지 않아 얼른 보아선 교회라고 알아볼 방법이 없다. 세상의 변화에 뒤떨어진 것인지, 아니면 엇나가고 있는 것인지······.

우여곡절 끝에 서울 중구 을지로2가 164-11 교회 위치를 찾아 대문 앞에 서면 그때서야 향린교회의 분위기가 눈에 들어오기 시작한다. "국가보안법 폐지" 현수막이 가장 먼저 눈에 들어온다. 20년 넘게 이 현수막을 유지하면서 몇 차례나 새것으로 바꿔 단 걸 보면 고집이 보통은 넘는다. 그것 말고 이른바 재능교육 사태에 대해 "회사 측은 하루 빨리 협상에 나서라"고 촉구하는 플래카드도 있고, 정문 기둥에는 '6월항쟁 시발지' 동판, '녹색교회' 기념패 등이 붙어 있다. 여기서 향린교회의 고집이라는 것이 세상에 뒤처진 것도, 무자정 반발하는 것도 아님을 어렴풋이 느낄 수 있다. '세상에 정면으로 부딪치기'. 향린교회의 외관이 주는 제1감은 대개 이런 식이다.

'교회 같지 않은 교회'

붉은 벽돌 건물의 3층에 자리한 예배실로 들어서려면 두 층을 계단으로 올라가야 한다. 4층 건물에 엘리베이터가 없기 때문이다. 빙빙 돌아 올라가는 형식의 계단 박스가 건물 외벽에 붙어 있는 구조다. 이렇게 밖으로 뻥 뚫린 계단을 오르다 보면 건물 밖으로 명동 뒷골목의 주차장과 자글자글한 밥집들, 그리고 이색적으로 교회 마당에 삐죽 웃자란 은행나무 한 그

루가 눈에 들어온다.

향린교회 건물은 성-속(聖-俗)의 구별을 전혀 연출하지 않고 있는 것이다. 가톨릭교회가 예배실로 이르는 길목에 '십자가상의 기도 14처'를 설정한다든가, 앙코르와트의 꼭대기 신전에 이르는 계단이 유난히 가팔라 잡생각을 떨쳐버리게 하는 것 등의 연출을 얘기하는 것이다. 변산반도의 불교사찰 내소사에 가려면 초입에 전나무 숲길을 10여 분 이상 걸어가야 하는 것도 '속'에서 '성'에 이르기 위해 '정화'의 절차로 설정된 것이다. 종교건축은 그런 것이다.

그러나 향린교회는 단독건물을 유지하고 있으면서도 그런 고려가 전혀 없다. 공사판같이 어지러운 도심지 동네를 가로질러 겨우 교회 앞마당에 이르고, 이어 바깥바람을 맞으며 옛날식 '도끼다시'로 된 계단을 빙빙 돌아 3층에서 쑥 예배실 문을 밀고 들어가게 되어 있는 것이다.

40여 년 전 이 건물을 신축할 때 책임자였던 장하구 장로가 건축업자에게 당부한 제1원칙이 '최대한 교회 건물 냄새가 나지 않도록 할 것'이었다고 한다. 그래서 건물 외벽에 십자가도 달리지 않았다. 또 교회에 이르는 길에 '내소사의 전나무 숲길' 같은 것은 물론 언감생심이지만 교회 건물에 들어선 뒤 '신 앞으로 나아가는 계단' 등의 연출도 전무한 것이다.

건축업자는 당시 건축주의 주문을 충실히 따랐고, 그 결과는 '교회 같지 않은 교회' 건물이었다. 신축 당시의 건물 개념은 아마도 '굳이 성(聖)의 티를 내지 않고 자연스럽게 속(俗)에 녹아들어 가는 교회'였을 것이다. 그것은 교회 신축으로부터 거의 반세기가 지난 오늘날 기독교가 '개독교'로 폄하되는 세상에서 더 적절한 개념으로 보이기도 한다. 다만 이 건물을 사용하는 후대의 향린교회 교인들이 자기들 예배의 경건함을 오직 예배실 자체의 분위기와 예배순서 자체로 해결해야 하는 짐을 지게 된 것만은 부인할 수 없다.

이 작은 십자가들이 향린교회의 예배실에서 찾아볼 수 있는 거의 유일한 장식이자 연출에 해당한다. 향린교회는 매년 첫 주일에 교인별로 할당된 이 작은 십자가를 새로 제단에 건다.

예배실: 예수의 십자가와 나의 십자가

향린교회의 예배실에는 별다른 장식이 없다. 다른 교회들과 마찬가지로 나무 장의자들이 네 줄로 배열돼 있다. 앞뒤 의자 사이의 간격이 상당히 좁다. 체구가 큰 사람은 고생 좀 하겠다는 생각이 들 정도다. 제단도 회중석보다 20센티미터 정도 높을 뿐 전혀 위압적이지 않다.

별 특징이 눈에 띄지 않는다. 사실이 그렇다. 그런데 눈을 조금만 크게 뜨고 살펴보면 제단 뒷벽면이 뭔가 조금 달라 보인다. 커다란 십자가가 중앙에 달린 것이야 그렇다 치지만 그 십자가 주변에 무엇인가 많이 붙어 있다. 작은 십자가들이다. 어림잡아 300개 가까운 작은 십자가들이 제대 뒷벽면의 큰 십자가 주위에 가로 세로 줄을 맞춰 붙어 있다. 그런데 군데군데 빈 곳이 불규칙하게 있는 것으로 보아 누가 일률적으로 붙인 것은 아님을 한 눈에 알아볼 수 있다.

이 작은 십자가들이 향린교회의 예배실에서 찾아볼 수 있는 거의 유일한 장식이자 연출에 해당한다. 향린교회는 매년 첫 주일에 교인별로 할당된 이 작은 십자가를 새로 제단에 건다.

입례: 목사와 평신도가 함께 진행하는 예배

향린교회는 주일 예배를 한 차례만 드린다. 예배 시작이 임박하면서 조용하던 예배실에 가볍게 웅성거림이 일고 발자국 소리에도 긴장감이 묻어나기 시작한다. 예배 시작에 겨우 맞춰 도착한 교인들이 잰 발걸음으로 빈자리를 찾아 들어가는가 하면, 국악선교단 예향도 한두 곡 호흡을 맞춰본 뒤 자리를 정돈한다. 그 사이에 1층에서 연습을 마친 성가대원들이 그 밖으로 뚫린 계단을 돌아 예배실로 줄 지어 들어선다.

예배실 뒤편에 대기하던 조헌정 목사가 가볍게 손짓하자 성가대원들이 먼저 예배실 중앙통로를 통해 제단 옆에 마련된 성가대석으로 나아가 앉는다. 정확하게 오전 11시. 예배실에 일순 정적이 흐르는 가운데 조 목사를 포함한 예배담당자 4, 5명이 중앙통로 뒤편에 두 줄로 늘어선다. 이어 예향 악장의 박에 따라 입례송 연주가 시작되고 조 목사 등이 그 느린 박자에 맞춰 천천히 걸음을 옮겨 제단 아래 지정된 자리에 가서 앉는다.

통상 한국 교회에서 일요일 예배의 경우 담임목사가 사회와 기도와 성경봉독과 설교를 통틀어 다 맡는다. 시쳇말로 원맨쇼인 셈이다. 향린교회는 그 순서의 담당자들이 모두 구분되어 있다. 담임목사는 설교를 할 뿐이다. 물론 성찬식 등의 성례전이 있을 경우 이를 주재하는 것은 담임목사의 일이지만 일상적인 주일예배의 사회와 목회기도는 각각 다른 시무장로가,

징울림. 예향의 주자 가운데 한 사람이 일어서 아주 능숙한 솜씨로 강단 뒤편의 징을 세 번 울린다. 세 차례 징소리 사이사이의 여운이 상당히 길다. 그에 맞추어 회중도 호흡을 고른다. 드디어 예배의 시작이다.

감사기도는 권사 또는 집사 가운데 한 사람이, 성경봉독은 대개 젊은층인 새 교인들 가운데 남녀 한 사람씩 두 사람이 맡는다. 말하자면 '목사와 평신도가 함께 진행하는 예배'인 셈이다. 60년 전 평신도교회로 출발한 향린교회의 전통이 오늘날 예배 진행에도 아주 뚜렷하게 그 흔적을 남기고 있다.

또 한 가지 일반적인 모양새와 다른 것은 설교자를 포함해 모든 담당자들이 제단 위에 마련된 자리에 앉아 회중들과 마주보는 것이 아니라 회중석의 제일 앞줄에 앉아 다른 회중들과 마찬가지로 제단을 향한다는 점이다. 당연히 제단 위에는 아무 의자도 없다. 담당자들이 자기 순서에 올라가서 자기 역할을 하고 내려올 뿐이다.

담당자들이 이렇게 착석하자 조 목사가 먼저 제단에 오른다. 제단 위의 초에 불을 붙이고 강대에 선다. 회중을 향해 인사를 건넨다. "오늘 예배에 참여하신 여러분을 정의와 평화, 또 생명의 주가 되시는 예수 그리스도의 이름으로 환영합니다. 이제 다 함께 우리의 마음과 뜻과 정성을 모아 살아 계신 하느님께 예배드리겠습니다. 세 번의 징울림과 더불어 하늘과 땅, 그리고 온 우주의 생명의 울림이 여러분의 영혼 가운데 퍼져나가기를 기도합니다."

이어 징울림. 예향의 주자 가운데 한 사람이 일어서 아주 능숙한 솜씨로 강단 뒤편의 징을 세 번 울린다. 세 차례 징소리 사이사이의 여운이 상당히 길다. 그에 맞추어 회중도 호흡을 고른다. 드디어 예배의 시작이다.

향린만의 특징: 국악과 침묵

향린의 예배는 시작과 끝이 아주 분명하다. 우리 고유의 징소리가 그 시작과 끝을 오해의 여지가 없게 만들어준다. 서양 악기들과 달리 그 깊고도 독특한 음색이 듣는 이들로 하여금 이제 어디론가 빨려 들어간다는 느낌과 이제 거기서 놓여난다는 느낌을 선명하게 주기 때문이다. 이렇게 향린예배의 '향린스러움'은 시작 단계의 징소리에서부터 나타난다.

그 사이에 강대로 나온 인도자가 '예배에의 부름'과 '여는 찬송'을 진행하자, 이어 예향 단원 한 사람이 국악 가락의 '교독송'을 인도한다. 또다시 향린의 특징이 드러나는 순간이다.

인도자 : 복되어라 이런사람 악인의꾀 좇지않고
회　중 : 죄인의길 걷지않고 오만한데 앉지않네
인도자 : 복되어라 이런사람 주의율법 낙을삼아
회　중 : 밤낮으로 묵상하니 복되어라 이런사람
인도자 : 시냇가의 나무처럼 철따라서 열매맺고

회　　중 : 하는일이 잘되어서 만사형통 은혜일세

　　교독송의 가사는 매주 바뀌지만 가사가 워낙 단순한 4·4조이고 가락이
똑같고 쉽기 때문에 따라 부르기에 무리가 없다. 내용도 경배와 찬양, 회
개와 죄사함, 언약과 축복 등으로 이루어져 익숙한데 그런 내용을 담은 가
락이 국악이라는 점이 다른 곳에서는 보기 힘든 양상이다.
　　이 교독송을 포함해 향린의 예배에는 회중이 부르는 찬송가가 모두 아
홉 차례 있는데 그중에서 무려 일곱 곡이 국악가락이다. 국악이 아닌 것은
'여는 찬송'과 하늘뜻펴기(설교) 직후의 '응답찬송'뿐이다. 이 국악찬송들
중에서 가장 특징적인 것은 성가대 찬양 직전에 회중이 함께 부르는 '신앙
고백송(국악찬송 217장, #붙임 참조)' 또는 '주기도문송(국악찬송 209장과 210
장)'이다. 이 가운데 두 곡(217장과 209장)은 지금의 성가대 지휘자(조계연
집사)가 작곡한 곡인데, 이 세 곡 중의 한 곡이 매주 번갈아가며 선택된다.
특히 신앙고백송은 1993년 창립 40수년에 향린교회가 채택한 '신앙고백선
언'의 내용을 찬송으로 옮긴 것으로서 가락도 흥겹지만 가사의 내용도 '향
기로운 이웃'이라는 뜻의 '향린' 이름 그대로 공동체의 지향과 다짐이 잘
살아 있다. 어느 교회에서나 불릴 수 있는 범용 찬송가를 넘어서서 자신만
의 특징이 살아 있는 찬송가 가사와 가락을 만들어 이를 예배 시간의 중
요한 위치에 배치하고 매주 혹은 격주로 그 뜻을 새기며 함께 부르는 것
이다.
　　향린교회의 예배에서 이처럼 국악찬송이 차지하는 위치가 큰 만큼 국
악선교단 '예향'의 비중도 클 수밖에 없다. 예향은 앞에 설명한 것처럼 입
례송과 징울림 등 고유한 연주를 하기도 하고 국악찬송의 반주를 맡기도
한다. 숫자는 10명 정도에 불과하지만 예배에서 차지하는 비중이 대단히
큰 것이다. 예배실 안에서의 위치도 제단 위의 성가대 맞은편이다. 회중이

기도자는 회중을 향하지 않고 제단 위에 올라가 십자가를 향해 서서 기도한다. 이는 목회기도가 회중을 향한 것이 아니라 그와는 반대로 회중을 대표해 하느님을 향해 드리는 기도라는 함의를 명료하게 보여주는 것이다.

볼 때 성가대는 강단 위의 오른쪽에, 예향은 그와 마주보고 왼쪽에 위치한다. 음악의 차원에서 예배를 진행하는 조타수 역할을 하는 것이다.

물론 성가대의 역할은 당연히 크다. 예향은 '보컬(Vocal)'이 거의 없는 반면 성가대는 '보컬(Vocal)'을 기본으로 한다. 또 성가대와 예향이 합동으로 연주할 때에는 성가대의 지휘자가 전체를 아우르는 역할을 한다. 그만큼 유기적인 연주를 지향한다는 뜻이다. 그런 유기적 결합이 어디까지 발전할 수 있을지 많은 관심을 모으고 있다.

입례 순서에서 마지막으로 언급할 것은 목회기도 순서다. 모든 교회의 예배에는 '목회기도' 혹은 '중보기도'라는 명칭으로 대표기도 순서가 포함되어 있다. 그런 점은 향린도 마찬가지다. 다만 다른 교회와 구별되는 점이 두 가지 있다.

첫째는 내용이다. 대개 시무장로들이 돌아가면서 이 순서를 맡는데 일반적인 회개와 감사에 이어 그 시점에 벌어지고 있는 우리 사회의 현안들을 확인하고 이런 현안들을 선교적 과제로 받아들이겠다고 다짐하는 내용이 골자다. 4대강 사업, 강정마을, 쌍용자동차, 재능교육 등의 사회적 현안은 물론이고 각종 선거, 남북관계 등 한반도에서 일어나는 과제들이 향린의 선교적 과제이자 향린 구성원들의 손길을 기다리는 현장으로서 확인되는 순서다.

둘째는 형식이다. 기도자는 회중을 향하지 않고 제단 위에 올라가 십자가를 향해 서서 기도한다. 이는 목회기도가 회중을 향한 것이 아니라 그와는 반대로 회중을 대표해 하느님을 향해 드리는 기도라는 함의를 명료하게 보여주는 것이다. 또 한 가지 형식상의 차이점은 기도자가 준비한 기도를 모두 마치고 "예수님 이름으로 기도합니다"는 마무리 말을 하기에 앞서서 "이제는 우리의 입을 닫고 우리에게 주시는 하느님의 말씀을 기다립니다"라는 취지의 말에 이어 2분 정도 침묵의 순서를 갖는다는 점이다. 기도에 대한 응답을 기다리는 것이기도 하고, 기도의 내용을 회중이 함께 되새기는 것이기도 하다. 나른 교회에서는 찾아보기 힘든 순서인데, 향린의 회중들은 이때 절대적인 침묵의 시간을 갖는다. 입 밖으로 소리를 내는 법이 없다. 아니, 각자의 기도를 하기보다 하느님의 뜻을 되새겨보는 시간이니 소리를 낼 일이 없다. 이런 침묵이 예배에 훨씬 더 몰입하게 만드는 효과가 있다.

이렇게 해서 회중은 점점 더 예배에 빠져들고 향린의 예배는 정점을 향해 치닫는다.

'하늘말씀'을 듣고 되새기고

향린은 '성경봉독'을 '하늘말씀읽기'로, '설교'를 '하늘뜻펴기'로 표현하고 있다. 성삼위의 성부를 '하느님'이라고 표현하는 것의 연장선상에 있다.

우선 '하늘말씀읽기'를 보자. 2011년부터 향린교회는 '성서일과(Lectionary)'를 따라 성서 본문을 택하고 있다. 세계 교회가 하나라는 생각에 따라 매주 정해진 성서 본문을 택하는 방식이다. 담당자 두 사람이 나와 제1성서(구약)와 제2성서(신약)에서 각각 한 대목씩 낭독하고, 이어 설교자가 등단해 복음서 가운데 한 대목을 낭독한다. 마지막으로 설교자가 복음서를 낭독할 때는 회중이 모두 일어나 그 말씀을 들으며, 말미에 설교자가 "이는 주님의 말씀입니다"라고 하면 회중은 "주님, 감사합니다. 마음에 새겨 행하겠습니다"라고 받은 뒤 자리에 앉는다.

어떻게 보면 가톨릭교회의 의례를 상기시키는 것 같기도 하지만 그건 아무래도 상관없다. 말씀을 중시하고, 그 말씀을 진지하게 받아들이겠다는 다짐을 회중이 함께한다는 점에서 충분히 의미가 있다.

이어 설교자는 약 30~35분 정도 '하늘뜻'을 편다. 말씀의 선포다. 당연히 조헌정 담임목사가 대부분의 설교를 맡지만 한 달에 한 번꼴로 부목사 또는 외부강사가 강단에 선다. 향린 교인들의 입장에서는 다른 교회의 예배에 출석하지 않고도 다양한 설교를 들을 수 있는 기회가 보장된 셈이다. 이는 평신도교회로 출범한 향린교회가 전임 목회자를 청빙한 뒤에도 창립자인 안병무 박사로 하여금 한 달에 한 번꼴로 설교를 맡게 함으로써 '말씀의 편식'을 막으려 노력해온 사실에 비견되는 조치이고, '성서일과'를 통해 설교자의 자의적인 성서 본문 선택 가능성을 스스로 막은 것과도 같은 맥락이다.

조헌정 목사는 우선 가능한 한 본문의 내용과 그 맥락을 평이하게 설명하고, 이어 그 본문의 현대적 해석과 적용을 강조한다. 물 흐르듯 자연스럽게 전개되는 설교에 회중은 자연스럽게 귀를 기울인다. 향린의 전통이 그렇듯 설교의 후반부에는 한국 사회의 맥락 속에서 해당 본문의 적용 가능성이 강조되지만, 그렇다고 설교가 사회운동의 선언문처럼 귀결되는 일은 결코 없다. 어디까지나 '하늘나라의 임재'라는 관점을 분명히 하면서 '하느님의 선교(Missio Dei)'의 일환으로서의 교회의 역할과 향린의 사명이 강조되기 때문이다.

설교는 항상 침묵기도로 마무리된다. 한국 교회에서 통상 설교가 설교자의 기도로 끝나는 것과 다르다. 여기에는 목회기도와 마찬가지로 설교자가 회중에게 스스로 설교의 뜻을 되새기고 정리하는 시간을 준다는 의미가 담겨 있다. 설교자에 의해 성서가 일방적으로 해석되고 회중은 그것을 받기만 하는 구조가 여기서는 깨지는 것이다. 이것은 어쩌면 향린 교인의 상당수가 지식인들이라는 점에 연유하는 것인지도 모른다.

봉헌과 파송: 새로운 예배의 시작

설교에 이어 봉헌이 이어진다. 향린교회는 예배 시간 중에 헌금을 하지 않는다. 예배실 앞에 헌금함을 두고 사전에 알아서 헌금을 하는 방식이다. 이 헌금함을 감사기도 담당자가 봉헌 시간에 갖고 들어와 제단에 놓은 뒤 기도를 하는 것으로 봉헌 절차는 마무리된다. 감사기도는 대부분 권사 또는 집사들 중에서 돌아가며 선정된다. 평신도가 매 주일 주요한 예배 순서의 담당자가 되는 것이다. 이는 통상 다른 교회에서 담임목사가 온갖 감사헌금 사유를 나열해가며 장황하게 기도하는 것과 대비된다.

결단 찬송에 이어 담임목사의 파송사가 진행되고, 축복기도가 예배의 대미를 이룬다. 바로 이 대목에서 향린 예배의 또 다른 특징이 드러난다. 축복기도가 담임목사의 일방적인 축도가 아니라 회중이 모두 일어서서 옆의 사람들과 손을 잡고 공동축도를 하는 것이다.

주 예수 그리스도의 은총과 하느님의 사랑과 성령께서 이루어주시는
친교가 우리 가운데 영원토록 함께 있기를 주님의 이름으로 축원합니다.
아멘.

_ 고린도후서 13:13

멀리는 '모두가 사제'라는 루터의 정신이, 가까이는 향린 창립 당시의
평신도목회 정신이 이 공동축도에는 스며들어 있다. 이날 예배에서 자신
이 받은 은혜를 공동체의 다른 구성원들과 나누는 것이다.

그리고 징이 한 번 울리고, 회중은 그 은혜를 공동체의 울타리를 넘어
세상 속에서 더욱 넓게 나눔으로써 하느님 나라의 임재를 앞당기고자 세
상 속으로 흩어진다. 현실 속의 예배는 이제 시작이다.

217 이 땅의 향기로운 이웃

향린희년신앙고백   조계연

♩ = 66

1. 우 리 를 만 - 드 - 신 하 나 님   하 나 님
2. 십 자 가 에 달 - 리 - 신 예 수 님   예 수 님

지 금 도 - 우 리 - 를 만 드 시 는 하 - 나   님
지 금 도 - 십 자 가 - 를 지 고 가 시 는 예 - 수   님

공 동 체 로 - 우 리 를 부 르 시 고
해 - 방 희 - 복 음 이 뙤 - 시 어

억 압 속 에 서 - 자 유 를   꿈 꾸 게 하 시 는 하 나 님
고 난 속 에 서 - 회 망 을   노 래 하 게 하 시 는 예 수 님

* 2절후 음송

〈음송〉

영이신 하나님 변혁의 영이신 하나님 !

우리는 주님의 몸인 교회가 나눔과 섬김의 공동체임을 믿습니다.

우리는 주님 안에서 정의와 평등과 평화가 이뤄짐을 믿습니다.

우리는 주님의 사랑이 우리의 삶을 통해서 나타남을 믿습니다.

우리는 주님의 나라가 우리의 삶 속에서 이뤄짐을 믿습니다.

우리는 해방을 위한 주님의 선교 속에서 이뤄지는 부활을 믿습니다.

우리는 주님이 보여주신 진리 안에서 날마다 새로워짐을 믿습니다.

* "향린희년신앙고백"은 1993년 발표한 "향린교회 신앙고백 선언"을 토대로 조헌정 집사가 초안을 쓰고 신앙고백 준비위원과 교우들의 의견을 모아 2003년 4월 20일 향린교회 공동의회에서 채택하였다.
* 2004년 12월 19일 임시공동의회에서 음송 부분의 가사를 개정하였다.

고후 2:15, 히 13:13

성도의 생활, 하나님 나라

우리 몸에 맞는 예배를 찾아서 1

향린교회 예배의 특징과 그 신학

한문덕 향린교회 부목사

들어가는 말: 예배[1]란 무엇이며 그 틀은 어떠해야 하는가?

어느 종교든지 자신들의 종교적 경험과 신앙을 외적으로 표현하는 의
례가 없는 종교는 없다. 그리스도교인은 매 주일 교회당에 모여 예배함으
로써 자신의 신앙을 표현하고 강화하며, 신앙적인 가치를 학습할 뿐만 아
니라 내면화한다. 예배는 넓은 의미에서 인간이 하느님께 바치는 모든 행
위라고 할 수 있지만(롬 12:1~2), 좁은 의미에서 예배는 예수 그리스도의
이름으로 교회 공동체의 구성원들이 함께 모여 정해진 시간과 공간에서
하느님께 드리는 행위다. 그리스도교의 신앙은 예수 그리스도가 우리를
위해 말씀과 행위로 자신의 삶을 희생하는 가운데 하느님의 본성이 드러
났다는 사실에 기초하고 있고, 이 신앙이 바로 인간을 예배로 이끈다. 바

---

1 여기서 예배란 주일예배를 말한다. 주일예배 외에 예배라는 말을 사용하는 모든 모임
(예를 들어 수요예배, 금요철야예배, 새벽예배 등)은 이 글에서 고려의 대상으로 삼지 않
는다.

로 이 신앙의 근간은 인간에 대한 하느님의 봉사(독일어 Gottesdienst)이며, 우리의 신앙은 그것에 대한 응답일 뿐이다. 인간을 예배로 부르는 존재는 하느님이시기에 예배의 주도권은 하느님께 놓여 있고, 인간은 부르심에 응답하여 예배로 나아가 하느님을 위한 (인간의) 봉사(Gottesdienst)가 이루어진다.

예배를 통해 하느님과 인간은 만난다. 교회 공동체의 예배는 개인의 일상적인 삶이 예배가 되게 하는 사건의 정점에 놓여 있고, 그래서 교회에서의 공적 예배야말로 예배 중의 예배라 할 수 있다. 따라서 예배를 통한 하느님과 인간의 만남은 사적 개인의 만남이 아니라, 교회공동체 구성원 전체(하느님의 백성)와의 만남이고, 그러므로 개인의 사적 공간이 아닌 교회라는 공적인 공간에서 회중이 함께 드리는 공적 예배가 진정한 예배라 할 수 있다. 교회 공동체는 예배를 통하여 예수 그리스도의 삶과 죽음, 부활에서 나타난 하느님의 놀라운 사랑을 경험할 뿐만 아니라 마지막에 이루어질 하느님 나라를 미리 체험한다. 그리하여 이 세상에서 하느님 나라를 사는 구별된 신앙인으로서의 삶을 영위하게 된다. 이런 모든 과정의 주도자는 하느님이시며 예배 참여자는 하느님의 놀라운 섭리에 따라 큰 기쁨과 은총을 누리게 된다.

예배의 대상이 하느님이고 예배를 주도하시는 분도 하느님이시기에 예배에 참여하는 인간이 사용하는 모든 언어와 몸짓, 가락은 하느님께 영광을 돌리는 것으로 드려져야 한다. 예배의 순서를 맡은 이들, 즉 설교자, 찬양대(성가대) 등이 하느님께 올릴 영광을 가로채서는 안 된다. 마치 예배를 진행하는 인도자, 설교자, 기도자, 찬양대 등이 배우이고, 예배의 회중이 관객인 것처럼 되어서는 안 된다. 예배참여자 모두가 배우들이며 유일한 관객은 하느님이시다. 찬송의 경우도 하느님께 드리는 찬송을 잘 선택해야 한다. 예를 들어 찬송 531장("자비한 주께서 부르시네")의 경우는 전도를 목적으로 지어진 찬송이기에 예배시간에는 적합하지 않다. 부모님 생신잔치를 차려놓고 부모님에게는 신경 쓰지 않으면서 사람들이 안 왔다고 손님들 빨리 오라는 노래를 불러서야 되겠는가? 이처럼 예배의 내용은 온전히 하느님께 영광을 돌리는 것으로 기획되어야 한다.

그렇다면 이런 내용을 가지고 어떤 틀로 예배를 구성하고 기획해야 하는가? 모든 공적인 예배의 순서는 하느님을 만나러 들어가고, 하느님을 만나고, 다시 세상을 향하여 나가는 구조를 지니고 있다. 예배를 하느님과의 공동체적 만남이라고 규정한다면, 최소한의 순서와 절차라는 형식이 있을 수밖에 없는데, 그것은 하느님을 만나기 위해 그분의 세계로 '들어감'(개회/모임 예전), 그런 거룩한 경지와의 '만남'(말씀/성만찬 예전), 하느님의 영역으로부터 세상으로 '보냄'(파송 예전)의 구조[2]를 의미한다. 이 전체 구조에 해당하는 각 구성요소들 전부가 예배이지 이 중 하나만이 예배는 아니다. 예배의 전 과정은 하나의 통합체이고, 그 과정을 이루는 순서들은 통합체를 이루는 원리에 따라 유기적으로 배치되어야 한다. 한국 개신교의 경우 설교가 중심이 되어 마치 예배는 설교 듣는 시간으로 생각되고 나머지 예배의 구성요소는 부차적으로 여겨 일부 교인들이 설교시간 맞춰 교회에 오고 설교 끝나면 나가는 행태를 보이는 것은 심히 잘못된 것이다.

모임-만남(말씀/성찬)-보냄의 삼중구조나 모임-말씀-성찬-보냄의 사중구조가 예배의 씨줄이라면 각 전체 구조를 이어주는 기도와 찬송은 예배의 날줄이라고 할 수 있다. 이 두 구조가 유기적으로 이어져 하나의 예배가

---

2 개신교의 경우 종종 성만찬 예전이 생략되고, 이런 경우 개회 예전과 말씀 예전을 한 덩어리로 통합한 후 그것을 다시 세분하여 다른 이름을 붙인 단락들이 만들어지기도 한다. 예를 들면 '찬양과 고백', '기원과 응답', '교제와 봉헌', '말씀과 응답'의 경우다. 이러한 개신교의 성만찬 예전 무시는 왜곡된 형태의 예배라고 할 수 있다.

완성되며 이 예배를 통해 신앙인은 하느님의 현존을 느끼게 되는 것이다.

향린교회의 예배[3]

1) 예배의 준비

예배가 하느님을 만나는 것이고, 예수 그리스도를 통한 하느님의 놀라운 사랑에 대한 감사의 표현과 응답의 행위라면 예배하러 가는 이들은 몸과 마음의 준비를 하지 않을 수 없다. 특별히 예배위원들은 더욱 그러하다. 예배 위원들의 태도와 바른 자세 훈련, 그리고 예배 공간의 신학적·감성적 배치, 예배에 참여하는 회중들의 기대와 같은 것들이 주일 예배가 시작되기 전에 준비되어야 한다.

향린교회는 홈페이지를 통해 매주의 성서말씀을 일주일 전에 공지한다. 따라서 모든 교인들은 하늘뜻[4]을 듣기 전에 일주일 동안 하늘말씀을 묵상할 수 있다. 주일예배에서 선포되는 하늘말씀과 목회자의 해석인 하늘뜻펴기에 앞서 개인적 차원에서 말씀을 묵상하도록 하는 것이다. 말씀에 대한 깊이 있는 묵상은 현대인의 복잡한 삶을 말씀에 비추어 성찰하도록 하는 힘이 있다. 묵상을 통해 각자의 내면을 단단하게 단련하고, 준비된 마음으로 목회자의 하늘뜻을 들을 때 예배 회중은 말씀에 다시 한 번 새롭게 직면하는 체험을 하게 된다.

---

3 이 책의 김창희의 글은 주일예배의 광경을 스케치한 르포 성격의 글이고, 이와 달리 이 글은 목회적 관점과 예배신학적 관점에서 향린교회의 예배를 소개한다.

4 향린교회에서는 '성서봉독'을 '하늘말씀읽기'로, '설교'를 '하늘뜻펴기'로 각각 부른다.

예배 위원 중 하늘말씀읽기를 하는 이는 미리 소리 내어 하늘말씀을 읽어보는 연습을 한다. 주중에는 홈페이지의 말씀을 통하여, 주일에는 예배 전 예배위원 모임 때 준비된 말씀을 다시 한 번 낭독하고 연습한다. 목회기도와 감사기도를 드리는 이들에게는 목회기도와 감사기도에 대한 안내문이 발송된다. 기도하는 이들은 이 안내문에 따라 기도문을 작성한다. 목회기도는 주로 시무장로들이 하는데, 당회 수련회를 통하여 기도에 대한 교육을 실시하기도 한다.[5] 예배위원들이 주 중에 예배 준비를 한다면, 성

---

5 아래는 당회원들에게 실시했던 기도 교육자료 중 일부이다.

- 기도의 내용과 특징: 기도란 사적으로 혹은 공적으로 소리를 내든 마음으로 하든, 개인적으로 하든 집단적으로 하든 하느님의 은총에 대한 인간의 응답이자 신앙인의 몸과 마음을 하느님께 향하는 모든 것으로 다음의 네 가지 특징을 지닌다. 1. 하느님을 경배하고 찬양하는 것, 2. 인간의 죄를 인정하고 하느님께 고백하고 순종하는 것, 3. 인간에게 필요한 바를 하느님께 구하는 것, 4. 인간의 기도에 응답하시는 하느님께 감사하는 것. 이 네 가지를 포함하여 그날의 예배 주제나 강조점에 따라 신택과 균형이 달라질 수 있다.
- 기도문을 준비할 때의 주의점
 1. 너무 길어지지 않도록 한다. 함께 기도하는 회중이 지루하게 느껴지면 안 된다.
 2. 너무 구체적이면서 개인적인 사실을 언급함으로써 회중 중에 일부가 그 사실에 대해 모를 경우가 생겨서는 안 된다. 그것은 기도를 오히려 방해할 가능성이 있다.
 3. 기도를 하면서 누군가를 책망하거나(예를 들면, "하느님 아버지, 우리 교우 중에는 ~~~ 하는 사람이 절대로 있어서는 안 되겠습니다"), 광고와 같이 무엇을 알리는 것(예를 들면, "다음 달에 있을 총동원 주일예배에 모든 성도가 한 사람씩 전도하여 데리고 올 수 있도록 해주십시오")은 좋지 않다.
 4. 기도는 설교가 아니다. 설교는 하느님의 뜻을 펼치는 것이고, 기도는 하느님 앞에 서서 하느님의 말씀을 듣는 것이다. 그리고 그 앞에서 자신을 구원해주신 하느님의 은총을 찬양하고, 죄를 고백하고, 우리의 부족한 것을 아뢰고, 하느님께 감사하는 것이다. 그런데 우리의 부족함을 아뢰고 간구하는 부분에서 일종의 설교가 되기 쉬운데 그것은 매우 조심해야 한다.
 5. 회중의 뜻을 모은 기도이므로 회중 전체와 교회 전체를 생각하며 기도해야 한다. 따라서 자신만이 아는 현학적 표현이나, 개인의 특정한 관심사만을 반영한 기도는 지양되어야 한다.

가대와 국악선교회 예향은 매 주일 오전과 오후에 예배 중 드려지는 찬양 곡들을 연습한다. 설교자는 B5 종이 12페이지(글자 포인트는 12) 정도의 하늘뜻펴기 원고를 준비한다. 이 정도 분량이면 30~35분가량의 하늘뜻펴기가 된다. 다소 길게 느껴질 수 있으나 원고의 구성력에 따라 하늘뜻펴기를 듣는 회중의 느낌은 전혀 다르다. 평신도 설교를 하는 경우에는 목회자와 함께 한 달 정도 시간을 두고 서로 의견을 교환하며 원고를 다듬는다. 성서에 대한 해석, 삶에의 적용, 교회공동체의 필요성 등을 고려해 적합한 원고가 되도록 목회자와 평신도가 함께 만들어가는 것이다. 그렇게 원고가 완성되면 설교단에 서서 미리 설교 시연을 해본다. 머리와 손으로 쓴 글이 이제 입에도 익어서 청중들에게 잘 전달되도록 하는 것이다. 하늘뜻펴기는 하늘말씀의 선포이기도 하지만 동시에 청중들과의 소통이기도 하기 때문에 원고의 철저한 준비뿐 아니라 그것을 구연하는 연습 또한 많이 되어야 한다.

또한 예배실 공간에서는 교회력에 따라 십자가에 색깔 천을 걸고, 상징적인 물건을 놓아두기도 하며, 주보 또한 교회력의 색깔에 맞게 작성된다. 대림절이 되면 이를 기다리는 양초를 준비하여 매주 하나씩 켜면서 성탄을 기다리는 예식을 하게 된다. 부활절에는 부활을 상징하는 꽃의 장식으로, 한가위 감사 주일에는 과일과 채소, 곡식으로 각각 예배 공간을 꾸민다. 세계성만찬주일에는 교회 일치를 위한 상징걸개를 옆에 두고 예배를 드린다. 평소에는 하늘 말씀에 방해가 될까 하여 예배실 앞에 꽃을 놓아두지 않지만 절기에는 절기에 따른 축제의 예배가 되도록 하기 위해 공간을 새롭게 하는 것이다. 귀로 듣는 설교에 집중된 개신교 예배는 상징이 주는 풍부함이 적어 다소 메마른 예배가 될 수 있다. 또한 교회력을 따르는 것은 우리의 일상을 신앙에 따른 일상이 되도록 하는 매우 중요한 요소다. 따라서 절기에 맞게 예배실 공간에 변화를 주는 것은 예배신학적으로 매우 의미심장한 것이다. 이렇게 준비되면 1시간 30분 남짓한 예배가 더욱 감동적이고 기쁜 예배가 된다.

2) 향린교회 예배의 흐름과 구성요소

향린교회의 예배는 국악선교회 예향의 연주와 예배위원들의 입장, 목회자의 예배 인사에 이은 징울림, 예배 인도자의 시편낭독, 여는 찬송, 4·4조의 시편 교독송, 영광송, 목회기도, 침묵기도, 기도송, 신앙고백송(또는 주기도송),[6] 성가대의 찬양, 세 본문으로 된 하늘말씀읽기, 하늘뜻을 기다리며 부르는 말씀송, 하늘뜻퍼기, 침묵에 이은 성가대의 말씀응답송, 회중의 응답찬송, 감사송과 함께 봉헌, 감사기도, 결단찬송, 세상으로 보냄(파송사), 회중 모두가 함께 드리는 공동 축복기도, 성가대의 응답송, 징울림으로 진행된다(# 붙임 참조). 성찬식이 있는 예배에서는 응답찬송 후에 성찬식을 거행하고, 세례식이 있을 경우는 신앙고백송 후에 세례식을 거행한다.

성찬식은 재의 수요일, 부활주일, 교회창립기념주일, 성령강림주일, 민족화해주일(6월 넷째 주), 평화통일주일(8월 둘째 주), 세계성만찬주일(10월 둘째 주), 대림절 첫째 주일, 성탄절에 하고(1년에 8회), 세례식은 성령강림주일과 대림절 첫째 주일(1년에 2회)에 한다. 성찬식은 향린교회가 발간한 국악찬송가의 부록에 실린 성찬식 예식문[7]에 따라 실시하며, 세례식은 3

---

6 격월로 신앙고백송과 주기도송을 번갈아 부른다.
7 국악찬송가에는 10개의 성찬예식문이 실려 있다. 일반적인 성찬식과 신년주일, 사순절 첫 주일, 성목요일, 부활주일, 성령강림주일, 추수감사주일, 성탄절 등 교회 절기에 맞게 기획된 성찬식 예문과 세계성만찬주일, 그리고 평화통일주일에 맞게 마련된 성찬식 예문이 있다.

향린 예배에서 음악은 매우 큰 비중을 차지하고 있다. 이처럼 예배에서 음악을 많이 사용하는 것은 지성적 특징으로 치우치기 쉬운 향린교회의 예배 경향을 보완하는 데 큰 역할을 한다.

회의 세례교육과 당회에서의 세례문답 등의 선행교육 후 실시한다.

모임-만남-보냄의 씨줄로 분석해보면 입장부터 성가대의 찬양까지가 모임에 해당하고, 만남은 하늘말씀읽기로부터 회중의 결단찬송까지가 만남이며, 세상으로 보냄부터 성가대의 응답송까지가 보냄 부분에 해당된다 하겠다. 예배를 이끄는 인도자는 처음 예배부름으로 시편을 낭송하는 것 외에 거의 말을 하지 않고 예배는 기도와 찬송, 말씀 읽기 등으로 자연스럽게 이동한다. 두 손을 이용해 회중들에게 일어서고 앉음을 알려줄 뿐이다. 결혼식 사회자가 식을 진행하듯이 일일이 말하지 않으므로 예배의 전체 흐름이 리듬감 있게 그리고 예배의 흐름이 끊기지 않고 흘러간다.

모임, 만남, 보냄의 각 구성 요소들은 이 책 김창희의 글과 이정훈의 글에 상당 부분 녹아 있으므로 여기서는 한두 가지만 언급한다.

첫째, 예배 중 찬양에 관해서다. 찬양은 곡조가 있는 기도로 예배의 흐름과 분위기에 매우 중요한 역할을 한다. 향린교회의 예배는 23개의 구성 요소로 이루어져 있는데, 이 중 찬양 및 연주와 관련된 요소가 13개나 된다. 이 13개는 회중이 함께 부르는 찬양과, 성가대만 부르는 중간중간의 찬양, 예향의 선창자와 회중이 주고받는 교독송, 예향의 연주만으로 이루어진 것 등이 있고, 또 찬송의 경우도 한국 교회가 일반적으로 사용하는 새찬송가와 향린교회만의 국악찬송가가 번갈아가며 어우러진다. 이렇게 다양한 내용과 형식, 곡조의 찬양은 향린의 예배를 한결 풍부하게 만들어 준다. 절기나 특별한 기회에는 특별찬송이나 춤이 예배에 첨가되기도 한다. 이렇게 향린예배에서 음악은 매우 큰 비중을 차지하고 있다. 이처럼 예배에서 음악을 많이 사용하는 것은, 뒤에 다루겠지만, 지성적 특징으로 치우치기 쉬운 향린교회의 예배 경향을 보완하는 데에 큰 역할을 한다.

둘째, 향린교회의 예배에는 엄숙함과 자유와 축제적 성격이 교묘하게 결합되어 있다. 예배 시작 시간보다 늦게 왔는데 그때가 목회기도 순서라면 기도가 끝날 때까지 예배실 안으로 들어올 수 없다. 피아노와 오르간 외에 서양의 악기들은 특별한 경우를 제외하고는 거의 사용되지 않는다. 예배 위원들도 모두 회중석에 십자가를 향하여 앉으며, 기도를 하고 영광송을 부를 때에도 모두 십자가를 향해 서서 기도하고 찬송한다. 하늘뜻을 펼칠 때 하늘뜻과 상관없는 아멘을 남발하지 않는다. 예배 인도자는 거의 말을 하지 않고, 예배는 침묵과 찬송, 기도, 말씀 읽기와 설교로 이어지면서 절제된 언어가 사용된다. 이 모두가 향린교회 예배의 엄숙함을 이룬다. 그러면서도 찬양 등에 감동이 되면 여지없이 박수와 웃음소리가 들리고, 심지어 함성도 나온다. 교리 또는 교회의 제도나 권위에 기댄 억압적 분위기가 거의 없다. 성가대의 찬양은 고전과 현대를 오가며 매우 아름답고 경쾌하며, 때로는 정갈하고 깊숙해 영혼을 울린다. 이런 모두는 축제의 성격을 가진다. 또한 회중 가운데 양복을 입는 사람이 매우 적다. 목회자 역시 예복을 거의 입지 않는다. 예배에 참석한 회중들의 옷차림새를 보면 드문드문 양복과 개량 한복이 보이고 대다수는 깔끔하면서도 편안한 캐쥬얼

복장이다. 향린교회에서 17년 목회한 목회자는 매주 보냄의 말씀으로 "자유인으로 사십시오"를 외쳤는데, 향린 교인들 가운데 그 말 한 마디에서 자유와 감동을 느꼈다고 고백하는 사람들이 많다.

3) 향린교회 예배의 특징

향린교회 예배의 특징[8]은 크게 세 가지로 요약할 수 있다. 첫 번째는 겉으로 드러나 외부에 익히 알려진 것인데, 예배에 민족적 문화전통을 도입한 것이다. 예배당 공간의 실내 장식, 예배의 찬송(국악찬송가 사용)과 악기들, 예배 순서를 표현하는 용어들, 성만찬 예전에 사용하는 그릇들, 성가대와 예향의 복장 모두에서 우리 민족의 문화를 느낄 수 있다. 또한 교회절기와 민족절기를 연결하여 기념한다. 삼일절 예배, 전쟁의 아픔을 기억하는 민족화해주일, 진정한 광복은 평화통일이 되었을 때 완성될 것을 기약하며 지키는 평화통일주일, 한가위 감사주일 등이다. 예배에 민족정서를 도입해 우리 문화에 뿌리내리는 예배가 되도록 하는 것은 어린이 청소년 예배에서도 동일하다. 1993년 교회갱신선언을 통해 예배문화를 바꾸기로 결정한 뒤 이십 년 가깝게 서구 문화에 길든 예배를 우리네 숨결에

---

8 안선희 교수는 그의 책 『예배 이론 · 예배 실천』(바이북스, 2013)의 제1장 「예배 이론의 유형」에서 1960년대 이후 독일 신학계에서 제기되었던 예배에 대한 새로운 성찰을 다섯 가지로 유형화한다. ① 학습과정으로서의 예배, ② 회중이 적극적으로 참여하는 예배, ③ 문화화를 고려하는 예배, ④ 축제로서의 예배, ⑤ 인간의 통전적 경험으로서의 예배 등이다. 향린교회의 예배는 1, 2, 3번의 경향이 강하고, 4번이 취약하며, 5번은 조금 더 보완될 필요가 있는 것으로 보인다. 부교역자로 참여적 관찰자 입장에서 향린교회의 예배를 분석함에 있어 안선희 교수의 이 책은 매우 많은 도움을 주었다. 예배에 관심 있는 목회자와 평신도, 예배 전공자들의 일독을 권한다.

친근한 예배로 만드는 노력을 해왔기에 가능했던 일이다.[9] 신학자 폴 틸리히는 문화는 종교의 형식이고 종교는 문화의 내용이라고 말했다. 한국 사람이 한국의 문화로 자신의 신앙 내용을 표현하지 못한다는 것은 비극적인 일이다. 몸에 맞지 않는 옷을 입은 것처럼 그리스도교가 여전히 우리의 일상에 녹아들지 못한 이유도 우리가 그리스도교적 복음과 우리 문화의 만남에 소홀했기 때문이다. 급격한 서구식 근대화, 일제 식민지 시대, 전쟁과 그 뒤의 빠른 현대화 과정에서 그리스도인들이 지니게 된 우리 문화에 대한 몰이해와 무시가 뿌리 없는 한국 교회 문화, 예배 문화를 만들었다. 풍부한 우리 문화의 다양성을 수용하여 우리 자신만의 독특한 교회 문화를 만드는 것은 한국 교회에 매우 중요한 과제다.

두 번째 특징은 예배에서 회중의 적극적인 참여다. 기도와 하늘말씀읽기로 예배를 담당하는 위원들과 예향, 성가대를 포함하여 매주 예배에 적극적이고 능동적으로 참여하는 회중이 30~40명이 되며, 모든 교인이 1년에 1회 이상 기도아 말씀읽기로 예배에서 중요한 역할을 맡는다. 또한 4·4조의 가락에 맞추어 부르는 교독송, 향린교회의 신앙고백을 담은 신앙고백송, 옆 사람과 함께 서로 손을 잡고 드리는 공동축도, 오늘 주어진 성서일과 중 함께 읽는 성서말씀에 회중 모두가 참여하고, 복음서 읽기를 마치면 회중은 "말씀을 마음에 새겨 행하겠다"는 응답을 한다. 예수 그리스도의 말씀을 봉독할 때와 입례와 파송 시에는 전부 일어선다. 목회기도 시에 하늘의 음성을 듣도록 주어진 2분의 침묵기도와, 하늘뜻펴기를 마치고 말씀을 마음에 새기며 드리는 1분 정도의 침묵기도를 통해 회중은 예배의 순서 순서에 개별적으로 참여하면서 동시에 공동체로서 한마음이 된다.

---

9 향린교회 우리가락예배의 역사에 대해서는 이 책 한동철의 글을 참조하고, 우리가락예배의 발전 과제를 위해서는 이 책 이정훈의 글을 참조하라.

부활절과 성탄절 예배의 성가대 칸타타에서조차 회중과 함께 부르거나 서로 주고받는 형식의 찬양을 드림으로써 온 회중이 하느님께 영광을 돌리는 예배의 본질을 기억한다. 개신교의 가장 중요한 성례 중 하나인 세례를 베풀 때, 목회자가 "성부와 성자와 성령의 이름으로 우리는 ○○○ 교우에게 세례를 베풉니다"라고 표현함으로써 사제의 전문성이나 권위보다 공동체성을 우선시한다. 평신도 하늘뜻펴기를 통해 회중은 자신과 비슷한 처지의 삶에 맞닿은 하늘뜻을 듣고 공감한다. 이렇게 향린교회의 예배는 곳곳에 회중의 참여가 깊이 녹아 있다. 이것은 '평신도 교회'라는 창립정신을 60년째 이어오고 있는 향린교회만의 축적된 전통이 자연스럽게 드러난 결과라고 할 수 있다.

향린교회 예배의 세 번째 특징은 예배를 통해 회중이 매우 많은 것을 배운다는 것이다. 한국 현대사의 한복판에 있던 교회였기에 예배는 늘 한국 사회의 역사적·정치적 상황과 맞물려 진행된다. 매주 드려지는 목회기도와 하늘뜻펴기는 거의 대부분 정치사회적 문제를 신앙적으로, 신학적으로 재해석하는 내용으로 채워진다. 한국전쟁 후 민족의 분열이 확정된 1953년에 세워진 교회로서 통일과 민주화, 인권 등의 문제에 늘 선교적 관심을 가져왔기에 하늘뜻펴기나 목회기도에서는 지금 현실에서 자행되는 불의들과 그것으로 인해 고통당하는 형제와 이웃들에 대한 위로, 정의·평등·평화를 위해 무엇을 해야 할 것인지에 대한 선포 등이 다뤄진다. 회중은 목회기도를 통해 이 세상의 불의와 그것에 물든 우리의 잘못을 회개하고, 불의와 싸워 이길 힘을 주실 것을 간구한다. 하늘뜻펴기를 통해서는 더욱 명시적으로 우리의 관심을 삭막한 현실로 인도하고 그것에 대한 하느님의 뜻이 무엇인지 결단하게 하며, 그리스도인으로서 하느님 나라 실현을 위해 행동할 것을 촉구한다. 향린교회가 50주년을 맞아 40주년 때 선포한 신앙고백문을 노래로 만든 「이 땅의 향기로운 이웃」은 향린교회의 신학

회중의 적극적인 참여는 향린교회 예배의 중요한 특징이다. 부활절과 성탄절 예배의 성가대 칸타타에서조차 회중과 함께 부르거나 서로 주고받는 형식의 찬양을 드림으로써 온 회중이 하느님께 영광을 돌리는 예배의 본질을 기억한다.

과 신앙고백을 요약해 보여주고 있다. 향린 교인은 자유와 변혁의 영이신 하느님, 해방의 복음이 되신 예수님을 따라 사랑과 정의, 평등과 평화를 이루기 위해 성문 밖으로 낮은 자리로 향기로운 이웃 되어 나가겠다고 매수 노래로 고백한다.

이런 예배의 특징이 가장 명시적으로 드러나는 경우는 현장예배다. 향린교회는 주일에 교회당을 벗어나 아픔과 고통이 있는 현장으로 직접 찾아가 예배하기도 한다. 평화를 위협하는 미군기지가 들어선 평택에서, 생태계를 파괴하고 환경을 오염시키는 4대강 막개발사업 현장에서, 도시개발 과정에서 무참하게 인권을 유린당한 용산참사 현장이나 포이동 화재 현장에서, 해고 노동자들의 아픔과 서러움이 가득한 거리천막 등에서 예배한다. 이런 예배를 통하여 향린 교인들은 자신들의 삶의 자리를 성찰할 뿐만 아니라 우리 사회의 부조리를 깨닫게 되고, 관념적 신앙과 신학에서 벗어나 현실의 삶과 밀접하게 연결되어 있는 신앙과 소명을 발견하게 된다.

예배를 통해 하느님의 현존을 느꼈다면, 하느님께서 우리를 부르시고 세상으로 보내시는 소명을 감당하지 않을 수 없다. 우리는 하느님의 뜻을 이루기 위해 세상으로부터 부름받은 자들이며, 예수의 제자로 교육받아 사도로 세상에 보냄받은 자들이다. 향린의 예배를 통해 회중은 우리의 전통에 뿌리박아 깊은 내면을 울리는 신앙을 배우고, 적극적인 예배 참여를 통해 하느님 나라를 향한 능동적 주체로 거듭나며, 그 힘으로 세상으로 나아가게 된다.

향린예배가 나아가야 할 한걸음

인간의 모임에서 완벽이란 불가능하다. 부족하고 실수하고 흠 많은 존재가 바로 인간이다. 향린의 예배에 나타나는 특징들은 장점이 될 수 있지만 그것 모두가 단점이 될 수도 있다. 왜냐하면 구성원들이 다양하고 그들의 삶은 매우 복잡하게 얽혀 있기에 어제의 장점이 오늘의 단점이 될 수도 있기 때문이다. 그리스도교 예배를 우리 문화와 접목하는 것이 부실하고 미숙하게 진행되면 이도 저도 아닌 것이 되기 쉽고, 준비되지 않은 회중의 예배 참여는 정제되지 못하고 소란한 예배가 되게 할 수도 있다. 또한 학습에 치우치거나 예언자적 선포에 집중한 예배는 회중의 지적 욕구만 채우거나 과도한 스트레스만 주어 예배에서 누리는 기쁨이 사라지게 된다. 향린교회의 예배를 통해 모든 회중이 늘 하느님의 은총을 느끼고 매번 예배마다 거듭나는 체험을 할 수는 없다. 그리하여 예배 또한 시대적 상황과 신학의 발전에 따라 변화해야 한다.

현재의 예배에서 조금 더 고민해볼 지점들을 살펴보자. 향린의 예배 구성요소에는 죄의 고백과 참회, 용서의 선언이 빠져 있다. 인간은 창조주와 다른 유한한 피조물이기에 늘 죄의 유혹에 넘어갈 수 있는 존재임과 동시에 하느님의 형상으로 지음받은, 가능성과 희망의 존재이기도 하다. 죄의

향린의 예배에 나타나는 특징들은 장점이 될 수 있지만 그것 모두가 단점이 될 수도 있다. 향린교회의 예배를 통해 모든 회중이 늘 하느님의 은총을 느끼고 매번 거듭나는 체험을 할 수는 없다. 그리하여 예배 또한 시대적 상황과 신학의 발전에 따라 변화해야 한다. 60주년을 맞아 새로운 시대를 준비하는 향린의 예배는 앞으로 누가 어떻게 만들어갈 것인가?

고백과 참회가 없는 예배는 자칫 인간에 대한 낙관적 입장만을 대변할 위험이 있다. 한편으로 매번 죄의 고백과 참회를 넣으면 진정한 참회 대신 반복에 의한 형식에 머물거나 인간의 죄성을 강조하게 되어 주눅 든 인간으로 만들 위험도 있다. 이런 양쪽의 상황을 고려하여 향린예배의 구성요소 전반도 살펴볼 필요가 있다.

또한 향린은 자신만의 신앙고백을 찬양으로 만들어 그것으로 예배 시간에 신앙고백을 한다. 그런데 그 순서가 모임 순서에 들어 있다. 보통 신앙고백 순서는 말씀을 들은 후에, 그리고 성찬식 거행하기 전에 들어 있다. 말씀을 듣고 그에 따라 신앙고백을 하는 것이며, 신앙고백을 한 사람이어야 예수의 몸과 피를 받을 수 있기 때문이다. 그런데 말씀 앞에 신앙고백 순서를 넣으면 신앙고백에 동의하지 않는 이는 말씀조차 듣기 어렵게 된다. 하느님의 말씀은 누구에게나 열려 있고 들려져야 하는데, 향린예배 순서에 따르면 향린의 신앙고백에 동의하지 않는 사람은 말씀도 못 들고 예배 중간에 나가야 할지도 모른다.

학습 과정으로서의 예배에 기울어진 특성을 보이는 예배는 하느님께서 주신 은총을 표현하는 감사와 기쁨의 의례가 다소 약화될 수 있고, 영혼/정신/육체를 아우르는 통전적 경험으로서의 예배보다 지성에 치우친 예배가 될 수 있다. 기도와 하늘뜻펴기의 주제는 매우 다양할 수밖에 없다. 왜냐하면 인간의 삶이 그만큼 복잡하고 다양하기 때문이다. 거시적 구조의 세계와 미시적 삶의 세계, 정치·경제적 현실, 생태·환경의 문제, 종교·문화의 과제, 자연과학의 발달에 따른 현대 사회의 병리, 여성인권을 비롯한 소수자 문제 등의 다양성 속에서 균형을 잡아가며 예언자의 위로와 심판의 목소리와 제사장의 중보의 기도가 적절히 어우러져야 할 것이다. 한쪽으로 치우친 기도와 하늘뜻펴기는 인간의 삶의 통전성을 아우르지 못할 위험이 있다는 사실도 기억해야 한다.

나가는 말

1960년대 이후 세계 교회에는 예배 갱신의 물결이 일어났다. 그것은 원시 그리스도교에 대한 연구 성과들에 의해 초대교회 예배에 대한 연구가 활발히 일어났고, 또 세계교회의 일치운동을 통해 각 교단과 교파 간에 예배 전통의 교류가 이루어졌기 때문이다. 또 예배는 교회 공동체의 신앙의 사회문화적 표현이기에 시대와 장소에 따라 변해왔다는 사실을 깨닫게 되었다.

따라서 오늘 예배를 기획하는 데에는 이런 점들을 고려해서 초대교회의 예배 유산, 그리고 세계의 각기 다른 그리스도교파와 교단 전통에서 내려오는 예배 유산을 개방적인 자세로 수용하는 자세를 가져야 한다. 초대교회와 세계교회의 예배전통의 유산은 오늘 현대 개교회들의 예배를 더욱 풍성하게 해줄 것이다. 동시에 개개의 교회 공동체가 처한 시공간의 상황에 따라 그리스도교 전통과 각 지역 문화의 토착 전통과의 만남에도 과감한 도전과 실험정신이 필요하다. 한국인이라면 한국인들의 일상에 스며 있는 문화적 전통이 있고, 이 전통을 그리스도교 예배에서 어떻게 소화해내느냐에 따라 예배가 살아 있는 역동적인 예배가 될 수 있기 때문이다.

동시에 예배는 공동체의 신앙과 종교적 경험을 표현하는 것이므로 성서와 전통적 신앙에 대한 재해석과 변화 흐름에 민감해야 한다. 신앙의 내용이 더 깊어진다면 그 깊이를 표현해낼 수 있는 예배 기획이 되어야 한다는 것이다. 인간의 정신 요소인 지성, 감성, 의지를 모두 아우를 수 있는 예배가 되고, 하느님 앞에 선 존재로서 하느님께서 주시는 무조건적 은총을 누리면서, 또한 그 은총의 경험이 소명으로, 세상의 파송받은 사람으로 거듭나는 체험이 가능한 예배가 되도록 현재 예배를 반성하여 계속 갱신해나가는 노력을 게을리 해서는 안 되는 것이다.

향린교회의 예배는 40주년을 맞아 선포한 교회갱신선언의 세 가지 주제와 맞닿아 있다. 즉, 교회의 예배와 문화에 민족 정서를 담아내고, 교회는 민주적으로 운영되어야 하며, 선교지향적 공동체가 되어야 한다는 것이다. 이에 따라 향린교회의 예배는 예배 회중의 참여가 높고, 하느님의 선교를 위한 준비와 역량을 갖추도록 하는 학습과정으로서의 예배, 회중참여형의 예배, 문화화를 고려하는 예배의 특징을 보인다. 한편으로 축제로서의 예배, 예배 미학적 차원에서의 아름다움과 초월적 경험은 다소 약한 것으로 보인다.

60주년을 맞아 새로운 시대를 준비하는 향린의 예배는 앞으로 어떻게 기획되어야 하는가? 그리고 이 기획은 누가 어떻게 만들어갈 것인가? 베드로전서의 한 구절이 위의 질문에 답이 될 수도 있겠다. "여러분은 선택된 민족이고 왕의 사제들이며 거룩한 겨레이고 하느님의 소유가 된 백성입니다. 그러므로 여러분은 어두운 데서 여러분을 불러내어 그 놀라운 빛 가운데로 인도해주신 하느님의 놀라운 능력을 널리 찬양해야 합니다." 성서의 증언과 종교개혁가들의 정신에 따라 교회 회중 전체가 모두 사제이며 예배의 총체적 기획의 주인공이어야 한다. '평신도교회'라는 창립정신은 선교와 친교, 교육과 봉사뿐만 아니라 예배의 기획과 실행에서도 여전히 유효하며 앞으로도 계속 심화·확대시켜 나가야 한다. 예배를 받으시는분은 오직 하느님 한 분이시며 예배를 드리는 주체는 목사나 예배위원들몇몇이 아닌 회중 전체이기 때문이다.

붙임. 향린교회 주보

2013년 (창립 60주년) / 통일 염원 69년 1월 6일
주현절/ 새해주일/ 섬돌향린 나눔과 세움 주일

예배와 친교

생명의 하느님! 우리를 정의와 평화로 이끄소서

하늘말씀읽기/성도 추모 주일/ 어린이 성가대 특송/ 새교우 가입식

한국기독교
장로회 향린교회

100-845 서울특별시 중구 을지로2가 164-11
http://www.hyanglin.org   hyangrin@chol.com
전화 : 776-3806, 9141 전송 : 776-2761

1부 : 주일 예배
(주현절/ 새해주일/ 섬돌향린 나눔과 세움 주일)

오전 11시

징 울 림

예 배 부 름   성령의 임재를 기다리며

*열 음 찬 송   찬송 30장

*교 독 송

*영 광 송   국악찬송 7장
오래전부터 지금까지 지-금부-터 영원토록 우리는 주의 백성이요
주님은 우리 왕이시니 영광 찬송 받으소서

목 회 기 도

침 묵 기 도

기 도 송

신 앙 고 백 송   국악찬송 217장

찬   양
사랑의 축복(마크 패터슨 작)
밝게 빛나는 아침 해 네길 비추고 밤하늘 저 별빛은 작은 등대 되도다 주의 성령 임하사
참 평화 넘치네 주의 사랑 안에 영원토록 살리라 주께서 너의 길을 항상 인도하시네

하 늘 말 씀 읽 기	이사야 60:1-6 에페소서 3:3-6	
	마태오복음 2:1-12	
하늘 뜻을 기다리며		
하 늘 뜻 펴 기	"아름다운 헤어짐, 영원한 동행"	
응 답 찬 송	찬송 552장	
*감 사 송	국악찬송 16장	

모-든 것이 주께로부터 왔사오니 우리의 정성 한데-모아 바치나-이다

*감 사 기 도

▶십자가 달기 예식

▶섬돌향린 나눔과 세움

*결 단 찬 송   국악찬송 189장

*세 상 으 로 보 냄

*축 복 기 도

주 예수 그리스도의 은총과 하느님의 사랑과 성령께서
이루어 주시는 친교가 우리 가운데 영원토록 함께 있기를 주님의
이름으로 축원합니다 아멘 (II고린토 13:13)

*응 답 송

*징 울 림

---

*표에서 회중은 일어남(일어서기 어려운 분들은 앉아서)

2부 : 그리스도인의 사귐
공동관심사의 나눔, 공동식사(4층)

▷ 예배위원/봉사자 안내 ◁

날짜	인도자	목회기도	하늘말씀읽기	하늘뜻펴기	감사기도	안내위원	
						3층 예배실	향우실
1/6	홍영진 장로	강은성 장로	홍예화 푸른이 김송이 어린이	김영국 집사 조헌정 목사	현진실 교우	노재열 장로 박정훈 권사 곽원호 집사 이민호 집사	김창희 장로 박경원 권사
1/13		김창희 장로	손유나 교우 강성민 교우	조헌정 목사	이규성 집사		
1/20	임송자 권사	안정연 권사	지재옥 집사 권지숙 집사	구미정 목사	최영숙 장로		
1/27	홍영진 장로	노재열 장로	유흥구 교우 김관식 교우	조헌정 목사	조신원 집사		

4층 식당봉사	향우실 차 봉사	4층 헌금계수	주차봉사	예배실 정리
봉사부 이정임 집사 이상재 교우 서민주 교우 손유나 교우	교우부 최창기 집사	김광열 집사 김도영 교우 진용수 집사 오낙영 집사 백종수 교우 함용호 집사	청년남신도회	희년청년회

공동관심사 나눔

1. 오늘 일정 안내

• 예배시작 30분 전까지 오셔서 오늘의 하늘말씀을 묵상해 주시기 바랍니다.

• 새해주일/ 향린교회-섬돌향린교회 '나눔과 세움'예배/ 신년하례회 : 오늘은 새해 주일을 맞이해 전교인 연합예배로 드립니다. 예배 중 십자가 달기 예식, 섬돌향린 나눔과 세움식이 진행됩니다. 공동관심사 이후에는 **신년하례회**와 섬돌향린 나눔과 세움을 축하하며 간단한 축하순서가 있겠습니다.

• 유아/유치부 부모교육 : 오후1시, 엄마(드롭탑), 아빠(오후1시30분, 목회실3)

• 2013년도 주정헌금 작정 : 우리교회는 십일조에 준한 주정헌금을 원칙으로 작정합니다. 월정 헌금을 희망할 경우, 금액란에 표시해 주세요. 작정한 헌금은 결석주일에도 드립니다.(목회 운영위원회의 권고에 따라 전년대비 5%인상 권장, 가정/개인의 재정형편에 따라 가감 조정)

• 분가선교 약정헌금 결산 보고 : 124,690,000원(약정액 146,450,000원 대비 85.15%)

• 고난받는 이들과 함께하는 성탄절 연합예배(대한문) 결산보고 : 참석(700명, 이 중 향린교우 약 40명), 봉헌 금액 나눔(쌍용자동차 노조(500만원), 재능교육노조(100만원), 유성노조(100만원), 콜트콜텍노조(100만원), 제주강정(50만원), 용산대책위(50만원) 지원)

• 모집 : 교회학교(유아부: 1, 유치부: 2(반주가능자 요청), 어린이부: 3, 문의: 고상균 준목) **평화나눔공동체 향린봉사단**(적십자 독거노인 반찬봉사, 봉사/후원자를 모집합니다. 이 모임은 월 1회 적십자 사무실에서 독거노인(32명)의 일주일 반찬을 만드는 봉사모임인데, 참여인원 부족으로 어려움을 겪고 있습니다. 교우여러분의 많은 참여 바랍니다. (문의: 조혜령 집사)

• **향린60년사** 자료수집 : 예배, 주일학교, 수요/ 특별/ 현장 기도회 등 향린의 공식 및 교우참여행사의 설교, 발표, 기도 등을 홈페이지에 31일까지 올려주세요(홈페이지 [목회마당〉기도와 묵상 아래 해당 메뉴). 홈페이지에 올리기 어려운 자료 소장 교우는 해당 자료를 60년사편집위원회로 전달해 주세요.(문의: 정수미 집사)

2. 교우 소식

• 새 교 우 : 김병주(청남)

• 부   고 : 이나영 교우의 어머님이신 허임순 성도(향년 71세)께서 지난 12월 29일(토)에 하느님의 부르심으로 받으셨고, 모든 장례일정을 무사히 마무리하였습니다. 유가족들께 하느님의 크신 위로가 함께 하시길 기도합니다.

3. 이번 주 일정안내

- 제7회 새해맞이 영성단식기도회 : 1월7일(월)~11일(금), 세부사항은 목회마당 참조
- 1월 수요기도회 : 1월9일(수), 저녁7시30분, 1층 향우실
- 재능교육 해고노동자 복직을 위한 목요기도회 : 1월10일(목), 저녁7시30분, 혜화동 재능교육사옥 앞 새날청년회 주관
- 청소년부-새날청년회 '온기 나눔' : 1월12일(토), 오후 2시, 구룡 마을 주민자치회관 앞 (다섯 가구에 연탄 각 백장 전달), 도곡역(3호선) 타워펠리스 앞 472/4432번 버스 종점 하차
- 정기공동의회 : 1월13일(일), 예배직후, 3층 예배실(당회-사회선교센터 준비위원회 연석회의)
- 정기당회 : 1월13일(일), 모든 일정 마친 후

4. 이후 일정안내

- 향린공동체협의회 교역자 수련회 : 1월15일(화)~16일(수), 아카데미하우스(인수동)
- 여신도주일 : 1월20일(일), 하늘뜻펴기(구미정 목사, 숭실대학교 교수)
- 평화소모임 : 1월20일(일), 오후1시30분, 1층 향우실, 세부사항 추후공지
- 청소년부 겨울 들살이 : 1월25일(금)~27일(일), 천의얼굴수석박물관(양평), 주제("부!대끼고 서!로놀고 함께 나아가래!"), 회비(4만원, 자매/형제는 5천원 할인)
- 어린이부 겨울 들살이 : 1월26일(토)~27일(일), 향린교회, 세부일정 추후공지
- 장년남신도회 총회 : 1월27일(일), 예배직후, 3층 예배실
- 복회운영위원회 : 1월27일(일), 오후2시, 4층 식당
- 제직수련회 및 정기제직회 : 2월3일(일), 오후2시~6시, 3층 예배실, 세부사항 추후공지

5. 감사헌금

권명옥/홍성조, 감기덕(아버님 장례마침), 김자영(자녀주심), 노재열(평화주심), 노진선, 백종수/이정금, 유혜순/임승계(감사), 은종인(생일), 이광종/이현옥(주님은총 감사), 이두우/조혜령, 이상춘(이민옥한해 지켜주심), 이휘원 임보래(감사), 정수연(동생수술마침), 최양호/박영숙A(아버님 추모), 함용호, 무기명

60주년 기념사업위원회 소식

1) 섬돌향린교회 : 2013년 1월13일(일), 오전11시, 첫 주일 예배, 문턱 없는 밥집(합정)
2) 60년사 편찬위원회 : 1월12일(토), 오후2시, 2층 청신방
3) 정책과 선언위원회 : 2012년 토론에 대한 성과 분석 및 2013년 사업 구체화
4) 축제위원회 : 프로그램과 2013년도 예산안 확정 및 구체화
5) 사회선교센터'길목' 준비위원회 : 1월13일(일), 교회일정 후, 당회-센터 연석회의
6) 조직위원회 : 위원회별 진행사항 점검 및 지원계획 수립

설·교·노·트

1. 말씀의 깨달음

2. 말씀의 적용

3. 한주간의 기도제목

<향린을 섬기는 이들>

· 조헌정 목사 (담임목사, ☎010-9875-5977)
· 한문덕 목사 (부목사, ☎010-7311-7823), · 고상균 준목 (청소년부, ☎011-9411-5815)
· 최주 목사 (새날청년회, ☎010-6419-4054), · 신한나 전도사 (유아부, ☎010-8651-6445)
· 전혜경 전도사 (유치부, ☎010-5067-1305), · 정란경 전도사(어린이부, ☎010-9289-3519)
· 김숙희 집사 (사무행정, ☎011-9718-5455), · 이광종 집사 (관리, ☎011-234-1484)
· 성가대 지휘 : 조계연 집사, 반주 : 정미혜 교우(피아노), 김현경 교우(오르간)
· 예향 악장 : 김현철 교우, · 교육부 성가대 지휘 : 임다운 교우, 반주 : 최유진 교우
· 수요기도회(찬양) 반주 : 윤선주 교우

신앙상담이나, 심방을 원하시는 분들은 언제든지 연락주시기 바랍니다.

▶성서 배움을 위한 작은 공동체

•새날청년회(19세-26세) 배움마당 : 주일, 오후 2시, 4층 유아부실

•청년신도회(27세-33세) 배움마당 : 주일, 오후 2시, 2층 청신방

•희년청년회(34세-40세) 정기모임 : 주일, 오후 2시, 4층 재정부실

•안병무 읽기 : 첫째, 셋째 주일 오전 9시30분, 2층 청신방 (문의 : 피경원 교우)

•역사와 해석 : 조헌정 목사(종강)

•기도와 삶: 한문덕 목사(종강)

| 홈페이지 안내 | [새로운 배너 안내] 2013년을 맞이해 변화된 홈페이지의 배너를 안내합니다. 홈페이지 좌/중단 이하를 보시면 순서대로 섬돌향린교회, 연도별 향린10대뉴스, 2013년 표어, 60년사 자료 모음, 안병무 읽기 안내, WCC 10차 총회로 연결된 배너가 신설되었습니다. |

▋▋ 기 도 나 눔 으 로 하 나 되 는 공 동 체 ▋▋

새교우 등록자(등록 순)

김병주(청남)	김숙영(청여)
장명하(청신)	이나영(청여)
김현준(청신)	최정민(청신)
김가흔(청신)	정영학(청신)
여수진(청신)	강민주(새청)
김관식(희남)	남원정(새청)
송용구(희남)	남부원(희남)
유홍구(청신)	유혜진(청신)
서진옥(장여)	김지수B(청신)
고재진(청남)	이해솔(청신)

건강 회복을 위해
홍근수, 도기순, 조향식, 이정순, 감예선, 김 혁, 김성희, 김명숙

군복무 중 건강과 안전을 위해
김성호, 김수영, 민경찬, 박동녁, 이시몬, 이호빈, 정재영, 조영광, 조현모

해외 출타 중인 교우들을 위해
고경일/하윤정, 기은혜, 김경민, 김상연/김지영, 감연희, 김유석, 감재현, 감회준, 남원정, 박성윤, 서보라, 양회석/김은해, 이서영, 이영인, 이유빈, 이윤주, 이재은, 이한길로, 이휘원, 이윤주/한동철, 이영라, 엄윤미, 염광희/정유진, 정성훈/박인숙, 정혜인/김형호, 최한나, 최기리, 추요한/채현주

우리 몸에 맞는 예배를 찾아서 2

향린교회 우리가락예배의 역사와 현황

한동철 향린교회 교인

요즘 향린교회의 우리가락예배에 관심을 갖고 방문하는 사람들이 많다. 직접 예배를 참관하는 것은 물론이고 우리가락예배를 드리게 된 동기나 그간의 과정 등을 문의하기도 한다.

필자는 30년 가까운 시간 동안 한국기독교장로회 청년회 서울연합회와 향린교회에서 우리민족문화를 기독교 문화에 도입하려고 노력해왔고 그 구체적 실천의 장이 향린교회였다. 이제 이 글을 통해 향린교회 우리가락예배의 역사와 진행과정, 그리고 현황과 과제를 살펴보고자 한다.

전사(前史): 청년 중심의 교회문화운동 태동

1987년 향린교회 역사상 처음으로 탈춤과 풍물로 무장한 문화패가 만들어졌다. 기독교문화의 민족문화 수용 및 재창조를 표방한 이 문화패는 이름을 '터'라고 짓고 정식으로 창단 예배 및 공연을 하며 발족한 향린교회 최초의 문화패였다. 이때만 해도 전통문화, 민족문화에 대해 일반 기독교계는 물론이고 향린 교인들도 상당한 거부감과 이질감을 갖고 있었다. "전통문화=미신"이라는 인식이었다. 이러한 분위기에서 교회문화의 변화를 모색하려는 움직임이 생겼고 교회문화운동을 지향하는 몇몇 대학생 교인이 뜻을 합쳐 문화패 '터'를 창립했던 것이다. 그 중심인물들은 전통문화에 대한 기독교인들의 인식이 왜곡되어 있으며, 오히려 전통문화에는 기독교문화가 반드시 지녀야 하는 '공동체성'이라는 중요한 특징이 있다고 판단했다.

창립단원은 전원이 향린교회 교회학교 출신이면서 대부분 교인 자녀였다. 전통문화에 거부감이 강했던 상황에서 '터'가 창립되고 활동할 수 있었던 것은 교인들이 그 내용을 이해하고 인정해서가 아니라, 어릴 때부터 자라나는 모습을 보았기에 귀여운 모습으로 그저 '참아줄 수 있었기' 때문이다. '내 집단 의식'이 유난히 강하고 종교적·문화적 폐쇄성이 강한 교회에서 친화력이라는 것이 여러 장벽 중 하나를 허물 수 있는 큰 힘이 되었던 것이다.

'터'의 활동을 한마디로 표현한다면 '굿에 대한 연구: 새로운 예배의 제시'였다고 할 수 있다. '터'는 창단 직후부터 많은 공부를 했다. 아무리 교회 어른들의 방패막 아래 있더라도 '풍물 자체가 시끄럽고 소란스럽다', '교회 안에서 무슨 푸닥거리(굿)냐'라는 등의 여론을 모두 막아낼 수는 없었기에, '터'의 존재와 활동의 당위성을 논리적이고 성서적인 관점에서 만들어내는 노력을 실기 연습보다 더 많이 했을 정도였다.

당시 '굿'이라는 것이 얼마나 왜곡된 채 우리에게 전달되었고, 기독교가 한국 현대사에서 전통문화를 파괴하는 선도자로서의 역할을 얼마나 충실히 했는지 규명해내고, 나아가 '굿'이야말로 예배가 갖춰야 할 요소를 완벽히 내재하고 있는, 한국에서의 가장 적절한 예배형식이라는 주장을 성서적 논리와 문화적 논리로 정리하는 작업을 진행했다. 강단과 회중석, 설교자와 수용자라는 이분법적 형식의 예배를 배제하고 마당공동체 예배를 만들고자 했다.

실천적 작업으로는 굿의 요소를 도입한 민속예배(사실 이 명칭은 썩 마음에 들지 않았지만 대안이 없었다) 형식을 만들어 소개하고 알리는 작업을 했다. 이 민속예배는 매달 한 번씩 청년연합회 주관 아래 드렸고, 설날과 추석과 같은 명절과 관련된 절기 때는 주일 대예배에 이 형식으로 예배를 드리기도 했다. 정기공연 때에는 향린교회 최초로 3층 대예배실 의자를 전부 치우고 마당을 만들어 마당극을 하고 전 교인이 참여주체자로서 화합과 염원의 진풀이를 하기도 했다. 신성한 대예배실에서 이 같은 행사를 한다는 것은 그 이전엔 생각지도 못했던 일이다. 그리고 한신대학교 초청으로 수백 명의 학생들과 더불어 이 형식으로 예배를 드렸고, 기독교교육사 주관 기장 교회학교 교사연수에서도 소개를 하고 큰 호응을 얻었다. 또한 전국기독교문회 경연대회에 출전하여 대상을 받아 명동의 엘칸토 예술극장에서 3일간 공연 형식으로 무대에 올리기도 했다.

그때 그 형식들은 '터'의 해체와 더불어 더 이상 이어지지는 못했지만 아직도 그 용어들이 남아 향린교회뿐 아니라 여러 곳에서 많이 사용되고 있다. 예배에 '굿'의 '마당'의 개념을 도입해 예배 형식을 내림마당, 올림마당, 말씀마당, 나눔마당 등으로 나누었으며, 예배용어를 하늘뜻나누기, 정성드리기, 비나리 등으로 변경한 것이 그것이다. 향린교회가 몇 년 전부터 실시하고 있는 봉헌형식, 즉 예배 참여 전에 예배실 입구에서 각자 봉헌하는 것도 향린교회에서는 이때 처음 시도했으며, 탁상종 대신 징을 치는 것도 이때 시도한 것이다. 또한 대표기도도 정해진 제직 중 한 사람이 하는 것이 아니라 회중 누구라도 염원을 담은 기도를 소리 내서 할 수 있게 하는 회중기도(비나리) 형식을 시도해보았다. 이는 한국 교회에서 처음 있는 일이었으며 그 용어 또한 최초였다.

그러나 앞에서도 말했듯이 이는 그저 "봐줄 만한 젊은이들의 노력"으로 묵과되었던 것이지 교인들이 몸으로 전통문화를 받아들인 것은 아니었다. 여전히 전통문화는 그저 그런 문화, 서양문화에 비해 저급하고 미신적 요소를 가진 문화에 불과했다.

그래서 '터'가 중요하게 생각했던 또 하나의 작업은 교인 개개인이 직접 문화적 체험과 체득을 하게 하는 것이었다. 각 교인이 몸으로 문화를 받아들여야 '터'가 만든 결과물들이 활성화되고 재생산되고 확대되고 발전할 수 있다고 판단한 것이다. '터'의 구성원들은 교회학교 교사, 성가대, 신도회 활동 등을 하면서 각 부서의 문화를 변화시키려고 노력했다. 교회 전체적으로는 풍물과 탈춤의 강습을 활성화해 중고등부 풍물패도 결성하고 강연, 강습을 적극적으로 추진했다. 수련회, 향린의 밤(당시 유행하던 문학의 밤과 같은 성격) 등에 풍물굿 형식의 특별예배, 공연 등을 곁들여 일상적인 교회 문화활동에서 전통문화를 체험하고 체화할 수 있는 기회를 만들어보았다. 그런 과정을 거치면서 차츰 교인을 대상으로 하는 공개강습에 악기를 배우러 오는 교인, 목회자가 생겨났고, 그런 개인적 체험을 통해 전통문화에 대한 관념이 조금씩이나마 바뀔 조짐이 나타났다.

그러나 3년간의 활발한 활동에도 불구하고 문화패 '터'는 아쉽게도 해체의 길을 걸었다. 교회의 재정지원이 없어 모든 재정을 대학생이던 단원 스스로 해결해야 했고, 공교롭게도 한동안 교회학교 고등부의 대학진학 저조로 신입단원 충원이 거의 불가능해진 데다, 기존 단원의 군 입대, 지방취업 등으로 실제적인 활동이 어려워져 결국 '터'는 1990년 이후 자연스럽게 사실상 활동이 중지되고 말았던 것이다.

'터'의 활동이 계속되지 못한 다른 요인으로는 오늘날 풍물이 갖는 본질적인 한계를 들 수 있다. 풍물은 본래 농업사회에서 야외의 육체노동 활동과 더불어 생성·발전된 문화다. 이런 문화매체를 도심 실내의 지식노동자에게로 끌어들이는 데에는 무리가 따를 수밖에 없었다. 그 큰 소리는 실내에서는 상당히 자극적이고 부담스러우며, 서양음악의 섬세한 화성과 다변화된 음악적 장르에 익숙한 교인을 만족시키기에는 한계가 명확했다. 또한 풍물이 전통문화의 모든 것을 대변한다고 할 수 없는 것도 한계였다. 당시 '터' 내부에서도 음률을 갖는 악기의 도입이 필요하다고 생각했으나 당시로서는 실현 불가능한 일이었다. 자연히 '터'는 해체되었고, 언젠가는 그동안의 한계를 극복한 예배형식을 만들어보겠다는 마음으로 몇몇은 개인적으로 전통음악 자체에 대한 이해와 선율악기의 학습을 진행하는 시간을 가졌다.

시작 혹은 재생: 교회갱신실천선언과 예향의 설립

'터'의 활동이 거의 정지되고 사실상 해산되면서 향린교회에서도 전통문화를 수용한 행사의 기획과 실행은 멈췄다. 하지만 '터'의 활동이 씨앗이 되어 향린교회 내부에서 전통문화를 바라보는 인식에 조금씩 변화의 기미가 나타나기도 했다. 성가대에서는 국악인들을 초청해 특송으로 국악찬양을 하는가 하면, 예배의 도입부와 마무리에 징을 치기 시작했고, 주일 대예배의 순서 및 용어에도 마당의 개념이 정식으로 도입되었다. 여타의 예배 용어에도 민족문화를 적극적으로 수용해야 한다는 인식이 확산되었다.

그러는 가운데 향린교회는 1993년 새로운 신앙고백을 토대로 '교회갱신선언'과 그 실천결의문을 공표하는데 그 내용 중에 민족문화를 교회문화에 적극 수용하겠다는 내용이 포함되었다. 소수의 대학생들의 노력이 수년에 걸쳐 서서히 교인들의 인식을 변화시켰고, 당시 당회장이었던 홍근수 목사의 진보적 목회로 인해 민족문화가 교회문화로 공식화되는 '사건'이 일어난 것이다. 물론 교인들이 몸으로 완전히 받아들인 것은 아니지만 최소한 그 당위성을 '이성적 판단'으로나마 인정하게 된 것이다.

그 실천의 일환으로 드디어 1995년 '국악선교회 예향'이 설립되었다. 당시 교회에서는 국악연주단을 만들기 위해 어떻게 할 것인가 고민했으며, 당연히 바로 구성이 가능하도록 국악전공자들을 초빙하자는 주장이 강했다. 하지만 필자는 그런 손쉬운 방법이 교회 예산 면에서 상당한 부담이 될 것이며, 국악연주단을 만드는 취지와 의미 면에서도 적합하지 않을 뿐만 아니라 초빙에 의한 연주단은 단순히 기능적 역할에는 적합할지는 모르나 그 어느 곳보다 서양기독교 문화에 깊이 젖어 있는 교회문화에 민족문화를 수용하는 작업은 오랜 기간 주체적 고민과 연구, 헌신, 소명의식을 요구하는 일이기에 부적합하다는 의견을 냈다. 두 가지 의견 가운데 당회는 뜻있는 교인들이 자발적으로 구성하도록 결정을 내렸다. 이것은 예산 측면에서노 낭연한 결론이었다.

이 작업을 진행할 사람으로 필자에게 의뢰가 들어왔고 곧바로 단원 모집에 나섰다. 그러나 수차례에 걸친 모집 광고에도 불구하고 단원을 모으는 일은 쉽지 않았다. 국악에 전혀 문외한인 상태에서 선뜻 나서기 어려웠을 것이다. 결국 향린교회에 애착이 강하고 뜻을 모으기 쉬우며 필자 개인적으로 친분이 강한 교인들을 대상으로 개인적 요청을 통해 단원을 모집했다. 이렇게 구성된 8명으로 1995년 9월 3일 창립예배를 시작으로 국악선교회는 공식 설립되었고, 명칭은 교회 공모를 통해 '예향'이라고 지었다. 그렇게 해서 '국악선교회 예향'이 출범했던 것이다.

예향의 활동과 운영

당시 국악 악기건 서양 악기건 악기를 다룰 줄 아는 단원은 3명(국악기 2명, 건반악기 1명)뿐이었다. 국악기를 전혀 접해본 적이 없는 정도가 아니라 실물을 직접 본 적조차 없는 단원이 대부분이었기에 3명 이외의 모든 단원들로 하여금 국립국악원 장기과정에 입학하도록 했다. 단원들은 주중엔 국립국악원에서 각자 악기교육(피리, 해금, 가야금)을 받았으며 매 주일 전체가 모여 공부와 토론을 진행했다. 그 공부의 내용은 주로 예배에 어떤 민족음악 요소를 어떻게 도입할 것이냐는 것이었다. 그러나 단순히 찬송가를 국악풍으로 몇 곡 부르고 우리 악기로 연주하는 것이 아니라, 예배의 의미를 극대화하기 위해서 국악을 어떻게 접목시킬 것이냐는 문제는 쉬운 게 아니었다. 국악연주단이 있는 성당, 교회 등을 찾아다니기도 하고 다양한 자료와 책, 논문 등을 찾아 세미나를 하고, 밤새 토론을 하며 지향점과 활동계획을 마련해나갔다.

1997년 드디어 예향이 예배에 모습을 드러냈다. 처음에는 매월 첫 주에만 반주를 했고 그 뒤 점차 횟수를 늘려 1998년부터는 매주 반주를 하게 된다. 예전에 몇 차례 전문 연주자들을 초빙해 성가대와 협연한 적이 있고, 음반이나 방송을 통해 국악을 접해온 교인들 입장에서는 그 훌륭한 연주에 비해 1년 남짓 악기를 배운 예향의 연주는 들어주기 힘들었을 것이다. 교인들의 사랑과 의미 부여가 아니었다면 말이다. 처음 상당 기간은 송영 세 곡만 국악기로 반주했다. 그러다가 회중찬송 중 한 곡을 국악찬송가로 불렀는데 국악찬송가가 없어 복사해서 주보에 첨부했다.

그 당시 예향 단원들의 공통된 고민은 첫째, 연주 기량을 높이는 것이었으며, 둘째, 정체성의 확립이었고, 셋째, 단순연주가 아니라 문화적 변혁을 어떻게 만들어낼 것이냐는 것이었다.

우리가락예배를 드리는 일은 문화를 바꾸는 일이다. 문화는 강압이나 제도로 한순간에 바뀌는 것이 아니라 오랜 기간 서서히 몸에 스며드는 것이다. 향린교회도 겨우 이 정도까지 오는 데 20여 년이라는 세월이 걸렸다.

이 중 첫 번째였던 연주기량의 향상은 두 가지 차원에서 중요했다. 하나는 생존의 차원이었고, 다른 하나는 나머지 두 번째 세 번째 고민 해결의 단초라는 차원이었다. 다행스럽게도 단원들은 연습에 열심이었고, 국악을 전공한 분들이 예향과 함께하고자 예향을 찾아주었다. 악장을 영입해 작곡 및 편곡을 하고 음악적 틀을 만들어나갔다.

2000년부터 단발적으로 국악기 강좌를 열었다. 교인들이 국악 문화를 몸으로 느끼고 체험할 수 있도록 하는 게 첫째 목적이었고, 예향단원으로 활동할 수 있는 교인의 풀(pool)을 만드는 게 둘째 목적이었다. 국악강습은 국악을 좀 더 가깝게 느끼고 받아들이게 하는 데는 어느 정도 기여했지만, 예향의 단원 풀(pool)을 형성하는 데에는 한계가 있었다. 그리하여 더 체계적이고 전문적으로 국악기를 가르칠 수 있는 방안으로 상설 국악학교를 개설했다. 국악학교는 향린 교인뿐 아니라 우리가락예배와 찬송을 원하는 외부 모든 교회에 개방하여 다른 교회 교인들도 악기를 배우고 향린의 우리가락예배를 위한 노력을 공유하고 교류하게 했다. 이 덕분에 국악학교 출신들 가운데 예향 단원이 서서히 배출되기 시작했으며, 다른 교회 교인들 중에도 각자 교회에서 작은 발걸음을 내딛는 분들이 생겨나고 있다. 현재는 전문가들이 강사를 맡고 있으며 대금반, 해금반, 피리반, 가야금반이 개설되었고, 외부 교인들이 많이 참여하여 배우고 있다. 재정적인 어려움으로 국악학교를 더 크게 키우고 다양화하지 못하고 있지만 언젠가는 큰 배움터로 성장할 수 있도록 노력 중이다.

여기서 중요한 문제가 제기되었다. 국악예배를 드리기 위해서는 국악찬송가가 절실했다. 당시에는 국악찬송가가 거의 없었다. 그래서 국악찬송가를 한 곡이라도 구하기 위해 여기저기 발품을 팔고 다녔다. 새로운 국악찬송가 한 곡을 구하면 예배 때 복사해서 주보에 삽지로 넣어서 불렀다. 국악찬송이 실험적인 시도 차원이 아니라 예배순서에 정식으로 자리 잡기 위해서는 제대로 모양을 갖춘 국악찬송가 책자를 발간해야 한다고 판단해 세 차례에 걸쳐 국악찬송가 책자를 발간했다.

우선 2000년에는 여기저기서 회자되는 국악찬송가들을 모아 국악찬송가 모음집을 만들었지만 이 찬송들 가운데는 향린의 신앙고백과 맞지 않는 곡들도 많았다. 그래서 자체적으로 우리의 신앙을 담은 국악찬송가를 만들기 위해 국악찬송가 발간위원회를 조직하고 교인들에게 가사공모를 했다. 교인들의 참여로 가사를 모으고 그 가사로 교회 내의 음악전공자들과 외부 전문가들에게 요청하여 새로운 찬송가를 작곡했다. 기존 모음집에서 선별한 곡과 자체 창작한 찬송가를 모아 총 236곡의 국악찬송가를 2003년 6월 발간했다. 그 뒤 다시 몇 가지 개정을 거쳐 2008년 5월 재판을 발행했다. 그리고 절기별로 찬송과 송영 등 대표적인 찬송 19곡을 선별해 2007년에는 음반을 제작하기도 했다.

국악찬송가의 발간은 매우 의미 있는 일이라 생각한다. 왜냐하면 그동안 교계 여기저기서 몇 종류의 국악찬송가가 발행된 적은 있었지만, 이것은 236곡이나 되는 많은 곡을 수록하고 교회예식서 등을 첨부하여 제대로 발행된 최초의 찬송가였기 때문이다. 아직 작은 시작이지만 점차 더 은혜로운 찬송가로 거듭나서 한국 기독교의 정식 찬송가로 자리 잡고 불려지기를 바란다.

향린의 우리가락예배 역사가 갖는 의미

그간의 과정을 통해 '교회갱신실천선언'에서 하고자 했던 구체적 사항 대부분이 실천되었다. 국악찬송가집을 만들어 기존 찬송가와 병행해 사용하고 있으며, 국악연주단을 조직해 예배 시에 연주함은 물론 우리가락 찬송을 지속적으로 연구하고 발전시켜 나가고 있으며, 예배용어도 우리말식 표현으로 바꿨다. 성찬식 빵도 전통떡으로 바꾸고 집기도 전통양식의 집기를 사용하며, 예배실 창호도 전통문양 창호로 교체해 은은한 분위기가 넘치게 했다. 민족사적 기념일도 교회력에 반영해 지키고 있으며, 전통제사도 그에 맞는 기독교적 예식을 더하여 조상 추모의식을 가질 수 있도록 했다. 비록 글로 쓰면 몇 줄 안 되는 것이지만 이렇게 하는 데만 해도 20여 년의 시간이 걸렸다. 비록 향린은 20여 년이 걸렸지만, 아마도 다른 대부분의 교회에서는 얘기조차 꺼낼 수 없는 사항도 있고, 갑론을박 수백년 된 교리까지 끄집어내 분란을 야기할 만한 사항도 있을 것이다. 향린이라고 해서 이 모든 것이 수월하게 진행된 것은 아니었지만 큰 부딪힘 없이 차곡차곡 이루어나갔다고 생각한다.

향린의 우리가락찬송가가 한국 기독교 음악과 향린교회 자체에 주는 의미를 나름대로 살펴보자면, 첫째, 우리가락찬송의 음악적 발전 모델의 제시라고 할 수 있다. 필자의 기억에 의하면 70년대 후반에도 기독교권 내에서는 우리 음악을 찬송가로 하려는 움직임들이 있었다. 하지만 대부분

민요를 개사해서 부르는 형태이거나 굿거리, 자진모리 등의 장단에 단순한 가락을 얹어 부르는 곡들이거나, 간혹 작곡가들에 의해 한두 곡 정도 만들어지는 경우였다. 음악가 나운영 선생은 국악의 기법으로 100여 곡의 찬송가를 만들었지만 그만의 독특한 화성에 의해 일반화되지는 못했다. 문성모 교수도 기존 찬송가 가사에 곡을 새로 입힌 국악찬송가집을 만들었지만 한 사람이 작곡하다 보니 비슷한 분위기의 곡들이 많았다. 이런 점에 비추어 볼 때 향린의 국악찬송가는 많은 음악인들이 참여한 찬송가이고 교회의 절기, 관련 성서 구절 등이 체계적으로 적용된 최초의 찬송가로서 음악적 수준 면에서도 기존보다 한 단계 발전된 모델을 제시했다고 할 수 있다.

둘째로는 개교회가 갖는 신앙고백을 스스로 찬송에 만들어 담았다는 것이다. 바흐는 예배에 사용할 음악을 매주 작곡했다. 이제 한국 교회도 각 개교회의 신앙고백과 선교방향에 따라 그 고백을 담은 찬송을 부를 수 있어야 한다. 그러한 차원에서 향린은 향린이 추구하는 선교와 신앙고백의 내용을 우리가락찬송가에 담아내려고 했다. 교인들이 직접 가사와 곡을 쓰고 목회자들과 교인들이 그 내용이 향린의 신앙고백과 일치되는지 검토하고 수정하는 반복의 과정을 통해 우리가락찬송가가 편찬됐다. 발간 이후에도 지속적으로 그 내용을 되짚어보고 수정해가고 있다. 수백 년 된 다른 나라 찬송이 아니라 지금 이곳에 필요한 신앙고백을 담은 찬송을 만들어내려고 한 것이다.

세 번째로는 우리가락찬송이 그저 국악기 몇 개 연주하면 되는 것이 아니라 우리 민족 고유의 음악적 정서를 담아내는 찬송이어야 한다는 점을 제시한 것이다. 요사이 사회적으로 국악기에 대한 인식이 많이 나아져 동호인들이나 연주자들이 많아졌다. 그 분위기의 반영인지 기존의 찬송가를 국악기로 연주하는 경우도 많아졌고, 국악찬송 음반이라고 해서 기존

찬송가를 국악기로 연주한 것도 많이 나와 있다. 하지만 그것은 명백한 인식의 오류다. 우리가락찬송은 오랜 시간 형성된 우리 민족 고유의 정서를 담고 있어야 한다. 악기보다 고유정서를 담아낸 음악이 중요하다. 한국 기독교 100여 년의 역사에서 그런 음악이 부재했으며, 향린의 우리가락찬송은 그 부재를 반성하고 메워나가려 했던 것이다.

네 번째로는 우리가락예배의 역사가 몸으로 하는 공감과 소통의 역사였다는 것이다. 처음 시작은 문제의식을 갖고 그 답을 스스로 찾아보고자 하는 소수 청년들이었다. 더 나은 예배를 위한 문제의식은 말로 풀어내는 제안과 요구가 아니라 직접 몸으로 배우고 공부하고 가르치고 보여주는 실천적 제안이었다. 그들의 작은 몸부림이 밑거름이 되었고, 교회는 그 작은 파장에 공감하고 '교회갱신실천선언'을 통해 함께 만들어나가기로 결정했다. 이는 주장하는 바가 있을 때 말보다는 먼저 몸으로 노력하고 보여주며 작게나마 같이 공감하고자 하는 노력이 진정한 소통을 이루고, 그 소통은 은혜로운 결실로 우리 품에 안긴다는 것을 알게 해주는 사건이었다고 할 수 있다.

다섯 번째로 향린 교인들은 지난한 이 과정을 통해 모두가 예배에 대해 깊이 고민하고 성찰하는 자세를 갖게 되었으며, 함께 만드는 예배를 고민하게 되었다는 점이다. 교인들은 스스로 '문향'이라는 연극 모임을 만들고 '얼쑤'라는 전통문화 모임을 만들었다. 이런 모임이 만들어질 수 있었던 것은 바로 향린의 우리가락찬송의 영향이라고 필자는 생각한다. 이 모임들은 더 나은 예배, 세상과 소통하는 기독문화가 어떤 것인가를 고민하고 만들어나가기 위해 연극예배, 민속예배, 우리가락찬송 알리기 등 다양한 방면으로 노력하고 있다. 성가대와 예향은 음악위원회를 조직해 향린교회 전체 음악과 우리가락찬송을 어떻게 발전시킬 것인지 고민하고 있다. 국악찬송가 발간, CD 제작, 국악찬송가 녹음, 찬양한마당 등이 모두 음악

향린 교인들은 지난한 과정을 통해 모두가 예배에 대해 깊이 고민하고 성찰하는 자세를 갖게 되었고, 함께 만드는 예배를 고민하게 되었다. 교인들은 스스로 '문향'이라는 연극 모임을 만들고 '얼쑤'라는 전통문화 모임을 만들었다. 이런 모임들은 더 나은 예배, 세상과 소통하는 기독문화가 어떤 것인가를 고민하고 만들어나가기 위해 다양한 방면으로 노력하고 있다.

위원회의 주도로 이루어졌으며, 나아가 교회학교의 음악까지 음악위원회에서 함께 고민하고 협의하고 있다. 이제 우리가락예배를 위한 노력은 예배문화로 확대되고 있으며, 교인들로 하여금 만들어진 예배에 그저 머리 숙이고 앉아 있게 하는 것이 아니라 살아 움직이는 예배를 만들기 위한 주체로 성장하게 하는 한 축이 되었다고 할 수 있겠다.

맺는말: 남은 과제

　향린교회의 우리가락예배의 역사와 현황을 살펴보았다. 살펴보니 많은 것을 이룬 것 같다. 하지만 그만큼 더 해야 할 과제도 많다. 최초 청년들의 고민은 예배문화 전반에 대한 것이었지만, 교회가 공식적으로 실천주체인 예향을 설립한 이후 18년간 예배문화 중 '음악'에만 집중했다. 그래서 지금 향린의 예배를 '우리가락예배'라고 한다. 예배에는 음악뿐만 아니라 다양한 요소들이 있다. 예향은 그동안의 과정 속에서 음악뿐만 아니라 예배의 여러 다른 요소에도 변화해야 할 부분이 있음을 잊지 않았다. 하지만 음악 부분을 감당하는 데에도 역량이 부족한 상태였다. 21세기 대한민국의 국악은 어떤 모습이어야 하는가에 대해 음악계도 어려워하는 상황에서 '국악찬송'은 더더욱 그렇다. 민족음악과 종교가 어떻게 어우러져야 하는가는 너무도 어려운 문제다.

이런 거창한 문제가 아니더라도 '우리가락예배'를 자랑스러워하는 향린 교인들도 일상생활에서 우리가락찬송을 가슴 저미게 부르는 경우가 거의 없다. 가정예배, 구역예배, 각종 모임의 예배에서 '우리가락찬송 부르기'는 아직도 자연스러운 일상이 되어 있지 않다. 아직도 갈 길이 멀다. 향린은 국악찬송 이외에 예배의 다른 요소들을 더 천착해야 하고, 나아가 예배를 넘어선 교회의 다양한 문화적 요소들에도 눈길을 돌려야 한다.

필자 개인적으로는 희망을 갖고 있다. 위에서 언급했듯이 우리가락찬송은 교인들의 교회생활에 영향을 주었고, 문향과 얼쑤 등과 같이 교회문화를 고민하는 교인들의 주체적 모임들이 이루어지고 있기 때문이다. 이 외에도 또 다른 모임들은 계속 생겨날 것이고 이들이 고민하고 연구하고 체험하고 만들어낸 문화적 실천들이 다듬어지고 불어나서 기독교 문화 르네상스가 일어나는 날이 올 것이라고 확신한다.

요즘 인식이 바뀌어 우리가락예배를 시도하고자 하는 교회, 목회자, 기독교인들이 여기저기서 다양하게 생겨나고 있다. 향린의 선례가 그들에게 도움이 된다면, 그것은 첫째, 목회자의 의지 및 교회적 합의가 필요하며, 둘째, 추진주체의 확립 및 소명의식이 절실하고, 셋째, 서두르지 않는 점진적 도입이 필수적이라는 것 등이다.

우리가락예배를 드리는 일은 문화를 바꾸는 일이다. 문화는 강압이나 제도로 한순간에 바뀌는 것이 아니라 오랜 기간 서서히 몸에 스며드는 것이다. 향린교회도 겨우 이 정도까지 오는 데 20여 년이라는 세월이 걸렸다. 2013년 한국 기독교 문화는 선교사가 이 땅에 온 이후 100여 년에 걸쳐 형성된 것이다. 이것을 변화시키는 데에는 아마도 또다시 그만큼의 기간이 걸릴지도 모른다. 목회자와 교인, 추진주체가 소명의식을 갖고 꾸준히 헌신하는 것만이 하고자 하는 바를 이루는 길이라 생각한다.

우리네 멋과 흥이 살아 있는 예배

향린교회 예배에 대한 몇 가지 생각

이정훈 성실교회 담임목사

먼저 나의 이야기

저는 성실교회 이정훈 목사입니다. 성실교회는 경기도 양평 봉성리라는 사ㄴ마한 시골마을에 있습니다. 저는 목회를 하는 한편 틈틈이 몇몇 신학교에서 예배디자인, 한국 전통문화 이론, 그리고 우리가락[가무악(歌舞樂)] 등을 가르치고 있습니다. 이런 강의를 하게 된 것은, 대학 시절부터 한국 전통문화의 맛을 알게 되어 여기저기 현장을 찾아다니며 이론과 실기를 공부하고 자료를 모으고 공연과 의례, 예배를 연출하는 일을 해온 덕분입니다. 저는 이런 일들이 참 재미있고 신났습니다. 마치 산에서 버섯을 따던 사람이 꽁꽁 숨어 있던 산삼 밭을 발견한 것처럼, 우리 전통문화에 대해 잘 모르던 제가 우연한 기회에 한국 춤을 배우기 시작하다가 그만 그 넓고 깊은 신바람의 세계를 통째로 발견해버렸으니 얼마나 신나고 신비로웠겠습니까? 그야말로 도끼자루 썩는 줄 모르는 신선노름처럼, 30여 년 시간이 훌쩍 지나버렸습니다.

제가 우리가락의 맛을 처음 느꼈던 곳은 운경교회입니다. 한창 대학생활을 하던 1980년부터 1981년 군 입대 직전까지 그 교회에서 나운영 선생님의 신작 우리가락찬송가 월례 봉헌예배 때 몇 차례 성가대 봉사를 한 것입니다. 당시 저는 동성교회 청년부 중창단원이었는데 저희 중창단을 이끌던 선배를 따라가서 그 소중한 경험을 함께할 수 있었습니다. 운경교회는 서울 강남에 있는 자그마한 교회였습니다. 운경유치원 건물 한쪽 귀퉁이의 자그마한 지하 예배실이었지만 신작찬송가를 봉헌하는 분위기는 늘 설렘으로 가득했고, 나운영 선생님은 매우 열정적이시고 행복해보였습니다. 저희 교회 주일예배를 마치자마자 헐레벌떡 달려가서 급히 몇 곡을 익혀서 성가대에 서는 처지였지만, 매우 낯설면서도 묘한 매력이 있었던 그 특이한 우리가락의 맛이 지금도 아련하게나마 느껴집니다.

이렇게 시작한 우리가락 사랑은 탈놀이, 풍물놀이, 판소리와 팔도 민요를 거쳐 급기야 다양한 마을굿을 찾아 전국을 돌아다니게 만들었습니다. 지역마다 각양각색의 마을굿에서 한국인의 독특한 의례 양식들, 소통의 언어들을 발견했습니다. 굿하는 사람들 사이에 섞여서 한국인의 뿌리 깊은 종교심을 느꼈습니다. 그때 저는 한국 교회가 100년 묻어둔 소중한 우리문화 달란트들을 더 늦기 전에 발굴해야겠다는 소명을 느끼면서 신학교에 입학하기에 이릅니다. 한국의 다양한 전통굿을 공부한 덕분에 학부 시절부터 여러 종류의 행사 연출을 맡아 하던 차에, 신학을 공부하면서부터는 주로 의례와 예배를 연출했습니다. 제5회 아시아종교인평화회의(ACRP) 개폐회식을 비롯해 다양한 의례와 예배의 연출을 맡아 10여 년 신나게 돌아다녔습니다. 그때마다 제가 절실하게 느낀 것이 하나 있습니다. 하느님께서 우리 민족에게 주신 소중한 달란트, 세계인이 놀라고 부러워하는 우리 춤, 우리가락의 무궁무진한 힘, 넉넉한 품, 무한한 발전 가능성입니다.

그러다가 1994년 겨울부터 '성실예배교육문화원'을 세워 재미있는 일을 시작했습니다. 주로 목회자와 신학생, 교회학교 교사 그리고 예배음악 사

역자들을 대상으로 '예배와 전통문화'를 함께 공부하는 일이었습니다. '성
실학당'이라는 이름으로 다양한 공부를 지금까지 해오면서, 그렇게 만난
동인(同人)들과 함께 ≪성실문화≫라는 계간지를 만들고 있습니다. ≪성
실문화≫는 어떻게 하면 한국 교회의 뿌리마음과 어울리는 안성맞춤 예배
문화를 만들 수 있을까, 머리로 몸으로 늘 이리저리 궁리하는 동인들이 함
께 만들고 나누어보는 동인지(同人誌)입니다.

한국 교회의 예배 이야기

지난 20년 동안 ≪성실문화≫를 만들면서, 저희가 꼭 붙들고 있는 몇 가
지 예배 알맹이들이 있습니다. '말씀 중심의 예배', '말씀기억력', '예배준비
환경', '예배실천문화' 등입니다. 요약하면 이런 말입니다. 저희 문화원이
예배문화비평(그리고 설교비평)의 장을 열면서 한국 교회의 예배열매를 진
단해보니 참으로 부실하기 짝이 없었습니다. 하다못해 전국 교회의 주보
수천 장을 모아 분석해보아도 예배의 형식과 내용 전반적으로 문제가 많
았습니다. 그 가장 큰 문제는 말씀 중심의 예배가 되지 못해 결과적으로
'말씀기억력'이 점점 떨어지고 결국 말씀실천이 안 된다는 점입니다. 여기
서 '말씀'이란 성경과 성찬입니다. 이른바 문자화된 말씀 '성경'과 육화된
말씀 '성찬'입니다.

이 말씀이 선포되는 '계시'와 이에 대한 다양한 '응답'으로 예배는 진행
되는 것이고(그래서 예배의 형식을 정의할 때 흔히 '계시와 응답'이라고 합니다)
이를 요약하면 '소통(대화)'인데, 한국 교회 예배환경을 분석해보니 구조적
으로 소통에 크나큰 장애가 있습니다. 제대로 된 예배라면, 철두철미(徹頭
徹尾)하고 수미일관(首尾一貫)하게 '말씀'을 중심으로 말씀과 회중이, 회중

과 회중이 서로 주고받으며 물 흐르듯이 진행되어야 함에도, 대부분 교회들의 예배구성이 말씀과는 완벽히 동문서답(東問西答)형이니 이것이 큰 문제인 것입니다. 하다못해 찬양대의 찬양곡조차 그날 본문말씀의 내용과 무관할 정도입니다. 말씀 중심으로 예배를 준비하는 환경을 전혀 갖추지 못하고 있다는 단적인 증거입니다. 그러니 아무리 설교에 은혜받은 것 같아도 예배당 문을 나서는 순간 그날 받은 말씀은 까맣게 잊히는 것입니다. 그러니 한 주간 세상에 살면서 말씀을 맡은 예언자로서, 말씀 받아 파송받은 선교사의 역할을 감당하지 못하는 것입니다.[1] 하긴 집사가 되고 권사 장로가 되어가면서, '왕 같은 제사장'만 꿈꾸지 '왕따 같은 예언자'는 아예 안중에도 없는 것이 우리 본능입니다. 그러니 예배는 늘 미완성이고 그 열매가 없는 것입니다.

예배언어도 문제입니다. 예배에는 논리를 뛰어넘는 활연관통(豁然貫通)

---

1 예배에서 '파송'의 순서는 매우 중요한 순서입니다. 향린교회 주보에는 '세상으로 보냄'이라 표기되어 있습니다. 흔히들 이 순서 뒤에 예배를 마무리하니까 용두사미처럼 흐지부지해버립니다만, 그래서는 안 됩니다. 이 순서가 예배의 절정이기 때문입니다. 이제 본격적으로 중요한 순서들이, '산 밑으로 내달리듯이' 뒤이어지기 때문입니다. 초대교회 때 예배의 완성을 위해 집사를 세워 떡을 못 먹은 이들에게 떡을 분배하는 일을 맡겼듯이, 교회는 받은 말씀(성경과 성찬), 내가 책임 맡은 그 말씀을 세상에 가지고 나가, 그 말씀 받지 못한 이웃에게 전해야 비로소 예배는 완성되는 것입니다. 내 살 같은 말씀, 피 같은 내 돈을 쪼개어 없는 이에게 나눠주고 내어주는 것이 예배의 완성이라는 말입니다. 그래서 기독교회는 오랫동안 예배를 가리켜 '미사'라고 부르고 있습니다. '미사'라는 말은 파송사 중 '가라'는 말에서 나온 말입니다. 영어로는 '미션'과 가장 비슷합니다. 예배에서 이것이 매우 중요한 순서였기에, 아예 예배를 부르는 이름으로까지 쓰고 있으며, 파송이 예배의 절정인 것입니다. 예배에서 말씀을 받는 회중 모두가 예언자가 된 것을, 작은 예수들이 된 것을 선포하는 순간이기 때문입니다. 말씀 중심의 예배가 아니라 동문서답형 예배일수록 이 파송의 순서가 흐지부지 무의미해지는 법입니다. 동문서답형 예배로는 결코 회중을 예언자로 세울 수 없고 예배열매를 거둘 수 없습니다.

의 힘이 있습니다. 말씀이 나와 우리를 꿰뚫으시는 힘, 교회와 세상을 하나로 꿰뚫으시는 힘입니다. 그러기에 꼭 필요한 것이 바로 예배소통을 위한 공동언어입니다. 말의 논리를 넘는 활연관통의 언어는 각 민족의 전통문화 안에 있다고 저는 확신합니다. 한국 교회에게 그것은 한국 전통문화일 것입니다. 그러나 참으로 안타깝게도 일제 강점기 이래 지난 100여 년 동안 한국 교회는 그 소중한 하느님의 은총, 그 크나큰 달란트를 깊숙이 묻어두고만 있는 것입니다. 미신이라는 딱지 하나를 딱 붙여두고 말입니다.

결론으로, 말씀 중심으로 예배를 준비하지 못하는 동문서답형 예배환경, 받은 말씀 고스란히 잊어버리게 만드는 예배구조 등 한국 교회의 예배문화를 진단하고 예배신체검사를 해보면 '말씀기억력'이 매우 낮습니다. 낮아도 그냥 낮은 정도가 아닙니다. 겉보기는 멀쩡한 그리스도인인데 하는 행동은 완전히 엉뚱한, 한마디로 거의 치매 수준입니다. 그나마 말씀도 너무 지나치게 편식하고 있습니다. 좀 심하게 말하자면, 성경 66권 중에서 설교자가 자기 하고 싶은 밀과 가까운 구절들만 골라 설교 준비하는 데 쓰는 경우도 있을 정도입니다. 이래서는 설교자가 결코 말씀에 사로잡힐 수 없습니다. 말씀이 아무리 정의와 평화를 외쳐도 그런 설교자는 그 말씀의 알맹이를 가볍게 외면해 묻어버릴 수 있습니다. 아무튼 대한민국 모든 교회가 그런 것은 아니지만 동문서답형 예배환경, 이게 바로 한국 교회 예배환경의 고질적이고도 일반적인 현실입니다.

향린교회의 예배 이야기

이렇게 사막과 같은 절망교회에 오아시스 같은 희망교회가 바로 향린교회라고 저는 믿습니다. 참으로 명실상부하게 이웃교회에게 힘을 주는 향기입니다.

제가 처음 향린교회 예배를 맛본 것은 꽤 오래전입니다. 제 모교회인 동성교회 출신인 김관동 선생이 지휘자로 있을 때 한두 번 참여했고, 당시 홍근수 목사님 부인이신 김영 목사님과의 인연으로 한두 번 참여한 적도 있었습니다. 아마 그때까지만 해도 향린교회가 우리가락찬양을 시도하기 전이었다고 기억합니다. 그래서 예배문화에서는 별다른 느낌을 받지 못했었고, 설교말씀이 매우 독특하고 인상적이었던 것만 기억납니다. 그러다가 이런저런 인연으로 향린교회와 조금씩 가까워지다가 이번에 향린교회 환갑잔치를 준비하며 향린교회 예배 느낌을 이야기하는 글을 써달라고 하셔서 한문덕 목사님께서 골라주신 예배동영상 11개를 꼼꼼히 살폈습니다. 실제로 예배현장에서 회중과 함께 호흡하지 못하고 동영상으로 본 예배이기에 한계가 많습니다만, 제가 받은 느낌들을 하나씩 정리해보겠습니다.

1) 성서일과

저는 향린교회가 몇 해 전부터 성서일과를 사용하고 있다는 사실을 이번에 알았습니다. 얼마나 반갑고 고마웠는지 모릅니다. 저희 ≪성실문화≫는 지난 20년 동안 성서일과의 필요성을 외롭게 외쳐왔습니다. 이제 향린교회는 저희 ≪성실문화≫ 동인들에게도 큰 힘과 희망이 될 것입니다.

성서일과가 예배에 반드시 필요한 까닭은, 먼저 교회의 '한 몸 의식'을 위해서입니다. 여러 교회들이 교파를 초월하여 강단을 교환하거나 연합예배를 할 수 있고, 한 교회 안에서도 기관별로 나뉘어 예배할지라도 한 말씀으로 연대할 수 있기 때문입니다. 그보다 더 중요한 것은, 앞서 말씀드린 말씀편식을 막기 위함입니다. 예배의 형식뿐 아니라 내용을 올바르고 풍성하게 할 수 있는 첫 단추가 바로 성서일과입니다. 더 중요한 것은, 성서일과가 한국 교회의 고질병인 동문서답형 예배구조를 단번에 깨뜨릴 수 있는 도구라는 사실입니다. 온 교회에서 미리 예배를 준비하는 '예배준비문화'를 가능하게 합니다. 그리하여 말씀기억력을 회복시킬 수 있으리라는 것이죠.

여기서 우리가 잊지 말아야 할 것은, 예배에서 받는 말씀 기억이란, 머리로만 기억하는 것을 넘는 이야기라는 사실입니다. 뱀이 꼬드겼을 때 하와는 하느님과 맺은 첫 약속을 머리로는 기억했습니다(창 3:2~3).[2] 그러나 몸이 기억 못 했습니다. 나아가 아담과 더불어 공동체가 기억 못 하게 되었습니다. 욕심 때문입니다. 예배는 나를 덜어내고 약속말씀 안에 푹 잠겨서 반복해서 기억하고 회복하는 안빈낙도(安貧樂道), 침잠완색(沈潛玩索)의 자리입니다. 그것은 머리로만이 아니라 몸으로, 생활로 기억하는 것이며, 특히 공동체로 기억하는 것이라는 사실을 명심해야 합니다. 성서일과는 바로 교회 공동체의 말씀기억력을 회복시키는 첫 단추입니다.

향린교회 예배에서 말씀응답에 해당하는 모든 순서가 말씀에 대한 보다 구체적인 응답으로 준비될 수 있으면 좋겠습니다. 찬양대의 찬양도 앞으로는 그렇게 준비하면 금상첨화일 것입니다. 언젠가 제가 향린교회 특강에서 말씀드렸듯이, 예배음악의 아버지 바흐가 온몸으로 보여주었던 교훈처럼, 본문말씀에 대한 가장 지극한 응답으로서의 찬양곡을 고르고 때로는 새로 짓거나 개사하는 노력을 기대합니다.

좀 심한 얘기 같습니다만, 예배는 연주발표회나 학예발표회, 연구논문

---

2 (창 3:2~3) 여자가 뱀에게 대답했다. "아니다. 하느님께서는 이 동산에 있는 나무 열매는 무엇이든지 마음대로 따먹되, 죽지 않으려거든 이 동산 한가운데 있는 나무 열매만은 따먹지도 말고 만지지도 말라고 하셨다".

발표회 자리가 아닙니다. 예배는 마치 엄마 품에 푹 안긴 아기처럼 말씀의 젖을 먹는 자리입니다. 따스한 엄마 체온과 엄마 살의 감촉, 엄마가 흥얼거리는 자장가의 아련함, 살랑 불어오는 산들바람과 지저귀는 새소리들…… 이 모든 환경이 다 좋고 아기와 엄마에게 유용한 것이지만, 아기는 오로지 엄마젖이라는 말씀에 몰두하며 힘차게 젖을 빨고 꼴깍꼴깍 소리 내며 트림도 하고 눈도 감고 하는 것입니다. 이게 바로 예배의 알맹이입니다.

하나 더 예를 들어 초대교회 예배의 광경을 그림 그리자면 이렇게 묘사할 수 있습니다. 말씀이 강물처럼 흐르고, 그 흐르는 말씀의 강물 위로 조각배들이 떠서 함께 흐릅니다. 그 조각배들은 시편찬양, 고백, 간증, 중보기도, 회상, 떡과 잔을 나눔 등일 것입니다. 두루마리 성경말씀을 맡은 이들이 계속해서 읽습니다. 그 말씀 경청하다 감동이 일어나면 찬양을 합니다. 한 사람이 일어나 손을 높이 들고 춤을 추며 찬양하면 또 다른 이들이 따라 일어납니다. 찬양이 잦아들면 다시 말씀읽기가 이어지고 다시 말씀 감동이 일어나면 그 말씀거울에 비추어 내 허물을 고백합니다. 그러면 회중은 그를 위해 기도해줍니다. 다시 말씀의 강물은 흐르고, 갑자기 어떤 이가 일어나 그 말씀에 불현듯 떠오른 옛 기억을 신바람 나게 얘기합니다. 그러면 회중은 그 기억에 맞장구치며, 감동하며 그 말씀에 찬양과 기도가 반복됩니다. 그리고 그 강물을 먹고 마시듯이 떡과 잔을 나눕니다. 모르긴 해도 그 말씀의 품에 안겨, 그 말씀의 강물에 몸을 맡기고 엄마품의 어린 아기처럼 단잠을 자는 이들도 있었을 것입니다.

예배는 이렇게 말씀을 중심으로 구체적으로 응답하는 과정입니다. 그래서 예배의 순서, 예배의 모든 환경을 책임 맡은 이들은 이렇게 그날 본문 말씀이 가장 잘 드러나고 그 응답이 말씀과 잘 어울리도록 준비해야 하는 것입니다.

기도 순서도 그렇습니다. 좀 어색하시겠지만 저희 성실교회 주보에는 대표기도 순서를 '하느님 전 상서'라고 표기합니다. 고향 떠나 객지에서 고생하고 있는 나에게 보내신 어버이 하느님의 사랑의 편지에 대한 답장을 쓰듯이 그 편지(말씀) 읽고 또 읽고서 답장을 정성껏 준비하자고 권합니다.

예배당 장식 역시 중요합니다. 시각적인 이미지가 말씀기억력에 얼마나 큰 힘을 발휘하는지는 제 짧은 경험만으로도 여러 가지 예를 들 수 있습니다. 가능하면 향린교회 예배도 성서일과 본문말씀의 주제를 잘 드러내며 그 말씀에 대한 내 고백을 고스란히 담은 장식을 매주 한 가지씩 준비하고 설치하는 담당자가 있으면 참 좋겠습니다. 보통 그 담당자는 설교자와 미리 상의하면서 준비할 때 상승효과를 봅니다. 배너를 사용하는 것도 좋고, 그 밖에도 얼마든지 상상력을 발휘하여 말씀 상징물을 만들어낼 수 있습니다.

그러나 예배마당을 너무 개인기를 보여주려는 듯하거나, 지나치게 학예발표회 식으로 자질구레한 것들까지 다 나열하는 것은 오히려 말씀집중력을 떨어뜨립니다. 이를 방지하기 위해서도, 예배당 장식을 맡은 이는 성서일과 본문말씀을 깊이 읽고 묵상할 필요가 있으며, 예배 전체 환경과의 어울림을 위해 예배 전체 디자이너(총연출)의 인도와 통제에 따르는 유기적인 팀워크 훈련이 되어 있어야 합니다.

향린교회의 장식은, 비록 성서일과 본문에 따라 매주 바뀌는 장식은 아니지만 여러 면에서 매우 인상적입니다. 둥글둥글한 지구본과 징걸이가 매우 잘 어울립니다. 특히 지구본은 처음에는 생뚱맞아 보였지만, 보면 볼수록 그 푸른빛이 매우 정겹고 예배심(禮拜心)을 깨우는 듯한 느낌이 들어 좋습니다. 특히 전면의 작은 십자가들이 매우 강렬합니다. 그 자체만으로도 예배에 임하고 다시 세상으로 나아가는 자세가 달라질 것 같은 느낌이 듭니다. 그리고 회중 하나하나가 예배 안에 선명하게 참여하고 있음을 각인시킵니다.

그런데 일 년에 몇 차례는, 작은 십자가들이 보이지 않게 가리는, 즉 예배실 전면을 단순화시키는 가림막을 치는 것도 고려해볼 만합니다. 그렇게 할 때 예배실 전면의 분위기가 갑자기 단순해지면서 얻을 수 있는 효과가 있을 것입니다. 예배당에 들어올 때마다, 입례가락이 울리기 직전까지 각자 자기 십자가를 만지며 짧게 기도하고 의자에 가서 앉는 것도 좋을 것입니다. 매 주일 그렇게 하거나, 혹은 특별한 주일만이라도 그렇게 하면 어떨까요? 어느 교회에서 비슷한 경험을 한 적이 있었는데, 그렇게 기도하는 이나 그것을 바라보는 이 모두에게 예배를 준비하는 마음이 차려지는 효과가 있었습니다.

다시 말하지만, 성서일과는 공동체의 말씀기억력 회복을 위한 예배준비문화의 첫 단추입니다. 그러므로 예배순서 맡은 이들뿐 아니라 온 교회가 함께 성서일과 본문말씀을 미리 읽고 묵상하고 예배에 참여하는 훈련이 매우 중요합니다. 언뜻 생각하기에는 말씀을 미리 알고 오는 것보다 모르고 오는 것이 주일말씀을 만날 때 더 신선할 것 같지만 전혀 그렇지 않습니다. 예배의 온 과정을 통해서 부어주실 말씀에 대한 기대감은 그 말씀을 미리 읽고 묵상해올 때 훨씬 강력해지고 구체화됩니다. 그리고 공동체가 유기체처럼 한 몸으로 꿈틀거리듯 말씀에 반응하는 속도와 정도가 확연히 달라집니다. 이는 누구보다도 말씀을 곰곰이 읽고 묵상해왔을 설교자가 가장 먼저 그 반응을 온몸으로 느낄 수 있습니다. 설교자뿐 아니라 말씀을 깊이 읽고 묵상해온 이들이라면 누구라도 그것을 느낄 수 있습니다. 예배 전체 과정을 통해 부어주시는 말씀이 공동체 안에 스며드는 느낌! 말씀이 송두리째 들어와 깨달아지는 활연(豁然)하여 관통(貫通)하는 느낌! 향린교회의 회중은 그 맛을 매 주일 느끼고 계십니까?

2) 찬양대

저는 원래 성가대라는 표현이 더 익숙하지만, 언제부턴가 찬양대라고 부르고 있습니다. 어느 교단 총회에서 성가대라고 하지 않고 찬양대라 부르기로 약속했다는 소식을 듣고 곰곰이 생각해보니, 노래뿐 아니라 악기와 춤까지 더하여 찬양하는 데는 그 이름이 좀 더 포괄적이겠다고 생각되었기 때문입니다. 그러고 보니 우리가락 역시 그렇습니다. 우리 전통음악에는 '가무악(歌舞樂) 일체(一體)'라는 말이 있습니다. 교회의 부활절 칸타타와 좀 비슷한 종묘제례악을 보아도 그렇습니다. 수많은 악기와 성악가들, 그리고 64명이나 되는 춤꾼들의 모습이 참으로 장쾌하고 시원한 감동을 줍니다. 대다수 종교예식이 그러하듯이, 예배음악에는 춤을 동반하는 것이 정상입니다. 중세를 거치면서 기독교 예배에서 춤이 사라졌다고 합니다. 그 사연이 매우 허망합니다. 국내외 교회의 예배음악에서 춤을 다시 무활시키려는 시도들이 다양하게 일어나고 있습니다. 명실상부한 예배찬양을 위해서입니다.

밖에서 보기에 향린교회 주일 공동예배 찬양대 안에는 몇 개의 조직이 있는 것으로 보입니다. 향린교회 찬양대의 큰언니 격인 성가대, 그리고 둘째 국악선교단 예향입니다. 그리고 얼굴도 안 보고 데려간다는 셋째 딸, 지난 2011년 한가위 감사예배 때 멋진 찬양을 보여준 '얼쑤'가 있습니다. 교회 안에 이처럼 크고 작은 찬양 모임들이 각각 자기 특징을 가지고 성장할 때 예배는 더욱 풍성해지고 기분 좋은 긴장감이 감돌기 마련입니다. 문득 드는 생각입니다만, 딸을 하나 더 낳아서 예배춤을 개발하고 연마하는 일꾼들로 키운다면 금상첨화일 것입니다. 예배춤은 혼자 추는 것이 아닙니다. 춤꾼 여럿이 나와도 자기들끼리만 추고 들어가서는 안 됩니다. 짧은 한 대목이라도 회중과 함께할 때 말씀기억력은 배가됩니다. 반면에 너무

현란한 춤사위는 말씀집중력을 흐리게 만들 수도 있습니다. 노래도 마찬가집니다. 예배음악, 특히 회중찬송은 너무 현란하고 현학적인 것보다 단순한 가락이 좋습니다. 말씀집중력 때문입니다.

그런데 제가 본 11개 주일 예배 동영상 가운데서 우리가락을 연주하는 예향은 거의 악기 연주만 했었고, 눈에 띄게 노래를 부른 것은 해금 연주자 한 분이 노래하는 딱 한 차례였습니다. 그래서 예향은 반주만 하는 것보다는 종종 우리가락찬양을 할 때 악기와 더불어 병창을 하는 것도 좋겠다고 생각했습니다. 독창도 좋고 중창도 좋을 것입니다.

얘기 나온 김에, 이건 개인적인 의견입니다만, 우리가락찬양을 할 때 칸토르(cantor) 역할을 할 분이 있으면 좋겠습니다. 예향에서 한 분이 맡으면 어떨까요? 아니면 성가대원 가운데 한 분이 맡아도 좋겠습니다. 예배 인도자들 가운데 몇 분이 가끔 마이크 앞이라는 것을 깜빡 잊고 노래하시는 바람에 동영상에서 매우 크게 튀는 느낌이 들 때가 있었으며, 교독송이나 기타 기도송, 영광송을 부를 때도 마이크를 가진 인도자가 숙련되지 않아 예배 흐름이 유연하지 못할 때가 종종 있었기 때문입니다.

3) 찬양문화

향린교회 예배의 전반적인 찬양문화에 대한 제 느낌과 생각을 정리해 보겠습니다.

먼저 목사님과 함께 예배위원들이 입장할 때 아정(雅正)한 입례가락이 인상적이었습니다. 풍물패의 연주가 씩씩한 농민들이나 군인들의 행진을 연상시킨다면, 예향의 입례가락은 정갈한 선비들의 걸음걸이 혹은 임금님 앞으로 나가는 대신들의 행렬을 연상시킵니다. 해마다 조금씩 발전시킨다면 얼마 안 있어 세계 교회가 부러워할 만한 모범이 나올 것이라는 생각이 듭니다.

제 욕심인지 모르겠지만, 이때 목사님과 위원들, 그리고 어린이들이 함께 입장하면서 춤을 추면 좋겠습니다. 특히 새해주일처럼 어린이들과 함께하는 예배일 때 더욱 그러면 좋겠습니다. 부활절이나 추수감사절 예배 때는 더욱 그렇습니다. 아니 매 주일 그렇게 할 수 있다면 참 좋겠습니다. 강강술래나 쾌지나칭칭나네처럼 신나는 춤이 아니어도 좋습니다. 아정한 정악가락에 맞추어 정재(呈才, 궁중무용)의 춤사위 가운데 일부를, 그보다 좀 더 편안한 굿거리춤에서도 춤 한 사위를 빌려와서 입례가락에 맞추어 입례춤을 추는 것입니다.

그런데 입례, 즉 예배자리로 나아간다는 것은 어떤 느낌일까요? 예배형식에서 기독교 예배가 타 종교 예배와 가장 크게 다른 점은, 우리가 신을 불러 제사밥을 공양하거나 번제단에 제물을 살라 바치는 것이 아니라, 반대로 하느님께서 우리를 먹이시기 위해 부르신다는 점입니다. 그래서 예배를 가리켜 리터지, 시미스, 고테스딘스트(Gottesdienst, 독일어로 '하느님이 봉사하신다'는 뜻)라 부르는 것입니다. 한 주간 동안 열심히 제자의 길을 가며 섬기는 삶을 사느라 애썼으니, 이제 주일예배에서는 하느님께서 우리를 섬기신다는 것입니다(눅 12:37).[3] 그러니 우리는 허리띠 풀러놓고 주님께서 차려주시는 말씀 밥상을 만끽하며 안식하고 즐기는 것이 정석입니다. 입례는 그런 신나고 행복하고 영광스럽고 감사한 자리에 나가는 첫걸음입니다. 그런 자리에 초대받은 사람들다운 춤을 추자는 것입니다.

말이 나온 김에 하는 말이지만, 향린교회 예배의 가장 연약한 부분이 바로 예배춤입니다. (춤은 별 게 아닙니다. 우리 민족에게 있어서 춤이란 아주 쉬

---

3 (눅 12:37) 주인이 돌아왔을 때 깨어 있다가 주인을 맞이하는 종들은 행복하다. 그 주인은 띠를 띠고 그들을 식탁에 앉히고 곁에 와서 시중을 들어줄 것이다.

운 것입니다.) 향린교회 예배에서 회중의 움직임은 일어섰다 앉았다 하는 것뿐이더군요. 사실 향린교회뿐 아니라 한국 교회 예배는 전반적으로 몸치 수준입니다. 몸치 한국 교회! 몸치 향린교회!! 언젠가 기회가 되면 좀 더 자세히 나누고 싶습니다만, 기독교 예배에서 춤이 사라진 뒤 말씀기억력이 한풀 꺾였다고 저는 생각합니다. 이는 스마트폰이 세상을 휩쓸면서 말씀기억력이 또 한풀 꺾이는 현상에 견줄 만합니다. 춤이란 추는 사람이나 보는 사람 모두에게 매우 강력한 소통 언어입니다. 춤은, 특히 말씀을 얹은 예배춤은 말씀을 머리뿐 아니라 몸으로 기억하게 하는 힘이 있습니다.

우리가락에 너름새라는 말이 있습니다. 때론 발림이라고도 부르는 이 너름새는 음악을 연주하는 이나 듣는 이가 그 가락과 장단에 따라 자연스럽게 움직이는 몸동작과 표정을 뜻합니다. 공연이나 예식에서 너름새는 매우 중요한 역할을 합니다. 개신교에서는 대부분 사라진, 천주교의 사제가 손짓으로 행하는 몇 가지 상징동작들, 그리고 회중이 성호를 긋는 동작들처럼, 공연자 혹은 예식 인도자의 너름새는 간결하지만 큰 역할을 합니다. 그 너름새 가운데 가장 큰 비중을 차지하는 것은 얼굴과 손입니다. 얼굴 중에서도 특히 눈과 입이요, 머리카락 처리와 머리에 쓰는 모자가 큰 역할을 하며,[4] 손동작과 손가락의 동선, 어깻짓과 마지막 손 처리에 이르기까지 손이 매우 중요합니다.

---

4 머리를 묶는 것과 푸는 것은 큰 상징적 차이가 있습니다. 모자를 쓰는 것도 그렇습니다. 어떤 교회 특별 절기예배 때 몇 주 전부터 준비시켜서 온 교우들이 형형색색의 모자를 쓰고 와서 예배를 한 적이 있습니다. 재미있는 느낌과 소감, 그리고 그 모자에 대한 이야기들이 얼마나 많았겠습니까? 참고로 한국 전통문화는 서양문화와 반대로 실내에서 모자를 벗지 않는 것이 예의입니다. 절을 할 때조차 의관을 정제하는 것입니다. 100여 년 전 한국 처음교회 예배 사진을 보면 선비나 중인들이 갓을 쓰고 예배하는 모습을 볼 수 있습니다.

가장 기억에 남는 명장면을 하나만 꼽으라면, 2012년 향린교회 부활절 예배 때 바로 그 강정마을 춤입니다. 춤은 추는 사람이나 보는 사람 모두에게 매우 강력한 소통 언어이고 말씀을 머리뿐 아니라 몸으로 기억하게 하는 힘이 있습니다. 춤은 누워 잠든 내 게으른 기억조차 두근두근 춤추게 합니다. 함께 춤추지 않으실래요?

과유불급(過猶不及)이라는 말이 있습니다. 너무 지나치면 모자람만 못하다는 뜻이죠. 향린교회 예배 동영상 속에는 너무 자주 머리카락을 만지고 얼굴을 만지는 경우와, 너무 자주 입술을 오므렸다 펴는 과도한 움직임들, 그 밖에 너무 개성 넘치는 얼굴 동작, 손동작들이 눈에 띄었습니다. 예배 순서를 맡은 인도자, 설교자, 찬양대원은 특히 조심할 일입니다. 바라보는 회중들의 말씀집중력을 떨어뜨리기 때문입니다. 예를 들어, 연극배우 초보자들의 공통적인 특징으로서 무대에서 손, 발이 분주한 것을 볼 수 있습니다. 배우에게 손짓과 발의 동선, 발 디딤새 하나가 중요한 언어인데 초보자들은 그것이 너무 어지럽고 부산합니다. 그러면 중요한 알맹이(말씀)가 흐려집니다. 그래서 내 눈에 안 보이는 내 잘못된 부분을 보고 고쳐주는 연출자가 필요합니다. 향린교회에도 그 책임을 맡은 담당자가 매 주일 예배 동영상을 살펴보며 그런 역할을 해주면 좋겠습니다. 쓸데없이 분주한 움직임만큼이나 어색했던 것 또 하나는 예배인도자의 기립하라는 손짓이었습니다. 같은 의미의 손동작이 인도자들마다 다 틀리면 좋지 않습니다. 가능하면 책임자 한 분이 그런 동작들을 잘 다듬어진 적절한 동작으로 통일시켜서 인도자들을 훈련시키면 좋겠습니다.

몸치 탈출을 위해 춤을 배워보면 어떨까요? 지난해 한가위 감사예배 때 얼쑤찬양단이 아리랑을 부르며 움직였던 단순한 손동작과 발디딤처럼 그렇게 쉬운 것부터 익히면 됩니다. 예를 들면 강강술래 같은 놀이부터 시작해서 풍물놀이 할 때 추는 단순한 보릿대춤 같은 동작들을 익히다가 차차 탈춤과 정재와 같은 전문적인 춤으로 발전시키다 보면 내 속에 숨어 있던 춤신명이 드러날 것입니다. 한국 사람이라면 누구나 그 몸속에 자기 춤 하나씩은 심어져 있습니다. 이건 제가 저릿저릿하게 경험한 일입니다. 한국 춤은 가만히 서서 손 하나만 가만히 들고 있어도 그게 춤입니다. 장단에 올라타 있다는 느낌만 가지고 손 하나 들고 있으면 그게 바로 춤이라는 말입니다.

예배춤은 말씀의 씨가 뿌려질 마음 밭을 갈아엎는 쟁기질 역할을 합니다. 말씀기억력을 배가시키는, 마음 밭을 기름지게 하는 두엄 역할을 합니다. 말씀기억력을 흐리게 하는 복잡한 요소들을 제거하는 역할을 합니다. 이를테면 마음 밭을 복잡하고 딱딱하게 만드는 무거운 농기계들을 버리고 손수 벼이삭을 잡고 낫으로 추수하듯이, 몸소(몸으로) 말씀을 만지게 하는 길이 바로 예배춤입니다. 함께 춤추지 않으실래요? 향린 예배마당에서 말입니다. 공간이 좁아도 괜찮습니다. 우리 춤은 넓은 공간이 필요하지 않습니다. 오히려 좁을수록 춤신명이 살아납니다. 자그마한 돗자리 한 장 위에서도 얼마든지 흥청능청 춤출 수 있습니다. 이게 우리 춤의 매력입니다.

제가 본 11개 주일 예배동영상 가운데 가장 기억에 남는 명장면을 하나만 꼽으라면, 2012년 향린교회 부활절 예배 때 바로 그 강정마을 춤입니다. 바라기는 이 춤 가운데 중요한 한 대목을 골라서 그 의미와 춤사위를 회중에게 가르쳐주고 함께 반복해서 춤추는 순서를 넣었으면 더 좋았겠다는 생각이 듭니다. 그랬다면 이 춤을 춘 의미와 기억이 회중들의 몸에 좀 더 오래 새겨졌을 것이기 때문입니다. 역시 춤입니다. 춤은 누워 잠든 내 게으른 기억조차 두근두근 춤추게 합니다. 다시 한 번 향린교회 예배의 입례춤과 파송춤을 설레는 마음으로 기대합니다.

이야기가 좀 두서없이 흘렀습니다. 그래도 몇 가지만 더 정리해봅니다. 추임새 이야기를 하고 싶습니다. 향린교회 예배에서 너름새, 즉 예배춤만큼이나 부족한 것을 하나 더 꼽자면 그게 바로 추임새입니다. 동영상으로 보아서 그런지, 예배 전체적으로 추임새가 거의 없었습니다. 찬양을 하면서도, 기도시간에도, 설교시간에도 그 어떤 시간에도 추임새가 안 들렸습니다. 좀 과장하자면 한 번도 못 들었습니다. 추임새가 무엇입니까? 부추겨주는 것입니다. 우리가락에서 추임새만큼 공동체적인 요소가 또 어디 있을까요? 공동체성의 정수가 똘똘 뭉친 것이 바로 추임새 아닙니까? 추임새는 무대와 객석을 순식간에 하나로 연결시킵니다. 게다가 추임새는 판의 흥을 북돋아줍니다. 게다가 추임새는 추임새를 넣는 이로 하여금 단순한 구경꾼이 아니라 판 안에 쑥 들어가 판의 또 하나의 주체로 세워줍니다. 연주가 좀 서툴러도 "잘한다!", "얼씨구!", "좋~다!" 이런 게 전형적인 추임새입니다.

판소리 고수가 소리꾼의 흥을 북돋우며 "아먼!", "암~먼!", "암~만!" 하는 것은 딱 "아멘!"과 같습니다. "아무렴!"을 사투리로 그렇게 하는데, 아멘의 뿌리 '암만'과 발음과 뜻이 똑같습니다. 우연의 일치겠지만, 제가 판소리를 배운 뒤 신학교에 입학해 히브리어 수업시간에 이 사실을 발견하고는, 마치 이것은 한국 교회 예배에 주는 무슨 계시와 같다는 느낌이 확 들었습니다.

제가 자라난 동성교회는 중고등학교 교장선생님들이 많이 계시던 전형적인 선비풍의 예배문화였습니다. 김덕순 담임목사님도 교사 출신이셨습니다. 예배 전반적인 분위기가, 예배 중에 "아멘!" 하고 추임새를 하면 다들 쳐다볼 만한 그런 조용한 교회였습니다. 담임목사님의 설교말씀은 아주 정갈하고 날카로우셨으며 은혜로우셨습니다. 당시 감신대 교수셨던 변선환 선생님을 초청하여 특강을 들을 정도로 강단의 수준이 높은 교회였습니다. 그런 교회에서 자라난 저는 예배에서 "아멘!"을 외치는 것이 전혀 훈련되어 있지 않았습니다. 그러나 판소리와 춤을 비롯한 이런저런 우리가락을 배우면서 추임새가 제 몸 안에 들어왔습니다. 아니 정확히 말하자면, 이미 제 안에 있던, 그러나 너무 깊은 곳에 묻혀 잠자고 있던 제 추임새 인자가 잠을 깬 것입니다. 끊어졌던 추임새 코드가 불현듯 연결된 것입니다. 바라기는 향린교회 예배문화 안에 추임새가 제자리를 잡기를 기원합니다. 그러려면 훈련이 필요합니다. 그리고 추임새를 선도할 고수의 역할도 필요합니다. 그래서 우리가락 찬양이, 그 은혜로운 설교가, 그 진지하고 구구절절한 기도가 더욱 깊어지고 풍성해지고 신바람이 더해지기를 기원합니다.

이음새(어울림) 문제도 조금 더 신경을 쓰면 좋겠습니다. 예향과 성가대를 물 흐르듯 이어지게 하는 요소들을 좀 더 개발하면 좋겠습니다. 성가대의 복장이 가끔 한복으로 바뀔 때 어울림이 느껴졌습니다. 오르간과 새납(태평소) 병주도 권할 만합니다. 두 악기는 의외로 잘 어울립니다. 제가 종종 파이프오르간 반주에 맞추어 새납을 불며 좋았던 경험이 있습니다. 이처럼 성가대의 오르간이나 피아노와 전통악기들의 병주나 중주를 좀 더 자주 하면 좋겠습니다. 해금은 일반 음악과 매우 잘 어울려서 다리 역할을 할 수 있는 악기입니다. 성가대 지휘자께서 서양성가를 연주할 때도 가끔씩 해금과 어울리면 어떨까요?

어울림을 위해서는 좋은 징검다리가 필요합니다. 예를 들어 향린교회 예배의 맛을 잘 보여주는 '교독송'을 살펴봅시다. 가락이 단순하여 노랫말을 담기 좋고 우리가락 맛의 흥이 담겨 있어서 매우 좋습니다. 그런데 예배의 전반적인 어울림을 위해서는 조금 더 다듬으면 좋겠다는 것이 제 생각입니다. 교독송 바로 앞의 '여는 찬송'이 주로 기존의 서양 찬송가인데 이 찬양을 마치자마자 우리가락의 맛이 물씬 느껴지는 교독송이 나오니, 처음 들었을 때는 이질감이 매우 강했습니다. 여는 찬송과 교독송이 잘 어울릴 수 있도록 하는 징검다리로 저는 송서(誦書)문화를 추천하고 싶습니다.

아시다시피 우리 민족은 춤과 노래를 매우 사랑합니다. 오래전 고구려시대만 해도 외국인들의 눈에 비친 우리 춤 노래문화는 대단했다고 합니다. 세계를 주름잡는 한류 현상, '가무악(歌舞樂)동이'(아이돌 그룹, 싸이 현상 등)들이 갑자기 생겨난 게 아닙니다. 전통종교나 민간신앙 등을 살펴보면 한국인의 종교심과 의례문화에서 춤과 노래가 차지하는 비중이 매우 컸음을 알 수 있습니다, 그중에서도 특히 노랩니다. 기도를 해도 그게 모두 노래였습니다. 민간의 비나리나 고사반, 고천문, 풍물패 상쇠의 축원 덕담조차 노래가락에 얹어 읊조렸습니다. 심지어 책을 읽는 문화도 노래였습니다. 사서오경을 고스란히 외우기 위해, 머리로만 외우는 것이 아니라 문리(文理)가 나도록 온몸으로 익히기 위해 노랫가락에 얹어 불렀던 것입니다. 이게 바로 송서(誦書)문화입니다.

송서(誦書)란 책을 외운다는 뜻입니다. 송서는 우리나라 주요 무형문화재로 지정되어 있을 정도로 예술성이 높습니다. 책을 읽는 것 자체가 예술이라는 말입니다. 그런데 전통적으로 우리네 기도가락이나 송서가락은 대단한 가락이라기보다는 편안하게 읊조리는 정도였습니다. 말을 길게 늘여 읊조린다는 의미의 '영언(永言)'이 바로 노래를 가리키는 옛말입니다. 참고로 우리나라 최초의 노래책으로 꼽히는 책 이름이 바로 『청구영언(靑

丘永言)』입니다. 청구영언의 가락은 시조가락입니다. 그런데 시조보다도 더 편안하고 쉽게 읊조리는 것이 송서입니다. 연세 지긋하신 어르신께서 책이나 신문을 읽으실 때 읊조리는 가락이 바로 그것이죠. 천주교회 교인들이 장례가 났을 때 하는 연도(煉禱)가락이 딱 그렇습니다. 가장 흔히 아는 것으로서 천자문 독송하는 소리가 바로 그것입니다. "하늘~천~ 따~ 지~" 이 가락은 바로 "자장~ 자장~ 자장~ 자장~, 우리~ 아기~ 잘도 ~ 잔다~"하며 읊조리는 자장가에서 나왔습니다. 우리 민족의 노래 가운데 가장 오래된 노래며 가장 흔한 노래며 태아 시절, 유아 시절부터 들었던 가장 익숙한 가락이 바로 그것입니다. 천자문을 외우기 위해 바로 그 가락을 빌어 읊조렸던 것입니다. 좀 길어졌습니다만, 송서문화는 이렇게 편하게 읊조리는 노래입니다. 시조보다도 훨씬 쉽습니다. 어렵게 느껴지면 그냥 자장가 가락을 흥얼거리면 됩니다.

결론으로, 저는 이렇게 쉬운 송서가락풍을 교독송으로 추천하고 싶습니다. 그렇게 되면, 교독송 앞의 서양찬송가 가락과, 그리고 뒤이어 오는 우리가락 '영광송' 가락 사이에서 훌륭한 이음새 역할도 해줄 수 있을 것입니다. 기존 서양가락과 새로운(?) 우리가락이 더 잘 어울리게 해줄 수 있다는 것입니다.

너무 꼬치꼬치 따지는 것 같습니다만, 지난 2012년 사순절 3주 탈핵선언주일 예배 교독송 3절 첫째마디 가사 붙임이 매우 어색했습니다. 마치 '아버지가방에들어가신다'와 같은 느낌이 들었습니다. 가락이 쉽고 편안할수록 노랫말을 새로 붙이기가 쉽습니다. 서양가락과 우리가락의 이음새를 위해서도, 그리고 가락과 노랫말의 어울림을 위해서도 저는 '교독송'을 지었던 분께서 다시 조금 더 다듬어 송서에 가까운 좀 더 쉽고 평평한 가락의 교독송을 지어주셨으면 합니다.[5]

이음새, 어울림 이야기가 너무 길었지만 내친김에 하나만 더 얘기합니다. 좀 딱딱한 말이지만, 우리가락에서 '어울림의 원리'는 '당파성의 원리'를 넘는 엄마의 마음에 견줄 수 있습니다. 즉, 이질적인 것, 못난 자식도 품을 수 있는 엄마의 너른 품을 가리킵니다. 우리 전통굿의 생리가 딱 그렇습니다. 웬만한 것은 다 수용하여 제 것으로 재창조할 수 있는 용광로와 같습니다. 저는 향린교회 예배 동영상 11개를 꼼꼼히 보았습니다. 찬양대의 찬양과 설교말씀, 그리고 공동관심사까지 그냥 빨리 넘기지 않고 낱낱이 끝까지 살폈습니다. 때로는 몇 번이고 뒤로 돌려 반복해서 보기도 했습니다. 제가 맡은 책임 때문이기도 하지만, 그보다 예배가 재미있었기 때문입니다. 은혜로웠기 때문입니다. 그 안에 담긴 말씀들 하나하나가 오늘 우리 살림살이 안에 아주 고스란히 스며들어 오는 느낌이었습니다. 참으로 대단한 어울림입니다.

그러다 문득 한 가지 걱정이 들었습니다. 쉽게 말해서 좀 오른쪽으로 치우친 벗들을 향린교회 예배에 인도해왔을 때 저들의 마음문이 금세 닫혀버리면 어쩌나 하는 생각입니다. 제가 좀 어색하고 무리하게 '당파성의 원리' 운운했습니다만, 이 부분에서 향린교회 예배위원들은 우리가락의 '어울림의 원리'를 먼저 생각하시고 그 원리에 맞는 예배마당을 시원하게 펼쳐주시기를 부탁드리고 싶습니다. 이 좋은 향린의 예배문화, 이 풍성한 말씀잔치의 진수가 이질적인 벗들 속에 자연스럽게 스며들 수 있을 만큼 거부감을 줄일 수 있는 방법은 무엇일까요?

---

5 성실교회 예배에는 시편송서라는 순서가 있습니다. 교독송에 해당하는 성서일과 시편 본문을 송서로 만들어 함께 교독으로 읊조립니다. 이때 자장가 가락을 씁니다. 그리고 복음서 말씀봉독을 복음서 송서로 합니다. 이때는 정해진 가락이 아니라 말씀 구절구절의 느낌에 따라 읊조립니다. 시작한 지 일 년 정도 되었는데 점점 익숙해지고 있습니다. 말씀 한 구절 한 구절에 정성이 더 담기는 것 같고, 여러모로 좋습니다.

저는 예배환경이 좀 더 유연해지고, 자연스러워지고, 예술적인 영역이 좀 더 확장되어야 한다고 생각합니다. 예배마당 바깥, 교회의 다른 마당에 서는 좀 더 신랄하고 구체적이고 날카로울 수 있는 내용들도, 예배마당 안에서는 좀 더 예술적인 언어로, 성경적인 언어로, 전통적인 언어로, 시(노래)적인 언어로, 즉 '예배언어'로 다듬어질 필요가 있다는 것이 제 생각입니다. 그러기 위해서 설교를 제외한 나머지 순서들은 말을 대폭 줄여야 한다고 생각합니다. 말이 많다고 해서 이야기가 풍성해지는 것은 아닙니다. 오히려 그 반대일 수 있습니다. 회중의 상상력이 놀 수 있는 여백을 빼앗아버리는 격이거든요. 내 말이 줄어들어야 말씀이 더 많이 들립니다. 강정마을, 쌍용자동차, 4대강, 핵발전소 문제, 우리 살림살이 구석구석에서 솟아나는 이야기들 속에 스며 있는 하늘말씀을 오롯이 담아 들을 수 있으려면 사금을 캐서 금가루를 고스란히 가려내듯이 많은 모래가루를 골라버리는 지밀한 정성을 기울여야 합니다. 예배 중간 중간의 너무 많은 설명도 과유불급(過猶不及) 정신으로 조금 덜어내면 좋겠습니다. 공동관심사 역시 좀 더 줄여서 축복기도 안으로 들여오면 어떨까 하는 생각도 들었습니다. 그렇게 몸무게를 줄인 이야기들을 최대한 예술적인 언어로 번역하는 일입니다. 이렇게 말의 몸무게를 줄여 예술적 예배언어로 단순화시키는 일은 매우 전문적인 솜씨와 시간과 정성이 필요합니다. 쉽지 않은 일입니다. 참 어려운 일입니다. 그래도 십 년, 이십 년 앞을 내다보고 지금부터 조금씩 궁리하고 투자하며 노력해야 할 일이라고 생각합니다.

물론 이것은 향린예배 안팎의 환경을 잘 모르는 사람의 소리입니다. 아직 완성되지 않은, 건축 중인 예배형식들 때문에 더 많은 설명이 필요하고, 그만큼 더 많은 이음새가 필요하고 교회 각 기관에서 벌이는 소중한 사회참여가 많은 만큼 꼭 필요한 그 정보들을 공유해야 하겠지요. 그럼에도 시간이 걸리더라도, 예배 안에 있는 수많은 말씀과 우리 이야기들을 다

듣고 또 더 다듬어 지극한 예배언어(예술언어)로 번역하는 노력은 그치지 말아야 한다는 것입니다. 그렇게 될 때 향린교회 예배잔치의 말씀들은 그 알맹이가 더 잘 드러날 것이고, 더불어 이질적인 바깥 벗들에게 좀 더 잘 스며들어 갈 수 있을 것입니다.

현장의 소리가 아닌 동영상 음향으로 듣기에는, 몇 차례 가야금 볼륨이 좀 컸습니다. 큰 소리 나는 합창 때는 괜찮으나, 때에 따라 볼륨을 조절하면 좋겠습니다. 숙련된 소리라서 듣기 좋았으나 다른 악기들과의 어울림을 생각해서 조금씩 조절할 필요가 있다고 생각합니다. 물론 일부러 그렇게 연출하는 경우라면 얘기가 다릅니다.

참고로 종교개혁 과정에서 예배 악기로서 피아노는 없애고 오르겔(파이프 오르간)은 보존했던 개혁가들의 관점이 주는 교훈이 있습니다. 오르겔도 없앴던 분들도 있었습니다만 루터는 오르겔을 지켰습니다. 피아노에 비해 오르겔은 자신의 개성이 최대한 드러나지 않는 악기라는 사실입니다. 피아노와 달리 오르겔은 같은 건반을 누를 때 힘센 장사가 누르나 어린아이가 누르나 똑같은 소리가 납니다. 이야기인즉, 연주하는 내 감정을, 내 개성을 최소화할 수 있는 악기라는 뜻입니다. 나를 드러내는 것을 최소화할 때 말씀이 더 잘 드러난다는 정신입니다. 물론 지금 대부분의 교회 예배에서는 피아노를 사용합니다만, 예배악기는, 예배 연주는 그래야 한다는, 오래된 예배음악의 정신입니다. 저는 오늘도 예배음악에서는 이 정신을 계승해야 한다고 생각합니다. 피아노를 치거나 우리 전통악기를 연주할 때 명심해야 할 정신이라고 생각합니다. 말씀집중력을 위해서입니다.

결론으로 악기에 마이크를 대는 문제입니다. 저는 가능하면 우리 악기에 마이크 사용을 하지 않는 편입니다. 제가 관계하는 국악선교단 여디디야(얼마 전 국악앙상블 '샘'으로 이름을 바꾸었습니다) 역시 공연 때 가능하면 마이크를 대지 않으려고 노력합니다. 이 문제는 매우 전문적인 영역입니다. 예배당 건축 때 자연음향 설계부터 고려하는 등, 그만큼 더 고민하고 노력해야 할 것입니다. 가능하면 이 부분을 더 깊이 궁리하여 여러분과 함께 나누고 싶습니다. 지난 3월 사순절 3주 탈핵선언주일예배 '탈핵선언' 중에 전해 들은 바와 같이 이번 2013년 WCC 부산대회에서 전기 안 쓰는 예배를 구상한다는 소식에 관심이 많이 갑니다. 아마 이때 담당자들이 이 부분에 대해 깊이 연구하고 노력할 것이라 기대됩니다.

향린교회는 성서일과를 사용하는 교회이고 음악 달란트가 풍부한 교회이니, '말씀노래'를 지어 봉헌하는 일을 권합니다. 이때 성서일과 본문말씀을 노랫말로 다듬는 가사작업에 온 교우들이 동참할 수 있습니다. 선별된 말씀에 가락을 붙이는 일은 회중이나 찬양대에서 맡아서 할 수 있습니다. 온 교회가 말씀을 더 깊이 묵상하여 예배를 정성껏 준비하게 하고, 온 회중이 예배 구석구석에 주체로 참여하며, 말씀이 예술적인 언어로 회중 속을 운행하고 소통할 수 있게 하는 일석삼조의 기회입니다.

'우리가락찬양 경연대회'를 정기적으로 하면 좋겠습니다. 향린 국악찬송가집에서 지정곡과 자유곡을, 그리고 새로 창작한 우리가락찬송도 출품할 수 있는 기회를 주면 어떨까요? 주일예배 찬양문화가 더 풍성해지고 회중이 우리가락 찬양과 더 가까워질 수 있는 길이라고 생각합니다.

'신앙고백송'은 향린교회의 자랑이 아닐 수 없습니다. 한국 교회가 본받아야 할 모범입니다. 예배 동영상의 한계인지 모르지만, 장구 궁편 소리가 잘 안 들렸습니다. 궁편이 좀 더 묵직하게 울리는 장구를 구하거나, 지금 사용하는 장구를 열어서 안쪽에 한지 조각을 붙여서 궁편 소리를 좋아지게 하는 것도 한 방법입니다. 예배 시작 징을 치는 자매의 자세가 매우 인상적이었습니다. 징을 참 잘 아는 분이라고 생각합니다. 너름새도 아주 정갈하여 보는 이로 하여금 예배 시작부터 예배마음이 정돈되게 해주었습니다.

4) 나머지

목회기도가 인상적이었습니다. 제대를 향해 서서 기도문을 읽는 것이 참 좋았습니다.

말씀선포(하늘말씀 읽기)[6] 때 두 명씩 나와서 하는 것도 좋았습니다. 끝 구절을 회중과 함께 봉독하는 것도 좋았습니다. 그런데 언젠가 회중석을 가끔씩 바라보며 봉독하는 분이 있었습니다. 저 개인적으로는 그럴 필요가 없다고 생각합니다. 왜냐하면 봉독자는 좀 더 말씀읽기에 집중해야 하기 때문입니다. 말씀이 선포될 때 눈을 감고 경청하는 것도 좋은 방법입니다. 이는 초대교회 때 개인 성경이 없던 시절의 느낌을 공유하는 방법이기도 하고 말씀집중력, 기억력을 높이는 길이기도 합니다. 언뜻 생각하기에 귀로 들으며 눈으로 말씀을 따라 읽으면 더 효과적일 것 같지만, 그렇지 않다는 연구 결과가 있습니다.[7]

성탄절 예배 때 영대를 세례자들에게 걸어주는 것이 매우 인상적이었

---

6 설교가 아니라 성경봉독 순서를 '말씀선포'라고 부르는 교회들이 있습니다. 이는 초대교회 때 전통을 계승하려는 노력으로 알고 있습니다.

7 "'파워포인트 프리젠테이션 역효과 유발': 인간의 뇌는 정보가 말과 글의 형태로 동시에 제공될 경우 처리하는 데 더 큰 어려움을 겪는 것으로 나타났다고 호주 과학자들이 주장했다. …… 연구팀은 교회에서 한 사람이 큰 소리로 읽는 성경 구절을 들으며 신자들이 성경을 따라 읽는 방법에 대해서도 의문을 제기하면서 이 경우도 듣거나 읽는 것을 나누어 했을 때 성경구절이 머릿속에 더 잘 들어오고 더 잘 이해되는 것으로 나타났다고 밝혔다." 고한성 통신원(=연합뉴스)(인터넷 한겨레 2007.4.5); "'대형화보다 작은 공동체 지향해야'(한국에 온 영성신학자 마르바 던 인터뷰): …… 스크린을 사용하면 기도와 예배에 집중할 수가 없습니다. 또한 스크린을 사용하면 십자가를 가리게 되죠. 제가 제일 싫어하는 것은 파워포인트를 사용해서 설교하는 것입니다. 어떤 연구 결과에서도 파워포인트를 사용할수록 오히려 학습효과가 떨어진다는 것을 밝혀냈어요(≪뉴스앤조이≫, 2007.8.16).

습니다. 영대는 멍에를 상징합니다. 예수님 당시 노예들이 허리에 동이는 수건, 끈과 같은 것입니다. 그래서 저는 가끔 특별한 주일에는 성찬식을 시작하며 영대로 허리를 묶기도 합니다.

예배옷에 대한 이야기를 하고 싶습니다. 아시다시피 옷은 입은 사람의 걸음걸이와 앉고 서는 자세를 바꿀 정도로 사람에게 주는 힘이 큽니다. 입는 사람이나 바라보는 사람이나 모두에게 그러합니다. 바라기는 예배옷을 잘 갖추어 입어서 말씀이 더 잘 드러나는 분위기가 조성되었으면 합니다. 향린교회 예배옷은 설교자와 찬양대가 가장 인상적입니다. 담임목사님의 담백한 한복과 찬양대의 맞춤 한복을 볼 때 정성이 담긴 예배옷 맛이 느껴집니다.

욕심을 좀 더 부리자면, 최소한 목사님과 말씀 봉독자에게 학창의(鶴氅衣)를 권하고 싶습니다. 인터넷 검색을 해도 금세 확인해볼 수 있는 유명한 옷입니다. 주로 서당 훈장님 같은 선비들이 입는 옷입니다. 향린교회 예배와 잘 어울리도록 조금 개량한다면 더없이 품위 있고 뜻 깊을 것입니다. 한국의 전통문화 가운데 선비정신은 한국 교회를 위해 아무리 강조해도 모자랄 정도입니다. 스승님으로부터 배운 것을 지키기 위해 안빈낙도(安貧樂道)할 수 있으며 목숨까지 바칠 수 있다는 제자도를 자랑하는 것이 바로 선비정신입니다. 그 선비를 가장 잘 드러내는 학을 닮은 옷, 학창의(鶴氅衣)입니다. 그래서 말씀을 선포하는 성경봉독자와 설교자에게 가장 잘 어울리는 옷입니다.

향린교회 성찬식은 보자기를 덮지 않아서 좋았습니다. 그리고 도자기로 만든 그릇들이 인상적이었습니다. 성찬위원들이 가장 나중에 떡과 잔을 받는 것도 인상적이었습니다. 아쉬운 점은 공간문제와 그에 따른 시간문제 때문에 회중이 앉아서 떡과 잔을 받는 점입니다. 가능하면 성찬은 매주일 하는 것이 전통입니다. 그렇게 하면 성찬이 너무 흔해지는 것이 아닌가 생각하는 분이 간혹 있는데, 성찬공부를 진지하게 하다 보면 그런 생각은 사라지게 됩니다. 그리고 매주 성찬이 옳은 길이라면 공간문제와 시간문제는 해결할 수 있는 방법이 있습니다.

성찬식 예문과 성찬떡과 잔의 종류를 절기마다 조금씩 달리하는 것도 권할 만합니다. 술을 먹을 수 없는 분들을 위해 포도주와 포도주스로 나누는 배려도 인상적이었습니다. 다만 한 몸에서 나오는 살과 피의 느낌을 위해서 가능하면 하나로 통일하는 것이 좋을 것입니다. 제가 경험한 것 가운데 가장 의미 있는 것으로, 가끔씩이라도 오미자차나 오미자 효소를 권하고 싶습니다. 아시다시피 오미자는 다섯 가지 맛을 낸다는 의미를 가지고 있습니다. 맵고 쓰고 달고 짜고 신 맛이 예수님의 일생을 닮았다는 생각이 듭니다.

2012년 3월 사순절 3주 탈핵선언주일 때 설교 마친 뒤 평신도 증언이 이어졌습니다. 후쿠시마에서 온 어린이와 엄마의 증언도 있었습니다. 매우 인상적이었습니다. 20년 전쯤 한백교회 예배에 참여했을 때 '현장의 소리'라는 순서를 본 적이 있었습니다. 저는 이 순서를 간증순서와 결합해서 사용한 경험이 있습니다. 내 사는 현장의 이야기, 그리고 이와 관련한 내 허물과 보람에 관한 이야기를 오늘 본문말씀 거울에 비추어 고백할 수 있도록 준비시킵니다. 말씀과 무관한 현장의 증언보다는, 말씀을 중심으로 정리된 내 이야기, 시대의 이야기를 담은 간증이어야 한다는 말입니다. 아무리 좋은 뉴스, 좋은 정보라도 그날 본문 말씀과 아무 상관없는 정보들을 나열하다 보면 자칫 배가 산으로 가버릴 수가 있습니다. 말씀의 거울에 비친 시대의 이야기가 필요합니다. 우리 삶의 이야기와 오늘 본문말씀의 정수를 고스란히 어울리게 하는 노력, 이것이 말씀 중심의 예배요, 그런 예배라야 한 주간 삶 속에서 말씀기억력, 공동체의 말씀실천력이 배가 되고 확대재생산될 수 있으리라는 생각입니다.

너무 기계적으로 모든 순서를 말씀에 맞추려는 것은 억지춘향 꼴이 되기 십상입니다. 그럼에도 원칙과 가이드라인, 그리고 훈련은 필요합니다. 부디 성령의 도우심으로 향린의 예배가 틈틈이 층층이 말씀과 삶이 환하게 어울리는 대보름달 같은 예배가 되기를 빕니다.

다시 시작하는 이야기

한국 교회가 소중한 열 달란트를 100년 묻어둔 저 어마어마한 죄의 책임자를 찾을 때 일제 강점기를 탓하고, 육이오 전쟁과 분단을 핑계할 수만은 없습니다. 그것을 묻어둔 주인공은 바로 한국 교회이기 때문입니다. 한국 교회는 이제라도 회개하는 마음, 한없이 낮은 마음으로 우리 문화를 다시 찾고 다시 만나야 할 것입니다. 그럼에도 아직 향린의 이웃교회들은 우리가락과 전통문화를 흘겨봅니다. 어딘지 미심쩍고 의심스럽고 귀찮고 부담스러워합니다. 100년 익숙해진 서양문화가 편한데 왜 이제 와서 구태여 낯설고 불편한 우리 옛것들을 쓰자고 하느냐고 투덜거립니다.

친절하게 이해시켜줄 말도 글도 필요하지만, 무엇보다도 향린의 예배동영상부터 보여줄 일입니다. 저는 11개 동영상을 보면서 설교말씀과 찬양에 얼마나 큰 은혜를 받았는지 모릅니다. 가장 먼저 우리 성실 교우들에게 향린교회 예배동영상을 강력히 추천할 것입니다. 그리고 제가 가르치는 신학생들에게는 향린 예배동영상을 아예 감상문 숙제로 삼을 계획입니다. 그래서 욕심이 더 납니다. 향린교회 예배문화가 조금 더 풍성해지고 탄탄해지고 너그러워지기를 기원합니다.

향린 예배동영상을 보면서 많은 후배들이 느낄 것입니다. 우리 전통문화의 홍(신명)과 공동체성이, 향린이 60년 동안 추구해온 말씀 중심의 사상과 신학, 역사의식, 저 치열한 시대의식과 얼마나 잘 어울리는지를 발견할 것입니다. 그리고 이웃교회들이 보기에는 매우 독특한 향린 예배의 이 형식과 내용의 어울림이 얼마나 신바람 나게 상승(相昇)작용을 할 것인지를 두근두근 기대하는 마음으로 지켜볼 것입니다.

예배문화는 하루아침에 바뀔 수 있는 것이 아닙니다. 그럼에도 향린의 예배문화는 참으로 짧은 시간에 많은 새로운 전통을 세워가고 있습니다. 그러기까지, 오늘의 예향이 있기까지 얼마나 많은 수고가 있었는지 조금 느껴집니다. 예향을 처음부터 지금까지 지켜온 새벽이슬 같은 청년들, 집사님들께 지면으로나마 경의를 표하는 바입니다. 그런 예향을 끝까지 참고 기다려주신 향린 예배공동체의 너그러움에 깊은 존경의 마음을 보냅니다.

여러분! 5천 년, 5만 년 전부터 하느님께서 우리 민족에게 베푸신 문화예술 달란트가 얼마나 많고 멋진지 아십니까? 제가 좀 아는 체했지만 그건 빙산의 일각일 뿐입니다. 은퇴할 때까지, 숨질 때까지 100년 묻어둔 달란트의 광맥을 발굴하는 일을 저는 하고 싶습니다. 이 일이 얼마나 두근두근 신나는 일인지, 나와 내 사랑하는 교회에게 얼마나 유익한 일인지, 저는 이제 조금 압니다. 향린교회처럼 든든한 길벗이 있어서 저는 참 행복합니다. 금을 캐고 옥을 캐고 산삼뿌리를 캘 때마다 향린교회와 나눌 것입니다. 아낌없이 값없이 나눌 것입니다. 향린의 밭은 인삼을 홍삼으로, 산삼한 뿌리를 열 뿌리 백 뿌리로 배가시켜 아낌없이 이웃과 나눌 향기로운 옥토이기 때문입니다.

제4부

선교

권력의 악마성에 대항하는
하느님의 선교

향린교회의 사회선교신학

임보라 섬돌향린교회 목사, 전 향린교회 부목사

여는 말

1953년 5월 창립된 향린교회는 2013년, 사람으로 치면 지천명(知天命)을 지나 이순(耳順)을 맞은 공동체다. 60세의 향린교회는 현재 진보적인 교회의 대명사이며, 오늘날까지 탄식이 끊이지 않는 사건의 현장에서 강도 만난 이웃들의 손을 잡아주고 연대투쟁을 이어가는, 정치색이 짙다 못해 너무나 뚜렷하여 공격받기 일쑤인 교회이기도 하다.

통상 교회를 지탱하는 네 가지 요소로 '예배, 선교, 교육, 친교'를 꼽는데, 향린교회는 그중 선교 분야에서 이른바 '입체적 선교'라는 창립정신에 입각해 매우 독특한 어젠다를 가지고 그 사명을 감당해왔다. '입체적 선교'는 "자신의 삶 전체를 바쳐서 하느님을 섬기고 이웃에 봉사해야 한다"는 것을 전제로 "주일날 한 번 모여 예배 보고 헌금하는 것만 가지고는 부족하다. 그것만 가지고 '나는 할 일 다 했다'고 안주해서는 안 되기에 자신의 삶 전체를 바쳐 선교하려면 자기 생업을 통해 선교하는 수밖에 없다"는 확신으로부터 시작된다. 창립 초기의 '입체적 선교'는 창립자들이 각자의 다양한 전공 분야에서 두각을 나타내는 활동으로 이어졌고, 동시에 빈민들이 사는 마을을 중심으로 창립 초기부터 의료선교사업 등을 펼치는 원동력이 되었다.

이는 40여 년에 걸쳐 보다 구체적인 실천으로 이어지는데 이 역시 신앙고백을 기초로 실행되어왔다는 것이 향린교회 창립40주년 신앙고백문에서 드러난다.

우리는 하느님 나라를 믿고 희망한다. 하느님 나라는 하느님의 주권이 정치·경제·사회적 현실로 실현된 세상을 가리킨다. 우리는 또 하느님의 나라가 이 지상 위에, 이 역사 안에 '새 하늘과 새 땅'(계 21:1)으로 실현될 것을 믿는다. 우리는 악하고 불의한 세력에 대항하여 투쟁함으로써 보다 나은 내일을 위하여 오늘의 현상질서(Status Quo)를 하느님 나라에 가까운 질서가 되도록 변혁하는 일에 힘쓴다.

입체적 선교는 하느님 나라에 대한 희망이 이 땅에 이루어지기를 기원하는 변혁의 몸짓이요, 세계교회가 고백하는 '하느님의 선교(Missio Dei)'의 연장선에 서 있는 향린 스타일의 선교 개념이라고 할 수 있다.

선교란 무엇인가?: 세계교회협의회 주제를 중심으로

살아 있는 사람의 눈은 초점을 갖고 있다. 정신이 몽롱한 사람의 눈에는 모든 것이 희미하고 동질의 것으로 보인다. 예수님께서도 초점을 갖고 목회를 하셨다. 예수님은 "건강한 사람에게는 의사가 필요 없으나 병자에게는 필요하다. 나는 의인을 부르러 오지 않았고 죄인을 부르러 왔다"(마

가 2:17)고 하셨고, 마태복음 25장 31~46절에 보면 주님의 초점은 굶주린
자, 목마른 자, 나그네 된 자, 헐벗은 자, 병든 자, 감옥에 갇힌 자에 맞춰
져 있음을 알 수 있다.

_ 홍창의, 「향린교회의 역사와 선교」[1] 중에서

　대부분의 교회에서 선교는 전도라는 말로 대치되고, 전도(傳道)란 그 말
의 뜻과 같이 예수 그리스도를 모르거나 믿지 않는 사람들이 예수 그리스
도를 구주로 고백하도록 하는 모든 행위를 의미한다. 그렇기 때문에 전도
와 관련한 각종 비법들을 전수받기 위한 학습법이 개발되고, 형태는 진화
했다고 하지만, 아직도 '총동원 주일'과 같이 주일예배에 많은 사람들로 예
배당을 가득 채우기 위한 전략과 경쟁이 버젓이 진행되고 있는 실정이다.
물론 소위 복음전도가 세계교회의 흐름 속에서 대세이던 시절이 있었다.
이는 19세기까지 제국의 식민지배를 정당화하는 수단과 방편으로 전락한
선교 개념에 근거한 것이었다.
　하지만 세계 교회는 20세기로 넘어오면서 '하느님의 선교(Missio Dei)'라
는 말로 상징되는 '교회의 사회적 책임'의 중요성을 강조해왔다. 이는 한
개인의 회개/회심이 사회적 구조를 변혁하는 것과 연계되지 않으면 한계
를 가질 수밖에 없다는 인식에서 비롯된다. 물론 이러한 인식은 어느 날
갑자기 생겨난 것이 아니라 경제공황과 제2차 세계대전 등 극한의 경험을
통해 체득된 고통과 아픔 속에서 싹튼 신앙고백이다. 평화를 원한다고 하
면서도 전쟁이 끊이지 않는 세상, 모두가 더불어 함께 사는 사회를 갈망하
면서도 1%와 99%로 대비되는 양극화가 급속도로 진행되는 세상에서 1948

---

1 향린교회 홈페이지 수록, http://www.hyanglin.org/bbs/377

년 세계교회협의회(World Council of Churches) 제1차 암스테르담 총회는 '인간의 무질서와 하느님의 섭리(Man's Disorder and God's Design)'라는 주제로 '책임사회(the responsible society)'라는 개념을 제시하기도 했다. 이러한 역할을 감당하기 위해 다양성 속의 일치라는 교회운동이 얼마나 중요한지를 일깨워준 것이다. 그 뒤 1954년 제2차 에반스톤 총회는 1952년 빌링겐 국제선교협의회(IMC)에서 등장한 '하느님의 선교' 개념의 영향을 받아 교회 밖의 사람들을 향한 교회의 선교, 세계 공동체를 위해 투쟁하는 기독인들, 인종과 민족 분쟁 속에 있는 교회 등과 함께 책임사회라는 것은 '사회질서를 평가하는 기준이요 지침'이라고 구체화하기 시작했다.

그 뒤 이웃종교와의 대화를 모색하기 시작하는 제3차 뉴델리 총회(1961년)를 비롯하여 사회정의와 경제정의가 주요 과제로 언급되는 제4차 웁살라 총회(1968년), 행동신앙으로 불리는 살아 있는 신앙과 이데올로기와의 대화를 모색하는 조직이 신설된 제5차 나이로비 총회(1975년), 선교에서 소외되고 있는 가난한 사람이야말로 선교의 내상인 동시에 선교의 중심적 역할을 감당해야 할 주체로 본 제6차 밴쿠버 총회(1983년), 환경문제가 대두되기 시작한 제7차 캔버라 총회(1991년), 신자유주의로 인한 양극화 현상이 심각한 문제로 대두되고 아시아 각국의 외환위기 상황이 영향을 미치며 이상기후를 몸으로 느끼게 된 제8차 하라레 총회(1998년), 그리고 경제정의, 환경문제, 폭력극복 등 어느 것 하나 등한시할 수 없는 시대에서 이러한 사회적 과제가 신앙적 과제와 유리되지 않는다는 것을 확인하기 위해 사람과 지구에 관심하는 대안적 세계화 프로그램인 아가페 과정(AGAPE Process: Alternative globalization addressing people and earth)을 대안으로 제시한 제9차 포르토 알레그레 총회(2006년) 등 세계교회협의회 중심의 선교 신학은 관념적인 복음이 아닌 실천적이며 대안적인 복음이 무엇인지 우리에게 알려주었다.

실천적이면서 대안적인 복음은 사람의 '말'에 있지 않고 오직 하느님의 '드러내심'에 있으며, 하느님의 드러내심은 바로 사람의 '실천'에 의해 증명된다는 것이다. 고로 우리가 발붙여 사는 사회와 하느님 나라는 결코 분리될 수 없으며, 선교란 삶의 현장으로부터의 도전들에 신앙인으로 어떻게 응답할 것인지, 또한 그 응답의 내용을 어떻게 신학화하여 실천할 것인지가 긴밀하게 연결되어 있는 유기체와 같은 것이라고 말할 수 있다.

입체적 선교란 무엇인가?: 향린교회 신앙고백 선언을 중심으로

이 시대에서 향린교회 선교의 초점은 주님이 그러했듯이 이 땅의 고통받고 있는 민중과 고난을 같이하며 하느님의 정의를 구현하는 것이다. 참과 거짓을 분명하게 드러내는 일이다. 참된 민주주의를 구현하는 일이다. 그리고 우리 민족의 구조악의 원인인 동시에 겨레에게 고통을 주고 있는 분단체제를 극복하고 통일을 이루어 이 땅에 평화를 가져오는 일이다. 즉, 향린교회 선교의 초점은 하느님의 정의와 평화를 선포하고 구현하는 일이다.

창립 40주년을 맞아 1993년에 발표된 향린교회 신앙고백 선언은 창립정신인 '입체적 선교'를 보다 구체화하고 있다. 세계 교회의 선교정신과 맥을 같이하면서 동시에 '민족 공동체'와 '민족교회'라는 말이 의미하듯 남과 북으로 분단된 한반도 상황에서 당시 개교회로서는 유일하게 기독인과 교회가 통일문제에 대해 어떻게 응답해야 할 것이냐는 문제의식을 담고 있다.

물론 '민족'이라는 말은 한계를 안고 있는 단어다. 그 한계성은 민족의 개념을 한반도 혹은 한민족이나 혈통으로 국한할 때 드러나는데, 신앙고백 선언은 '각(各)'이라는 말로 각각의 민족을 하느님께서 부르셨으며, 자주적일 권리가 있으며, 각각의 고유한 역사와 문화를 통해 하느님 자신을 나타내신다는 고백을 덧붙임으로써 그 한계를 넘어서고 있다고 할 수 있다. 20년이 지난 지금도 극우주의자나 민족주의자 양측 모두의 폐쇄성을 드러내는 '민족'이라는 말을 단지 '우리' 민족만이 아닌 민족'들'을 분단시키는 장벽을 허물고 생명과 평화, 그리고 정의를 세우는 사건이 바로 십자가 사건이라고 고백한다는 것은 주목할 만하다.

　물론 분명 선언문에는 남북의 통일이 '다른 어떤 것보다 앞서는 선교 과제'라고 명시한 부분이 있다. 이는 세계교회협의회가 1984년 도잔소와 1985년 제네바 글리온 등에서 한반도 통일의 물꼬를 틔우기 위해 노력한 가운데, 1988년 한국기독교교회협의회가 '민족의 통일과 평화에 대한 한국기독교교회의 선언'을 통해 남북 분단 50년째가 되는 1995년을 한국 교회의 희년으로 선포하고, 1989년 문익환 목사의 방북과 국가보안법 위반 구속, 1991년 홍근수 목사의 국가보안법 위반 구속 등 당시의 평화통일 운동의 흐름이 고스란히 담겨 있기 때문이라고 볼 수 있겠다.

　그러나 이 신앙고백문은 무엇보다도 '입체적 선교'를 '선교지향적 공동체로의 갱신'으로 새롭게 명명하면서 교회 목회의 구조를 선교에 주력할 수 있도록 갱신하기 위한 구체적 제안을 담고 있다는 데 그 중요성이 있다.

　이 신앙고백문은 앞서 언급한 대로 1995년 한국 교회의 희년을 2년 앞둔 상황에서 '평화와 통일을 위한 희년위원회(현재의 평화통일 위원회)'를 설치해 교회의 공식구조 안에 평화통일선교에 집중할 수 있는 조직을 꾸리고, 교회의 인적자원과 물적자원 30%를 사회선교에 할애해야 하며 목회자나 교인 역시 사회선교를 위해 삶을 할애해야 한다는 것을 강조하고, 교회와 목회자는 필요 이상의 재산을 소유하지 말아야 하며 모든 재산을 공개해야 함을 선언하여 사회선교는 일상의 실천에서 보다 구체적으로 드러나야 함을 역설했다. 또한 교인 500명이 최대 인원이며 그 이상이 되면 분가선교를 실행해 교회 자체를 유지하는 데 예산을 할애하지 않도록 작아짐을 실천하고, 우루과이 라운드 등으로 농촌이 피폐해져 갈 것이 뻔히 보이는 상황에서 농어촌교회와의 자매관계를 맺음으로써 선교적 연대 관계기 필요하다고 천명했다. 이때에 현재까지 유효한 향린의 선교 방향들이 마련된 것이다. 그뿐 아니라 이 신앙고백문은 교계의 갱신과 변혁을 가져올 수 있는 핵심과제인 목회자 사례비 평준화를 각 교단 총회에서 실시하라는 선언을 담음으로 교계의 병폐가 어디서부터 시작되는지를 정확히 간파하고 분석한 문서라고 할 수 있다.

선교를 지향해 나간다고 할 때 대사회적인 실천과 함께, 내부라고 할 수 있는 교계 역시 하느님의 선교가 실천되어야 할 장이라고 본 것이다. 목회자 사례비 평준화는 20년이 지난 현재에 이르기까지 그 어느 교단도 시행하고 있지 않지만, 솔선수범을 위해 향린교회는 목회자 호봉제와 세금납부를 시행하고 있고, 나아가 이는 한국기독교장로회의 생활보장제 시행에도 영향을 미쳤다는 데에 의의가 있다.

기장 제5문서와 향린의 선교

독립교회로 시작한 향린교회가 현실적인 필요에 의해 한국기독교장로회(이하 기장) 교단에 가입한 것이 1959년이다. 기장은 향린교회와 같은 해인 1953년에 태어났다. 향린교회는 5월에, 기장은 6월에 각각 공식적으로 출범했다.

기장은 희년의 해인 2003년 교단의 희년선언을 발표했다. 이는 1969년 교육정책, 1971년 사회선언지침, 1972년 4대 문서, 1973년 선교정책, 1987

년 제5문서에 이은 교단 차원의 선언이었다. 희년공동체인 교회로서 말씀을 통해 세상에 경고하는 일, 악과 싸우는 일, 약한 생명과 가난한 이웃을 돌보는 일, 복지제도를 마련하는 일, 건강한 문화와 가치관을 제시하는 일 등을 선교공동체로서의 교회의 삶으로 본 것이다. 1960~1970년대가 개발독재와 유신정권에 맞서 저항하는 시기였다면, 1980년대는 정의, 평화, 창조질서 보전이라는 'JPIC(Justice, Peace and Integrity of Creation) 신학'에 입각하여 분단상황을 극복하기 위해 노력하고, 1990년대는 신자유주의와 생태계 파괴에 대한 목소리를 냈고, 21세기에 들어서는 보다 구체적으로 불의한 사회구조로 인해 여전히 희생당하고 있는 사회적 약자와 생태계를 비롯하여 누적되어가는 다양한 선교 주제에 대한 지침들이 선을 보였다.

기장과 향린교회는 물론 소위 실천을 강조하는 진보성향의 교단과 교회에 대해 정치적이며 이데올로기적이라고 비판하는 경우가 왕왕 있다. 그러나 이는 복음의 본질에 대한 이해가 협소하고 천박한 데에서 기인하는 짓이다. "그리스노교 사회정책의 기저에는 자유민주주의의 정치·경제 이념에 내포된 창의성과 자유의 요소를 귀중하게 여기는 흐름이 있는 동시에 사회주의의 정치·경제 이념에 내포된 인간의 사회성 인식과 평등의 요소, 곧 정의의 원리를 관철하고자 심혈을 기울이는 휴머니즘적인 정열 또한 귀중하게 여기는 흐름이 있다"라고 선언하는 기장의 제5문서는 복음이 자유민주주의와 사회주의를 폭넓게 아우를 수 있음을 보여주고 있다.

민중신학과 선교적 교회론

향린교회의 창립멤버이자 민중신학 형성의 선두에 섰던 분들 중 한 분인 안병무 선생의 「민중신학의 회고와 전망」(≪살림≫, 1999년 7월호)이라

사회선교는 '인간을 포로로 만들고, 기가 막히게 만들고, 숨을 못 쉬게 만드는' 모든 권력에 저항하는 과정이다. 그렇기 때문에 사회선교에서 '어느 편에 설 것이냐'는 것은 매우 중요한 화두일 수밖에 없다. 이는 어디에 하느님의 눈길이 머물고 있느냐를 깨닫는 영성적 각성의 문제다.

는 글에 "민중신학은 서재에서 나온 사변이 아니고 한국의 정치현장에서 형성된 역사적인 산물이요 신학적인 귀결이다. 구체적으로는 군사정권이 수립된 이래 그들의 탄압 밑에서 그 정체를 드러낸 민중과의 만남과, 그들의 고난에 어떠한 형태로든 참여한 결과가 민중신학을 낳았다"라는 말이 나온다.

민중신학의 태동 시기, 신학자들은 군사정권을 통해 구조악에 대해 인식하기 시작했고, 시간이 흐르면서 인식에만 머물지 않고 결국 온몸으로 체험하기에 이른다. 이 경험을 토대로 기존 신학의 틀거리 자체에 저항하는 몸짓들이 이어졌다. 사건의 현장, 민중, 그리고 이야기를 통해 주체와 객체 혹은 나와 너를 나누는 이분법 넘어서기를 시도했다. 더 나아가 국가로 대변되는 집중화된 권력, 권력의 악마성과 맞닥뜨리면서 이에 대한 저항은 "정권이라는 있다가 언제든지 사라질 그런 것을 투쟁의 대상으로 삼는 것이 아니라 국가라는 것과 싸워야 한다. 이것이 인간을 포로로 만들고, 기가 막히게 만들고, 숨을 못 쉬게 만든다. 이게 우리의 투쟁 대상이 되어야 하지 않겠나"라는 성찰에 이르게 되었던 것이다.

아래에 인용한 안병무 선생의 글은 본디 발표된 적이 없는 글로서 1991년 4월 한국신학연구소가 주최한 월요신학서당의 강연 녹취를 글로 푼 것으로 알려져 있다. 1990년대 초반이라고 하면 동구권 붕괴와 극심한 경제적 난국이 도래하던 즈음인데, 박근혜 정권이 출범한 이 마당에도 새겨들어야 할 부분이 있다.

> 민중은 지금까지 정권과 싸워왔습니다. 몇 차례 다른 정권이 들어서도 역시 마찬가지 모습입니다. 그러면 앞으로 군사정권이 다 바뀌면 권력이라는 건 모습이 달라질까? 난 웬일인지 이제 거기에도 회의가 생겼습니다. 요새 이 정권의 극도의 추태를 보면서 절실히 느낀 것은 역시 권력의 악마성입니다. 이것을 그대로 두는 한 민중의 적은 권력, 즉 한 정권이 아니라 권력이라는 점입니다. 그런데 이 권력을 배태하고 이것을 수용하고 가능하게 하는 것은 뭐냐면 국가라는 개념입니다. 국가라는 것을 자명적인 것으로 알고 우리는 그것을 수용하고 있는데 결국 민중신학은 권력과 싸워야만 합니다. 그 권력의 성격은 여러 가지로 규명되겠지만 어쨌든 집중화된 권력, 이것을 반대해야 합니다.

사회선교의 신학적 근거를 앞서 나열했지만, 결국 사회선교를 통해 변혁해야 할 구체적인 대상은 '집중화된 권력'과 '권력의 악마성'이다. 이 실체는 물론 '사람'이다. 권력을 휘두르는 주체는 사람이며, 그 권력에 희생당하는 것은 사람을 포함한 뭇 생명이다. 고로 어떤 정권이 들어서든지 '인간을 포로로 만들고, 기가 막히게 만들고, 숨을 못 쉬게 만드는' 모든 권력에 저항하는 과정이 '사회선교'인 것이다.

그렇기 때문에 이 과정에서 '어느 편에 설 것인가'는 매우 중요한 화두일 수밖에 없다. 이는 이분법적 주체와 객체 나누기의 문제가 아니라 어디에 하느님의 눈길이 머물고 있느냐를 깨닫는 영성적 각성의 문제다. 편 가르기 식으로 당파를 조장하는 것이 아니라 희생당하고 억압당하고 착취당하는 것이 어느 쪽인가를 제대로 통찰할 수 있어야 한다. 이와 같이 사회선교는 매우 혁명적인 요소를 내포하고 있으며, 사회'운동'이 아닌 사회'선교'라는 말이 내포하고 있듯이 '하느님의 뜻이 이 땅에 이루어지이다'라는 신앙고백을 바탕으로 한 신앙적인 결단과 실천을 요청하는 하느님의 부르심이다.

그래서 사회현상과 역사적 흐름을 인식하고 각성하기 위한 노력과 더불어 해방을 일구어내는 발신지로서의 교회 역할을 감당하기 위한 지속적인 내적 갱신 또한 민중신학에 기초한 교회의 선교적 책임이다. 민중신학 자체를 평가하고 전망하는 것이 이 글의 몫은 아니지만, 이제 민중신학의 시대는 갔다고 보는 편협한 평가에는 동의할 수 없다. 집중화된 권력이 판을 치고, 이 권력을 유지하기 위해 아무렇지도 않게 담합하는 집단이 있는 한 억압과 착취의 굴레는 계속될 것이기에 이에 저항하는 구체적인 실천으로서의 '사회선교'는 해방의 그날이 오기까지 계속되어야 할 그리스도인의 책임이며, 일찍이 창립 때부터 '입체적 선교'라는 말로 사회선교의 필요성과 이에 대한 헌신을 고백해온 향린교회 역시 깨어 있는 영성을 기초로 한 저항의 역사를 이어가야 할 것이다.

나가면서

여성신학자 레티 러셀(Letty M. Russell)은 '증인공동체(witness community)'라는 용어를 사용한 바 있다. '하느님의 선교'를 기반으로 한 증인공동체는 "사람들을 참된 인간의 모습으로 회복하시려는 하느님의 선교의 사역에 참가하도록 모든 사람에게 주어진 그리스도의 초청에 흔쾌히 참여"한다. 그렇기에 증인공동체는 교육을 넘어 참여와 체험을 체득하는 과정을 거쳐야만 한다. 그래서 증인공동체는 교회 '안'에만 머무는 것이 아니라 '온 세상'을 향해 나아가야 하는 것이다. 증인공동체가 제 기능을 하기 위해서는 자발적인 참여가 필요하다. 그리고 이 참여를 이끌어내는 힘은 헌신과 용기다.

60년이라는 긴 세월 동안 향린교회는 내적·외적으로 그리고 자의·타의로 여러 차례 굴곡을 지나왔다. 이 굴곡을 지나는 동안 아무리 피해가려 해도 결코 피할 수 없는 향린교회를 이 땅에 세우신 하느님의 뜻이 교회공동체의 뿌리로 박혀 있다는 것을 향린의 교인들은 잘 알고 있다. 그러나 사회선교에서 여타의 어느 교회공동체보다 더욱 도드라진 활동을 보여온 향린교회에서는 늘 인적 자원의 부족으로 인해 헐떡이는 숨소리가 끊이지 않고 있다. "사회선교만 교회활동이냐?", "교회가 사회선교만 하면 어떻게 하느냐?", "사회선교 활동을 왜 이렇게 일방적으로 진행하느냐?", "교회가 사회단체냐?" 등등의 볼멘 목소리가 내부에서 들려오기도 한다. 반대로 "왜 활동하는 사람만 늘 활동하게 하느냐?", "수구 근본주의 교인들의 잘못된 행태가 향린교회 안에도 있는 것 아니냐?" 등의 목소리도 있다. 기존 교회의 선교 방향과 전혀 다른 현장지향적인 선교활동을 이어온 교회에서 당연히 있을 수밖에 없는 갈등이다. 게다가 99퍼센트의 교회가 성장을 추구하는 마당에 성장을 지양하고 도리어 작아져야 한다는 분가선교까지 실천해내기 위해서 겪어야만 하는 뼈를 깎는 아픔도 있고, 사회선교를 실천하다가 사법적 책임까지 져야 하는 현실은 사회선교 활동을 위축시킬 수도 있다.

이 글 서두에 "예수님께서도 초점을 갖고"라는 『향린 40년』의 한 대목을 인용했다. 초점을 가진 교회가 지고 가야 하는 십자가는 사회선교 활동은 물론 교인들 개개인의 일상에서의 헌신을 촉구한다. 그렇기 때문에 사회선교 활동은 신앙과 동떨어진 것이 아니라 신앙과 떼려야 뗄 수 없는 밀접한 관계를 전제하고 있는 것은 너무도 당연한 일이다.

"불은 불꽃이 타올라야 존재하는 것처럼 교회는 선교할 때 존재의 가치가 있다"는 신학자 에밀 브루너의 말처럼 향린교회의 생명력은 사회선교의 불꽃을 태우면서 그 진가가 발휘되었다. 그래서 이 사회에서 불꽃처럼 타오르는 존재의 의미를 계승해내기 위해서는 사회선교활동에 대한 면밀한 평가가 필요하고, 나아가 생명평화가 주요 과제인 양극화 시대에 보다 많은 참여를 이끌어낼 수 있는 세대와 계급을 넘어서는 소통의 화두를 찾아내야 한다. 그것이 창립 60주년 탈/향을 맞는 향린공동체 선교의 중대한 과제다.

이제 향기로운 이웃의 60년 역사의 일부인 10년을 함께하면서 불꽃을 일으키기 위한 몸짓에 함께해왔던 한 사람인 나는 탈/향 후 새로운 미래를 열어가는 길목 언저리에 다시금 서면서 너무나 비장하여 쉽사리 입에 달고 살지는 못하면서도 가슴을 떠나지 않는 성서구절로 이 글을 마무리한다.

> 이와 같이 예수께서도 당신의 피로 백성을 거룩하게 만드시려고 성문 밖에서 고난을 당하셨습니다. 그러므로 우리도 영문 밖에 계신 그분께 나아가서 그분이 겪으신 치욕을 함께 겪읍시다.
> _ 히브리서 13:12~13

고난의 현장에서
'민중 사건'을 경험하다

향린교회 사회선교의 현황과 과제

강은성 향린교회 교인

향린교회의 사회선교를 되돌아보며

한국기독교장로회 향린교회는 21세기 한국 사회와 교계에서 독특한 위치에 있다. 일반 교회 기준으로 보면 작은 교회이지만, 민중교회와 진보교회들 중에서는 재적 교인 600명, 5억 원이 넘는 1년 예산, 자기 건물의 소유 등으로 큰 교회에 속한다. 새로운 교인들이 종종 인터넷 검색을 통해 찾아오는, 인터넷의 혜택을 받는 교회이기도 하다.

이 글에서는 향린교회 내부를 사회선교의 관점에서 들여다보려 한다. 객관성을 유지하기 위해 애썼으나 자연스럽게 내부자로서의 주관성이 들어갈 수밖에 없을 것이다. 이 글은 홍근수 목사가 제2대 담임목사로 부임해 향린교회가 본격적으로 사회선교 활동을 벌인 1988년부터 향린교회의 목회자와 평신도들이 함께 참여했던 주요 사회선교 활동을 검토했다. 먼저 향린교회의 사회선교 역사를 간단히 짚어보고, 다음으로 1970년대부터 진보적으로 알려져 있던 여러 교회들이 부침하는 가운데 향린교회가 담임목사를 구속시키기까지 한 정권의 탄압과 사회주의권의 와해, IMF 외환위기, 글로벌 금융위기 등 시대의 급격한 변화를 뚫고 진보교회로서 왕성하게 사회선교를 해올 수 있었던 동력을 분석했다. 마지막으로 향린교회가 해온 사회선교의 한계와 앞으로 수행해 나가야 할 과제, 그리고 다른 교회와 교계에서도 관심을 가지면 도움이 되겠다고 생각하는 과제들을 일곱 가지로 정리했다.

여러 자리에서 이야기를 나누다 보면, 향린교회니까 가능하다는 말을 듣곤 한다. 맞는 말이다. 향린교회는 지도력의 재생산이 가능하고, 재정적인 자립이 이뤄지는 어느 정도 규모가 되는 교회이기에 작은 교회가 부러워할 만한 좋은 환경을 갖고 있음에 틀림없다. 이 글의 내용이 혹자에게는 배부른 고민이나 비현실적인 제안으로 보일 수도 있겠으나, 짧지 않은 시간 동안 향린교회의 사회선교 분야에서 일했던 사람으로서 자기평가라는 점을 염두에 두고 읽어주면 좋겠다. 다른 교회와 마찬가지로 향린교회 역시 수많은 문제에 직면하고 있는데, 진보교회의 하나로서 그러한 문제들을 진지하게 대면하고 해결해나가고자 노력하고 있다는 점을 먼저 밝힌다.

향린교회가 중점적으로 해온 주요한 사회선교 역사

향린교회는 6·25 전쟁의 참화가 막바지에 이르렀던 1953년 5월에 1세대 민중신학자로 잘 알려진 안병무를 비롯한 홍창의, 장하구 등 당시 30대 청년들이 모여서 창립했다. 특히 창립 초기에는 교단에 가입하지 않은 '독립교회'였고, 담임목사를 모시지 않은 '평신도교회'였다. 창립자들의 가족이 함께 모여 사는 '생활공동체'를 이뤘고, 일상의 생활에서 선교활동을 해야 한다고 믿어 '입체적 선교'를 지향했다. 향린교회의 이러한 네 가지 창립이념은 담임목사 청빙, 한국기독교장로회 가입, 공동생활의 중단으로 현상적으로는 실패했지만, 향린교회가 지난 60년 동안 그 정체성을 잃지 않고 이어오는 데 핵심적인 기반이 되었다.

향린교회는 1988년 홍근수 목사가 KBS 심야토론에 토론자로 나간 것을 계기로 외부에 널리 알려지기 시작했다. 그 당시 홍 목사는 향린교회의 설교는 물론이고 주요한 사회운동단체의 책임도 많이 맡고 있었다. 1991년 2월 홍 목사가 당시 국가안전기획부(현 국가정보원)에 의해 구속되어 1년 반 동안 옥고를 치르면서 향린교회 교인들은 사회선교의 현장에 적극적으로 참여하기 시작했다. 1991년 노태우 정권의 경찰에 의한 명지대생 강경대 학생 타살 사건으로 촉발된 5월 정국에서 향린교회 교인들은 홍 목사의 구속에 항의하고 그의 석방을 위해 철야농성, 거리기도회, 집회 참석, 항의방문 등 할 수 있는 모든 일을 적극적으로 해냄으로써 기장 총회, NCC 등 진보 기독교진영의 투쟁을 이끌어낼 수 있었다. 이 같은 향린교회 교인들의 일치된 행동은 홍 목사의 구속과 교회 압수수색 등을 통해 향린교회를 압박하고 와해시키려 했던 안기부의 공작에 맞서 오히려 교회와 교계의 결집을 가져 오는 힘이 되었다.

그 뒤 향린은 창립 40주년을 맞아 교회갱신선언(1993년)과 교회갱신실천선언(1994), 이어지는 목회자 및 장로임기제(1996) 등을 통해 교회 민주주의의 확립, 예배와 문화에서의 민족정서 도입, 선교지향적 공동체로서의 성격 확립 등의 괄목할 만한 성과를 낳았다. 특히 김영삼 정부 시절인 1996년 12월 말에 터진 신한국당의 노동법·안기부법 날치기 사태 때 교회 1층의 향우실이 '노동법·안기부법 개악철회와 민주수호를 위한 범국민대책위'의 상황실로 사용되어 향린교회가 날치기 철회의 핵심적인 공간이 된 것은 1987년 6·10항쟁의 지도부인 '민주헌법쟁취 국민운동본부'의 결성식이 열린 이후 또 하나의 기록될 만한 사건이었다. 교회갱신선언에서 명시했듯이 교회 공간을 향린의 사회선교 정신에 맞는 사회운동단체가 활용할 수 있도록 빌려주는 것은 교회가 해야 할 중요한 일로 자리 잡고 있다.

전 세계가 새 천년을 준비할 때 향린교회 역시 '21세기 향린의 선교'를 고민하기 시작했다. 1998년 선교부원과 각 신도회 대표, 실무 담당 청년들로 선교정책소위원회를 구성해 창립 이후 사회선교의 역사를 점검하고 21세기 향린의 선교방향을 정립하기 위해 '21세기 선교공동체 향린의 모습을 그리며'라는 주제로 1999년 6월 '21세기 선교정책' 공청회를 개최했다. 그 결과 1990년대 들어 향린의 선교활동이 후원금 지원 위주의 '온라인 간접선교'로 가고 있다는 점을 반성하면서, 새로이 통일선교와 정보통신선교를 강화하고, 장기적으로는 교회갱신실천선언에서 명시한 사회선교센터를 준비해나가기로 했다. 이를 위해 사회선교 간사직(파트타임)을 신설해 평일에도 사회선교가 활발하게 이루어질 수 있는 상근체제를 구축했고, 공청회를 준비하면서 인터넷 홈페이지도 마련하기 시작해 1999년 7월 교회 홈페이지를 개설했다.[1] 논의된 프로그램 중에 실행에 옮기지 못한 것들도 일부 있지만, 이 공청회는 2000년대에 들어서서 현장 중심의 직접 선교, 본격적인 미디어 선교를 벌이는 중요한 계기가 되었다.

향린교회가 전 교회적으로 지원하고 1년 이상 꾸준히 참여한 사회선교 활동을 훑어보면, 오랜 기간 노사갈등을 겪던 기독교방송(CBS)이 정상화되는 계기가 된 '기독교방송 정상화를 위한 향린교회 대책위원회' 활동

---

1 일상적으로 만나기 쉽지 않은 도심교회의 특성에 따라 교인들 사이의 소통을 원활하게 하고 선교적 사명을 감당하기 위해 향린교회는 1996년 5월 PC통신 나우누리에 '향린통신방'을 개설했고, 1998년 5월에는 좀 더 많은 교인들이 참여할 수 있도록 천리안으로 향린통신방을 이전했다. 인터넷이 발달하면서 1999년 7월 인터넷 홈페이지를 개설했고, 천리안은 2001년 초 그 운명을 다했다.

(2001~2003년), 심미선·신효순 두 꽃다운 여중생이 미군 장갑차에 깔려 죽은 사건의 진상규명과 책임자 처벌운동(2002~2003년), 홍근수 목사가 구속된 1991년부터 향린교회 건물에 늘 걸려 있는 "국가보안법 폐지" 현수막이 상징하듯 향린교회의 대표적인 활동이 된 국가보안법 폐지운동(1991~1992, 1999, 2004~2005년),[2] 교회 내 의사와 약사, 일반 교인들의 헌신적인 노력으로 10년 넘게 계속된 성남외국인노동자 의료선교(1997~2008년), 초기에 '평화와 통일을 여는 사람들'과의 연합활동 수준에서 시작했다가 우리 교회와 교계의 주요 선교사업으로 이어진 평택 미군기지 확장이전 반대 운동(2004~2007년), 전국 단위조직 중 가장 열심히 했다고 자부할 정도로 정말 창의적으로 열심히 했던 한-미자유무역협정(FTA) 저지 활동(2007~2008년), 참사 직후 시신이 안치된 순천향병원 방문부터 현장예배, 촛불기도회로 함께한 용산참사 대책 활동(2009~2010년), 2009년 2,646명의 노동자를 대량 정리해고 함으로써 발생한 쌍용자동차 노동자들에 대한 지원 활동(2009년~현재), 이명박 정권이 4대강 죽이기 사업 반대 운동(2010~2011년), 국내 역사상 최장기 투쟁사업장이 된 재능교육 학습지 해고노동자 지원 활동(2011년~현재), 평화의 섬 제주도 강정마을 부근에 들어서는 해군기지 건설 반대 운동(2011년~현재) 등을 들 수 있다.

이 외에도 포이동 266번지 지원, 노무현 대통령 탄핵 반대, 이라크 파병

---

2 향린교회에서 국가보안법 폐지운동은 1991년 2월 홍근수 목사가 국가보안법 위반으로 안기부에 구속되었을 때 시작되었다. 1999년에는 국가보안법을 폐지하고 21세기를 맞이하자는 가톨릭과 시민사회의 운동에 호응하여 전 교회적으로 국회 앞 기도회와 거리 행진을 진행했다. 또한 2004년 6월부터 2005년 6월까지 무려 1년 동안 여러 기독교단체 및 국가보안법폐지시민연대와 함께 국회 정문 앞에서 1인시위를 진행했고, 2004년 9월 당시 노무현 대통령이 '국가보안법을 칼집에 넣어 박물관으로 보내자'는 취지의 발언을 하면서 불 붙었던 전국적인 국가보안법 폐지운동에도 적극 참여했다.

향린교회가 사회단체 같다고 말하는 경우가 종종 있다. 결과적으로 같은 곳에 가서 만나지만, 우리 기독인들은 고통과 아픔의 현장에서 하느님이 그들과 함께 아파하실 거라고 믿기에 간다. 그들을 얽매는 인간의 이익과 제도, 구조의 폭력을 깨닫고 함께 해방되기 위해 애쓰면서 우리는 주께서 주시는 샘솟는 영성을 체험함으로써 우리 자신의 신앙을 새롭게 한다.

반대, 이주노동자 지원, KTX 승무원, 발레오공조 등 노동자 농성현장 지지 방문, 2008년도 촛불집회 참여, 그 뒤 촛불을 켜는 그리스도인과 매주 함께한 현장 방문, 명동 재개발에서 상가세입자들의 권리를 지키기 위한 '카페 마리' 투쟁 지원(2011년), 2012년 대통령선거에서의 투표 독려 캠페인에 이르기까지 성명서, 후원금 전달, 1인시위, 집회 참여, 현장 방문, 거리기도회 등을 통해 주기적, 비주기적으로 수행한 활동을 감안하면 향린교회는 정말 많은 사회선교 활동에 참여해왔다.

사실 향린교회는 한국 교회와 사회에서 갖고 있는 위상 때문에 외부로부터 많은 요청을 받아왔는데, 정의와 평화, 생명의 하느님을 따르는 기독인으로서 사회적 약자들의 아픔에 동참하고 우리 사회에 하느님의 뜻이 이루어지기를 바라는 많은 교인들이 있기 때문에 이러한 활동을 오랫동안 계속해올 수 있었다.

향린교회 사회선교의 동력

이렇게 과부하가 걸릴 정도의 사회선교 활동을 향린교회가 계속할 수 있게 만든 동력은 크게 목회자, 평신도, 문화와 제도 등의 측면에서 살펴볼 수 있다.

1) 목회자

무엇보다도 향린교회에는 탁월한 목회자들이 많았다. 제2대 목회자(1987~2003년)였던 홍근수 목사는 향린교회의 목회자였을 뿐 아니라 당시 한국 사회운동의 손꼽히는 지도자였다. 특히 남북한 사이에 평화가 이루어지기 위해서는 군축이 선행되어야 함을 주장하는 선구적인 역할을 했고, 통일운동의 강력한 지도자이자 노동운동의 후원자였다. 하지만 향린교회 관점에서 본다면 홍 목사의 가장 큰 미덕은 그가 신학자였다는 사실이다. 그의 설교는 진지한 성서연구 시간이었다. 그는 민중신학적, 해방신학적 성서해석과 설교를 통해, 사회구원(또는 사회선교)이 기독교의 본질이기 때문에 사회선교는 해도 되고 안 해도 되는 것이 아니라 교회라면, 기독인이라면 반드시 해야 하는 임무임을 설파했다.

홍 목사가 담임하고 있던 기간에 부목사로 있던 김경호 목사(현 들꽃향린교회 담임), 곽건용 목사(현 나성향린교회 담임), 정원진 목사(현 명지대병원 원목), 이혜진 목사(현 기장 여교역자협의회 총무) 등은 신학적인 역량, 사회선교에 대한 열정, 한국 교회와 사회에 대한 통찰력에서 매우 뛰어난 목회자였다.

홍 목사 후임으로 부임한 조헌정 목사 역시 뛰어난 설교자이자 영성 지도자일 뿐만 아니라 전태일재단 이사장, 한국교회협의회(NCCK) 화해와 통일위원장 등으로서 한국 교회 사회선교의 최일선에서 왕성하게 활동하고 있다. 여성과 성소수자 관점에서 성서와 신학을 살피고 그들의 아픔을 함께하는 임보라 목사(현 섬돌향린교회 담임)와 교회개혁 분야에서 활발한 활동을 보이는 한문덕 목사(현 부목사) 역시 조헌정 목사와 함께 향린교회의 오늘을 만들어온 훌륭한 목회자들이 아닐 수 없다.

향린교회 교인들은 매주 목회자들을 통해 선포되는 예언자적인 설교에서 자신을 성찰하며 깨달음을 얻어 예수의 길을 힘차게 걸어갈 것을 다짐하며, 깊이 있는 성서연구를 통해 자신의 세계관과 일상의 삶을 서서히 바꿔 나갈 수 있었다. 또한 향린교회 목회자들은 겉과 속이 같고, 멀리서 볼 때나 가까이서 개인적으로 볼 때가 똑같은 훌륭한 인품의 소유자들이었다. 외부에서는 개인의 안위를 돌보지 않은 채 담대한 사회선교 활동을 벌이면서도 개인적으로는 겸손하고 진실된 그들을 보면서, 평신도들은 진정한 신앙적 삶이 무엇인지 배우고 세상으로 용기 있게 나아갈 수 있었다.

2) 평신도

향린교회 사회선교의 역사가 지속될 수 있었던 것은 목회자와 더불어 그들이 교회의 안과 밖에서 마음껏 설교하고 활동할 수 있도록 뒷받침하는 교인들이 있었기 때문이다. 홍근수 목사가 국가보안법 위반으로 감옥에 갇혔을 때 교회는 그가 향린교회 담임목사의 지위를 그대로 유지하도록 했을 뿐 아니라 온 교인이 똘똘 뭉쳐 그의 석방투쟁을 벌였고, 그에게 편지를 쓰고 면회를 가면서 전폭적인 지지를 표명했다. 홍 목사를 구속시키고 개별적으로 주요 평신도 지도자들을 접촉해 향린교회를 와해시키고자 했던 안기부의 계획이 수포로 돌아간 것은 두말할 나위도 없다.

조헌정 목사 역시 2006년 사순절에 평택미군기지 확장이전 반대투쟁에서 경찰에 연행되었을 때에 많은 교인들이 경찰서에 찾아가 항의하고 면회했고, 2010년 이 사건으로 법원에서 벌금형이 확정되었을 때 조 목사가 선고의 정당성을 인정하지 않는다는 의미에서 벌금 내기를 거부하고 대신 11일 동안 구류를 산다고 하자 많은 교인들이 조 목사의 생각에 공감하고 지지하면서 그의 입소와 출소에 함께한 것 역시 평신도들의 힘이라고 생각한다. 평신도들의 지지가 없었어도 충분히 그렇게 할 만한 목회자들이었지만, 평신도들의 광범위하고 든든한 지지와 연대가 있었기 때문에 외부에 나가서 더욱 힘 있게 활동할 수 있었을 것이다.

이와 같이 목회자들의 사회선교 활동을 적극적으로 지지하고 지원했던 평신도들은 2000년대에 들어서서 사회선교 활동의 전면에 나섰다. 앞서 언급한 향린교회의 주요한 사회선교 활동이 현장성과 지속성을 유지할 수 있었던 것은 각 부서와 신도회를 중심으로 활발하게 활동하고 있는 평신도 그룹들이 있었기 때문이다. 실제로 CBS 향린대책위를 비롯해 교회의 굵직한 사회신교를 주관해온 여러 대책위들은 대개 사회선교 간사나 선교부, 사회부의 제안으로 구성되었지만, 여기에는 선교부, 사회부, 각 신도회, 장로들이 최대한 참여했다. 특히 2011년 이후 향린은 '재능교육 사태 해결을 위한 기독교대책위원회' 등 기독교사회운동의 주요 동력으로 성장했다. 사회적으로 MB정부에서 노동자들의 상황이 너무 악화되기도 했고, 교회 내부적으로는 사회단체와의 연대를 주관하는 사회부 집행부가 열성적으로 현장선교에 참여한 덕택이었다. 교인들이 자발적으로 조직한 평화나눔공동체3와 2008년 이후 교회에 정착한 새 교인들이 사회선교 활동에 적극적으로 참여한 점도 컸다.

---

3 평화나눔공동체는 조헌정 목사의 제안으로 2007년에 만들어진 동아리 형식의 모임으로서 다음 절에서 설명한다.

향린교회의 특이한 점은 사회선교가 활발한 시기에 새 교인들이 늘어난다는 점이다. 특히 2008년 촛불집회에 교회가 참여하면서 향린교회에 찾아오는 새 교인들이 많이 늘었다. 그래서 거리에 나가는 것이 향린교회의 전도방식이라고 우스갯소리를 하기도 한다.

이러한 향린교회의 평신도 활동을 통해 기독청년단체를 제외하면 주로 목회자 중심의 운동이던 기독교 사회운동에도 평신도와 교회가 주요한 주체가 되는 새로운 흐름이 생겨났다. '민족의 화해와 국가보안법폐지 기독교운동본부'(2004), 20여 개 교회와 단체들이 연대한 '평택미군기지 확장 저지를 위한 기독인연대'(2006), 한미FTA 저지 운동의 주요 동력 중 하나로 자리매김했던 한미FTA기독교공동대책위원회(2008)에서의 실무적인 활동에 향린교회 평신도들이 참여하면서 해당 조직과 사업의 활성화에 크게 기여했다. 이러한 흐름은 2008년 촛불집회에서 촛불교회로 모였던 기독인들이 '촛불을 켜는 그리스도인들'(2009~)과 '촛불교회'(2012~)로 조직화되었다. 이들은 매주 고난받는 민중의 현장을 찾아가 함께 예배드림으로써 민중의 현장과 기독교 예배를 일상적으로 결합시키는 새로운 사회선교 방식과 흐름을 창출해냈다. 여기에도 향린교회 목회자와 신도들이 적극적으로 참여하고 있다.

또한 향린 교인들이 적극적으로 활동해온 기독교 사회선교 조직으로는 '정의평화를 위한 기독인연대'(2003~현재)를 들 수 있다. 이 기독인연대는 향린교회, 한빛교회, 주민교회의 청장년 평신도들이 모인 '세 교회 연대모임'으로 출발해서 이제는 한국 사회의 교회개혁과 사회선교의 주요 축이 된 평신도 조직이다.

향린교회 평신도의 힘은 무엇보다도 향린교회가 아니면 교회생활이나 신앙생활을 그만두었을 향린 교인들로부터 나온다. 기존에 다니던 교회에 실망하여 새로운 교회를 찾아다니던 이들에게 향린교회는 최후의 보루와 같은 곳이다. 수많은 교회 중의 하나가 아니라 바로 향린이어서 찾아온 것이므로 이들은 교회의 정체성과 방향을 세우고 실행하는 일에 적극적으로 참여하고 노력을 아끼지 않는다. 향린의 주요 선교정책을 수립하는 과정에서 평신도들의 역할은 절대적이다. 40주년 당시 통일공화국 헌법 초안 발표나 60주년의 분가선교와 같이 특정 시기에 담임목사가 혜안으로 화두를 던진 것이 계기가 된 사업도 있지만, 그것들조차 치밀한 준비와 토론을 통해 전 교회적인 합의를 모아내고 교회의 정책으로 만들어 실행하는 것은 오롯이 평신도들의 몫이다.

향린에는 청년부터 노년에 이르기까지 사회선교에 참여하는 연령대가 골고루 분포되어 있다. 교회가 주관하는 거리기도회나 거리행진을 보면 청년에서 노년까지 함께 참여한다. 거리행진의 맨 앞줄에 60대 이상 교우들이 현수막을 잡고 서는 모습을 보면 절로 감동하게 된다. 매주 예배시간에 장로들이 드리는 목회기도에서 철탑 위에 오른 노동자들이나 강정마을 주민 등 고난받는 이웃들을 위한 기도가 빠지지 않고, 최근 제주해군기지 건설반대 활동이나 한미FTA 반대시위 등으로 재판받고 있는 10여 명의 교인들의 연배도 20대에서 60대까지 골고루 섞여 있다.

향린교회의 특이한 점은 사회선교가 활발한 시기에 새 교인들이 늘어난다는 점이다. 특히 2008년 촛불집회에 교회가 참여하면서 향린교회에 찾아오는 새 교인들이 많이 늘었다. 대형교회를 중심으로 보수 기독교 세력이 이명박 정부의 한 축을 담당하며 더욱 기득권화되자 교회를 떠났던 사람들이 거리에서 향린교회의 깃발을 보고 위로를 받으러 향린교회를 찾아오는 것 같다. 그래서 우리는 거리에 나가는 것이 향린교회의 전도방식이라고 우스갯소리를 하기도 한다. 거리에 나감으로써 새 교인들이 들어오고, 그들이 다시 사회선교의 일선에 나서는 선순환이 이뤄지는 현상은 교회의 앞날을 생각할 때 매우 고무적인 일이다.

창립 60주년 기념사업의 일환인 분가선교가 2013년 1월 임보라 부목사와 세 명의 장로를 비롯한 교인들 약 80명이 참여한 가운데 섬돌향린교회를 설립함으로써 성공적으로 이뤄졌다. 교회에서 수십 명의 교인들이 빠져 나가면서 그동안 뜸했던 교인들이 얼굴을 보이고, 교회활동의 뒷줄에 서던 교인들이 주요 직책을 맡아 활동하기도 한다. 전체적으로 보면 예배 참석자의 수는 조금밖에 줄지 않았다. 2005년 정관을 제정하면서 40주년 이후 분가선교 논의를 다시 시작하고 2007년 분가선교연구위원회가 본격적으로 활동했으나 교인들의 반응이 미미했던 당시 상황을 생각해보면, 그 사이에 평신도 역량이 크게 성장했음을 확인할 수 있다.

3) 제도와 문화

향린교회는 목회와 선교의 각 부분에서 교인들이 참여할 수 있는 민주적인 제도와 문화가 정착되어 있다. 앞서 언급한 교회 창립이념 중 '평신도 교회'와 '입체적 선교'는 평신도들이 선교의 주체이고 평신도들의 삶 자체가 선교가 되어야 한다는 신앙관으로 연결되어, 사회선교에 평신도들이

향린에는 청년부터 노년에 이르기까지 사회선교에 참여하는 연령대가 골고루 분포되어 있다. 교회가 주관하는 거리기도회나 거리행진을 보면 청년에서 노년까지 함께 참여한다. 거리행진의 맨 앞줄에 60대 이상 교우들이 현수막을 잡고 서는 모습을 보면 절로 감동하게 된다.

주체적으로 참여하는 이론적 기반이 된다. 2003년에 부임한 조헌정 목사는 평신도를 아예 '생활목회자'라고 부르면서, 예배순서 중 목회자들의 역할로 인식되어왔던 설교와 축복기도에 '평신도 설교', '모든 신도들이 함께하는 공동 축복기도'를 도입해 평신도가 목회와 선교의 주체로 서야 함을 강조해오고 있다.

2005년 제정된 향린교회 정관에 교회의 일상 운영과 정책을 결정하는 회의체로서 신도회 대표와 부서장, 당회원의 1/2이 참여하는 '목회운영위원회'(목운위)가 신설됐다. 목운위는, 주로 50대 이상의 남성 중심으로 이뤄진 당회보다 나이와 성별이 다양화되어 교인들의 대의기관으로서의 성격을 강화했고, 교회 실무를 책임진 교인들이 직접 교회의 일상적인 의사결정에 참여함으로써 의사결정의 합리성, 결정된 사안에 대한 실행력을 높였다. 당회 또한 교회의 중요한 일을 결정할 때 신도회나 목운위의 의견을 듣고, 내부적으로 많은 토론을 거치는 등 교인들의 의견을 존중하는 한편 한국 사회와 교회에서 향린교회의 사명에 걸맞은 결정을 하기 위해 최선을 다하고 있다.

민주적인 제도 이외에도 향린교회에서는 교인들이 서로에 대한 존중과 신뢰, 다양성의 인정을 기반으로 한 민주적인 절차를 중시한다. 교회가 중요한 정책적 결정을 해야 할 경우에는 준비위원회를 구성하고 몇 달 동안의 준비와 토론을 거친 뒤 교인들이 참여하는 공청회를 통해 교회의 의사를 결집하고, 필요하면 공동의회를 연다. 교회의 중요한 선언이나 정책은 모두 이러한 과정을 거쳐 결정되었기 때문에 한번 결정된 정책은 목회실, 당회, 목운위, 부서와 신도회에서 한 방향으로 밀고 나가게 된다.

창립 40주년 당시에 발표한 교회갱신선언(1993)과 교회갱신실천선언(1994), 목회자 및 장로임기제(1996), 2000년대 현장선교의 계기가 된 '21세기 선교정책' 공청회(1999)나 지금 교회 운영의 골간이 된 향린교회 정관(2005)은 모두 이러한 과정을 거쳐 만든 것이다. 창립 60주년 사업의 일환으로 추진한 분가선교도 수 년간의 토론회와 공청회, 공동의회를 거쳤다. 비록 오랜 기간이 걸리지만 교회의 중요한 정책은 이러한 과정을 거쳐야 한다는 점을 향린 교인들은 인식하고 있다.

다른 교회도 마찬가지겠지만 향린교회에도 개인의 자발성에 기초한 다양한 모임이 형성되어 있다. 평화나눔공동체, 소모임 등 동아리 성격의 자발적인 모임은 평신도 활동가 그룹을 형성하고, 사회선교 활동의 저변을 확대하는 데 기여한다. 평화나눔공동체는 평소 목회와 선교에서 평신도 역할을 강조해온 조헌정 목사의 제안으로 2007년에 만들어진 동아리 형식의 모임이다. 동아리가 자신들의 선호 활동을 위해 모인다면, 평화나눔공동체는 '평화나눔'이라는 사회선교적 성격을 분명히 하고 '공동체'라는 조직적 지향을 갖고 있어서, 사회선교 활동을 벌이면서 교회 내 사회선교 평신도 그룹을 구성하는 주요한 주체가 되었다. 국악모임 얼쑤나 여성-인권모임 무지개사람들, 환경모임인 농촌-환경 등이 지속적으로 활동해왔는데, 최근에는 철학공부, 영화감상, 역사공부, 평화통일공부 등 다양한 소모임이 생겨 교인들 사이에 친교를 나누는 주요한 통로가 될 뿐만 아니라 향린교회 사회선교를 위한 배움의 장이 된다.

평가와 과제

향린교회 사회선교의 역사와 현황을 되돌아보면서 부족했던 부분, 앞으로 좀 더 보완했으면 하는 부분을 많이 확인할 수 있었다. 향린교회의 과제일 뿐 아니라 사회선교를 지향하는 다른 교회나 단체도 함께 고민해줬으면 하는 과제들을 정리해본다.

첫째, 사회선교의 신학과 영성을 더욱 강화할 필요가 있다.

우리는 거리나 현장에서 사회단체나 노동단체에서 온 여러 시민들과 만나게 되는데, 기독인들 중에는 향린교회가 사회단체 같다고 말하는 경우가 종종 있다. 결과적으로 같은 곳에 가서 만나지만 우리 기독인들은 소외되고 고통받는 이웃들, 사회적 약자들이 처한 아픔의 현장에 하느님께서 그들과 함께 아파하고 계실 거라고 믿기 때문에 간다. 그래서 우리는 그들과 함께 고난받는 하느님을 만나러 간다. 그들을 얽매는 인간의 이익과 제도, 구조의 폭력을 깨닫고 함께 아파하며 함께 해방되기 위해 애쓰면서 우리는 주께서 주시는 샘솟는 영성을 체험함으로써 우리 자신의 신앙을 새롭게 한다. 마태복음 25장에서 예수께서 오른편에 있는 사람들에게 말씀하셨던 것처럼 우리 이웃에게 하는 작은 일이 바로 예수께 한 것이다. 그곳은 안병무 선생이 설파한 '민중 사건'(또는 예수 사건)이 일어나는 현장, 사회선교 영성을 체험하는 현장이 되는 것이다. 또한 추운 겨울 용산 남일

당의 참사현장에서 드리는 예배에서 교인들을 만나면서 느꼈듯이 교회 현장의 만남에서 우리 교인들 사이에 깊은 친교가 이뤄진다. 사회선교현장은 진정한 친교의 현장이 된다.

그래서 나는 향린교회를 처음 찾는 교인들에게 향린교회에 오래 다니고 오랫동안 활동을 하시고 싶다면 반드시 성서공부모임에 참여하라고 권한다. 성서에 대한 올바른 관점과 이해를 바탕으로 신앙적인 결단이 있을 때 사회선교 활동은 즐겁고 의미 있는 활동이 될 것이다.

2008년 촛불집회 이후 향린교회를 찾는 사람들이 늘어난 것을 보면서 1987년 6월항쟁 이후 1991년까지 격동의 시기에 많은 청년들이 향린교회에 찾아왔던 기억이 떠올랐다. 그들 중 상당수는 얼마 있지 않아 교회를 떠났다. 여러 가지 이유가 있겠지만, 어떤 이들은 교회의 사회선교를 사회운동의 연장선으로 인식했기 때문에 2000년 역사와 전통, 성서와 신학, 목회와 선교가 있는 교회의 독자적 성격을 이해하지 못했다.

그런 점에서 교회에 오래 다니면서 오랫동안 활동하려면 교회의 근거가 되는 성서공부는 필수적이다. 향린교회처럼 민중신학과 성서에 대한 역사적 해석을 중시하면서 항상 새로운 신학에 열려 있는 교회에서는 더욱 그렇다.

또한 사회선교가 정파나 친소관계와 관계없이 신앙적 관점을 견지해야 한다고 생각한다. 교인들 사이에는 정치적 견해나 입장의 차이가 있기 마련이고, 재벌기업에 다니는 교인들도 있을 것이다. 정부 부처에 진보적인 기독교운동의 지도자들이 참여했다고 해서 그분들과 연결되어 있는 진보 기독교 세력이 예언자적인 목소리를 내지 못하거나, 교회에서 영향력 있는 교인이 삼성전자의 요직을 맡고 있다 해서 삼성그룹 전자 관련 기업에서 집단적으로 발생한 백혈병 문제를 비판하지 못한다면 사회선교에 치명적인 영향이 있을 수밖에 없다.

향린교회가 이 원칙을 유지했기 때문에 정치환경의 변화나 재벌권력의 등장에도 불구하고 우리 사회에서 예언자적인 역할을 계속해올 수 있었다. 교회의 사회선교가 성서에 기준을 두고 신앙적 관점에서 이루어져야 한다는 점은 아무리 강조해도 결코 지나치지 않을 것이다.

둘째, 주요 사회선교 사업이 전 교회의 사업으로 되어야 한다.

MB 정부가 들어서면서 4대강 사업, 한미FTA 개정, 제주해군기지, 노동 문제 등 오래 지속되는 현안들이 여럿 발생했다. 다행히 향린에서는 새로 정착한 교인들이 사회선교 활동에 많이 참여하면서 평신도 사회선교 역량이 커져서 동시다발적으로 발생하는 현안들에 대처해올 수 있었다. 하지만 최근 사회선교가 사회선교부서나 관심 있는 일부 교인들의 활동으로 간주되면서, 참여하는 교인들이 한정되는 현상이 보인다. '그렇게 하는 것이 필요하고 옳은 것도 알겠지만 내가 직접 참여할 일은 아니다'는 인식이 교인들 사이에 있는 것 같다.

사회선교를 주관하는 부서가 현안 대응을 위해 현장과의 연대를 지속하면서도 좀 더 전체 교회의 시각, 전체 교인들의 관점에서 사업을 확산시킬 필요가 있어 보인다. 이를 위해서는 현안을 다룰 때 전 교회적으로 할 일 몇 가지를 선별하고, 주관 부서에서 담당할 사업, 참여자들이 알아서 할 일을 구분하여 적절하게 관리할 필요가 있다. 이는 사회선교 일선에 선 사람들이 지치지 않게 하는 것은 물론이고, 교회적으로도 몇 가지에 집중함으로써 이에 참여하는 교인들이 기쁨과 보람을 느끼고 성장할 수 있도록 배려하는 것이다. 사회선교는 교회의 존재 목적 자체이기 때문이다.

셋째, 현안 대응과 함께 장기 전망 아래 대안을 만들어가는 사업도 하면 좋겠다.

20여 년 동안 사회선교 실무에서 일해오면서 가장 아쉬웠던 점은 대부분의 사회선교 사업이 현안 대응 사업이었다는 점이다. 사회적 약자들의 아픔의 현장을 찾아 연대하는 일은 당연히 해야 할 일이지만, 대응할 현안들이 너무 많으면 선교 일꾼들이 지치게 된다. 좀 더 생산적으로 일하는 방법은 없을까 하는 고민을 하게 되면서, 사회적 문제들이 발생하지 않도록 사회적 역량을 키우고, 이 땅에 하느님 나라를 실현하기 위해 필요한 대안을 찾는 사업을 해야겠다고 생각하게 되었다. 향린교회가 창립 60주년 사업으로 진행해온 분가선교, 사회선교센터 설립, 60주년 정책과 선언에는 이러한 소망이 녹아 있다. 현안 대응과 장기적인 전망을 조화롭게 해나가는 일은 참 어려운 일이지만, 계속 고민하고 만들어갈 일이다.

넷째, 젊은 평신도 지도력을 키우기 위한 노력을 시작해야 할 때다.

세대를 넘어 조직이 이어지기 위해 젊은 지도력을 키우는 일이 중요하지 않은 시기가 언제 있었겠느냐마는 특히 60주년을 맞은 향린교회는 60주년 이후를 이끌고 갈 평신도 지도력을 키우는 일에 당면해 있다. 향린교회가 다른 교회에 비해 20, 30대 청년들이 많이 있기는 하지만 현 교회 지도력은 상당히 고령화된 게 현실이다. 지금부터 20년 뒤에도 향린교회가 여전히 한국 교회와 사회에서 진보적이고 의미 있는 교회로 존재하기를 바란다면 교회 20·30 청년세대들의 성장과 참여를 끌어내는 것은 절박한 과제다.

20·30대 청년들은 취직 걱정을 별로 하지 않던 과거와는 판이하게 다른 환경에서 살고 있다. 그들의 부모인 50, 60대들은 회사에서 은퇴하여 비정규직으로 일하거나 자영업을 하면서 근근이 생활비를 번다. 학생들은 자신의 학비를 마련하기 위해 몇 개의 알바를 뛰지만, 정작 졸업한 뒤 직장을 구하지 못하거나 비정규직으로 일하는 청년들이 다수다. 연애, 결혼, 출산을 포기했다고 삼포세대라고 불릴 정도다. 그들은 민주화 이후에 학교를 다녔기 때문에 자신들의 의견을 자유롭게 밝히고 누가 지시해서 하는 것은 매우 싫어한다. 생각하고 소통하는 방식과 정서가 다르다.

이러한 변화를 읽지 못하고서 '우리 때는 그렇지 않았다'는 식으로 그들을 비판하는 것은 전혀 공감을 살 수 없다. 교회의 미래에도 전혀 도움이 되지 않는다. 청년들의 소리를 경청하며 제대로 이해하기 위해 노력함으로써 그들이 교회의 주인으로 우뚝 서게 하기 위한 목적의식적인 노력을 기울이는 것이 기성세대가 오늘 교회의 미래를 위해 할 수 있는 최선의 선택이다.

다섯째, 평신도목회와 운영을 강화해야 한다.

평신도목회라는 말이 약간 모호하게 들릴 수도 있다. 다른 말로 바꾸면 재정, 총무, 친교와 교우 돌봄, 신도회 활동 등 일상적인 교회 운영과 목회를 평신도들이 담당하는 체계를 만들자는 말이다. 당연히 목회자들이 해야 할 역할이 있을 것이다. 하지만 일상적인 교회 업무를 목회자들이 하는 것과는 전혀 다르다. 향린교회도 목회자들이 일상적인 행사와 회의, 잡무에 너무 많은 시간을 뺏긴다. 정작에 목회자들이 집중해야 할 깊이 있는 성서연구, 사회선교, 필요한 교인들에 대한 지속적인 신앙상담 등에 시간을 많이 투여하기 어렵다. 올해 당회에서는 새 교우 담당 장로를 선임해 새 교우를 맞는 체계를 준비하기 시작했다. 이 외에도 평신도들이 잘 처리할 수 있는 업무를 발굴해서, 필요한 경우 목회자들의 의견을 구하더라도 일상적으로는 평신도가 실무를 맡아 운영할 수 있도록 해야 할 것이다. 안 그래도 부족한 진보적인 목회자들이 잡무에 지치지 않고 자신에게 맡겨진 사명을 잘 감당할 수 있도록 평신도들이 지원하는 것이 갑갑한 우리 사회와 교회의 현실을 돌파하고 우리 자신을 치유하는 길이 되리라 믿는다.

평신도 역량이 별로 없는 교회의 목회자들은 이를 육성해 장기적으로 이러한 체계가 이뤄질 수 있도록 집중적으로 노력해야 한다. 장기적인 안목에서 사람 키우는 일은 말처럼 쉽지 않다. 교회의 사정에 따라 판단해야겠지만, 거칠게 말하면 외부 활동을 완전히 중단하더라도 교회 안에서 사람 키우는 일을 시작하는 게 교회를 위해 적절하지 않을까 생각된다.

여섯째, 연대 활동의 강화다.

창립이념 중의 하나인 '독립교회'에서 보이는 것처럼 교단에 참여하지 않을 정도로 향린교회는 연대활동에 적극적인 교회가 아니었다. 하지만 교단 가입 후 에큐메니칼 정신에 따라 교회연합운동에 적극적으로 나섰고, 2000년대 들어서 여러 공동대책위 활동을 하면서 기독교 연대를 통해 향린교회 혼자로서는 도저히 해낼 수 없는 많은 일을 실현할 수 있음을 확인할 수 있었다. 특히 향린교회가 60주년 사업의 하나로 추진하고 있는 사회선교센터 설립이 이러한 연대활동의 중심축 역할을 할 수 있으리라 기대한다.

창립59주년 기념강연에서 조희연 성공회대 교수는 "정치적 보수주의의 핵심적인 기반이 기독교 보수주의에 의해 주어지는 역설적 현상이 나타나게 된 것 …… 이것은 정확히 진보적 기독교운동의 '실패'의 결과로서 나타난 것"이라고 지적하면서, "복음주의진영의 개혁적 기독교와 '경계를 횡단하는' 연대전선을 어떻게 확산시킬 것인가 고민"할 것을 제안했다.[4] 조희연 교수가 강연에서 언급했듯이 향린교회는 한미FTA 저지 투쟁이나 촛불을 켜는 그리스도인의 현장예배에서 복음주의 개혁그룹과 연대한 경험이 있다. 그러나 전반적으로 보면 진보적인 교회들은 사회적인 현안에 주로 관심을 갖고, 복음주의 개혁교회들은 교회개혁에 중점을 두는 것처럼 보인다. 사실 향린교회는 창립 40주년에 교회갱신선언서를 발표했으나 교회개혁실천연대와 같은 복음주의 개혁그룹처럼 대형 보수교회의 문제를 전면적으로 비판하는 데까지 나아가지 못했다. 앞으로 진보적인 교회들

---

4 조희연, "한국 민주주의의 병목지점과 '2013년 체제'의 과제", 향린교회 창립59주년 기념강연, 2013.5.13.

이 교회개혁 의제에 적극적으로 관심을 갖고 복음주의 그룹과 폭넓은 연대를 모색할 필요가 있다.

촛불교회는 사회선교에서의 기독인 연대를 상설화한 교회다. 촛불교회의 전신이 진보진영과 복음주의 진영이 함께 참여한 '촛불을 켜는 그리스도인들'이었을 뿐 아니라 교회 형식을 갖출 때에도 여러 교회의 목회자와 신도들이 함께했다. 연대운동의 효과를 촛불교회에서 누릴 수 있다.

일곱째, 개인과 가정에서의 실천을 중시할 때가 되었다.

사회선교는 교회의 운동이기도 하지만, 우리 자신의 가정과 삶에서 실천해야 하는 과제이기도 하다. 노동자의 인권을 지키기 위해 현장을 방문하면서, 내 자녀들에게는 그러한 공감과 소통의 감수성을 가지고 대했는지, 내 생각이 아이들의 미래에 좋다며 내 뜻대로 아이들을 따르게 하려고 하지는 않았는지, 배우자들에게는 어떻게 대해왔는지, 가정에서는 작은 기득권을 누리고 있는 건 아닌지 내 자신과 가정을 돌아볼 필요가 있다. 더욱 나아가서는 사회선교의 여러 과제를 가족과 함께 토론하고 함께 참여할 수 있다면 더욱 좋겠다.

들녘과 향린이 함께 걸어온 길

향린교회의 생명환경운동 이야기

임보라 섬돌향린교회 목사, 전 향린교회 부목사 / **정수미** 향린교회 교인

나라의 젖줄을 내어줄 바로 그때 맺은 인연

들녘교회와 향린교회는 농촌과 도시, 농촌교회와 도시교회가 운명적으로 하나이면서 서로를 떠나서는 살 수 없는 운명공동체임을 인식한다. 농촌이 죽으면 도시도 죽고, 농촌교회가 죽으면 도시교회도 죽는다는 사실을 우리는 확신한다. 이에 우리 두 교회는 그 삶과 선교활동에 있어서 서로 연대하고 격려하며 협력하고 돕기로 다짐한다.

_ 들녘/향린 자매결연 공동선언문 중에서

교회는 물론이요, 온 사회가 이분법적인 잣대를 들이대며 편 가르기에 골몰해 있는 것은 그때나 지금이나 여전하다. 1995년 들녘과 향린은 농촌과 도시가 운명공동체라는 것을 한 마음과 한 목소리로 선언했다. 세계 최대의 농산물 수출국인 미국, 캐나다 등이 농산물의 자유로운 수출을 위해 노골적인 압력을 가하기 시작한 것이 1986년. 악명 높은 세계 최대 곡물회사 카길은 부회장까지 내세워 시장 개방에 대한 목소리를 드높이더니,

1994년 결국 우루과이라운드 협정이 타결되고, 1995년에는 WTO(세계무역기구)가 탄생했다. 공산품 수출에 기대던 나라들이 자신들의 젖줄인 쌀을 내어주기로 한 바로 그때, 들녘교회와 향린교회는 '연대'를 선언했다.

향린교회는 창립 40주년을 맞이하던 1993년에 교회갱신선언을 발표했고 그 이듬해에는 그 선언의 실천결의문을 발표한 바 있다. 이 선언에 의해 향린교회 내에 생명환경위원회가 신설되었고, 농촌교회와의 관계는 재정지원만이 아닌 인적·물적 교류를 통한 상호 교류와 연대임을 천명했다. 그 당시 도농 관계를 맺은 교회는 모두 열 교회로 다섯 쌍이 탄생했으나, 현실에서 부딪히는 여러 사정을 극복해나가려 애쓰던 중, 결국 네 쌍은 중도에 포기하게 되어 오랫동안 들녘과 향린만이 그 관계를 유지해왔다.

그러다가 2010년 한국기독교장로회 농촌목회자협의회와 기장여신도회가 생명공동체 위원회를 구성하여 자매결연 운동을 벌인 결과, 그 수가 다시 늘어나 열 쌍 정도가 자매결연을 추가로 맺었고, 다른 교단에도 도농결연의 명맥을 유지하고 있는 교회들이 더러 있는 것으로 안다.

농촌이 생산하면 도시는 소비해준다고요?

2009년에 비해 쌀이 730kg 더 생산되어 판매하는 데 상당히 어려움을 겪은 한 해였다. 마지막에는 희년여신도회의 도움으로 떡을 만들어 판매했다. 시중에서는 마늘, 배추 등 농산물 가격이 전반적으로 폭등했지만, 들녘과의 직거래에서는 가격을 소폭만 인상했다.

_ 2010년 향린교회 공동의회 자료집 중에서

2010년 한 해 향린교회는 들녘 쌀 3,000kg을 소비했다. 쌀 대금만 해도

"농촌이 죽으면 도시도 죽고, 농촌교회가 죽으면 도시교회도 죽는다는 사실을 우리는 확신한다. 이에 우리 두 교회는 그 삶과 선교활동에 있어서 서로 연대하고 격려하며 협력하고 돕기로 다짐한다."

1,000만 원대였다. 그 외 들기름, 들깨가루, 참기름, 서리태, 팥, 마늘, 감자, 고구마, 고춧가루를 비롯하여 들녘 이웃 농산품인 현미찹쌀까지 더한 총 판매금액은 2,000만 원대에 육박한다.

어마어마한 숫자가 오고가는 것은 사실이지만, 우리는 이를 일방적인 관계로 보지 않는다. 누구는 주고, 누구는 받는 것으로 여기기보다는 서로를 살리기 위한 '비움을 통한 나눔'이라고 들녘과 향린 교인들은 여기고 있다. 그러니 한쪽은 소비만을, 또 다른 한쪽은 생산만을 감당하는 것이 아니라, 소비하면서 제2, 제3의 생명 기운을 생산하고, 생산하면서 제4, 제5의 생명기운을 소비하는 관계이며, 어떤 과정을 거쳐 누구의 정성이 들어간 것인지 모르는 것이 아니라 모든 과정이 공개되어 있는 가운데 진행되는 것이 도농 직거래의 참 모습이다.

종종 두 교회가 맺어온 관계를 도농 간 직거래에 초점을 맞추어 한쪽은 소비자, 한쪽은 생산자로 가름한 채, 도시교회가 농촌교회를 먹여 살린다는 식의 편견을 갖고 보는 분이 더러 있기도 한데, 그러한 잣대로 보면 생산자는 무조건 소비자의 입맛에 맞춰야 한다는 소비자 중심의 권위적인 생각을 하기 쉽지만, 오랜 기간 신뢰의 탑을 한 층씩 높여가는 가운데 우리들 사이는 이러한 장애물들을 하나둘 버릴 수 있었다.

그뿐만 아니라 이 직거래에는 양 교회 교인들의 인적 교류의 고리도 큰 몫을 차지하고 있다. 매년 두 차례에 걸쳐 청년신도들, 그리고 사회·선교부 부원과 40대 남성신도회 등이 주축이 되어 들녘교회의 논과 이웃들의 논에 모판을 나르고, 장애가 있는 가정의 담배밭에 들어가 비록 서투른 솜씨이기는 하나 담뱃잎을 땄다. 또한 향린 교인들의 밥상뿐 아니라 매 주일 향린교회의 공동식사에 등장하는 들녘 쌀의 모태인 논에 들어가 피 뽑기를 하고 두런두런 이웃들과 이야기꽃을 피우며 생명의 밥은 머리나 입으로만 지키는 것이 아니라 이렇듯 땀 흘리는 노동을 통해서 굳게 지켜나갈 수 있다는 것을 봄에 새기고 오는 농촌봉사활동은 직거래를 10여 년 이어오게 한 소중한 밑거름이었다.

나날이 확대되는 유대

공부방 장소는 그리 좁지 않아서 2대 이상 기증해도 될 것 같아 저렴한 가격의 새 PC를 한 대 구입했습니다. 온갖 인터넷 쇼핑몰에서 돌아다니며 구매를 했고, 그동안 쌓은 적립금과 쿠폰을 모두 사용했습니다. 전부 무료배송이 되어 우리의 짐이 덜어질 듯! 기증받은 컴퓨터와 프린터만 수련회 갈 때 가져가면 될 듯합니다.

_ 2005. 8 '[보고] 들녘교회 공부방 컴퓨터 지원' 중에서

들녘에서 운영하던 어린이 공부방에 향린교회 청년들이 참여하게 된 것은 2004년 즈음이었던 것으로 기억한다. 학교 교사로 재직 중인 청년들을 중심으로 학교 공부에 도움이 될 만한 학습자료와 컴퓨터를 비롯하여 좋은 책 모으기 등의 활동을 해왔다.

공부방 돕기의 불씨가 되었던 것은 1000원에서부터 시작하여 형편에 맞게끔 금액을 정해 매달 꼬박꼬박 드려온 공부방을 위한 헌금이었는데, 물질이 갈 때는 몸도 가는 것이 꼭 필요하다는 신앙고백으로 청년들은 가진 것을 나누고 시간 나누는 일을 마다하지 않았다.

한때는 폐교 위기에 처했던 학교가 도시와의 연대의 끈으로 말미암아 활력을 잃지 않고 유지되고, 여름 들살이 프로그램을 공동운영하여 신앙교육도 병행해낸 노력들이 들녘과 그 이웃 아이들뿐 아니라 도시 한복판에 자리하고 있는 향린의 아이들 또한 한걸음 더 성숙하게 해주었다.

그뿐만 아니라 매해 1회에서 많게는 2회, 각 집에서 아껴 쓰고 나눠 쓰고 바꿔 쓰고 다시 쓸 만한 물품들을 정리하고, 의미 있는 소장품들을 경매에 붙이는 등 티끌 모아 태산이라는 말이 딱 맞게 아나바다 장터를 통해 새로운 가치들을 창출해낸 물건들로 모인 금액도 들녘의 소중한 터전이 유지되도록 전해지고 있다.

몇 가지 덧붙이자면, 이제는 확대 실시된 의료보험제도로 인해 농촌 진료가 그닥 큰 의미를 갖지 못하는 것 같지만, 농촌의 어르신들을 위해 의료계 종사자들이 의료선교위원회를 주축으로 진료하러 다녀오기도 하고, 프로이든 아마추어이든 연극, 노래 등이 좋아 문화선교의 꿈을 펼쳐나가고 있는 문향, 얼쑤 등 문화패는 매년 1회씩 연극예배와 공연을 위해 들녘 나들이를 계속해왔다.

미래를 향한 공생의 몸짓, 태양광 발전소

우리들이 일상에서 에너지를 절약하고, 음식을 절제하고, 물자를 아껴 쓰면서 최대한 절약하는 습관을 생활화한다면, 그만큼의 이산화탄소의 배출을 줄이게 되고, 식량이 비축되며, 그만큼의 생명을 살리게 됩니다. 이렇게 절약한 생활비를 다 함께 모아, 태양광발전소를 들녘교회 지붕에 건립해가자는 것입니다. 우리가 하려는 3kw 태양광 발전기 1기가 나무 200그루가 처리하는 만큼의 이산화탄소 배출을 줄이게 된다고 합니다. 이는 연간 약 1.5톤의 이산화탄소 배출을 억제하게 되니 매년 계속 건립해간다면 언젠가는 현재 우리 향린교회가 배출하고 있는 연간 약 40톤의 이산화탄소를 우리 향린공동체가 해결하게 되며 그때 가서야 생명을 살리는 교회라 할 수 있겠지요. 왜냐하면 우리 교회가 배출하는 이산화탄소는 지구온난화로 나타나 지구상 누군가의 생명을 죽이고 있으니까요. 그러면 석유 소비도 그만큼 줄어들 것이고, 환경도 그만큼 보존되겠지요.

_ 2008. 3. 태양광 발전소 건립을 위한 회원 모집 광고 중에서

향린과 들녘이 함께 걸어온 길들 중에는 지금까지 이어지고 있는 것도 있고 상황이 바뀌어 중단된 것들도 있다. 그런 가운데 새로운 장을 연 활동이 또 하나 있으니, 이는 '태양광 발전소 설치운동'이다. 향린교회의 평화나눔공동체 '농촌과 환경', 그리고 사회부의 생명환경위원회가 발의한 이 운동은 현재 들녘교회 옥상에 발전소 1, 2호기를 세우고 여기서 나오는 수익금으로 다시 환경기부를 하는 등 현재도 진행형인 사업이다.

우리, 특히 도시에 사는 사람들이 사용하는 전기, 휘발유 등의 에너지 양은 날이 가면 갈수록 늘어날 수밖에 없는 소비패턴을 갖고 있다. 우리에게 주어진 본래의 에너지가 아니라 수익을 내기 위해 억지로 전환해서 만

들어내는 에너지를 지양하고자 향린에서도 태양광 발전소 설치를 고려했던 적이 있었다. 하지만 도심지 빌딩 숲 안에 있는 향린은 태양광을 효율적으로 쓸 수 없는 위치에 자리 잡고 있기에 불가능했다. 그 대신 우리의 반쪽 들녘은 설치만 한다면 대안 에너지를 충분히 만들어낼 수 있는 위치에 있었다. 태양광 발전을 하려면 일사량이 많아야 하고 일정 정도의 경사도도 갖추어야 하기에 그 적지로 들녘을 꼽았던 것이다.

이 태양광 발전소 설치운동은 미래를 향해 가는 '공생'을 향한 몸짓이었다. 직거래를 비롯하여 마을에 직접적으로 필요한 의료서비스, 공부방 운영 지원 등이 기본적인 연대 활동이라고 한다면, 이는 이제까지의 활동을 한 단계 업그레이드한 것이었다. 현재만이 아닌 미래를 지향하는 새로운 전환점을 가져왔기 때문이다. 늘 눈에 보이는 것에 대한 대안에만 급급한 우리들이 지금 당장은 미미할지언정 두고두고 그때 해놓기를 잘했다는 뿌듯함과 함께 일상에서 과함 없이 절제하는 것을 몸으로 익히며 그 연장선상에서 소비하는 에너지가 아닌 나누는 에너지를 생각하게 하는 소중한 씨앗 하나 뿌려놓았으니 이 씨앗에서 또다시 끊임없이 새 생명의 열매들이 맺히기를 기원한다.

다시 출발점에서

들녘과 향린이 차곡차곡 쌓아온 연대에는 직거래, 도농 교류, 농촌선교 등의 다양한 수식어들이 붙어왔으나 이는 궁극적으로 너와 나를 살리는 '생명'을 화두로 한 관계다. 감히 예수를 몸으로 살아내고자 하는 우리들에게 있어서는 '필연'적인 관계맺기가 아닐 수 없다.

'지금까지 한 것을 본받자'라든가, '우리도 해보자'는 식의 응답보다는 우리가 처한 현실을 냉철하게 분석해보고 우리 신앙의 결단과 실천을 다시 고민하기 시작해야 한다. 그렇게 시작하다 보면 고민의 종착점은 '농촌과 도시는 운명공동체'요, '생명을 향한 출발점은 밥상부터'라는 아주 기본적인 명제에 다시 다다르게 될 것이다.

> 모세는 그들에게 먹고 남은 것을 그 다음날을 위하여 남겨 두지 말라고 당부했다. 그런데 모세의 말을 듣지 않은 사람들이 더러 있었다. 이튿날 아침, 그들이 남겨둔 것에서는 구더기가 끓고 썩는 냄새가 났다. 모세는 그들에게 몹시 화를 냈다.

_ 출애굽기 1:19~20

> 오늘 우리에게 필요한 양식을 주시고

_ 마태복음 6:11

이러한 새 출발을 위해서는 어떤 계기가 필요하다. 애초에 교회갱신선언을 통해 생명환경위원회를 신설하고 농촌교회와의 자매결연을 추진했듯이 향린 내부에 또 다른 모멘텀을 어떻게 확보하느냐가 중요하다. 때로는 강단의 선포나 교육을 통해, 때로는 현장에서 일어나는 사건이 시발점이 되어 향린의 생명환경운동은 지금까지 이어져 왔고 앞으로도 그렇게 이어질 것이다.

매해 환경주일과 '차 없는 주일'을 지키고, 대안적 삶을 살고 있는 공동체나 사건의 현장으로 생태기행을 다녀오곤 하며, 필요하다고 생각될 때마다 환경특강 또는 강연회를 열어 함께 공부하고 고민하고 있다.

하지만 선포하고 공부하고 현장을 찾는 것으로 생명환경의 문제가 해결되는 것이 아니기 때문에 늘 실천과 관련된 고민이 있다. 이런 고민 속에서 최근 신설된 '평화나눔공동체 농촌·환경'은 실생활에서 실천할 수 있는 구체적인 사업을 고민하다가 주말텃밭 가꾸기, EM효소 쓰기, 태양광 발전소 설립 등을 추진해왔고, 최근에는 생태공동체 마을을 만들기 위해 20~30가정이 경기도 양평에 부지를 매입하고 건축 중에 있기도 하다. 또한 들녘-향린의 자매결연을 넘어서는 생활협동조합 만들기에도 관심을 갖고 방법을 모색하고 있다.

이 모든 모색의 귀결은 아직 미지수다. 어떤 것은 열 배, 백 배의 결실을 맺을 수도 있고, 어떤 것은 그저 시도만으로 만족해야 할지도 모른다. 그러나 정말 중요한 것은 생명과 환경의 의미를 창조질서 속에서 되새기고자 하는 그 새로운 시도 속에서 향린은 하느님의 임재를 매일매일 느끼고 있다는 사실이다.

설교자 안병무의 교회론

'작은 교회', '분가선교', '평신도교회' 개념을 중심으로

김진호 제3시대그리스도교연구소 연구실장

설교자 안병무

안병무 선생은 오랫동안 대학에서 가르쳤다.[1] 선생의 교수법은 탁월했고, 그 엄격함과 신랄함을 두려워하는 학생이 많았음에도 언제나 강의실은 학생들로 넘쳐났다. 선생 자신에게서도 교수라는 자의식은 대단히 강고했다. 강의하다가 죽으면 좋겠다는 이야기를 종종 했고, 실제로 심장이 매우 안 좋은 상황에서도 선생의 강의는 걱정스러울 만큼 격정적이었다. 같은 맥락에서 선생을 잘 아는 사람들조차 종종 간과하는 사실은 선생이

---

[1] 선생은 독일 유학에서 돌아온 1965년부터 대학 강의를 시작했다. 그해 대전감리교신학교 (현 목원대학교, 1965.9~1966.3)에서, 이듬해에는 연세대 연합신학대학원(1966.9~1969.2) 에서, 그 외에 한국신학대학(현 한신대학교, 1968.9~1970.4), 숭실대학(1969.3~1971.3) 등에서 가르쳤고, 1965~1969년에는 중앙신학교 교장을 역임하면서 강의를 했다. 그리고 1970년 5월부터 1987년 정년퇴임할 때까지 한국신학대학 교수로 17년간 재임했는데, 그 기간 중 두 차례 강제 해직을 당해 9년간이나 강의를 할 수 없어(1차 해직: 1975.6~1980.2; 2차 해직: 1980.8~1984.7) 실제 교수 재임기간은 8년이었다. 그렇지만 정년퇴임 이후부터 소천한 1996년까지 건강이 허락하는 한, 한 학기에 한 과목 정도씩은 강의를 계속했다.

여간해서는 결강(缺講)을 하지 않는 이였다는 점이다. 결강을 할 때는 대개 병원 중환자실에 누워 있을 때였다. 어깨를 들썩이며 가까스로 숨을 쉬며 말조차 제대로 하지 못하던 때에도, 선생은 힘겨운 표정을 애써 감추고 강단에 섰다. 그만큼 선생에게서 대학교수라는 점은 양보할 수 없는 중요한 자의식에 속했다.

한편 선생의 글을 수록한 대부분의 매체는 그를 '한신대학 교수'라는 직함으로 표기하고 있다. 언론이 선생을 표기할 때도 마찬가지다. 공적 사회가 선생을 기억할 때 '교수'로 표기하는 것은 우리 사회에서 교수라는 직함이 갖는 압도적인 우월적 위상 때문일 것이니 그다지 특별한 것은 아니다. 아무튼 '교수'는 안병무를 기억하는 공적 기억의 주된 양식이다.[2]

또한 선생은 독재정권에 항거했던 대표적인 '양심적 지식인'의 한 사람이었고, 두 번이나 강제해직되었던 이른바 '해직교수'[3]다. 또 '민중신학자'

---

2 안병무의 공적 직함 가운데 '교수'만큼이나 흔히 사용되는 것은 '박사'겠다. 나의 판단으로는 이것은 '박사'가 교수보다도 희소하던 시대에 '교수'를 좀 더 높여 부르는 경칭(敬稱)이었다. 그런 점에서 '박사'는 '교수'의 다른 표현이다.

3 학생들의 유신반대투쟁을 배후조종한다는 혐의로 1975년 6월에 첫 번째 해직을 당했고 박정희가 서거한 직후인 1980년 2월에 복직된다. 그러나 그해 8월 신군부의 쿠데타로 집권한 전두환에 의해 두 번째 해직을 당했는데, 글이나 강의까지도 불가한 해직이었다. 두 번째 복직은 1984년 전두환 정권이 유화정책으로 기조를 전환하면서 이뤄졌다. 한데 이 해직 기간에 선생은 해직교수들과 함께 한국 기독교와 한국 사회에 있어 중요한 사건들을 주도한다. 1차 해직 때에는 해직교수들과 함께 갈릴리교회를 만들었는데, 이 교회는 한국 사회의 비판담론으로서의 민중론이 회자되는 대표적 공론장이 되었다. 또한 여기서는 새로운 교회의 형식과 내용에 관한 무수한 실험을 시도했는데, 이것은 훗날 민중신학적 교회들의 형식과 내용에 영향을 미친다. 2차 해직 때에는 선생이 소장으로 재임하고 있던 한국신학연구소가 주관하고 독일교회가 후원하는 프로젝트를 통해 해직교수들이 주도한 '민중론들'을 본격화하게 된다. 하여 1970년대 시작한 비판담론으로서의 민중론들이 학문적 담론화의 길에 본격적으로 들어서기 시작한다.

라는 명칭은 서구 신학계와 한국 사회의 교양시민층이 선생을 기억하는 가장 대표적인 명칭이다. 그런 점에서 안병무의 신학을 논할 때 반독재투쟁과 해직, 그리고 민중신학의 관점에서 얘기하는 것은 결코 간과해서는 안 되는 요소다.

한편, 선생을 '한국신학연구소 소장'이라고 표기하는 경우는 좀처럼 찾아볼 수 없다. 하지만 그가 1973년 설립한 한국신학연구소는 한국 신학이 당대 세계의 주목받는 신학들과 대면할 수 있는 가장 중요한 통로였고, 또 개신교의 여러 교단들과 가톨릭을 아우르는 한국적 신학 담론의 대표적인 공론장이었다. 또 여러 분야의 해직교수들이 중심이 되는 포럼이 바로 한국신학연구소에서 열렸고, 여기에서 한국의 민중론이 태동했다.[4]

민중론의 태동은 두 가지 중요한 의미를 갖는다. 하나는 한국전쟁 이후 수면 밑으로 가라앉았던 진보담론이 지식사회에서 부활하는 신호탄이 되었다는 점이고, 다른 하나는 그것이 당시로서는 거의 찾아볼 수 없는 관행이었던 학제 간(interdisciplinary) 연구를 통해 수행된 것이라는 점이다. 그런 점에서 한국신학연구소 소장으로서 선생은 한국에서 신학이 종교 간 벽을 넘고 학제 간 벽을 넘어 담론화될 수 있도록 하는, 특히 반독재의 정치적 기조로 종교들과 분과학문들의 경계를 넘어 재구성되도록 하는 비판적 학문제도의 조직가이자 지휘자였다.

또한 1970~1980년대 대중은 한국신학연구소에서 발간하는 각종 책들,

---

4 앞의 주 3에서 말한 것처럼 전두환 정권에 의한 강제해직 상태에 있을 때 수행했던 프로젝트는 한국 민중론에 관한 것이었다. 그러나 이때 진행된 작업의 결과는 출판되지 않았고, 한국신학연구소에 자료 형식으로 보관되었을 뿐이었다. 하지만 1984년 한국신학연구소가 여기저기 발표된 글을 모아 출간한 『한국민중론』은 이때 논의된 것이 보완된 형태인 것으로 추정된다. 그런 점에서 선생의 2차 해직 때에 한국신학연구소에서 진행한 프로젝트는 한국 민중론의 산실이었다고 해도 과언이 아니다.

그리고 계간지 ≪신학사상≫, 월간지 ≪현존≫과 ≪살림≫ 등을 열렬히 탐독했고, 그 덕에 민중신학, 토착화신학, 그 밖의 현대 서양 신학과 제3 세계 신학 등은 높은 대중적 인지도를 가졌다. 그럼에도 선생을 '한국신학 연구소 소장'으로 표기하는 경우는 거의 없었다. 이는 한국신학연구소의 의의가 사회적으로 그리고 신학적으로 저평가된 탓이겠다. 그러므로 안 병무 연구에서 한국신학연구소가 갖는 신학적, 비판이론적 의의를 묻는 일은 반드시 검토해야 할 주요 과제에 속한다.

그런데 또 하나, 선생을 '설교자'로 표기하는 경우도 거의 없다는 점이 내가 이 글에서 문제제기하는 바다. 알다시피 선생은 다작의 저술가다.[5] 한데 그 글들 중 굉장히 많은 것들이 '설교'로부터 시작되었다는 점은 그다 지 주목되지 않았다. 일반적으로 선생이 설교자로 기억되지 않는 것은 아 마도 목사가 아닌 데다 한국 교회에 대해 신랄한 비판을 아낌없이 퍼부었 던, 이른바 '반교회적 신학자'라는 인상과 관련이 있을 것이다.

그러나 실은 선생은 어떤 신학자보다도 '교회적'이다. 선생은 최소한 네 개의 교회들[일신교회(1947년), 향린교회(1953년), 갈릴리교회(1975년), 한백교 회(1987년)]을 설립했고, 그 교회들의 주요 설교자였다.[6] 그러니까 일신교 회를 창립하던 1947년부터 소천한 1996년까지 선생은 자신이 설립한 교 회들의 주요 설교자로서 줄곧 활동했다. 이 네 교회들이 모두 평신도교회 적 성격을 강하게 띠고 있다는 점에서 여기서 설교자의 위치는 대개의 교

5 심원안병무선생기념사업회가 추모 10주기를 맞아 발간한 『심원 안병무 논저 총목록집』 에 따르면 논문, 에세이, 대담, 머리글, 서평, 칼럼, 편집후기 등을 포함한 그의 글 총 편 수는 918편이고, 단행본 한글판 개인저서는 28권이며, 공저가 6권이다.
6 향린교회 초기에 선생은 목사가 아님에도 목회 사역도 담당했다. 하여 향린교회는 선생 을 '담임자'라고 명명했다.

회들에서 이른바 '협동목사'라는 직함으로 가끔씩 설교하는 경우와는 비교할 수 없이 중요한 위치였다. 또한 이들 교회에서 교인들은 명설교자로서 선생을 오래도록 기억했다.

독자와 청자

선생은 대개 원고 없이 설교를 한다. 대개의 경우 선생의 구상 내용을 메모한 노트가 있었다. 특히 건강이 악화된 1980년대 중반 이후의 설교는 언제나 메모만으로 수행되었다. 그런데 그 메모들 가운데 일부가 얼마 후 글이 되었다. 건강이 악화된 이후의 많은 글들은 설교 이후에 대필자가 선생이 구술하는 대로 글로 옮긴 뒤에 한국신학연구소 연구원들이 다듬어서 완성되는 경로로 만들어졌다. 한편, 선생 사후(死後)에 심원안병무선생기념사업회가 선생이 설교했던 여러 교회들로부터 녹음자료를 얻어 녹취하여 제작한 것들이 전집에 다수 포함되어 있다. 물론 이때에도 녹취된 것을 문장으로 다듬는 데 한국신학연구소 연구원들의 손길이 필요했다. 또 그 이전에도 설교가 나중에 글로 나온 경우는 매우 많았다. 그때에는 당연히 선생이 직접 썼다. 이렇게 저술가 안병무에게 글이 생성되는 주요 경로의 하나는 '설교 메모→(대필자)→(편집자)→글'이었다.

이처럼 안병무 선생은 스스로 설교자로 자임했고, 그의 설교는 사람들에게 깊이 각인되었다. 또 설교는 (많은 경우에) 저술가로서 선생의 글이 독자와 만나는 경로의 첫째 단계에 있었다. 하여 청중은 선생이 글을 쓸 때 가상하고 있는 가장 직접적인 '예비독자'이며, 그이들의 '예비검열'을 통해 세상과 소통하고 있었다고 할 수 있다. 글에서 '예비독자'는 일반적으로 '추상적 존재'지만 설교의 청중은 '구체적 존재'다. 마주 볼 수 있고 질의응답을 나눌 수 있다. 또 대화와 토론이 이루어지기도 한다. 선생의 설교가 연행(performance)되는 현장은 설교자가 일방적으로 선포하는 방식과는 달리 즉석에서 질문과 토론이 오가는 대화적 양상으로 진행되는 경우가 적지 않았다. 그러므로 선생의 설교에서 청중은 글을 쓸 때 가상한 독자가 글에 미치는 영향보다 훨씬 더 강한 예비검열관 역할을 한다. 하여 설교가 연행되는 현장의 맥락 속에서 애초에 생각했던 내용을 보완하거나 수정하게 하는 일이 자주 발생한다. 그런 점에서 설교는 선생의 글의 상상력의 토대이며, 대중적 감각의 밑바탕이었다.

이렇게 설교에서 발전한 글들을 포함한 선생의 저작들은 많은 독자를 갖고 있다. 거의 1인 잡지에 가까웠던 ≪야성≫은 한국전쟁이 한창이던 시기에 창간(1951.1)되어 전후 복구가 아직 요원하던 기간에 발행되던 잡지(1956.1 종간)임에도 최고발행부수가 무려 3,000부에 달했다. 책의 생산, 유통 시스템이 잘 발전하고 잡지의 의제형성 능력이 왕성하던 1990년대에도 이런 정도의 발행부수는 놀라운 수준이다. 또 선생의 저작 가운데 최고의 판매고를 기록한 『역사와 해석』(1981년)은 1972년에 발행된 『역사와 증언』의 개정증보판인데, 『역사와 증언』이 1981년에 17쇄까지 인쇄되었고, 『역사와 해석』은 1998년 대한기독교서회에서 발행될 때까지 30쇄를 찍었으며, 그 이후 한국신학연구소에서 재발행된 뒤에도 꽤 많이 판매되었다. 그리하여 선생은 출판계와 신문, 잡지 기자들에게 매우 선호되던 저술가였다.

반면 이렇게 많은 독자로부터 깊은 애정을 받고 있던 저술가임에도 선생의 설교가 연행되던 현장에 찾아온 이들은 의외로 많지 않다. 고린도후서 10장 10절에 따르면 바울은 글로는 많은 이들에게 깊은 영향을 미쳤지만 그의 말은 "변변치 못"했다. 그다음 절(11절)에서 바울은 말할 때나 마주 대할 때 한결같았다고 주장하고 있지만, '필자'의 느낌과 '화자(話者)'의 느낌의 일치는 어디까지나 바울의 주장일 뿐이고, 고린도의 그리스도 공동체는, 적어도 그들 중 일부는 '독자'의 느낌과 '청자'의 느낌이 너무나 다르다고 주장했다.

하지만 선생은 바울처럼 눌변이 아니었다. 앞서 말했듯이 선생의 설교를 들은 이들은 선생의 글보다도 더 큰 인상을 받았다고 증언하곤 한다. 선생은 강약 고저를 능수능란하게 조절하면서 어떤 때는 매우 논리적이고 또 어떤 때는 매우 감성적으로 이야기를 폈다. 사회와 교회의 권력자를 향해 독설을 퍼붓고 서구 신학들의 추상성에 강력하게 문제를 제기하다가 어느 틈에 화살을 청자에게 돌렸다. 그렇게 허를 찔린 청자는 아픔을 느끼면서 동시에 쾌감을 얻는다. 문자 그대로 통쾌(痛快), 아픔에서 오는 쾌감이다.

청중의 소수성과 신학/신앙의 급진주의

그렇다면 왜 선생의 설교를 듣고자 교회로 찾아왔던 이들은 상대적으로 소수였을까? 첫째 이유는 선생의 기독교 비판이 갖는 급진주의적 요소 때문일 것이다. 《야성》을 발행하던 20대 말, 30대 초 청년 안병무는 한국전쟁 전후기의 극한적 좌우 갈등과 극우 전위대로 분노의 정치에 광분하는 교회의 모습을 보며, 당대의 지배적 담론이 노정하던 외면 세계적 논점의 틀에 흡수되지 않고 거기에서 이탈한 자아, 곧 내면성의 신앙을 추구한다. 이때 선생이 선택한 내면성의 신앙은 일상에서 벗어난 수도자적 생활공동체 운동을 모색하는 것이었다.[7]

1951년 11월 피난지였던 전주에서 시작한 일신회 회원들의 수도자적 공동체생활은, 1952년 2월에 쓴 글 「목회론: 내가 만일 목회를 한다면」[8]

에서 '새로운 교회'적 실천에 대한 상상으로 이어지며, 그 1년 후에 쓴 「평신도의 목회: 그룹 운동의 방향」9에서는 그것이 '평신도교회'와 '그룹 공동체운동'이라는 보다 구체적인 생각과 연결된다. 그리고 그해 5월 평신도교회적 이상을 담은 향린교회가 창립된다.

여기서 주목할 것은 목회자 중심의 교회가 거부되고 있다는 점이다. 그룹 공동체운동에 뛰어든 평신도 지도자들이 설교자로서 교사로서 의사로서 출판인으로서 등등, 각기 자기의 재능에 따라 교회 사역을 분담함으로써, 종교 영역에 갇혀 있던 평면적 교회와는 다른 '입체적 교회'를 지향했다.

이때 교회의 지도자 집단인 그룹 공동체운동의 참여자들은 목회활동과는 별개로 생계노동을 하여 그것을 공동체에 기부하고, 그것으로 생활공동체의 집단적 운용비와 생계비를 충당했다. 이러한 수도자적 공동체 규범은 소유욕에 대한 과감한 단절을 필요로 했다. 하지만 위에서 인용한 글 「평신도의 목회」에 따르면 이미 이러한 공동체 규범은 1953년 초에 벌써 흔들리고 있었다. 선생 자신을 빼면 모두가 기혼자들이었고 자녀들을 두고 있었던 탓에 공동체 멤버들 간의 평등한 소유에 대한 이상에 균열이 드러나고 있었던 것이다. 이렇게 강도 높은 공동체 규범에 기초한 교회는 창립 2년 반이 지난 1955년 말에 130명을 넘어섰지만, 그때에는 지도그룹인 생활공동체의 붕괴가 현실화되었다. 즉, 그룹 공동체운동을 통한 평신도

---

7 안병무, 「평신도의 목회: 그룹 운동의 방향」, ≪야성≫, 7(1953.1). 이 글은 『기독교의 개혁을 위한 신학』(한국신학연구소, 1999), 549~555쪽에 재수록되었다(이하 이 책에서 인용함).

8 ≪야성≫, 3(1952.2). 이 글은 『기독교의 개혁을 위한 신학』, 539~548쪽에 재수록되었다.

9 이미 1952년 7월에 발간된 ≪야성≫, 제5집에서 선생은 "평신도의 목회"라는 표현을 사용한 바 있다. 그러니까 평신도교회에 대한 생각은 일신회의 생활공동체 운동이 교회로 이어지는 1952년 초부터 1953년 5월 사이에 집중적으로 발전했던 것으로 보인다.

교회의 이상은 실현될 수 없는 상황에 직면하게 된 것이다. 선생은 실패에 대한 좌절감을 안고 그 이듬해 독일 유학을 떠난다. 요컨대 소유해체적 지향에 기초한 고강도 규범공동체의 평신도 그룹목회운동은 그 교회가 갖는 의미심장함에도 불구하고 많은 대중을 끌어들이기에 쉽지 않은 형식이었고, 심지어 지도그룹 자체도 감당하지 못하는 급진주의적 이상의 반영체였던 것이다. 하여 당시에 벌써 꽤 많은 이들에 의해 읽혔던 선생의 글에 비해 선생의 설교를 들은 이들은 훨씬 적었다.

한편, 선생은 1975년 이후 민중신학이라는 새로운 신학운동을 주도했다. 향린교회와 갈릴리교회, 한백교회에서 선생은 주요 설교자의 한 사람으로 민중신학적 설교를 쏟아냈다. 한데 이때도 선생의 글의 독자에 비해 설교의 청자는 매우 적었다. 그 주된 이유 역시 선생의 신학이 갖는 급진적 성격 때문이다.

민중신학자로서 선생은 그리스도교 신학의 핵심이라 할 수 있는 죄론과 구원론에 대한 과격한 해체와 재구성을 도모했다. 그것은 민중 메시아론으로 표현되었다. 전통적으로 그리스도교 신학은 모든 인간은 죄인으로 스스로는 그 죄의 굴레에서 결코 벗어날 수 없고 오직 그리스도 예수에 의해서만 구원이 가능하다는 교리를 고수한다. 여기에는 두 가지 전제가 수반되어 있는데, 하나는 예수의 구원 사역은 그이가 죽고 부활한, '단 한 번' 일어난 사건에 의해서 완결되었다는 것이며, 다른 하나는 그 구원 사역은 오직 하느님의 아들인 예수 '한 분'에 의해서만 가능했다는 것이다.

한데 선생은 가장 오래된 복음서인 마가복음에서 예수와 민중(오클로스)을 이분법적으로 구분하여 예수 사건을 읽을 수 없음을 주장하면서, 예수 사건을 바로 읽으려면 예수와 주변의 대중, 곧 오클로스를 구분하는 이른바 '주객 도식'을 해체해야 한다고 주장한다. 요컨대 예수와 민중이 더불어 사건을 일으켰고 그것이 예수의 구원사건이라는 얘기다. 여기서 단 '한

분'이라는 교리가 해체된다. 그리고 이 사건은 성령을 통해 시공간적으로 확장되어 끊임없이 재현된다. 하여 1세기 팔레스티나의 구원사건은 20세기 서울에서도, 어느 시대 어느 곳에서도 끊임없이 계속 일어나고 있다는 것이다. (익명의 예수와 더불어 일어난) 민중사건의 모습으로 말이다. 이것은 '단 한 번'이라는 교리를 해체한다. 이것이 선생이 말하는 민중 메시아론의 개요다.[10]

또한 선생의 민중신학은 평신도교회론을 통해 전통적 그리스도교 신학의 교회론으로부터 과격한 단절을 도모한다. 위에서 본 것처럼 평신도교회의 아이디어는 이미 1950년대부터 있었지만, 그때의 평신도교회론은 수도자적 생활공동체운동에 참여한 이들의 엘리트적이고 계몽적인 성격을 지녔다.

한데 민중신학적 평신도교회론은 장소로서의 교회를 해체한다. 민중사

---

10 선생의 민중 메시아론의 성서적 토대가 되는 주객 이분법의 해체를 통한 역사적 예수의 해석은 1979~1981년 사이에 집중적으로 발전한다. 특히 「민중신학: 마가복음을 중심으로」, ≪신학사상≫, 34(1981, 가을) 참조[이 글은 「마가복음에서 본 역사의 주체」라는 제목으로 NCC 신학연구위원회 엮음, 『민중과 한국신학』(한국신학연구소, 1982)에 재수록되었다. 이하 이 책에서 인용함]. 이런 주객 이분법의 해체를 통해 선생의 오클로스론은 1984년 전국신학대학협의회 주관의 〈한국 기독교 100주년 기념 신학자대회〉의 주제강연으로 행한 「예수사건의 전승모체」에서 이론적으로 완성된다[이 글은 한길사에서 발간한 『안병무 전집5: 민중과 성서』(한길사, 1993)에 재수록되었다. 이하 이 책에서 인용함]. 한편, 이러한 오클로스론에 기초하여 선생의 민중 메시아론이 처음 제기된 것은 아마도 1985년 가을에 발표된 글 「예수와 민중」, ≪신학사상≫ 50집일 것이다. 여기서 선생은 케리그마를 벗겨낸 마가복음의 오클로스와 김지하의 희곡 「금관의 예수」에서 교회의 금관을 벗겨낸 거지들(민중)을 연결시켜 예수가 그리스도일 수 있도록 한 것이 바로 민중사건임을 주장했다. 그리고 1986년 ≪신학사상≫ 55(겨울호)에 게재된 대담원고인 「민중 예수」에서 민중 메시아론은 보다 체계적인 신학적 논리를 갖추었다. 이 대담은 1985년 말부터 진행된 제자들과의 세 번째 대화의 결과물인데, 이 대화록이 모아져 『민중신학 이야기』(한국신학연구소, 1987)가 출간된다(이하 이 책에서 인용함).

건에 대한 예수사건적 해석이 소통되는 담론의 장이라고 할 수 있다. 여기에는 목사가 필수적이지 않고, 과거 선생이 생각했던 그룹 공동체운동 지도자들도 필수적이지 않다. 아니, 누구도 계몽적 지도자가 아닌, 모두가 주역인 평등공동체가 추구되는 곳이 바로 교회다.[11]

이러한 민중 메시아론과 민중 교회론이 갖는 그리스도교 신학과 신앙에 대한 급진주의적 해체는 많은 신자들에게는 감당하기 쉽지 않은 혼란을 야기했다. 이런 이유로 양심적 지식인이자 민중신학자로서 선생을 존경하고 선생의 글을 탐독하는 이들 대다수는 선생이 설립한 교회를 선뜻 찾아가기를 주저했다. 저자의 모습이 보이지도 않고 그의 목소리가 들리지 않는 글을 읽는 독자보다 눈을 마주치고 육성으로 듣는 청자의 자리는 훨씬 더 생생했기에, 그것을 감당하기에 벅차 했던 대다수는 익명의 독자로 남기를 원했던 것이다.

청중의 소수성과 '작은 교회-분가선교'론

많은 이들이 설교의 청자가 되기보다는 글의 독자로 남기를 원했던 둘째 이유는 선생이 주요 설교자였던 교회들의 규모가 작았기 때문이다. 네 교회 중 가장 규모가 큰 교회인 향린교회는 최대일 때 400명이 조금 넘는 수준이었고 다른 교회는 모두 50명 안팎의 작은 규모의 교회였다. 이 교회들의 규모가 작은 만큼 대중적 인지도가 높지 않았던 것이다. 하여 선생의 글의 열정적인 독자들조차 선생이 설교자였다는 점을 미처 생각하지 못한

---

11 대담원고 「민중의 교회」, ≪신학사상≫, 53(1986, 여름) 참조. 이 글은 『민중신학 이야기』에 재수록되었다(이하 이 책에서 인용함).

이들이 많았다.

한데 이 교회들의 규모가 작은 것은 선생이 추구한 교회가 바로 '작은 교회'였다는 점과 직결된다. 앞에서 인용한 「목회론: 내가 만일 목회를 한다면」은 일신회 회원들과 함께 시작한 생활공동체 운동에서 향린교회로 이어지는 중간 시기에 쓴 글로, 아직 목회를 시작하기 전의 글인데, 여기서 선생은 목회자가 감당할 수 있는 교인의 최대치가 200명이고, 자신에게 알맞은 교인 수는 최대 100명 이내라고 말한다. 그리고 중요한 것은 교인이 그 수를 넘을 때는 '분가'를 얘기했다는 점이다.[12] 선생의 작은 교회론의 요체인 '분가선교론'이 이때 처음 문자화되었다.

한데 1987년 설립한 한백교회 교인들과의 대화 과정에서 선생은 최대 적정치를 50명으로 축소한다. 그리하여 이들 간에는 50명이 넘으면 교회를 분가하자는 생각이 공유되었다. 뒤에서 평신도교회에 관해 논의할 때 좀 더 이야기하겠지만, 1950년대에 선생이 생각한 평신도교회에는 '가르침'이 중요했는데 1987년 당시 선생은 '나눔'을 중요시했다. 여기서 가르침이 일방향적 의미 전달에 강조점을 두고 있다면, '나눔'은 쌍방향적 의미 형성 과정을 중요시하는 실천 양식이다.

이와 같이 선생이 생각하는 교회에 대한 강조점이 변했고 그에 따라 적정 규모도 조금 달라졌지만, 작은 교회와 분가선교는 선생의 교회 신학에서 초기부터 후기까지 일관되게 한 쌍을 이룬다. 여기에, 위에서 언급한 것처럼 '가르침'에서 '나눔'으로 강조점이 달라졌다는 평신도교회의 성격이 덧붙여지면 안병무식 교회 모델은 보다 구체화된다. 이에 대해서는 다음 절에서 논의하고, 여기서는 분가선교에 대해 좀 더 얘기해보자. 분가할

---

12 「목회론: 내가 만일 목회를 한다면」, 546쪽.

시점에 대해서 위에서는 규모를 중심으로 얘기했지만, 실은 그것이 실행되는 데는 좀 더 복잡한 상황이 필요하다.

먼저 왜 분가를 해야 하는가의 물음이 첫 번째로 직면하는 문제다. 선생은 '대교회주의'에 대한 저항이라고 말했다.[13] 선생이 보는 대교회주의의 문제는 '내 교회주의'에 있다. 선생은 이것을 교회를 화려하게 만들려는 것이라고 말하고, 이로 인해 선교열이 상쇄되고 있다고 주장한다. 하여 분가선교를 통해 교인 하나하나가 선교의 전선에 서게 하고, 그럼으로써 양에서나 질에서나 교회가 확장되는 것을 얘기한다.[14] 한데 이 주장은 다소 수정이 필요하다. 여기서 선교는 교회가 교회 밖 세상 위에 군림하기 위한 행동이 아니라 섬기기 위한 행동이다.[15] 그런 점에서 분가선교가 '양의 성장'에 기여한다는 말을 교회 규모의 관점에서 해석해서는 안 된다. 양적으로도 '더 많이' 교회가 교회 밖 세계의 구원에 기여하게 된다고 해석하는 게 더 적절하다. 이러한 문제의식에서 분가선교는 교회가 받아들여야 하는 당위가 된다는 것이다.

한데 당위만으로 분가가 실행되는 것은 아니다. 분가를 교인들 모두가 합의할 수 있는가의 문제, 분가한 교회를 어떻게 모교회가 지원할 것인가의 문제, 그것을 위해 재정은 어떻게 마련할 것인가의 문제 등, 많은 요소들이 해결되어야만 한다. 한데 무엇보다도 작은 교회가, 가뜩이나 자립도

---

13 안병무, 「교회 분화론」, ≪현존≫, 68(1976.2). 이 글은 『불티』(한국신학연구소, 1999), 355~358쪽에 재수록되었다(이하 이 책에서 인용함).

14 같은 글, 356~357쪽.

15 안병무, 「선교신학의 성서적 핵심」, ≪군종 해군≫(1969.3). 이 글은 『기독교의 개혁을 위한 신학』, 549~555쪽에 재수록되었다(이하 이 책에서 인용함). 여기서 선생은 선교와 교회주의를 구분해야 한다고 주장한다. 그 요점은 정복적 팽창주의가 아닌, 교회 밖 세상의 구원을 위해 밖으로 나가는 행위에 있다(566쪽).

당위만으로 분가가 실행되는 것은 아니다. 담임목사 개인의 결단도 필요하지만, 더욱 중요한 것은 교인 하나하나가 참여하는 협의 과정을 통한 교인 간의 합의에 있다. 향린교회는 창립 때부터 교회의 중심 기조로 분가 정신을 유지해왔음에도 불구하고 그것을 실행에 옮기는 데 무려 60년이 걸렸다. 2012년 1월 분가교회를 위한 새싹틔움 첫 모임.

채 안 될 만큼 미미한 재정 규모를 가진 교회가, 분가를 하고 분가한 교회를 지원하기란 쉽지 않은 일이다. 그렇기에 실제의 분가를 실행에 옮기는 것은 항상 어려움에 직면한다.

그런 이유로 선생이 설립한 교회들 가운데 분가를 실행에 옮긴 사례는 그리 많지 않다. 선생이 설립자는 아니지만 향린교회가 창립 40주년(1993년)을 기리면서 설립을 지원한 강남향린교회가 창립 11주년이 되던 2004년 분가선교를 실행에 옮겼다. 당시 이 교회의 교인 수는 150명 정도였다. 그리고 선생이 창립한 향린교회는 창립 때부터 분가를 얘기했고 20주년에 분가를 공식적으로 결의했음에도[16] 창립 60주년인 2013년에 와서야 처음으로 제대로 된 분가선교를 실행에 옮겨 섬돌향린교회를 세웠다.

---

16 「교회 분화론」, 355쪽.

여기서 주목할 것은 강남향린교회에서 분가선교를 수행한 방식이다. 담임목사가 교인들에게 발의하고, 교회에서 특위를 만들어 국내외의 사례를 조사하고, 몇 차례 교인 공청회를 거친 뒤에 방안을 구체화하는 실행위원회가 오랫동안 협의한 뒤에 공동의회를 거쳐 확정되었다. 준비와 논의 기간만 족히 2년이 걸렸다. 이러한 사정은 2013년에 분가한 향린교회에서도 대동소이하다.

이 점을, 최근 분가를 실행에 옮겼거나 옮기겠다고 선언한 높은뜻숭의교회와 분당우리교회의 사례와 비교하면 흥미롭다. 높은뜻숭의교회는 분가를 실행하던 2010년 당시 교인 수가 6,000명 정도였는데, 같은 규모로 4등분하여 네 개의 교회를 만들었다. 또 분당우리교회는 2012년을 기점으로 교회 규모를 10년 내에 1/4로 축소할 것을 선언했는데, 선언 당시 교인 수는 1만 5,000명이 넘었다.

이 두 대형교회의 분가 선언의 양식을 보면 대체로 비슷한 절차로 진행되었다. 먼저 담임목사가 비상한 결단을 하고 그것을 교인이 아니라 시민사회에 공포한 뒤에, 교회가 그 선언을 받아 구체화하기 위해 협의하는 과정을 거쳤다. 이 선언은 많은 그리스도교 대중과 시민사회의 찬사를 받아 마땅한 것이지만, 교인들의 합의과정보다는 담임목사의 결단이 중요했다는 점에서 이 두 대형교회의 분가 양식은 민주적이지 않은 방식으로 처리된 사례들이다. 하여 그 절차는 대단히 간명했다. 이 두 교회는 교인 수가 향린교회와 강남향린교회보다 수십에서 수백 배 큰 규모다. 상식적으로 생각하면 그 규모의 차이만큼 합의를 도출하는 일은 훨씬 어려울 법한데, 이 두 대형교회는 교인 협의를 생략하면서 그런 중대한 결정이 빠르게 결의되고 실행에 옮겨진 것이다. 여기서 우리가 살펴보아야 하는 것은 이 두 대형교회에서 교인의 동의 절차를 생략하는 것이 가능했던 배경에 관한 것이다.

그리스도교 역사학자로 대형교회, 특히 순복음교회에 정통한 연구자 박종현에 따르면 한국 교회들은 일찍부터 순회목회자 시스템이 일반화되어 있었는데, 대형화에 성공한 교회들은 공히 카리스마적인 목회자가 장기간 그 교회를 담임하는 새로운 전형을 보여주었다고 한다.[17] 카리스마적이라는 것은 합리적 절차를 통한 설득의 과정을 거치지 않고 신앙 자원의 활용이 독점적으로 행사되는 것을 말한다. 그러한 독점적 지도력이 30년, 40년간 1인에게 집중되었다. 바로 이런 조건이 교회 성장에 결정적인 요소였다는 것이 그의 논지다.

이것은 그리스도교 교세가 급성장하고 대형교회가 대두하게 된 1960~1990년 사이의 한국의 고도성장사회의 전개와 유사하다. 특히 1960~1980년 사이에는 1인에게 모든 권위가 독점되는 과정을 통해 성장사회가 구축되었으며, 1980~1990년은 그러한 1인 독점체제가 더 이상 불가능할 정도로 사회가 복잡해졌고 특히 민주화를 관철시키는 사회적 형성 능력이 크게 신장된 시기다. 요컨대 1980~1990년 사이는 탈독점 시대에 맞는 (성장 모델이 아닌) 새로운 사회 모델을 찾아내야 하는 과제에 직면했던 시기였다. 결론만 얘기하면 이 기간에 한국 사회는 새로운 모델을 발견하지 못했다. 오히려 당시 전 지구적인 성장 모델인 신자유주의적 지구화에 편승하려다가 '외환위기'라는 치명적 재앙에 처했던 시기였다.

아무튼 이 시기에 대형교회는 내내 1인 독점체제를 유지했고, 그런 한에서 교회의 성장체제는 굳건했다. 1980년대 이후 카리스마적 목회자들은 속속 은퇴하는 시기를 맞았지만 '원로목사'라는 직함으로 은퇴 이후에도 지배를 사실상 연장하는 방식으로 독점체제를 유지해왔으며, 일부 교

---

17 박종현, 「한국 오순절 운동의 영성: 여의도순복음교회의 영성과 성장에 대한 시대사적 회고를 중심으로」, ≪한국기독교역사연구소 소식≫, 82(2008.4).

회들에서는 부자 세습의 방식으로 권력독점체제를 유지하고자 했다.

한데 이러한 대형교회의 권력독점체제가 최근 시민사회의 집중적인 지탄의 대상이 되고 있음은 익히 알려진 바다. 높은뜻숭의교회나 분당우리교회는 이러한 교회 대형화로 인한 폐단을 개혁하려는 대형교회 내부의 흐름을 대표하는데, 흥미로운 것은 이 두 교회가 주장한 일종의 대형교회 해체의 상징적 선언이 너무나 전형적인 대형교회적 방식으로 진행되었다는 점이다. 즉, 카리스마적인 담임목사의 독점적 권력이 아니었으면 결코 수행될 수 없는 방식으로 대형교회 해체를 상징화하는 분가 선언이 수행된 것이다.

반면 중소형 교회들, 특히 개혁적 성향의 교회들 대부분은 한 명의 담임목회자가 교회의 권력자원을 독점하는 경우가 많지 않고, 장기간 재임한 경우도 적다. 더구나 이 두 요소가 결합된 대형교회적 권력독점 양식은 상대적으로 매우 드문 현상이다. 향린교회나 강남향린교회, 들꽃향린교회, 한백교회 같은 일부 교회늘의 경우는 목사와 장로 임기제를 포함한 교회 민주화 규약까지 마련해 놓음으로써 장기간의 권력 집중을 억제하는 장치가 제도화되기까지 했다.

하여 이들 탈권위주의적 교회들에서 분가는 매우 복잡하고 긴 협의과정을 필요로 한다. 여기서 담임목사 개인의 결단도 필요하지만, 더욱 중요한 것은 교인 하나하나가 참여하는 협의 과정을 통한 교인 간의 합의에 있다. 강남향린교회는 목사의 결단이 선행되었지만, 그것을 실행에 옮기기 위해 전 교인이 다양하게 참여하는 길고 복잡한 논의 과정을 거쳐야만 했다. 당시 재정 상태가 매우 좋지 않았기에 분가선교에 교인들이 선뜻 동의하기가 쉽지 않았고, 누가 분가한 교회로 갈 것인가를 두고도 쉽지 않은 토론을 진행해야 했다. 결국 2년여 만에 합의가 이루어져 분가교회인 들꽃향린교회가 설립되었다. 또 향린교회는 창립 때부터 교회의 중심 기조로 분가 정신을 견지해왔음에도 불구하고 그것을 실행에 옮기는 데 무려 60년이 걸렸다.

이렇게 작은 교회와 분가선교를 결합시킨 선생의 교회론은 설교들이나 에세이 등에서 별로 다뤄지지 않았다. 그럼에도 선생이 설립에 관여한 교회들은 예외 없이 그러한 지향을 끈질기게 간직해왔다. 그 결과 선생의 설교를 들은 글의 독자들은 그리 많지 않았고, 선생이 설교를 한다는 사실조차 알지 못하는 이들도 다수였다. 하지만 이렇게 새로운 교회의 문제의식이 깔린 선생의 글은, 비록 분가선교나 작은 교회 운운 하지 않아도, 성장지상주의에 몰두한 나머지 사람들에 대한 배려를 상실하고 권력게임에 몰두하고 있는 한국 교회를 향한 선생의 고언으로 널리 받아들여졌다.

신앙의 물질화와 평신도교회론

이제 '작은 교회-분가선교론'과 맞물려 안병무 선생 특유의 교회론을 구성하고 있는 평신도교회에 관한 얘기를 좀 더 해보자.

「목회론: 내가 만일 목회를 한다면」에서 선생이 말하는 목회자는, 그이가 목사든 평신도든, 예배와 교육을 통해 교인을 '가르치는' 역할을 담당하는 지도자다. 여기서 교회의 기능은 '가르침'에 방점이 찍혀 있었다. 반면 1985년 말 어느 때쯤 있었던 제자들과의 대담에서 선생은 교회의 가장 중요한 기능을 '나눔'이라고 말한다.[18] 과거에도 나눔의 기능을 간과한 것은 아니지만 청년 안병무가 "내가 목회자가 된다면……"이라는 꿈을 이야기

---

18 「민중공동체: 교회」, 『민중신학 이야기』, 185쪽.

할 때(1952년) 예배와 교육에서의 가르침의 역할이 중요했다면, 민중신학자로서 사유가 절정에 이르던 시기(1985년)에 선생은 가르침보다는 나눔을 더 강조하고 있는 것이다. 이러한 변화가 중요한 것은 가르침에 방점이 찍힌 평신도교회가 평신도 지도력을 강조하게 되는 반면, 나눔에 방점이 찍힌 평신도교회는 나눔의 실행자인 교회의 모든 대중의 역할을 중요하게 보기 때문이다. 이것을 선생은 위의 대담에서 '평등공동체'라고 얘기한다. 곧 '평신도 지도자 중심'의 평신도교회에서 '평등공동체'로서의 평신도교회로 강조점이 옮겨갔다.

이러한 변화와 관련해서 또 하나 주목할 것은 대략 1980년을 전후로 하여 선생의 사유에 중대한 변화가 나타나고 있다는 점이다. 그 이전에는 민중신학자, 즉 지식인으로서의 역할이 중요했다면, 그 이후에는 지식인에 대한 민중의 영향력에 더 주목하게 된 것이다. 이 점에서 1980년의 글 「그리스도교와 민중언어」는 중요한 전환을 보여준다.[19] 여기서 선생은 그리스도교의 위기의 요체를 민중언어의 유실에서 보면서 민중언어의 복원을 주장하고 있다. 그리고 그 방법을, 완전하게는 불가능하더라도, 지식인인 민중신학자가 민중과 "함께 살아보는" 것, 하여 신학대학이 아니라 "민중과 더불어 사는 삶 속에서, 민중과 자신을 일치시키는" 것이라고 말한다.[20]

---

19 ≪현존≫(1980.1 · 2합본)에 처음 발표된 글이다. 한길사에서 발간한 전집 제6권에는 이 글이 「민중언어와 그리스도교」로 제목이 수정되어 수록되어 있다(이하 이 책에서 인용함). 한편, 같은 출판사에서 1986년 발행한 선생의 글 모음집 『역사 앞에 민중과 더불어』에는 「그리스도교와 민중언어」라는 제목으로 두 편의 글이 수록되어, 1과 2라는 숫자로 구별하고 있는데, '1'로 분류된 것이 ≪현존≫에 실린 글이고, '2'로 분류된 글은 1985년 한국기독교장로회 총회 주제강연 원고다. 후자는 나의 이 논의에서 그다지 관심을 끌 만한 내용이 아니다.
20 「민중언어와 그리스도교」, 65쪽.

그렇다면 1985년의 대담에서 얘기한 '나눔'은, 교회가 교회 밖의 이웃, 특히 "가난한 자, 실권을 박탈당한 자, 여러 측면에서 수난당하는 자와 자신을 일치시키는" 것을 의미할 뿐 아니라 교회 내에서 공동체 지도자들(목사든 평신도든)과 민중인 교인들과의 일치도 의미한다.[21] 이러한 교회 내적인 평등공동체적 지향은 교회 내에서 누구도 이야기를 독과점하지 않도록 하는 것, 누구나 참여할 수 있는 공론장의 형성에 관심을 기울이는 것과 함께, 누구나 설교자가 되고 예전의 집전자가 되는 실험적 예배 형식으로도 나타났다. 이 무렵 창립한 한백교회는 선생이 설립한 다른 교회들에 비해 평신도 지도자들이라고 할 만한 이들이 별로 없었지만 동시에 민중이라고 할 만한 하층민도 거의 없었다. 하여 이 교회는, 계층을 가로지르는 평등공동체의 실험이라고 평가할 수는 없지만, 적어도 교회의 비엘리트 대중이 나누는 평등공동체적 제도를 적극적으로 실험했다.

한 가지 더 이야기해보자. 1980년대 중반, 선생은 건강이 급격히 악화되었다. 심장질환으로 손에 힘을 쓰지 못하게 되면서 글을 쓰는 것이 여의치 않게 된 것이다. 이에 제자들이 생각해낸 것이 대담이다. 앞서 언급한 『민중신학 이야기』는 이렇게 해서 태동한 책이다.

한데 이런 방법은 고육지책(苦肉之策) 이상의 의미가 있었다. 선생은 대담을 하면서 상상도 못 했던 새로운 생각들이 돌출하는 것을 체험한 것이다. 하여 선생은 그 이후 "질문이 대답을 낳는다"는 말을 종종 했다. 물론 이 말은 질문이 대답을 제한한다는 뜻이 아니다. 질문을 통해서 선생이 가지고 있던 스토리라인이 변형, 확장되는 것을 느꼈던 것이다. 실은 그것만이 아니다. 질문을 통해 선생뿐 아니라, 질문자들도 애초의 생각이 바뀌고

---

21 『민중신학 이야기』, 184쪽.

확대되는 경험을 하게 되었다. 요컨대 질의-응답이 어느새 대화가 되고, 대화는 어느새 이야기를 나누는 양편에게 자기 자신의 생각에 갇혀버린 편견들이 질서에서 벗어나 무한한 상상력과 의미의 바다 위로 자유롭게 유영하도록 이끈 것이다. 대화, 곧 이야기 나눔의 힘을 발견한 것이다.

그 무렵 선생은 한백교회에서 이 이야기 나눔을 예배 속에 담아보고는 했다. 아직 방식이 제도화되지는 않았지만,[22] 특히 선생이 설교할 때 교인이 즉석에서 질문을 던지기도 하고 선생과 토론을 벌이기도 하는 상황이 자주 발생했던 것이다.

한데 그것이 가능했던 것은 한백교회의 예배터가 한국신학연구소 강당이었기 때문이다. 즉, 전형적인 예배당 형식으로 되어 있지 않았기 때문에 높이 턱지어 있는 단도 없었고, 1인용 의자를 둥그렇게 배치하면 앞과 뒤도 따로 없었다. 대담「민중공동체: 교회」에서 말하고 있는 평등한 교회에 좀 더 가까운 공간 형식이 우연히 가능했던 것이다. 여기에 또 하나 중요한 점은 교인 수가 30여 명 정도였다는 사실이다. 그 수는 둥그렇게 둘러앉아 대화 나누기에 적합한 규모였다.

이와 같이 선생의 평신도교회론은 초기에 다양한 전문적 소양을 기반으로 하여 스스로 생계를 조달하면서 교인을 가르치는 평신도 지도자들의 그룹 목회운동에 방점이 찍혔다가, 민중신학자가 된 이후에는 비엘리트 교인들까지도 설교와 나눔의 주역이 되는 평등공동체 논의로 생각이 옮겨졌다.

선생이 평신도교회를 이야기하는 것은 사람들의 일상생활과 유리된 성직자 중심의 교회는 삶을 담아내지 못한다고 보았기 때문이다.[23] 곧, 종교

---

22 이런 대화적 실험은 이후에도 계속되어 2010년대 이후에 이 교회만의 대화설교의 전형들이 교인들 사이에서 일상화되었다.

의 영역에 갇혀버린 교회가 아니라 삶과 마주하는 신앙공동체로서의 교회를 추구하고자 한 것이다. 한데 1950년대부터 표방된 이런 생각은 1980년대 중반 이후 '물질'의 신앙화 문제로서 재해석된다.

'물질'의 문제가 처음 글로 표현된 것은 『민중신학 이야기』에 수록된 대담 「하느님 나라: 민중의 나라」이다.[24] 이것은 요한복음, 특히 6장에 관한 선생 특유의 해석과 연관되어 있다. 다른 복음서는 성찬 담화를 마지막 만찬 설화와 엮어서 이야기하는 데 반해 요한복음은 오병이어 설화와 연결시키고 있다는 점을 주목하면서, 성찬이 사람들의 삶과 유리되어 다루어지고 있는 상황, 곧 비역사화, 추상화, 관념화되고 있던 당대 교회의 상황에 대한 요한복음 저자의 비판신학의 맥락에서 해석한다.[25]

한데 6장의 텍스트에서 말하는 성찬의 물질화의 핵심을 선생은 '가난하고 권력 없는 이들이 음식을 나누어 먹는 것'이라고 보았다.[26] 다른 복음서는 그 빵과 생선이 '제자들/사도들'의 음식이었다. 그리고 예수가 이것

---

23 1953년에 쓴 글 「평신도의 목회: 그룹운동의 방향」에서 이미 노동과 복음사역의 일체를 주장했고, 「한국의 교회」, 《현존》, 2(1969.8, 이 글은 『불티』, 332~334쪽에 재수록되었다. 이하 이 책에서 인용함)에서는 이를 좀 더 구체적으로 논하고 있다. 여기서 평신도교회의 신학을 주도하는 이는 "평신도와 직결된 목회자"이며, 그 신학은 "평신도의 삶 한복판에서 이루어져야" 한다는 것이다(333쪽).

24 실제 대담이 이루어진 시기는 확인되지 않았지만 1986년 말에서 1987년 상반기 사이의 어느 때인 것으로 보인다.

25 『민중신학 이야기』, 244쪽. 한편 선생은 1987년 한신대 신학대학원생들과 했던 수업 '요한복음 세미나'에서 요한복음 6장의 텍스트뿐 아니라 '사마리아 여인 설화'+"예수는 영원히 목마르지 않는 물"(4장), '소경을 눈 뜨게 한 설화'+"예수는 생명의 빛"(9장), '나사로 소생 설화'+"예수는 부활이요 생명"(11장) 등 세 개의 텍스트를 더 들면서 '신앙의 물질화', 바로 이것이 요한복음 신학의 중심 테마임을 이야기한 바 있다. 이에 대하여는 나의 책 『급진적 자유주의자들: 요한복음』의 「넷째 마당, 배부름」 참조.

26 같은 책, 246쪽.

을 '축사'한 뒤에 제자들이 사람들에게 나누어 주었다. 여기서도 제자들의 선취적 행동이 대중을 선도한다. 반면 요한복음 6장에서는 최초에 내놓아진 빵이 제자들의 것이 아니라 한 비천한 소년(파이다리온)의 것이었다. 그리고 아마도 이것이 계기가 되어 비상식량을 갖고 있던 이들이 각자 자기의 것을 내놓아 그것으로 사람들이 서로 나누어 먹었다. 이 얘기에서 제자들의 지도적 역할은 사라진다. 예수의 정신에 따르는 가난하고 아무런 권력이 없던 대중이 그 정신에 따라 자기의 것을 이웃에게 나누어 주는 것, 그것이 바로 성찬의 물질화의 핵심이라는 것이다.

하여 '물질'이라는, 1980년대 중반에 제기된 화두는 평신도교회에 관한 선생의 신학을 계승하고 있다. 하지만 초기의 논점이 변화, 확장되었다. 앞서 말했듯이 한 명의 목회자 대신 삶과 신앙을 일치시킨 그룹공동체 운동의 지도자들이 평신도교회의 주축이었다. 한데 물질론에 와서는 그런 지도자보다도 무지렁이 대중이 나누는 삶이 더 소중하다. 앞서 선생의 평신도교회론이 가르침에서 나눔으로 강조점이 이동했다고 얘기한 것과 같은 맥락이다.

이러한 물질론은 1980년대 중반 이후 선생의 무수한 설교와 글에서 반복적으로 활용되었다. 특히 성찬에 관한 이야기를 하는 맥락에서는 영락없이 이 논점이 언급되었다. 하여 선생이 주 설교자로 활동하는 교회의 교인들은 성찬에 관해 깊이 생각하게 되었고, 성찬 예전 속에 그 정신을 담아보고자 여러 시도들을 했다. 때로는 성찬과 식사를 결합해서 진정한 성만찬을 재현하고자 시도하기도 했고, 성찬의 빵과 포도주를 유랑하는 이들의 음식인 주먹밥과 찬물로 대체하기도 했으며, 성찬의 집례자와 배분자를 목사와 장로가 아닌, 교회에서 '가장 작은/낮은 이'가 맡게도 했다. 그리고 이러한 기획들은 대개 목사가 아닌 평신도들이 생각해낸 것이었다. 이들은 예배 속에서 새롭게 시연하는 상징적 재현 행위 속에 그 뜻을 어떻게 해서든 담아보고자 노력했다. 이것은 오랫동안 해온 인습에 머물러 있던 성찬 예전이 잃어버린 뜻을 되살리려는 노력이었으며, 또한 우리 시대의 맥락에 맞게 새롭게 재구성해보려는 시도이기도 했다.

그런데 여기서 주지할 것은 선생의 물질 화두는 예배 속의 상징적 재현 행위에 그쳐서는 안 된다는 점이다. 삶과 신앙의 합류를 상징적으로 표현하는 것은 비역사화, 추상화, 관념화로 가득한 지배적 언술들로 인해 숨겨진 사람들의 일상 속으로, 특히 민중 고통의 현장 속으로 신앙이 다가가야 한다는 것을 내포한다. 그것을 위해 선생은 교회의 예전들에 대해 말한 것이며, 그 예전을 해석하고 시행하는 주체로 평신도를 주목한 것이다. 그리고 그 예전 속에서 담아낸 삶의 현장으로 나아가는 생활신앙의 주체 또한 평신도임을 강조한 것이다.

설교의 신학자 안병무의 교회론

서두에서 안병무 선생의 글 가운데 많은 것들이 설교에서 시작되었다고 말했다. 더 나아가 이 글 전체에서 말하고 있듯이, 딱히 설교에서 시작된 글이든 아니든 많은 글은 선생이 설립하고 주요 설교자로 활동했던 교회들의 경험을 담고 있다.

이 글은 그러한 관점에서 거꾸로, 글에서 선생의 설교를 상상하고 선생이 교회에서 말하고 행동했던 것들을 살펴보고자 했다. '독자'의 시야에 포착된 글에서 '청자'의 상황을 살펴보는 방식이 내가 여기서 취했던 방식이다.

이것을 통해서 나는 선생의 교회론을 읽어보려 했다. 선생은 삶과 유리된 교회에 갇힌 설교자와 서재에 갇힌 신학자의 신학이 아닌 현장의 설교자이자 신학자이고자 했다.[27] 그런 점에서 선생의 교회론은 당연히 서재 속에 앉아서 만들어낸 것이 아니었다. 그것은 특히 선생이 설립하고 주 설교자로 활동한 교회의 경험과 상호작용하면서 만들어졌다.

작은 교회, 분가선교, 그리고 평신도교회, 이 세 요소가 내가 이 글을 통해 보았던 선생의 교회론의 키워드다. 이 용어들 속에는 선생의 '교회 민주화'의 문제의식이 담겨졌고, 신앙의 물질화 논제가 펼쳐졌다. 하여 교회 밖 세계를 향해 선포되어야 하는 하느님의 복음은 바로 교회를 만들어가는 평신도들의 신앙적 실천을 통해 시작된다. 목회자가 아니라, 교회의 엘리트들이 아니라, 가장 작은 자 하나하나의 삶과 신앙, 그것이 교회의 시작이고 선교의 출발점이다.

---

27 「한국의 교회」, 333쪽.

제5부

민주주의와 교육

한국 교회의 근본적 변화를 위한
조용한 혁명

'향린 민주주의'와 '평신도목회'

이규성 향린교회 교인

교회에 민주주의가 어울리나?

현대 사회에서 '민주'는 누구도 부인할 수 없는 보편적 가치다. 하지만 이러한 보편적 가치로서의 '민주'를 부인할 수 있는 유일한 조직, 집단, 공동체가 있다면 그것은 아마도 종교 조직일 것이다. 대부분의 종교는 성찰이나 비판을 허용치 않는 절대적 진리를 내세우기 마련이며, 아래로부터의 권위보다는 위로부터의 권위를 중심에 놓고 있기에 민주주의의 원칙을 부정할 수 있는 자기논리를 가지고 있다. 그럼에도 불구하고 교회가 민주적으로 운영되어야 한다는 원론적 주장에 대해 적극적으로 시비를 걸 사람은 흔치 않다. 하지만 실제에서는 기독교 또는 교회의 정체성을 위해 민주주의를 제약하거나 아주 제한된 범위의 민주주의만을 허용하는 것을 당연하게 받아들인다.

사실 기독교에서는 민주주의라는 말 자체가 어색하다. 민주주의를 신학의 테마로 연구한 논문이나 도서가 아주 없는 것은 아니지만 쉽게 찾을 수 있는 것도 아니다. 정의, 평화, 생명, 자유, 환경 등 현대 사회의 다른 주요한 가치들을 신학적으로 탐구한 것이 차고 넘치는 것에 비교하면 더욱 그렇다. 간혹 교회에서 민주주의의 가치를 논하더라도 그것이 국가나 사회에서 실현되어야 할 가치로 언급되는 경우가 대부분이고, 교회공동체 내에서 실현되어야 할 가치로 언급되는 경우는 더욱 드물다.

민주주의란 한마디로 권력을 누가 가지고 있으며, 누가 어떤 방식으로 그 권력을 행사하는가의 문제다. 이에 대해 '정통적'인 기독교의 대답은 분명하다. 권력(이 경우에는 보통 '권세'로 불린다)은 오직 하느님에게 있으며 그로부터 부여받는다는 생각이다. 이런 생각에는 민주주의가 들어설 자리가 없다. 민중(또는 공동체의 보편적 구성원)이 하느님이라고 해석하거나, 아니면 민중을 통해 하느님이 섭리한다는 해석을 내놓아야만 겨우 민주주의에 자리가 보장된다.

민주주의는 그것을 구현하는 공동체 구성원의 평등성을 전제로 한다. 하지만 교회는 (비록 그것이 가톨릭만큼 절대적이지는 않더라도) 목회자와 평신도라는 넘을 수 없는 경계선이 존재하고, 좀 더 나아가면 안수받은 자(장로)와 그렇지 않은 자의 경계선도 분명하게 존재한다. 교회의 조직을 위해 이러한 경계선을 절대화하면 할수록 그 속에서 민주주의를 구현하는 것은 제약될 수밖에 없다. 교회가 만든 이러한 제도적 장치들도 나름대로 존재 의의가 있을 것이다. 하지만 그 이전의 고대 사회에서는 상상하기 어려웠겠지만 여성이나 노예들이 성서의 초기 공동체에서 '평등한(?)' 공동체 구성원이었다는 사실은 오늘날 교회의 여러 불평등한 제도적 장치들을 무색하게 만든다. 교회 내 구성원들의 차별성을 고착시키는 계층화가 존재하는 한 구성원의 평등성을 전제로 한 민주주의는 불가능하다. 다만 일정한 한계 내의 제한적 영역에서 민주적 운영만이 가능할 것이다. 콘클라베를 보고 가톨릭이 민주주의를 구현한다고 말할 수 없을 것이다. 공동체 구성원의 보편적 평등성 없는 민주주의는 존재하지 않는다. 'of the people' 없이 기능적인 차원의 'by the people'만으로 민주주의를 논할 수는 없다. 그렇기에 교회에서의 민주주의는 어색한 공존일 수도 있다.

민주주의란 권력을 해체하거나 소멸시키는 것이 아니라 권력을 다루는 하나의 방법이다. 다른 말로 하면, 모든 권력이 (공동체 구성원의 평등한 참여를 기반으로) 밑으로부터 나온다는 대전제하에 권력의 집중과 고착화를 막기 위해 이를 분산하고 견제하고 제한하는 것이며, 그것을 위해 밑으로부터의 자발적 참여를 이끌어내는 방법인 것이다. 민주주의 자체가 최선의 결과를 보증하는 것은 아니다. 민주주의의 가치는 결과에 있는 것이 아니라 과정에 있다. 민주주의는 계몽적 군주가 권력을 행사할 때보다 형편없는 결과를 낳을 수도 있으며, 합리성이나 효율성의 면에서는 기업이나 관료조직을 따라갈 수 없다. 그럼에도 불구하고 민주주의를 공동체의 기본 원칙으로 삼는 이유는 그것이 없을 때 도달하게 되는 결과가 늘 너무나 참담하기 때문이다. 또한 현대 시민사회의 구성원들은 위로부터의 권력에 더 이상 머리 조아리며 순응하지 않는다. 교회에서 민주주의가 어정쩡한 자세를 취하더라도, 그리고 일반 시민사회에 비해 턱없이 뒤처진 지진아의 모습을 하고 있더라도 교회는 민주주의를 자신의 정체성의 하나로 받아들이지 않을 수 없을 것이다. 결국 권력을 다루는 유일한 방법은 그것이 아무리 비효율적이고 복잡하더라도 그리고 교회의 입장에서는 매우 불편하더라도 민주주의밖에 없다.

향린교회 민주주의의 역사적 배경과 과정

향린교회는 1953년 평신도교회로 출발했다. 몇몇 젊은이들의 새로운 신앙운동의 연장선상에서 생활공동체를 지향하여 만든 것이 향린교회였다. 목사가 주도하거나 아니면 1인의 지도자가 중심이 되어 출발한 일반 교회와는 성격이 크게 달랐다. 수평적 리더십이 교인 관계의 핵심이 되었다. 물론 창립 동지들 중 좀 더 헌신적이거나 좀 더 신학적 훈련을 갖춘 사람이 더 큰 영향력을 발휘한 것은 분명하다. 하지만 그들 중 일부가 교회를 떠나 있어도 전체 교회는 무리 없이 유지되었던 것을 보면 수평적 리더십이 향린교회 초기의 중요한 요소였음을 확인할 수 있다.

100명 이상으로 교인 수가 늘면서 초기의 수평적 리더십은 일종의 그룹 리더십으로 전환됐다. 이 과정에서 창립 동지들의 지도력이 아래 세대까지 확산되거나 아래 세대를 포용하지 못하는 한계가 자연히 드러났다. 그리고 이것은 1974년 목회자를 청빙하며 일반 교회로 전환한 이후로는 일정하게 과두제로 변모했다. 담임목회자를 가진 일반 교회로 전환한 이후 향린교회는 일반 교회들에서 흔히 볼 수 있듯이 목회자를 중심으로 한 지도력과 창립 동지들이 강력한 영향력을 행사하는 당회를 중심으로 한 지도력 사이의 협력과 갈등이 교회 정치의 중심이 되었다.

하지만 이런 과정 속에서도 향린교회는 전체 교인이 교회의 주인이라는 점을 확인시켜주는 고유한 전통의 맥을 이어나갔다. 향린교회가 교단 (한국기독교장로회)에 가입하는 문제를 결정하는 과정이나, 담임목회자 청빙을 결정하는 과정 등에서 그룹 리더십의 영향력이 컸던 것은 사실이지만 늘 교인 전체의 공론장이 형성되었고 이들이 의사결정 과정에 활발하게 참여했던 것을 확인할 수 있다. 또한 역으로 목회자나 당회의 결정에 반발하여 일군의 교인들이 집단적으로 교회를 떠나는 경우도 있었다. 이러한 점들은 목회자나 당회의 리더십이 강력했을 때에도 향린교회에는 평신도교회로서의 창립정신이 숨 쉬고 있었음을 확인시켜준다.

평신도들이 어렵사리 교회를 이끌어오다가 처음 담임목회자를 청빙할 때는 아마도 '전문성'에만 초점을 맞추었을 것이다. 즉, 노동조합에서 위원장을 상근으로 하는 것과 같이 받아들였을지도 모른다. 하지만 여기에는 결정적인 차이가 있었다. 그것은 평신도와 목회자의 쉽게 넘을 수 없는 경계선 때문이다. 담임목회자가 들어서는 순간, 교회의 모든 활동과 인간관계는 목회자와 평신도의 관계를 축으로 돌아가게 되었다.

1970년대 후반에서 시작하여 1980년대 중반까지 향린교회는 초고속 성장을 경험하게 된다. 명실공히 기장 최대의 교회가 되려는 움직임까지 엿보였다. 이러한 과정은 당연히 담임목회자 김호식 목사의 목회 역량과 지도력에 의해 추동되었다. 이렇게 되자 담임목회자에 의해 새롭게 틀 지어진 향린교회의 방향에 문제를 제기하고 비판하는 청년 그룹이 형성되어 향린교회의 창립 이념을 상기시켰다. 결국 향린교회 정체성의 변질을 우려하는 목소리가 커지면서 급기야 담임 목사와 창립 동지들이 중심이 된 당회 사이에 균열이 나타났다. 1986년 김호식 목사가 향린교회를 떠났을 때 많은 교인들이 목사를 따라 다른 교회로 간 것은 이 당시 형성된 교회 지도력이 지극히 목회자 중심이었음을 반증해준다.

이 같은 상황은 평신도교회로 출발한 향린교회가 강력한 목회 역량을 지닌 한 목회자에 의해 그 성격을 완전히 잃어버릴 수도 있음을 보여주었다. 이 경험은 현재의 향린교회가 담아내고자 하는 교회 민주주의의 한 축(즉, 1인 목회자로의 권력 집중의 제한)을 이루게 된다. 교회 민주주의의 또 다른 축을 형성시킨 경험은 새로운 담임목회자인 홍근수 목사의 부임과 함께 바로 찾아온다. 창립 동지들이 여전히 강한 영향력을 가진 당회는 자신들이 중심이 되어 청빙한 목사와 1년도 채 되지 않아 갈등하기 시작했다. 그리고 홍근수 목사를 쫓아내려는 움직임에서 보여준 다수 당회원의 비민주적 모습은 당회가 민주주의의 대의제적 기구가 아니라 과두제의 도구가 될 수 있음을 확인시켜주었다. 교인들의 의사를 무시한 당회의 독단을 경험하며 향린교회는 교회 운영의 대의제적 기능의 정립을 민주주의의 두 번째 축으로 세우게 된다. 이 과정에서 향린의 교인들은 당회가 독점한 공동의회 소집권 때문에 공동의회라는 적법한 과정을 거치지 못하고, 교인대회라는 임의의 형식을 통해 자신들의 민주적 요구를 표현하고 관철시킬 수밖에 없었다.

이로써 향린교회는 일반 교회에서 나타나는 목회자 중심의 독점적 지도력의 문제점과 당회 중심의 과두제적 영향력의 문제점을 연달아 경험하면서 이를 민주주의 확대의 자양분으로 삼았다. 이 과정에서 향린교회를 결속시킨 이념은 평신도교회라는 창립정신이었으며, 이를 성공적으로 관철시킬 수 있었던 것은 이러한 정신을 여전히 담지하고 있던 몇 분의 지도자들의 존재 때문이었다. 현재까지도 향린교회가 끊임없이 창립정신을 강조하는 데에는 이러한 배경이 깔려 있는 것이다.

이러한 어려운 과정을 겪은 후 그 경험을 바탕으로 향린교회는 1993년 전체 교인들의 뜻을 모아 '향린교회 신앙고백 선언과 교회갱신 선언'을 발표해 교회의 민주주의에 대해 명확한 방향을 제시했다. 그 선언은 다음과 같은 내용을 담고 있다.

우리는 예수의 교회를 믿는다. 예수가 인간의 몸을 입고 이 세상에 오신 사건이 "하느님이 우리와 함께 계심"(마 1:23, 요 1:14)을 의미하는 성육신 사건의 내용이었다면, 교회 역시 하나의 성육신 사건이다. 교회는 예수와 그의 인격, 그리고 그의 메시아 선교활동의 계승자로 이 세상에 존재한다는 의미에서 예수의 성육신이고 예수의 몸이다. 교회는 또한 예수의 복음에 의해 해방된 사람들의 해방공동체이고, 공동체 내의 모든 구성원이 자유하고 평등한 삶을 누리는 민주 공동체요 정의로운 평화 공동체이다. 부활한 예수의 몸인 교회 안에는 몸이 활동하도록 하기 위한 여러 지체들이 존재한다. 이 모든 지체들의 직무와 기능은 각기 다르지만,

각 지체들 간의 관계는 그 지위에 있어 우열이 있지도 않고, 어느 한 지체가 다른 지체에 예속되지도 않는다. 또한 교회는 목회자와 평신도, 남자와 여자, 어른과 아이, 그리고 그 외의 모든 구성원들 상호간의 관계에 있어 모두가 하느님의 사랑 안에서 평등하고 서로 함께 조화를 이루어 평화롭게 살며, 함께 하느님을 예배하고, 서로를 위하고 봉사하며, 나누는 사랑의 공동체이다.

이 선언에는 교회의 민주주의에 대한 핵심적인 내용이 모두 담겨 있다. 교회의 본질을 규명함으로써 교회 공동체적 성격을 확인하고 그 공동체는 '모든 구성원이 자유하고 평등한 삶을 누리는 민주 공동체'임을 주장했다. 그리고 교회의 실질적인 운영에서 지체들의 직무와 기능상의 차이를 인정하면서도 지체들 간의 우열이 없는 평등을 주장했고 여기에는 목회자와 평신도의 관계도 포함되어 있다. 여기서 한 가지 눈에 띄는 점은 교회 공동체의 민주주의를 논하는 신학적 근거로 '부활한 예수의 몸'이라는 케리그마적 내용만을 담고 있다는 점이다. 초기 기독교 공동체의 평등주의라는 역사적 사실에 대한 천착으로 나가지 못한 것은 당시 향린교회 교인들의 신학과 신앙을 반영하고 있다.

교회 민주주의의 정신과 방향성을 제시한 이 선언은 1년 후인 1994년 구체적인 실천결의문으로 작성되어 교회 운영에 실제적으로 구현되었다. 여기서는 특별히 "한국 교회는 교인들의 다양한 의사가 민주적으로 반영되는 제도와 구조를 갖지 못한 채, 소수의 남성 지도자들에 의해 구성된 당회에 모든 권한이 집중되는 형태로 운영"되었음을 비판하면서 "교회의 의사결정 구조가 민주적으로 갱신"되도록 구체적 사항을 적시했다. 여기서 제시된 네 가지 항목을 정리하면 다음과 같다.

1. 교인들의 총회인 공동의회의 민주적 운영: 공동의회의 소집과 의제에 대한 당회의 독점을 제한하거나 폐지.

2. 당회의 결의 내용 공개: 당회의 대의제적 성격을 확인하고 교인들과의 소통 확장.

3. 제직회 산하 목회위원회 신설: 목회의 제반 사항을 제안·심의·의결하는 교인들의 대의 기구 신설

4. 부목회자의 임기 3년 보장: 부목회자의 지속적인 목회와 생활 안정 등을 위한 임기 보장(결의문에 명시되지는 않았지만 담임목회자 1인을 중심으로 목회가 이루어지는 것을 견제하는 역할을 함)

이 실천결의문을 통해 현재 향린교회 민주주의의 특징을 가장 잘 보여주는 목회운영위원회의 맹아가 처음으로 모습을 나타냈다. 하지만 현재 교회 운영에서 중심적인 역할을 하며 의결권을 행사하는 대의제 기구로서의 목회운영위원회가 제대로 정착하기까지는 (다음 절에서 상세히 살펴보겠지만) 근 20년간 수많은 경험과 시행착오가 있었으며, 그 과정에서도 여러 차례 부침이 있었다. 향린교회의 민주주의의 특징을 목회운영위원회가 가장 잘 보여주고는 있지만 그것이 전부는 아니다. 실천결의문에 담겨 있듯이 향린 교회의 공동의회는 단순한 거수기 역할만을 하지는 않으며 교회의 중요한 의사결정을 최종적으로 확인하는 장으로서 그 역할을 톡톡히 하고 있다. 당회의 논의 내용이나 결정 사항은 늘 교인들의 시야에 노출되어 있어 당회와 교인들의 다양한 소통이 일상화될 수밖에 없다. 또한 담임목회자의 지도력이 매우 중요한 역할을 하고 있는 것은 사실이지만 부목회자의 역할과 책임도 크기 때문에 목회자들 각자의 특성을 반영하면서 전체의 목회 역량으로서 나타난다. 현재 향린교회의 민주주의를 구성하는 이러한 사항들이 모두 1994년 실천결의문을 통해 그 틀이 마련되었다고 할 수 있다.

향린 민주주의의 시금석, 목회운영위원회의 발전 과정

민주주의를 구성하는 많은 요소들을 크게 두 가지로 구분한다면 공동체 구성원에게 보편적으로 보장되는 평등한 권리와 공동체 구성원 사이에서 이뤄지는 수평적인 소통의 문화가 한 축을 이루며, 다수결의 원리, 법치주의 등을 통해 권력을 성립시키고 행사하고 제한하고 감시하는 체제가 다른 한 축을 이룬다. 1994년 실천결의문에 이르기까지의 과정, 그리고 그 후 오늘에 이르기까지 교회의 민주적, 대의제적 운영의 핵심을 이루는 목회운영위원회의 발전 과정을 좀 더 자세히 살펴봄으로써 민주주의의 두 가지 축이 어떻게 구현되었고 어떤 한계와 문제점을 가졌는지를 살펴보도록 한다.

1) 느슨한 평신도 협의기구로 출발: 목회협의회

향린교회에서 교회 민주화에 대한 요구는 1983년으로 거슬러 올라간다. 1983년 청년연합회가 심포지엄 '점의 출발'에서 교회 민주화의 문제를 제기한 이래 청년들은 계속해서 목회자와 회중의 종적인 연결을 중심으로 편성된 교회구조의 문제점을 지적했다. 그리고 교회의 정책을 결정하는 데 있어서 평신도의 의견이 수렴될 수 있도록 신도회 중심으로 사업을 펼칠 것을 제안했으며 신도회 대표들로 구성된 평신도협의회에 의한 정책 결정을 주장했다.

1987년 1월 홍근수 목사가 새로 담임목사로 부임한 이후 몇 개월이 지나 설교와 목회노선을 놓고 당회원 다수(대부분의 경우 10명 중 8명)가 홍근수 목사와 대립하면서 시작된 교회의 분란이 어느 정도 일단락된 시점에서 홍근수 목사는 향후 가능한 많은 교인들이 목회에 참여하도록 교회의 의사결정 구조를 민주적으로 개혁해야 한다고 하여 장로임기제 등을 구체적으로 제안했다. 홍근수 목사는 ≪향린소식≫ 1988년 제11호(12월 4일 발간) 담임목사 칼럼을 통해 교회 민주화에 대한 신학적 근거를 제시했다. 그는, 교회가 여러 지체를 가진 그리스도의 몸이라 할 때 그것은 '다양성 안에서의 일체성'과 '일체성 안에서의 다양성'을 동시에 구현하는 것이라고 말하고, 이를 실현하기 위해서는 교인 개개인이 모두 '비범한 가능성'을 지닌 사람이라는 점을 받아들여야 한다고 말했다.

이러한 제안을 바탕으로 청년남신도회를 비롯해 각 신도회 단위로 교회 민주화에 대한 논의를 발전시켜 나갔다. 교회 민주화와 관련된 각 신도회의 구체적인 요구는, 첫째로 각계각층의 교인들이 참여하여 목회의 방향을 결정할 수 있는 협의기구의 결성, 둘째로 인사문제를 처리함에서 민주적 과정을 거칠 것 등으로 요약될 수 있었다. 이에 따라 당회는 1988년 11월에 열린 연말당회에서 신도회들의 건의를 받아들여 평신도 협의기구인 '목회협의회'를 설치하기로 했고, 당회에서 임명하던 각 부장과 위원장을 해당 부서에서 직접 선출하기로 했다. 목회협의회 신설로 교회 내의 민주화를 위한 제도적 장치가 첫발을 내딛게 된 것이다.

하지만 목회협의회는 평신도의 대표가 교회 전반적인 사항을 함께 논의할 수 있는 기구라는 면에서 큰 의의가 있었으나 1년에 2~3회 모이는 정도에 불과했고, 의사결정 기구가 아니었기에 정보를 공유하거나 당회 또는 목회실에 의견을 전달하는 수준에 머무를 수밖에 없었다.

2) 의결 기구로의 진화를 위한 과정: 목회위원회

이러한 상황에서 1993년 5월에 발표한 교회갱신선언에서는 "당회의 민주화와 병행하여 당회와 별도로 교회의 의사결정 과정에 일반 교인들의 민주적 참여를 보장하기 위한 새로운 조직을 두어 운영"하는 '목회위원회'를 두어 "인사, 행정, 재정, 교육과 선교 등과 같은 교회생활에서의 일반적인 문제들을 관장"하도록 한다는 매우 파격적인 내용을 담은 목회위원회를 제안했다. 이와 더불어 당회의 역할을 "성례 주관, 교리 해석, 각 기관의 지도·감독, 권징과 해벌, 선교와 목회정책의 기획과 입안 등의 사항에 제한"된다고 명시했으며 이로써 교회는 당회와 목회위원회라는 이원구조를 가진다고 설명했다. 이 선언서는 이듬해 발표된 '실천결의문'에서 구체화되어 실행되기에 이른다. 하지만 실천결의문에서는 '선언문'의 파격적인 내용이 다소 완화되었고 현실적인 문제를 고려하여 그 위상을 재정리했다. 목회위원회의 역할 중 '인사'는 제외되었으며, '관장'이라는 표현은 "교인들의 의견을 널리 제도적으로 수렴하여 목회에 반영"하는 것으로 조정되었다. 이는 향린교회의 독자적인 정관이 없는 상태에서 기장 헌법상 목회위원회는 임의조직의 위상을 가질 수밖에 없고, 설사 의결권을 가진다 해도 내부적으로 용인되는 것일 뿐 법적·제도적 효력을 갖는 것은 아니었기 때문이다. 그렇기에 목회위원회는 "당회와 제직회와의 협력과 그 위임 아래 목회의 제반 사항을 제안·심의·의결할 수 있다"라고 한계를 분명히 했다.

목회위원회 시행 첫 해인 1995년에는 10번에 걸쳐 모여 의욕적으로 교회의 많은 사안들을 논의했다. 신도회 연령 조정, 전교인 야외예배, 금평교회 자매결연 예배, 사회부 산하 의료선교위원회 신설, 각 신도회별 장로 후보자 논의 공식화, 장로·목회자 임기제, 구역헌신예배 신설 등 다양한 사안을 논의했으며 결정된 내용이 실행으로 이어졌다. 하지만 이듬해는 8번, 그다음 해는 5번으로 모이는 횟수도 줄어들고 논의되는 내용의 폭도 줄어들었다. 오전 10시에 모임을 가졌으니 회의 시간도 길어야 1시간 정도에 불과했다. 목회위원회의 위상이 낮아지자 1997년 말에는 '목회위원회 규약'을 제정해 1998년부터 시행했다. 당회의 승인을 얻어 시행된 이 규약은 목회위원회가 재정, 선교, 교회 민주화, 신도회와 부서 의견 수렴, 그리고 제직회와 당회가 위임한 사안을 심의해 그 내용을 당회와 제직회에 보고하는 역할을 하도록 규정했다. 이 규약의 내용은 목회위원회를 태동시킨 교회갱신선언이나 실천선언문의 내용에서 후퇴한 것이었다. 이는 형식으로서의 제도적 장치가 거기에 담고자 하는 내용을 자동으로 채워주지는 못한다는 것을 확인시켜주는 것이었다.

규약에 따라 1998~2001년에는 1년에 6번 정기회의를 가지면서 큰 변화 없이 목회위원회가 운영되었다. 2000년부터는 회의 시간도 예배 후 오후 1시로 옮겨 보다 탄력 있게 회의를 운영할 수 있게 되었다. 위원회의 구성원에 담임목사가 빠지고 부목사만 참석하는 것은 앞선 목회협의회와 마찬가지였는데 이는 장단점이 있었다. 평신도들이 보다 자유롭게 의견을 개진할 수 있는 분위기를 마련한다는 측면은 장점이었지만, 논의되고 결정된 사안의 실효성이나 비중이 떨어진다는 단점도 가지고 있었다. 목회위원회가 제도적으로는 단순한 논의기구였고, 그 역할도 당회와 제직회에 보고하고 건의하는 것에 한정되어 있었지만 교회의 여러 문제를 폭넓게 다루는 가운데 구성원들이 교회 전체를 바라볼 수 있는 안목을 가질 수 있게 됨에 따라 평신도목회 역량을 강화시키는 데 큰 역할을 했다. 또한 목회위원회가 자리 잡아갈 수 있었던 것은 기존의 '권력'인 목회자와 당회가 스스로 자신들의 권한을 줄이고 목회위원회에 역할을 부여한 측면도 컸다. 평신도의 역할을 강화하려는 목회위원회의 움직임을 목회자와 당회가 견제하기보다는 이를 받아들이고 지원했기에 목회위원회가 자기 역할을 해나갈 수 있었다.

3) 정관 제정을 통한 제도적 정착

2002년 이후 새로운 변화가 시작되었다. 교회의 정관 제정의 산파 역할을 하게 될 교회갱신실천위원회가 목회위원회의 제안으로 제직회 산하에 구성되었다. 이 위원회는 당회와 목회위원회, 각 신도회 대표 각 1명씩 총 10명으로 구성되었다. 이 위원회는 약 8년 전에 선포한 교회갱신의 과제들이 제대로 이루어졌는지를 점검하는 것이 목적이었다. 위원회가 내린 결론의 하나는 교회 정관의 필요성이었다. 그 결과 2004년 10월 제직회가 정관제정소위원회를 구성함에 따라 교회의 민주화와 관련된 모든 사안이 정관 제정을 둘러싼 논의로 집중하게 되었다. 정관은 12차례의 소위원회 회의, 공청회, 당회와의 연석회의를 거쳐 제직회 검토 후 공동의회에 상정되었고 2005년 5월에서 8월까지 매월 한 차례씩 네 번의 임시 공동의회가 열리면서 오랜 논의와 산고를 겪은 끝에 8월 21일 마침내 의결되었다.

정관 제정 과정에서 교인들 사이에 몇 가지 중요한 시각과 입장의 차이가 있었다. 우선 정관제정의 필요성 자체를 인정하지 않는 입장과 교단 총회 헌법과 위배되는 내용에 대한 우려가 표명됐다. 이에 대해 담임목회자인 조헌정 목사는 설교를 통해 "정관제정의 이유는 분명합니다. …… 현재 (한국 사회에서) 교회를 떠난 청년세대가 가장 비판하고 있는 부분이 교회 지도층, 곧 당회의 폐쇄성입니다. …… 이미 우리 교회는 10년 전부터 목사·장로 7년 임기제를 실시하고 있습니다. 그리고 여기에서 한발 더 나가서 현재 정관은 당회를 그대로 존속하면서 운영위원회라는 새로운 조직을 만들어 교회의 전 기구와 부서의 대표들이 함께 참여하도록 하고 있습니다"라고 하면서 한국 교회 전체의 문제를 바라보는 관점에서 교회 민주화의 필요성과 당위성을 강조했다.[1] 총회 헌법에 위배된다는 주장과 우려에 대해서는 "어느 교회도 총회 법을 100% 다 지키는 교회는 없습니다. 또 총회 헌법이나 노회 규례가 우리가 따라야 할 법이기는 하지만, 절대적은 아닙니다. 제가 보기에는 잘못된 법도 많습니다. …… 우리 교회는 장로·목사 임기제를 실시하고 있어 이미 총회 헌법을 위배하고 있는 것은 사실입니다. 그러나 이를 단순한 위배라고 보기 힘든 것은 이미 총회도 여러 차례 이를 법으로 정하기 위해 노력하고 있다는 것입니다"라면서 총회 헌법도 개혁되어야 하며 변화되는 과정에 있는 것임을 강조했다.

두 번째 중요한 입장의 차이는 목회운영위원회에 의결권을 부여하는 것에 대해서였다. 목회운영위원회의 의결권은 정관의 가장 핵심적인 문제의 하나였다. 또한 이는 당회와 목회운영위원회의 위상과 역할의 조정에 대한 의견의 차이를 포함하는 것이기도 했다. 교회의 민주화를 위해 교회의 다양한 구성원이 교회 운영에 참여하고 그에 적합한 권한과 역할을 부여하고자 하는 근본적인 문제의식은 두 가지 방향으로 논의되었다. 하나는 당회 구성원의 다양화와 확장을 통한 방향이었고, 다른 하나는 별도의 목회운영위원회에 의결권을 부여하여 당회의 많은 권한을 목회운영위원회에 이관하는 방향이었다. 정관 제정 과정에서 처음에는 당회를 개혁하고 확대하는 방안도 유력하게 검토했으나 한국 교회의 일반 교인들이 '장로'라는 직함에 대해 가진 선입견을 극복하기 어렵다는 판단에 따라 결국 목회운영위원회를 새롭게 구성하는 방안으로 진로를 잡았다.

교인의 치리라는 법적인 부분에서는 당회와 제직회의 권한을 인정하고 있지만, 실제 교회 운영 면에서는 당회원과 교회 내 평신도 지도자들이 모두 참여하는 '목회운영위원회'를 새롭게 구성하도록 했다. 목회운영위원회는 10년 전부터 이미 운영되고 있던 평신도 중심의 목회위원회의 권한

---

1 조헌정, "개혁은 부수는 것이 아닌 덧붙이는 길", 2005.6.19 하늘뜻펴기 중에서.

을 대폭 강화한 것이었다. 목회운영위원회는 2년 임기제로 당회원의 절반, 각 신도회와 각 부서의 대표, 그리고 목회자들로 구성되었다. 목회운영위원이 되려면 각 기관 회원의 비밀투표에서 3분의 2 이상의 지지를 얻어야 했고 공동의회에서 인준하도록 했다. 이처럼 당회 권한의 대폭적인 이양으로 결론이 나자 이에 반발하는 목소리도 있었다. 이에 대해 조헌정 목사는 "교회 목회에는 크게 두 가지가 있습니다. 하나는 사람을 세우고 섬기는 사람목회가 있고 교회 건물을 지켜나가고 여러 부서의 담당한 일들을 운영하고 감독하는 사역과 행정의 목회가 있습니다. 지금까지 명목상으로 당회는 이 두 가지를 담당해왔습니다. 그리하여 어느 하나도 제대로 행하지 못했습니다. 이제 새로운 정관 제정과 더불어 운영위원회에는 사역목회를 맡기고 당회는 사람목회를 하십시다. 이것이 본래 성서가 증언하는 장로님들의 역할입니다"라고 하면서 당회 권한의 축소에 반발하는 일부 교인들을 설득했다.[2]

목회운영위원회의 핵심적인 내용은 교회 업무를 실제로 집행하는 각 주체(목회실, 당회, 제직회의 각 부서)와 다양한 교인들의 의사를 반영하는 신도회 대표를 중심으로 운영위원회를 구성하여, 말 그대로 일상적인 교회의 운영 업무에 대해 논의하고 의결하고 집행하는 조직 구조를 만든 것이었다. 이는 교회갱신선언서의 '교회의 민주적 운영'에 해당하는 내용으로 입법, 사법, 행정을 구분하여 본다면, 행정 업무 중 인사권을 제외한 일상적인 업무가 모두 포함되었다.

정관 제정 과정은 교회의 다양한 의견과 입장의 차이가 크게 부각될 수밖에 없었기에 많은 어려움과 대립의 과정이 있었다. 교인들 사이에 드러

---

2 조헌정, '개혁은 부수는 것이 아닌 덧붙이는 길', 2005.6.19 하늘뜻펴기 중에서.

난 의견의 대립은 정관 제정 이후에 열린 ≪향린≫지 좌담회에서도 간접적으로 표현되었다. "결정된 의사결정에 대해 다소 마음에 들지 않더라도 승복하는 자세"가 필요하다면서 "감정적으로 …… 장외에서 의견대립을 드러내는 것은 곤란하다"는 말도 나왔으며, "어떤 안건이 통과된 후, 이로 인해 뒤에서 상처받은 사람들이 있었다면 통과된 안건을 이해시키려는 노력이 있어야 할 것"이라는 말도 나왔다.[3] 정관 제정 과정에 나타난 교인 간의 갈등과 긴장에 대해 부목사로서 정관제정소위원회 위원으로 참여했던 임보라 목사는 설교를 통해 "교회 정관 제정 작업은 예수를 따라 나선 우리들의 공동체가 어떻게 하면 보다 더 예수의 삶에 근접하게 세워져 나갈 수 있을까에 대한 고민이라고 생각합니다. 갈등을 조장하여 분열을 일으키기 위함이 아닙니다. 이 정관을 통해 누군가는 득세하고 누군가는 내쳐지는 것이 아닙니다. 오히려 이 과정은 예수의 삶이 어떤 것이었는지를, 우리는 그를 따라 어떻게 살아가고 있는지를 끊임없이 되돌아보는 과정이 되어야 합니다 때문에 창조적인 갈등과 긴장 상태는 있을 수 있습니다"라고 설명했다.[4]

정관에는 목회운영위원회뿐만 아니라 다른 중요한 민주적 장치들이 포함되어 있었다. 당시까지 장로에게만 적용되던 6년 임기제를 담임목사에게도 적용했으며, 담임목사의 연임은 중임으로 제한했다. 이에 대해 당사자인 조헌정 목사는 "이 부분은 실상 신학, 성서적으로 많은 논란을 불러일으킬 수 있는 문제이고 내 자신으로서도 63세에 은퇴해야 하는 현실적인 문제가 있지만 그럼에도 불구하고 담임목사 종신제와 70세 은퇴로 인

---

3 「좌담회: 교회와 목회 운영, 어떻게 할 것인가?」, ≪향린≫, 제44호(2005년 가을), 10쪽.
4 임보라, "진리의 성령이 오시면", 2005.5.22.

하여 많은 문제를 야기하고 있는 한국 교회에 도전이 되리라"라고 하면서 "한국 교회의 목사님들의 독재와 전횡을 막기 위한 좋은 본보기가 될 것" 이라고 밝혔다.[5] 담임목사의 권한을 제한하는 또 다른 요소는 부목사의 입지를 보장하고 강화하는 것이었다. 한국 교회에서 부목사는 1년 임기, 비당회원, 담임목사와 더불어 진퇴가 결정되는 일명 '부목사 순장제' 등이 관행으로 되어 있어 부목사는 담임목사의 '수족'으로 여겨질 수밖에 없었다. 향린교회는 부목사에 대해 이미 3년의 임기를 보장했고 당회원 자격을 부여해왔지만, 여기에 담임목사에 준하는 안식년제를 새롭게 추가했으며 이러한 위상의 변화를 제도적으로 보장하기 위해 부목사의 경우에도 청빙위원회를 구성해 청빙토록 했다. 이에 대해 조헌정 목사는 "부목사는 담임목사와 기능상의 차이만 있을 따름이지 다른 차별은 있어서는 안 된다고 생각하고 있으며 임기와 청빙에 따른 모든 절차도 담임목사와 같아야 한다고 믿습니다"라고 밝혔다.[6] 아울러 담임목사가 교회의 모든 중요한 직책을 겸임하도록 하는 관례를 깨고 목회운영위원장, 제직회장을 평신도 중에서 뽑도록 한 것도 중요한 변화의 하나였다.

목회자(특히 담임목사)와 당회의 권한을 제한하거나 대폭 목회운영위원회로 이관하고 평신도의 역할을 크게 강화한 정관의 제정으로 향린교회의 민주적 운영은 새로운 국면을 맞게 되었다. 지금까지 교회 민주화를 위한 제도적 장치, 즉 '형식'을 만들어내는 일이 중요한 과제였다면 그 뒤에는 만들어진 형식에 질적인 '내용'을 채우는 것이 중요한 과제가 되었다. 이는 목회운영위원회를 통해 평신도들이 얼마나 주체적으로 교회의 운영에

---

5 「2006년 공동의회자료집」, 8쪽.
6 ≪예배와 친교≫, 2005.8.28. "목회자코너: 정관 제정의 의의".

향린교회가 정관을 통해 민주적 제도를 정착시키고 있다고 해도 그것이 곧 교회의 민주적 운영과 인간관계에서의 민주적이고 평등한 소통을 보장해주는 것은 아니다. 결국 '참여'의 문제를 해결하지 않으면 민주주의가 제대로 이루어진다고 이야기할 수 없다. 2012년 11월 공동의회에서 발언하는 교인들, 그리고 장로 선출을 위한 투표 후 개표가 진행 중인 모습.

참여하는가의 문제였으며, 대의제도로서의 목회운영위원회를 통해 전체 교인과의 소통이 얼마나 원활히 이루어지는가의 문제이기도 했다. 또한 위원 개개인들이 평신도 지도자로서의 목회 역량을 어떻게 강화하고 발전시켜 나가는가, 교회의 운영에 대해 얼마나 책임감을 가지고 참여하는가, 그리고 실제 교회 운영이 얼마나 내실 있게 채워지는가의 문제이기도 했다.

당시 한국 교회에서는 목회운영위원회와 비슷한 조직들이 몇몇 진보적인 교회에서도 나타나기 시작했으나 교회의 일반적인 조직 구조상에 정확한 위치를 잡지 못하고 있었고 대부분 실험적으로 운영되고 있는 상태였다. 하지만 향린교회에서는 비록 심의기구로서의 한계가 있었지만 11년간 지속된 목회위원회의 경험이 있었기에, 정관으로 새롭게 의결기구가 된 목회운영위원회의 정착에 큰 도움이 되었다. 2013년으로 출범 후 8년째를 맞는 목회운영위원회 활동의 외형적인 모습은 괄목할 만한 것이었다. 8년간 단 한 차례도 매월 열리는 정기회의를 건너뛴 경우가 없으며, 총 22~24명의 목운위원은 평균 70%를 넘어서는 비교적 높은 참석률을 기록했고, 회의 시간은 평균 2시간을 넘어섰으며, 회의록은 그 어떤 조직보다도 꼼꼼하게 정리되어왔고, 정관상 목회운영위원회에 위임된 사안에 대해 빠짐없이 의결권을 행사해왔다. 하지만 향린교회 정기당회의 경우 참석률이 90% 이상이며 불참자의 경우 회의록에 그 사유가 기록되는 것에 비교한다면 목운위원들의 책임성은 당회 구성원에 비해 현저히 떨어진다는 것을 부인할 수는 없다.

4) 새 부대에 담을 새 술이 있는가?: 목회운영위원회의 역할

2005년 12월 첫 목회운영위원회에서는 목회운영위원 신앙고백문을 작성했는데 이는 현재까지도 매번 회의 때마다 함께 낭독·고백하는 절차를 통해 회의에 임하는 위원들의 마음 자세를 가다듬도록 하고 있다. 이 고백문은 "각자 속한 부서와 신도회의 충성스런 입이 되고, 타 부서와 타 신도회의 의견을 존중하는 귀가 되며, 온 교회의 다양성을 아우르는 팔"이 되겠다는 내용으로서 대의기구의 역할과 합의기구의 역할에 필요한 위원들의 자세를 잘 담고 있다.

목회운영위원회는 목회와 재정 등에 걸쳐 폭넓은 영역을 의제로 다루면서 심의, 의결을 했지만 의제의 상당 부분은 목회실에서 제출한 것이었다. 목회운영위원회 스스로 주도적으로 교회 운영과 목회에서 자신의 역할을 담당했다기보다 목회실에서 목회운영위원회의 역할을 높이기 위해 의도적으로 협력하고 지원했다. 의제를 주도적으로 이끌지 못하는 한계는 지속되는 문제로 남아 있다.

2008년에는 특별히 기존의 부서, 신도회와 이를 대표하는 목회운영위원회 간의 관계 문제가 두드러졌다. 이에 대해 3년째 목운위원으로 참여한 한 청년 대표는 "평신도들이 교회의 운영 주체로서 '주장'을 내세우면서 실제로는 책임 있게 실행하지 않는 나쁜 결과가 나올 수 있다"고 하며 그럴 경우 "일도 진행되지 않고 민주적인 의사 결정도 되지 않게" 된다고 경고하면서 "목회운영위원회는 운영위원들이 잘하는 것도 중요하지만, 그 바탕이 되는 부서와 신도회의 활동이 활성화되는 것이 중요하다"고 주장했다.[7] 목회운영위원회가 전체 교인들의 의사를 대변하는 대의제 기능을 제대로 하고 있는가에 대한 지적이었으며 이는 현재까지도 매우 중요한 과제다.

2009년에는 몇몇 의제에 대해 운영위원의 의견이 명확히 나뉘면서 표결에 의해 처리되는 경우가 종종 나타나기 시작했다. 다른 한편 목회운영위원회가 심혈을 기울여 추진한 사안이 공동의회에서 부결되는 경우도 나타났다. 2009년에 가장 중요했던 문제는 향린동산 별도부지의 매각 건으

---

7 「2009년 공동의회자료집」, 33쪽.

로 이는 당회, 당회 내의 장기발전위원회, 목회운영위원회, 그리고 매각소위원회의 오랜 논의 과정을 거쳐 공동의회에 상정되었으나 결국 부결됐다. 이는 향린교회의 공동의회가, 준비된 안건을 단지 의례적으로 승인하는 기구가 아니라 교인들의 의사를 최종적으로 결정하는 기관임을 확인시켜주는 계기가 되었다. 하지만 교회 내의 여러 기구에서 오랜 동안 논의된 사안이 교인의 다수에 의해 부결된 일은 교회 각종 조직의 지도력과 대의제 기능의 한계를 드러낸 것이었다. 특히 목회운영위원회는 논의되고 결정된 사항을 소속 부서와 신도회에 설명하고 설득해야 하는 역할을 해야 한다는 측면에서 목회운영위원회 기능과 역할에 대한 반성을 촉발시켰다. 하지만 이 일은 그 후 당회나 목회운영위원회가 논의와 의결에서 교인 전체의 의사를 파악하고 반영하도록 하는 대의제 민주주의의 건강한 긴장관계를 조성했다.

2012년의 목회운영위원회는 예년의 일반적인 과제 이외에 몇 가지 중요한 사안을 처리해야 했다. 그중 향린동산 별도부지 매각과 그 매각 대금의 처리에 관해서는 사안이 복잡하고 교인 간의 의견도 다양하여 어렵고 긴 논의 기간을 거쳐야 했다. 특히 매각 대금 중 분가교회에 지원하는 액수에 대해서는 의견의 차이가 컸고 서로 다른 의견을 중심으로 첨예한 대립이 있었기에 목회운영위원회 회의에서도 심각하게 논의되었다. 최종안을 마련하는 과정에서 신도회의 의견을 받아 이를 취합해 당회에 보고하는 절차를 거쳤는데, 이 과정은 목회운영위원회가 신도회 의견의 대표성을 어느 정도 담고 있는가를 확인하는 시금석이 되었다. 예년에 비해 목회운영위원회가 매우 힘들고 복잡한 논의 과정을 거치면서 첨예하게 나뉘는 의견들 가운데서도 필요한 결정을 해나가야 했다. 이 과정을 겪은 후 목회운영위원장은 "목회운영위원회는 각 신도회의 백출하는 의견들이 모이는 저수지 같은 곳"이었다면서 "때로는 조화롭게, 때로는 파열음을 내며 의견들이 모이고 부딪치고 융합"되었다고 술회했다.[8] 비록 향린교회가 중요한 사안에 대해 하나의 목소리로 합의를 이루는 데는 미치지 못했지만, 이러한 과정을 통해 교회가 정해진 민주적 절차에 따라 결정을 해나가는 경험이 축적되었다.

2013년으로 8년째를 맞는 목회운영위원회는 그동안의 축적된 경험도 적지 않으며, 교회 내에서 당회와 더불어 중요한 상설적 의결기구로서의 위상을 분명하게 부각시켰다는 성과도 있었지만 여러 가지 문제점도 노출했다. 현재까지 모두 5명의 목회운영위원회 위원장이 선출되었으나 이 중 여성은 한 명도 없었으며 초대 위원장이 당시 집사였던 것을 제외하고는 모두 장로가 위원장으로 선출되었다. 목회운영위원회를 1년 이상 경험한 교인(목회자 포함)의 수는 총 82명(2013년 포함)으로 적지 않은 인원이 목회운영위원회를 거쳐갔다. 부서와 신도회 대표가 목회운영위원회 구성의 중심이었지만 실제 중요한 의안을 제출하는 것은 대부분 목회실과 당회인 경우가 많았다. 목회운영위원회가 폭넓게 교회의 각종 현안을 다루기는 했으나 중요한 사안에 대해서는 당회에서 이미 논의되고 이루어진 일을 목회운영위원회가 따라가는 형태로 진행되는 경우도 많았다. 또한 대부분의 사안이 심도 깊은 논의로 진행되기보다는 각 부서에서 이루어진 내용이 보고되는 형태가 많았고 이러한 보고를 목운위원들이 충분히 공유하여 신도회와 부서에 확산시키는 노력도 부족했다. 결국 목회운영위원 개개인이 향린교회의 '목회' 담당자로서의 책임과 역할을 가지는 데 한계가 있다는 점, 운영위원과 그를 선출한 단위조직의 대의 관계가 제대로 정립되지 않아 목회운영위원회 결정 사항의 확산에 한계가 있다는 점 등을 숙

---

8 「2013년 공동의회자료집」, 40쪽.

제로 안고 있다.

　이러한 한계에도 불구하고 향린교회 목회운영위원회는 실험적 단계를 지나 이제는 교회 내에서 중요한 의결기구라는 위상을 확보한 성숙 단계에 있다고 볼 수 있다. 출범 당시 형식적인 기구로 전락될 수도 있다는 우려를 충분히 불식한 것이다. 무엇보다 교회의 중요한 현안들이 다양한 조직의 대표들이 모인 자리에서 일상적으로 논의되고 공론화된다는 점은 결코 무시할 수 없는 중요한 성과다.

민주주의의 꽃은 '참여'

　앞 절에서 살펴본 목회운영위원회의 탄생과 과정은 민주주의를 구성하는 하나의 축에 대한 것이다. 권력의 분산과 제한, 대의제를 통한 의사결정, 법(정관)을 통한 운영 등 제도적인 측면에 대한 내용이었다. 그러나 민주주의를 구성하는 보다 중요하고 본질적인 측면은 공동체 구성원의 보편적 평등성의 실현과 구성원들 사이에서 이루어지는 소통과 참여의 문화다. 하지만 이것은 아무리 제도적으로 잘 정비하더라도 저절로 만들어지는 것은 아니다. 여기에는 단순히 제도적 개혁으로 뛰어넘기 어려운 정신, 태도, 관습, 문화 등이 가로놓여 있다.

　그런 의미에서 향린교회의 민주주의는 근본적인 한계를 가지고 있다. 그것은 한국 사회의 보편적인 구성원들이 민주적 소통이나 민주적 의사결정 또는 그에 따르는 책임 등에 익숙해 있지 않다는 사실에 따른 것이다. 한국의 민주주의 '제도'는 획득되었다기보다 주어진 것이다. 흔히 정치의 비민주성을 누구든지 신랄하게 이야기하지만 사실 한국 사회 전체를 놓고 보면 정치는 과잉 민주화되어 있다고 말하는 것이 타당할지도 모른다. 정치 이외의 우리 삶의 다른 영역을 둘러보면 민주주의의 실현은 정치 부문에 비해서도 턱없이 부족한 경우가 태반이기 때문이다. 향린교회에 비교적 진보적인 정치의식을 가진 사람들이 많이 있다고 해서 큰 차이가 있는 것은 아니다. 진보적 정치의식은 때로는 민주적 소통을 방해하기도 한다. 향린교회가 정관을 통해 민주적 제도를 정착시키고 있다고 해도 그것이 곧 교회의 민주적 운영과 인간관계에서의 민주적이고 평등한 소통을 보장해주는 것은 아니다.

민주주의는 그것이 잘 운영이 되든 그렇지 않든 늘 '시끄러움'과 '불편함'을 동반하기 마련이다. 의견의 차이에 따른 활발한 토론과 소통은 '시끄러움'을 야기하고, 이러한 과정은 교회 공동체 구성원들이 일반적으로 교회에서 기대하는 분위기와는 사뭇 다르기에 '불편함'을 초래한다. 향린교회에서 교인들의 관심사가 집중된 사안 하나하나를 결정할 때마다 다양한 의견이 표출된다. 그리고 서로 다른 의견을 가진 사람들이 소통하는 일에 대부분은 익숙하시가 않다. 대립된 의견의 나눔은 몇 발자국 안 나가 금방 감정의 상처를 남기기 십상이다. 이러한 점들은 제도만으로 해결되는 것이 아니다. 민주주의의 과정에서 따라오기 마련인 '시끄러움'과 '불편함'을 교회 공동체가 받아들이는 것은 결코 쉬운 일이 아니며 향린교회도 여전히 학습 중에 있다고 할 수 있다.

또한 민주주의는 늘 참여의 결핍에 시달린다. 특히 '권력'이 달콤한 꿀을 제공하기보다는 공동체에 대한 책임과 의무가 강조될 수밖에 없는 조직에서는 참여의 문제는 곧 민주주의의 핵심적인 문제가 된다. 참여의 결핍은 종종 일부 적극적이고 지도적인 위치에 있는 사람들의 전횡으로 그 민주주의의 앙상함으로 드러내기도 한다. 결국 '참여'의 문제를 해결하지 않으면 민주주의가 제대로 이루어진다고 이야기할 수가 없다.

담임목사 조헌정 목사는 이를 '평신도목회(생활목회)'라는 화두를 통해 이루어 나가려 했다. 이는 '평신도교회'라는 창립정신을 보다 확장시키고 발전시킨 것이다. 이에 대해 조헌정 목사는 다음과 같이 말했다.

> 평신도가 교회의 주인이 되고 목회의 주체가 되어야 한다. 향린교회의 설립 목적의 하나이기도 한 이 평신도목회는 예수 운동의 핵심이며 성서의 근본 명령이며 미래의 한국 교회의 사활이 걸려 있는 가장 중요한 일이다.
>
> 500년 전 유럽에서 일어난 교회개혁운동이 성서를 일반신도에게 돌려주는 신앙회복운동이었다면, 이제 우리에게 필요한 교회개혁운동은 목회를 일반 신도에게 돌려주는 일이다. 특히 한국 교회는 교회라는 영역 안에서 목사들이 하는 일만이 목회라고 하는 잘못된 생각이 너무나도 뿌리깊게 심어져 있다. 이는 성서의 근본정신에도 어긋나는 일이거니와 하느님 나라 복음을 선포하셨던 예수님의 뜻과도 어긋난 일이다. 또한 향린교회의 창립목적 중의 하나도 바로 일반 신도들이야말로 목회의 주체임을 선포하고 있다.

이러한 주장을 근거로 조헌정 목사는 제도로서의 교회 민주주의를 실제 내용적으로 구성할 평신도의 주체성과 참여를 이끌어내기 위해 다양한 노력을 기울였다. 그중에는 일반인의 눈에 큰 의미 없이 받아넘길 수도 있지만 신학적으로는 매우 혁명적인 내용도 포함되었다. 목사만의 고유한 권한이었던 세례, 축도, 설교 등을 모두 평신도에게 개방했다. 세례를 주는 주체를 '내(목사)'가 아니라 '우리(공동체 전체)'로 확장했고, 축도도 교인 모두가 공동으로 했으며, 평신도가 주일 예배의 설교를 할 수 있도록 했을 뿐만 아니라 설교를 일방향이 아니라 양방향 커뮤니케이션으로 이루어질 수 있도록 노력했다. 아울러 평신도가 목회의 주체가 될 수 있도록 다양한 프로그램을 만들어 추진했다. 일부 프로그램은 별 성과를 내지 못하기도 했지만 지속적인 노력과 더불어 설교 등을 통해 끊임없이 강조되는 내용을 통해 향린교회 교인들은 이제 교인 개개인이 목회의 주체임을 조금씩 자각하고 있다.

이러한 눈에 보이는 변화와 노력보다도 향린교회 교인들의 평신도목회에 대한 자각은 목회자들의 스스로 낮아짐을 통해 이뤄졌다. 교회에서의 평신도목회 역량의 강화는 평신도가 높아지는 일만으로 이뤄지지 않는다. 평신도가 높아지지만 목회자가 더 높아진다면 결국 평신도는 목회자의 역량에 의존하게 된다. 민주적으로 운영되는 교회라지만 실상을 보면 목회자의 카리스마에 의존하는 경우가 종종 있다. 향린교회의 목회자들은 자신들의 전문적인 목회 역량을 최대한 발휘하는 가운데 스스로 낮아져 평신도와 수평적인 관계를 맺어나갔다. 이것은 말처럼 고상하거나 조화롭고 아름다운 것만은 아니었다. 교회에서 불편한 일이나 불협화음이 나올 때마다 목회사의 카리스마적 지도력을 요구하는 것은 어떻게 보면 당연한 일이기도 하다. 이러한 요구에도 불구하고 평신도목회 역량을 통해 문제를 풀어나가려는 노력에는 그에 수반되는 아픔과 고통이 따르기 마련이다.

현재의 향린교회는 쉽게 체감되지도 않고, 그 중요성이 잘 인식되지도 않지만 매우 중요한 혁명적 실험을 하고 있는지도 모른다. 조헌정 목사에게 평신도목회의 구현은 '하면 좋은' 그런 성격의 문제가 아니라 한국 교회가 나가야 할 절체절명의 과제다. 조헌정 목사에게 평신도교회는 '목회자가 없는'이라는 소극적 의미로서의 평신도교회가 아니라, 목회자가 있건 없건 평신도가 교회의 주인이 되어 민주적으로 참여하고 운영하는 공동체로서의 평신도교회를 말한다. 이 경우 목회자들은 평신도들과 함께 하느님 나라 운동에 동참하는 동지가 된다. 목회자는 오랜 수련과 교육과 자기 헌신을 통해 획득되는 고유한 전문성을 갖고 있다. 이러한 전문성은 아무 평신도나 쉽게 대신할 수 있는 그런 성질의 것은 분명 아니다. 그러나 그러한 전문성을 평신도교회의 수평적 관계를 전제로 하여 역할의 차이를 가져다주는 전문성으로 받아들일지, 아니면 평신도와는 질적으로 구분되는 수직적 관계를 형성하는 전문성으로 받아들일지는 완전히 다른 것이다.

강력한 카리스마적 지도력을 가진 목회자가 계몽군주처럼 엄호 역할을 해주며 교회의 민주적 운영을 보호·육성할 때 그 교회의 민주주의는 너무나 잘 이루어지는 듯이 보일 것이다. 하지만 그러한 지도력이 한계에 달하거나 아니면 민주적 요구가 '계몽군주' 자체에 대해 의구심을 가지는 수준에 도달하면 민주주의의 허약한 토대를 적나라하게 드러내기 마련이다. 향린교회의 민주주의는 분명 아래로부터 교인 스스로의 경험을 통한 자각과 노력과 헌신을 통해 오랜 기간을 거쳐 이뤄진 것이다. 그러나 또 다른 측면에서 본다면 그것은 그동안의 목회자들이 민주주의에 대한 의식을 공감했을 뿐만 아니라 어떤 면에서는 더욱 앞선 민주적 의식과 지향을 가졌기에 가능했다고도 볼 수 있다.

지금까지의 향린교회의 민주주의는 평신도들이 '교회의 주인'임을 자각시키는 것이었다고 볼 수 있다. 이는 제도적 측면이 강한 것이었으며, 권리를 주장하는 내용이 많았다. 이에 비해 조헌정 목사가 강조하는 '목회의 주체'는 그것을 뛰어넘어 하느님 나라 운동을 위한 동반자적 참여를 내용으로 하는 것으로 책임과 의무를 수반하는 것이다. 권리의 자각은 쉬워도 책임을 함께 지는 일은 결코 쉬운 일이 아니다. 이것이 향린교회 민주주의의 앞에 가로놓인 과제다. 현재 향린교회가 걸어가고 있는 평신도교회, 평신도목회를 향한 조용한 혁명의 길은 과연 성공할 수 있을까?

이 땅에서 예수의 제자로 살기 위하여

향린의 교육

한문덕 향린교회 부목사

들어가는 말

교육학의 첫 수업시간, 교수님은 강의를 시작하면서 이렇게 질문을 던졌다. "교육이란 무엇인가?" 식물이나 다른 동물과 달리 사람은 인간만의 사회와 문명을 건설했고, 한 개인이 이 사회와 문명에 적응하여 생존을 유지하려면 배움은 필수적이다. 그래서 나는 교육이란 사람이 사람답게 살수 있도록 이전 세대가 다음 세대를 도와주는 모든 행위라고 생각하면서 교수님을 바라보았다. 그때 교수님의 입에서 나온 교육의 정의는 이런 것이었다.

"바람직한 인간행동의 변화를 위한 체계적인 기획과 실행!" 지금까지나는 교육을 생각할 때마다 이 정의를 머리에 떠올리게 된다. "바람직한인간 행동의 변화"라……. '바람직'하다는 것은 무엇인지, 어떻게 해야 '인간 행동'이 '변화'하는지, 그것을 위한 '기획과 실행'은 어떠해야 하는지, 정의는 간결하지만 결코 쉬운 문제가 아니다.

그렇다면 교회에서는 어떤 교육이 이루어져야 하는가? 교회교육, 더 나아가 기독교 교육의 목표와 내용은 무엇이며 방법은 어떠해야 하는가? 기독교 교육학자에 따르면 기독교 교육이란 '기독교의 핵심 사상과 전통을 단순히 인지적·정서적 차원에서 전수하는 행위가 아니라, 신앙고백적 내용과 일치되는 삶의 형태를 행동적 차원에서 구별하도록 도와주고 그 실천을 격려하는 체계적인 교육활동'이라고 할 수 있다.[1] 이 정의에 따르면 기독교 교육과 교회교육은 우선 신앙고백이 전제되어야 하고, 그에 일치하는 삶이 무엇인가를 파악하도록 돕고, 또 그렇게 배워 깨달은 대로 실천할 수 있도록 격려하는 체계적인 교육활동이다. 따라서 기독교 종교교육은 예수의 삶과 가르침에서 진리를 발견하고, 그러한 신앙고백 위에 자신의 삶을 성찰하여 자신의 행동을 변화시키는 것을 목표로 한다. 한마디로 요약하자면 교회교육, 교회에서 이루어지는 기독교 교육은 '예수의 제자 되기'라고 할 수 있다. 제자는 스승을 닮고 스승에게 배운 것을 실천하는 사람이다.

교회는 돈이나 권력을 구원자로 여기지 않고 예수를 그리스도라 고백하는 사람들의 모임이며, 교회의 존재 이유는 예수 그리스도의 공생애의 주제이자 선포의 핵심이었던 하느님 나라를 일구기 위한 것이다. 하느님 나라란 오늘의 언어로 바꾸자면 정의와 생명과 평화가 넘쳐흐르는 나라(롬 14:17)이며, 모든 생명체들이 각자의 생명을 풍성히 누리도록 하는 나라(요 10:10)다. 따라서 기독교 교육, 교회교육은 교인들이 예수 그리스도를 따라 정의와 생명과 평화인 하느님 나라를 일구기 위해 자신의 행동을 변화시키도록 교회에서 행하는 체계적인 기획과 실행이라고 재정의할 수 있다. 이 글에서는 이런 기본적인 전제 아래 향린교회가 실시하고 있는 교

---

1 강희천, 『기독교교육사상』(연세대학교 출판부, 1995) 서문에서 인용.

육의 내용과 방법들을 소개하려고 한다.

'기초 쌓기'는 이렇게

교회 구성원들 중에는 신앙의 연륜이 오랜 이도 있고 초신자들도 있다. 각각의 상황에 따라 신앙의 내용과 색깔도 천차만별이며, 그리스도교 신앙에 대한 이해도 각기 다르다. 그러므로 그리스도교 신앙의 기초를 세우기 위한 노력이 필요하다. 여기에서는 향린의 어린이·청소년들의 교육 프로그램과 향린교회에 처음 발을 디딘 새 교인를 위한 새 교우 강좌를 중심으로 이야기를 풀어가고자 한다.

향린교회 교육부는 유아부(3~4세), 유치부(5~7세), 어린이부(초등학생), 청소년부(준고등학생)로 구성되어 있고, 각 부서마다 담당 교역자들(신학이나 기독교 교육을 전공한 분들)과 부장, 교사가 있다. 다른 교회들과 크게 다르지 않은 구성이고, 소규모 교회의 여러 여건상 교육부 담당 교역자나 교사들이 자주 바뀌게 되어 교육의 일관성을 갖기가 매우 어려운 상황에 있었다. 따라서 이러한 어려움을 극복하고자 2008년에 교육부 교역자들을 중심으로 향린교회의 어린이 청소년에게 적합한 교과과정을 연구하여 3년짜리 향린교회 교과과정을 만들었고, 지금은 이 과정을 기준 삼아 2009년부터 4년째 교육을 진행하고 있다. 향린교회 교과과정의 내용은 아래와 같다.

① 향린교회 교육목적(2003년의 "향린교회 신앙고백"을 근거로, 국악찬송가 217장)

지금도 우리를 재창조 하시는 삼위일체 하느님을 깨달아, 예수 그리스도의 몸과 마음을 가지고 성문 밖으로, 낮은 자리로 나아가 우리 자신과 이웃을 살리는 향기로운 생명의 숨결이 되어 하느님 나라 공동체를 이루어 가도록 양육한다.

② 향린교회 교육목표("향린교우 신앙실천 고백문"을 근거로)

년＼월	1	2	3	4	5	6	7	8	9	10	11	12
1년차	(1) 삶과 신앙 - 예배와 기도와 성서 배움을 통해 삼위일체 하느님을 만나도록 돕는다.(신앙) - 예수의 복음이 주는 기쁨, 소박한 삶, 나눔의 삶, 감사의 삶을 살도록 돕는다.(삶)											
	예배, 기도, 성서에 대한 기초 이해(회중)			예수님의 삶과 가르침						개인의 신앙생활 살피기		
2년차	(2) 교회와 역사 - 교회공동체의 몸을 이루는 교우들을 사랑하고 돌보도록 돕는다.(교회, 교회력) - 교회공동체를 통하여 이루시는 하느님의 역사와 기독교적 세계관을 갖도록 돕는다.(역사)											
	디다케, 역사를 보는 눈			케리그마, 세계 역사			디아코니아, 한국 역사			코이노니아, 향린교회 역사		
3년차	(3) 생명과 평화 - 우리 사회의 약자와 소수자들의 삶에 관심하며, 그들과 연대하도록 돕는다.(민중) - 우리 민족의 평화적 통일을 위해 힘쓰도록 돕는다.(민족) - 생명과 창조질서 보존을 위해 생태적 삶을 지향하도록 돕는다.(생태, 생명)											
	민중(소수자, 약자)			민족			생태			생명과 평화		

3년 주기로 반복할 수 있도록 되어 있는 향린 교과과정은 3년에 걸쳐 성서를 다양하게 보도록 기획되었고, 각 연차마다 주제에 따른 성서구절과 교육목표가 있다(붙임 #1 참조). 1년차는 '삶과 신앙'이라는 주제 아래 개인의 신앙을 점검하고 예수님의 삶과 가르침을 집중적으로 배워 예수를 주님이요 그리스도로 고백하도록 돕는다. 2년차는 '교회와 역사'라는 주제 아래 교회의 네 가지 역할인 디다케, 케리그마, 디아코니아, 코이노니아에 대해 배우고, 교회력에 따라 신앙인으로서의 정체성을 가지고 자신의 일상적 삶을 지내도록 한다. 또한 그리스도교적 가치관으로 역사와 사회를

바라보는 안목을 갖도록 한다. 3년차는 '생명과 평화'라는 큰 주제 아래 우리 사회의 약자와 소수자들의 삶의 현실을 알게 하고 그들과 연대하게 하며, 민족의 평화통일과 생명 존중, 창조질서 보존 등에 대해 배우고 현장에 직접 참여하는 교육을 한다.

어린이부 고학년과 청소년부는 이 교육과정에 따라 분반공부를 하며, 유아부, 유치부, 어린이부 저학년은 위 교육과정을 각 부 상황에 맞게 수정하고 각색하여 진행한다. 3년 주기로 되어 있기에 어린이 청소년들은 반복의 과정을 통해 기독교 신앙의 기초를 쌓고, 학년이 올라가면 더 심화된 내용을 배우게 된다. 또한 담당 교역자와 교사는 이전에 했던 자료들을 참고하여 더 풍부한 교육 내용을 구성할 수 있다.

교육에서 교사의 중요성은 두말할 나위 없다. 인격을 지닌 사람은 누구나 위대한 인격을 통해서만 성장하는 법이다. 기독교 교육현장에서 일하는 교사는 누구보다 성서와 기독교 전통에 대해 해박한 지식을 가져야 하며 학습자에 대한 깊은 애정을 가져야 한다. 더욱 효과적인 교육을 위해 일반 학문에 대한 지식과 학습자가 처한 상황을 파악하고 그 상황에 따라 적절하게 교육할 수 있어야 한다. 기독교 교육을 담당하는 교사는 무엇보다 신앙적인 면에서 모범이 되어야 한다. 따라서 교사는 학습자보다 더 많이 성경을 읽고 기도해야 한다. 또 교사는 학습자의 친구가 되어주어야 한다. 학습자에게 지시와 명령을 내리는 권위주의적 모습을 버리고 학습자가 지닌 문제를 함께 공유하고 협동해서 해결해 나가려는 노력을 통하여 학습자가 자연스럽게 교사와 가까워질 수 있도록 해야 한다. 교사는 늘 열린 자세로 학습자의 문제를 편견 없이 대해야 한다. 교사는 샤머니즘, 불교, 유교 등 각종 종교 풍토가 뒤섞여 있는 한국 상황에서 신앙공동체의 자아정체감 형성에 관심을 가져야 함과 동시에 사회변화와 신앙공동체의 자아성찰을 위해 현장과의 관련성 속에서 기독교 전통과 현대 학문 간에

교회에서는 어떤 교육을 해야 하는가? 그러나 더 중요한 질문은 '교회란 무엇인가?'이다. 교회교육은 교인을 만들기 위한 장치가 아니다. 교인이 아니라 하느님의 백성, 예수 그리스도의 제자를 키우는 것이다. 그리고 그는 세상에서 살고 있다.

동등한 대화를 하려는 자세가 요구된다. 이런 교사가 하루아침에 양성될 수 없기에 교사교육 또한 체계적으로, 장기간 지속적으로 이뤄져야 한다.

전체 교사를 대상으로 하는 향린교회의 교사교육은 1년에 1회, 약 8강으로 진행한다. 강의 내용은 아래와 같다. 여는 예배와 향린교육과정 및 교육부 현황에 대한 오리엔테이션, 공동체놀이 상호배움의 시간을 통한 소통 기법, 어린이 청소년 신앙과 예배, 성서 퀴즈 골든벨을 통한 성서이해, 교사의 자기이해, 피교육자 이해, 학습지도 워크숍, 교사의 소명 세우기와 파송 등이다. 이 교사교육을 통해 새로 교사로 지원한 이는 교사가 되기 위한 기초를 다지고, 기존의 교사는 자신을 되돌아보는 기회로 삼는다.

교사교육 및 각 부서의 교회교육을 담당하는 교육부 담당 교역자들은 매주 토요일 모임을 갖는다. 3년 커리큘럼에 해당하는 성서구절을 함께 읽고 그 본문의 중요한 신학적·신앙적 메시지를 찾아내고, 이를 효과적으로 교육할 수 있는 방법을 함께 연구한다. 이렇게 교역자들의 준비가 끝나면 교육부의 각 부서는 매 주일 아침 교사 모임을 통해 그날그날의 교육을 실행하고 점검한다. 교육과정을 통해 기독교 신앙의 기초를 쌓는 것 외에 각 부서마다 1년에 2회의 여름·겨울 수련회를 통해 심화된 성서교육과 현장체험 활동을 하고, 봄·가을로는 '사랑방 교실'이라는 이름으로 역사의 현장이나 생태체험 등을 하고 있다. 또 어린이부와 청소년부는 자체 학생회를 두어 스스로 교육활동을 기획·실행하는 기회를 갖게 하고, 예배위원으로 직접 예배에 참여하도록 한다. 청소년부는 관심 분야에 따라 동아리 활동도 겸하고 있다. 어린이 청소년들이 스스로 무엇인가를 해보는 경험은 무척 중요하다. 향린교회는 어린이 청소년들이 스스로 기획하고 실행하는 기회를 자주 갖도록 노력하고 있다.

어린이 청소년 교육을 하다 보면 기독교 교육이 학교나 가정교육과 밀접하게 연관되어 있음을 알게 된다. 일주일에 한두 번 교회 오는 것으로는 충분한 신앙교육을 할 수 없음을 깨닫게 된다. 따라서 어린이 청소년 교육에 앞서 그들의 부모의 신앙을 점검할 필요가 생긴다. 그래서 생긴 것이 부모모임이다. 유아·유치부의 경우 매월 1회씩 엄마들 따로, 아빠들 따로 만나 육아와 신앙에 대한 나눔의 시간을 갖는다. 함께 독서 토론도 하고, 좋은 교육 다큐멘터리도 보면서 가정의 신앙교육과 교회교육이 연결될 수 있도록 한다. 어린이부와 청소년부에서는 가정 방문을 통해 가정의 분위기도 파악하고 비슷한 고민들을 나눈다. 학부모와 함께 드리는 예배, 교회 절기에 어른들과 드리는 연합예배를 통해 신앙을 전수하고 세대 간 소통을 하며, 매년 8월 마지막 주를 교회교육주일로 제정하여 교회교육에 대해 온 교인이 성찰할 수 있도록 하고 있다. 즉, 어린이·청소년 교육이 교회 구성원 전체와 통합적·유기적으로 연결되도록 하는 것이다.

이제 성인들로 눈길을 돌려 보자. 향린교회에 첫 발걸음을 하게 된 새 교인들은 교인으로 등록하게 되면 1년에 2~3회 실시하는 새교우 강좌에 참여하고 정회원이 된다. 새교우 강좌는 향린에 오게 된 과정과 자신의 신앙을 서로 나누는 서로 알기, 60년이 되는 향린의 역사 소개, 향린의 생활안내와 교회 정관 소개 및 운영 안내, 성서에 대한 기본 이해와 성서를 읽는 다양한 방식을 알려주는 성서를 보는 눈 1, 2, 주기도문과 사도신경, 향린의 신앙고백에 대한 강의, 향린 선교의 역사와 현재 선교활동, 그리고 향린교회 예배의 구성과 우리가락예배의 역사와 우리가락 찬송 배우기, 그리고 1박 2일의 영성훈련 프로그램, 담임목회자 사택에서 담임목회자와 함께 나누는 대화의 시간 등 10강으로 이뤄져 있다. 이런 모든 과정을 마친 새 교인은 주일예배 중에 향린 신앙고백 실천선언문 낭송과 자신의 십자가를 강단에 거는 새교우 가입식을 하게 된다.

이러한 과정을 통해 새 교인들은 향린교회의 역사와 특징, 분위기를 알게 되고, 교회생활에 더 빠르게 적응하며 함께 강좌에 참여했던 교인들끼리 친교를 나누게 된다. 목회자와 새교우 담당 장로와 권사가 새교우 강좌 전체를 맡아 진행하고, 매 강좌는 내용에 따라 목회자와 부서장들이 맡는다. 교회의 역사는 창립자 중의 한 분이신 원로 장로가 맡고 있다. 강좌에 함께한 새 교인들은 1박 2일의 영성훈련 프로그램을 통해 서로 더욱 깊이 알게 된다. 강좌를 모두 마친 후 담임목회자와의 만남에서는 그동안 향린교회에서의 경험과 새교우 강좌에서 느꼈던 점들을 서로 나누고, 동시에 교회의 각 부서나 신도회 또는 소모임들에 참여하도록 권유받는다. 새교우 가입식은 예배 중에 하는데, 새교우 가입 선서문을 함께 낭독하고 주님의 십자가 옆에 자신의 십자가를 달며 향린교회의 일원으로 살기를 다짐하게 된다. 이때 온 교인들은 '평화의 아침을 여는 이'라는 찬송을 함께 부르며 새 교인들을 환영한다.

'거름주기', '물주기'를 통한 주체적 평신도 세우기

향린교회에서 신앙생활을 하기 위한 기초를 쌓게 되면 그 이후에는 교회에서 진행되는 각종 강연과 특강, 그리고 소모임 활동과 목회자들이 개설하는 성서배움마당 등을 통해 하느님의 백성과 예수의 제자로 성숙해 가는 길에 동참할 수 있다.

진정한 그리스도인으로 살겠다고 다짐하며 세례를 받고자 하는 교인들에게는 3~5회에 걸친 세례교육을 진행한다. 세례의 의미와 교인의 역할, 각자의 신앙고백문 쓰기 등을 통해 세례 준비를 하도록 한다. 매년 초 신임집사가 임명되면 3주간 3회씩 모두 아홉 번의 신임집사 교육 시간을 갖는다. 이 과정은 장로 3인과 목회자들이 담당한다. 장로들은 자신의 신앙생활과 교회생활을 중심으로 교육하고, 부교역자들은 성서를 해석하는 다양한 방법과 신구약 성서에 대한 개괄적 소개 및 성서 신학의 주제들을 가르친다. 담임목회자는 교회에서의 직분자의 역할과 개개인의 신앙의 성숙을 위해 스스로 노력할 수 있도록 돕는다.

목회실에서 전 교인을 대상으로 기획해 매년 실시하는 교육은 사순절 특강과 대림절 특강이다. 사순절에는 '오늘의 골고다를 오르는 사람들'이라는 주제하에 이 땅에서 고통받는 현장의 목소리를 듣는 시간을 갖거나,

이웃 종교의 다양한 목소리들을 듣는 시간을 갖는다. 교인들은 이 시대의 아픔의 소리를 들으면서 신앙인이 나아가야 할 자리와 세상의 현실을 적나라하게 인식하게 된다. 대림절 특강에서는 여신학자나 여교역자를 모시고 특강을 듣는 시간을 마련하고 있다. 아래는 지난 몇 년간 진행된 사순절 특강과 대림절 특강의 제목과 강사들이다.

- 사순절 특강

  성매매 현황과 근절을 위한 우리의 실천 조진경 _ 다시함께센터 소장

  여성 이주노동자와 함께 한국염 _ 이주여성인권센터 대표

  여수 이주노동자 보호소 참사를 통해 본 한국 이주노동자의 현실 마숨

  노동문제 다시보기 하종강 _ 한울노동문제연구소 소장

  과거사 청산 오충일 _ 과거사진실규명위원회 위원장

  한미FTA와 농촌선교의 과제 이세우 _ 들녘교회 목사

  천성산 살리기와 도롱뇽 소송 이헌석 _ 청년환경센터 대표

  전쟁 없는 통일의 길 임방규 _ 통일광장 대표

  당신은 평화를 믿나요? 임영신 _ 평화운동가

  상담사례를 통해 본 이주여성 인권 강성혜 _ 이주여성긴급지원센터장

  인권운동에 대하여 박래군 _ 인권센터 '사람' 상임이사

  국가보안법 폐지 이시우 _ 사진작가

  평화와 영성 한국디아코니아 자매회 언님

  대운하 반대 도법 스님 _ 실상사 회주스님

  서대문 형무소 순례 이영욱 _ 향린교회 교인

  청년: 내 일 없인 내일 없다 김영경 _ 청년유니온 전 위원장

  노인: 2050년엔 집단 독거노인 된다

  윤종률 _ 한림대 한강성심병원 가정의학과 교수

성소수자: 더 이상은 기독교의 오만과 편견으로 희생되지 않도록

한채윤 _ 한국성적소수자문화인권센터 대표

비정규직 노동자: 이제 희망버스가 향해야 할 곳은 김진숙 _ 민노총 지도위원

청소년: 청소년을 죽이는 교육은 필요 없다

공기 _ 대학입시거부로 세상을 바꾸는 투명가방끈들의 모임활동가

채효정 _ 학벌 없는 사회 운영위원

사회적 폭력과 교회의 내적 성찰을 위하여: 예수의 고난과 부활사건을 중심으로

김진호 _ 제3시대 그리스도교연구소 연구실장

이웃종교의 고난 이해: 이슬람교 파룩 준불 _ 이슬람 서울중앙성원 선교사

이웃종교의 고난 이해: 유교 한형조 _ 한국학중앙연구원 교수, 동양철학

이웃종교의 고난 이해: 원불교 박혜훈 _ 영산선학대학교 교수

이웃종교의 고난 이해: 불교 법륜 스님 _ 정토회 지도법사

이웃종교의 고난 이해: 기독교 김경제 교수 _ 한신대 명예교수

이웃종교의 죽음 이해: 이슬람교 이주화 _ 한국이슬람중앙회 사무총장

이웃종교의 죽음 이해: 유교 이용주 _ 성균관대 동아시아학술원 교수

이웃종교의 죽음 이해: 불교

김재성 _ 조계종 전통사상서간행위원회 선임연구원

죽음의 총체적 이해와 의미 최준식 _ 이화여대 한국학과 교수

의료 현장에서 만나는 죽음의 모습 정현채 _ 서울대 의과대학 교수

이웃종교의 수행: 천도교 김종운 _ 천도교 중앙총부 교화원장

이웃종교의 수행: 원불교 박혜훈 _ 영산선학대학교 교수

이웃종교의 수행: 작은 형제회 기경호 _ 작은형제회 한국관구 관구장

이웃종교의 수행: 불교 송탁 _ 인도뿌나대학 철학박사

• 대림절 특강

매트릭스에서 살아남으려면 / 도통하신 예수를 따라 / 사랑 안에서 길을 잃어라

구미정 _ 숭실대 기독교학과 강사

하느님, 당신은 누구십니까? / 예수를 기다리는 살림이 안상님 _ 목사

신비와 저항: 중세 여성신비주의 / 그리스도인가? 바리데기인가?

정미현 _ 목사, 스위스 '미션21' 여성 · 젠더데스크 의장

따뜻한 아기예수를 기다리며 / 푸른 솔을 거는 평화예배: 성서연구와 평화워크숍

유연희 _ 감리교 신학대학 교수, 구약학

로마제국의 세계화와 초대교회의 평등사상 박경미 _ 이화여대 신약학 교수

평화와 '뿌리 뽑힘' 그리고 우리 시대 이은선 _ 세종대 교육학과 교수

21세기 대한민국에서 엄마로 살기 백소영 _ 이화여대 이화인문과학원 교수

여성의 눈으로 본 에큐메니칼 운동의 역사와 과제: 2013년 WCC 제10차 총회

를 준비하며 배현주 _ 부산장신대 신약학 교수

향린 교인들은 사순절 특강과 대림절 특강을 통해 인권, 통일, 생명 환경, 노동, 역사인식, 청소년 문제 등 다양한 주제들을 접하게 된다. 정기적인 사순절 특강과 대림절 특강 외에도 교회력에 따른 절기와 민족화해주일, 남북평화통일주일, 환경주일, 인권주일, 장애인주일, 창립기념주일에 이 시대를 함께 살아가는 그리스도인들이 알아야 할 다양한 주제로 강연이 개최된다. 이 땅에 하느님 나라를 일구는 백성이 되려면 당연히 이 세상에서 벌어지는 갖가지 문제들에 대해 관심을 가져야 하고 또한 그 사건과 상황들을 바르게 이해하는 안목이 필요하다. 정치경제적 현실, 생태환경의 문제, 민족화해와 통일의 과제, 자연과학의 발달과 민족문화에 대해 그리스도인은 어떠한 이해를 가져야 하며 또 신앙의 관점에서 어떤 태도를 가져야 하는지 명확하게 할 필요가 있는 것이다. 향린교회는 이런 다양

한 강연을 통해 이 세상에서 활동하시는 하느님의 선교에 동참하는 계기를 마련하는 것이다.

새는 좌우의 날개로 날고, "한 손에는 성경을, 한 손에는 신문을"이라고 어느 신학자가 말했듯이 그리스도인에게 요구되는 것은 사회에 대한 비판적 안목을 가짐과 동시에 신앙의 깊이를 견지하는 것이다. 이를 위해 목회자들이 개설하는 성서배움마당에 교인들은 참여하게 된다. 심원 안병무 선생의 저서 『역사와 해석』 강독과 토론을 통해 성서와 그리스도교 역사관을 배우는 '역사와 해석 12강' 배움마당과 현대 사회의 쟁점들을 신앙인의 눈으로 비평하는 '기독교 신앙과 현대 사회의 쟁점 12강', 여성의 눈으로 성서를 새롭게 해석하는 '여성의 눈으로 읽는 성서 12강', 성서의 기본 이해와 각 권별로 깊게 들어가는 '성서를 보는 눈 12강', '권별 성서연구: 오경의 이해 12강, 역사서 이해 12강, 예언서 공부 17강, 마가복음서 21강, 요한복음서 12강, 바울서신 12강', 예수 그리스도의 삶과 가르침을 일별하는 '예수 그리스도의 삶과 가르침 40강'과 성서와 동양고전을 함께 살피는 '예수말씀 공자말씀 15강', '요한복음과 도덕경, 반야심경', 기도하는 삶이 되도록 그리스도교 전통의 다양한 기도 방법을 배우고 실행하는 '기도와 삶 12강' 등이 매년 2~3회씩 개설된다(이런 공부의 자료들은 향린교회 홈페이지를 통해 얻을 수 있다). 또한 연초에는 단식을 하며 영성훈련을 하는 '영성 비움잔치'가 일주일 동안 진행된다.

아울러 교인들은 각기 가지고 있는 관심과 취향에 따라 작은 소모임들을 개설하고 거기에 참여하여 함께 배움의 시간을 갖는다. '역사와 사회의 비판적 탐구 모임'은 한국근현대사에 대한 공부를 하며 사회의 비판적 인식을 기른다. '신앙과 과학', '신앙과 문학' 모임은 과학과 문학 분야가 신앙과 어떻게 만날 수 있는지 고민하며, '안병무 읽기 모임'은 민중신학의 토대를 놓았고 향린교회의 창립자 중의 한 분이기도 한 안병무 선생의 저작을 다 읽고 현재는 다양한 분야의 독서토론을 하고 있다. 또한 미디어 선교위원회에서는 매년 사진 촬영과 영상 제작, 홈페이지, SNS 등 현대 생활에서 자주 사용되는 문화적 매체들에 대한 교육을 하고 있다. 이 밖에 철학공부 소모임인 '철공소', 미디어비평 모임인 '광', '사도행전 읽기', '복음서 읽기', 우리네 일상의 경제 문제들을 신앙적 관점에서 풀어 보고자 하는 '삶과 경제' 등 다양한 모임들이 생성되고 사라지곤 한다.

향린교회는 또한 십수 년째 우리가락으로 예배를 드리고 있다. 그리하여 '우리가락 배움마당'도 진행된다. '우리가락 배움마당'에서는 대금, 피리, 가야금, 장구 등 우리 악기를 배우고, 우리 소리, 우리 춤을 배우고 전파하는 '얼쑤'라는 소모임도 있다.

이런 모든 배움의 장들이 교회에서 펼쳐지고 이런 다양한 모임들 속에서 향린교회 교인들은 자신들의 부족한 부분들을 개선해가며 교양 있는 그리스도인, 성숙한 신앙인이 된다. 그러나 지식정보의 양이 많다고 해서 그것이 곧 참된 제자인가는 고민해볼 문제다. 바른 판단과 인식은 매우 중요하다. 그러나 바른 판단과 인식에서 멈춰서는 안 된다. 남겨진 과제는 '아는 대로, 배운 대로 사는가?' 하는 것이다. 진정한 배움과 교육은 바로 삶에서 드러나야 하고 몸으로 실행되어야 하기 때문이다. 그리하여 향린교회는 교인들로 하여금 다양한 삶의 현장에 참여할 것을 권면한다.

하느님 나라의 일꾼이 되려면: 현장에서 만나는 하느님

그리하여 각 부서와 소모임에 속한 교인들은 자신의 몸과 시간을 들여 새로운 배움의 현장으로 나아간다. 매주 금요일은 적십자사가 제공하는 장소에서 독거노인과 경제적 빈곤층을 위한 반찬 만들기에 참여하여 약

30가정에 일주일치 반찬을 제공한다. 돈도 내고 시간도 내는 것이다. 또한 월 1회 독거노인을 직접 찾아가 목욕을 도와드리고 청소 등을 하는 모임도 있다. 이 땅에 소외당하고 고통당하는 사회적 약자의 아픔의 소리가 있는 곳이라면 함께 달려간다. 그리하여 향린교회 교인들은 각종 사회적 이슈에 민감하다. 이 땅에서 울부짖는 자의 소리를 들으시는 하느님께서 우리를 부르신다고 믿기 때문이다. 1년에 2~3회 이상 전 교인이 현장에 찾아가 예배를 드린다. 용산 참사 현장, 미군 부대가 들어서는 평택 대추리 현장, 마구 파헤쳐져 생명이 유린되는 4대강 현장, 가난의 아픔 속에 화재가 발생해 길바닥에 나 앉아야 했던 포이동 현장, 재개발로 몸살을 앓아야 했던 명동 세입자들의 현장 등 이런 곳에 참여하면서 배움은 꽃을 피우고 열매를 맺는다. 지식정보의 전달 교육이 아니라 신앙공동체가 아픔의 현장을 찾아 위로의 성령의 힘을 체험하면서 교육과 배움이 이뤄지는 것이다.

1987년 6월항쟁 이후 한국은 이제 형식적 민주주의의 모습을 갖춘 사회가 되었다. 그러나 주체적으로 자신의 삶을 영위하고, 불의에 대항하고, 잘못된 사회구조적 악을 고쳐나가는 시민들은 매우 적은 숫자에 불과하다. 더욱이 한국 교회는 내세지향적 사고와 개인주의적이고 심리적 만족에 머무는 구원관을 가지고 있기에 이 세상을 변혁시키기 위해 시민사회와 소통하고 함께 일하는 것에 매우 미숙하다. 자선과 시혜의 차원에서 많은 봉사와 섬김의 역할을 담당하지만 사회의 구조적 문제를 성찰하고 그것을 변혁하려는 노력은 별로 보이지 않는다. 향린교회의 교인들은 이 땅의 고통당하는 사람들의 현장을 찾아다니면서 이 사회의 잘못된 관행과 구조적 문제들을 깨닫게 된다. 예수께서 갈릴리 민중들과 함께하셨듯이 향린교회 교인들은 소외되고 무시당하는 계층들을 찾고 거기에서 새로운 깨달음과 배움을 얻는다. 몸으로 겪은 것만큼 진실한 배움이 어디 있겠는가?

홍익대학교에 비정규직 청소 노동자들이 파업을 한 적이 있었다. 향린교회 청소년부가 겨울수련회를 하면서 그분들을 방문하고 그분들의 이야기를 듣고 그분들의 아픔을 호소하는 집회에 참석했다. 그때 참석한 청소년들은 그 한 번의 경험을 통해 생생하고 절실한 삶의 한 측면을 배웠다. 노동자로 살게 될 자신의 권리의 문제를 몸으로 배운 것이다. 누가 강도 만난 사람의 이웃이 되어주었는가? 성서의 말씀이 머릿속에서만 맴도는 것이 아니라 가슴과 몸으로 내려오는 것이다. 향린교회 교인들은 무엇보다 이런 현장을 통해 생생한 배움과 깨달음을 얻는다.

나가는 말

교회에서는 어떤 교육을 해야 하는가? 이 질문에 대해 이 글에서는 '교육이란 무엇인가'라는 물음으로 첫 실마리를 풀어갔다. 그러나 더 중요한 문제는 '교회는 무엇인가'라는 질문이다. 교회는 세상을 위해 존재하는 공동체다. 자신을 위해 존재하는 공동체가 아니라 타인을 위해 존재하는 것이다. 예수 그리스도께서 세상을 위해 십자가에 자기를 내어 놓으셨듯이 교회 또한 세상의 변혁, 즉 하느님 나라를 일구기 위한 도구로서 존재하는 것이다. 따라서 교회교육은 교인을 만들기 위한 장치가 아니다. 교인이 아니라 하느님의 백성, 예수 그리스도의 제자를 키우는 것이다. 그리고 그는 세상에서 살고 있다.

향린교회에서 이뤄지는 교육의 내용들을 적다 보니 교회의 자체 성장이나 운영에 필요한 교육이 상대적으로 적다는 것을 알게 되었다. 하느님 나라의 선교를 위해서, 참된 하느님의 백성으로, 예수 그리스도의 제자로 거듭나게 하고, 빛과 소금으로 이 땅에 하느님 나라를 일구기 위해서도 교회가 튼실히 서야 한다는 사실을 모르는 것은 아니다. 그러나 더 중요한 것은 세상을 변혁하는 그리스도인을 키워내는 일이다. 그 역할을 제대로 감당한다면 교회의 운영이나 성장도 자연스럽게 따라올 것이다.

오늘 이 시대에 세상을 향한 하느님의 뜻은 어디에 있을까? 또한 교회는 무엇을 해야 하는가? 우리를 부르셔서 당신의 일을 맡기시는 하느님의 뜻에 부응하려면 우리는 무슨 준비를 해야 하는가? 교육은 계속되어야 하고, 배움의 길도 멈출 순 없다. 인간이 스스로 계획할지라도 인도하시는 분은 하느님이시다. 그러기에 우리는 무엇을 하는 것보다도 하느님의 부르실 때 곧바로 나갈 수 있도록 늘 준비해야 할 것이다. 어쩌면 바로 여기에 교육의 첫 출발점이 있을 것이다. 오늘 이 땅에서 하느님은 교회에 무엇을 요청하시는가? 그리고 교회는 하느님의 부름에 응답할 준비가 되어 있는가? 향린교회를 비롯하여 한국 교회가 스스로에게 자문할 일이다.

붙임. 향린교회 교육부 교육과정

● 1년차: 삶과 신앙

분기	목표	월	목표	주(성서본문과 주제)	교육목표
1	예배 기도 성서	1		새해주일 연합예배	
				서로 알기	각 부서 내의 아이들과 교사들 서로 알기
				각 부서 진급예배	
				겨울 수련회	
		2		신상파악, 적응하기	
				우리는 신앙공동체 사도행전 2:41~47, 신앙공동체의 역할 마태복음 28:18~20; 6:10, 요한복음 13:34	초대교회 사람들의 모습을 살펴봄으로써 신앙공동체인 우리를 깨닫고, 예수님이 우리에게 말씀하신 것을 바탕으로 복음을 전하는 사명을 알도록 돕는다.
				예배와 모임 출애굽기 20:8~11, 히브리서 10:25, 요한복음 4:19~24, 시편 96편	예배의 기원과 의미와 참된 예배에 대해 알도록 돕는다.
				설교와 성만찬 사도행전 2:42, 디모데후서 4:2~5, 고린도전서 11:23~26	설교와 성만찬의 기원과 의미를 알도록 돕는다.
		3		기도 1(이론) 마태복음 6:7~13	기도는 하느님과 나의 대화다. 하느님이 우리의 기도를 들어주시는 분임을 알고, 믿음 안에서 늘 기도하는 어린이가 되도록 돕는다. 『가장 위대한 기도』, 『기도의 체험』
				기도 2(적용)	기도는 어려운 것이 아니다. 나의 생활 속에서 하느님과 대화하는 어린이·청소년이 되도록 돕는다.
				찬양 시편 145, 146, 147, 148, 149, 150	찬양은 하느님께 드리는 경배임을 알고 어린이 친구들이 찬양함으로 기쁨을 느낄 수 있도록 돕는다. 떼제 노래, 예배와 찬송, 새로운 예배찬송, 우리가락찬송 등 어린이 찬송가 및 노래 모음집
				헌금 고린도전서 16:1~4, 사도행전 2:44~45, 데살로니가전서 5:18, 마태복음 22:15~22	헌금이 어떤 의미인지 어린이·청소년 친구들이 깨닫도록 돕는다.
				성서 시편 1편, 디모데후서 3:15~17	성서는 성령의 인도하심을 받은 사람들이 쓴 하느님의 말씀임을 알고, 말씀을 보는 것의 소중함을 알며, 말씀 안에서 살아가도록 돕는다.

분기	목표	월	목표	주(성서본문과 주제)	교육목표
2	예수님의 삶과 가르침	4		사랑방교실	
				십자가 죽음의 의미 요한복음 19:28~30, 로마서 8:31~39	십자가에서 죽기까지 우리를 사랑하시는 예수님의 사랑과 하느님의 사랑을 깨닫도록 돕는다. 십자가에서 보여주신 사랑으로 예수님의 사역은 완성되었다.
				부활 누가복음 24:13~35	예수를 믿는 공동체 안에서 서로 식탁의 교제를 나누고 말씀을 깨달을 때 부활은 현실화됨을 알도록 돕는다.
				하느님 나라 도래 선포 마가복음 1:14~15, 마태복음 4:12~17, 누가복음 4:14~15 (곁들여 광야에서의 시험이야기도 할 수 있음)	하느님 나라의 도래 선포는 이전의 삶을 반성하게 하고 잘못되었다면 되돌아서도록 돕는다.
		5		어린이주일 특별예배	어른들과 연합예배 후 어린이들을 위한 프로그램
				창립주일	청소년부와 어른들 연합예배, 향린의 정신 이어가기
				예수님의 취임설교 누가복음 4:16~22	예수님의 사역의 목표는 창조와 구원의 회복이며 그것은 약한 자들을 우선적으로 선택하는 것임을 알도록 돕는다.
				병고침 1 죄사함과 율법 마가복음 2:1~12, 3:1~6	예수님 당시 사람을 병들게 만드는 것이 왜곡된 율법조항임을 알고 오늘날 우리를 병들게 하는 관습이 무엇인지 생각해 보고 그 관습들을 고치도록 돕는다
				병고침 2 군대폭력과 병듦 마가복음 5:1~20	전쟁, 폭력, 일상의 싸움이 사람을 병들게 하는 것임을 알고, 폭력과 전쟁의 문화를 없애도록 돕는다.
		6		병고침 3 소통과 장애 마가복음 7:31~37, 마가복음 9:14~29	사람과 사람 사이를 가로막는 것들을 치유하신 예수님 이야기를 통해 소통과 화해를 하도록 돕는다.
				병고침 4 고난의 의미 요한복음 9:1~7	인간에게 닥치는 알 수 없는 고난을 극복하도록 돕는 신앙과 깨달음을 알도록 돕는다.
				평등의 식사 마가복음 6:30~44, 8:1~10	평등과 나눔이 하느님 나라의 기쁨을 가져옴을 느끼도록 돕는다.
				인습 깨기 1(가족) 마가복음 3:20~35	참다운 가족은 어때야 하는지 이야기함으로써 참다운 가족구성원이 되도록 돕는다.
3	예수님의 삶과 가르침	7		인습 깨기 2(차별) 마가복음 7:24~30	차별을 지혜로 극복한 시리아 페니키아 여인의 이야기를 통해 차별 극복 방법을 찾도록 돕는다.
				인습 깨기 3 (하느님 이미지) 마태복음 5:43~48, 6: 25~34	하느님 이미지를 들어보고, 무한한 은총의 하느님을 느끼도록 돕는다.
				인습 깨기 4 (은혜와 능력) 마태복음 20:1~15	능력에 따른 보상도 필요하지만, 무조건적 사랑도 필요함을 알도록 돕는다. 특히 최저생계비에도 못 미치는 가난한 이들에 대한 무조건적 나눔의 필요성을 깨닫도록 돕는다.

분기	목표	월	목표	주(성서본문과 주제)	교육목표
				수련회	
		8		비유 1 (포기할 수 없는 희망) 마가복음 4:1~9, 26~32	아무리 어렵더라도, 희망을 놓지 않도록 돕는다.
				비유 2(온 몸을 바쳐) 마태복음 13:44~51	하느님 나라를 위해서라면 온 정성을 다해 살도록 돕는다.
				비유 3(상한 갈대도 꺾지 않으시고) 누가복음 15장	어떠한 경험도 상실하지 않는 하느님의 넓은 사랑에 대해서 배운다.
				비유 4(누가 이웃인가?) 누가복음 10:25~37	이웃이 되는 사람으로 살도록 돕는다.
				교회학교주일	
		9		비유 5 (어리석은 사람들) 누가복음 12:13~21, 16:19~31	사람의 생명이 돈에만 달려 있는 것이 아니라는 사실을 알도록 돕는다.
				비유 6(현명한 사람) 누가복음 16:1~13	상황에 대한 빠른 인식과 단호한 대처로 위기를 극복하도록 돕는다.
				십자가의 길 1 (수난예고 1) 마가복음 8:27~38	예수님을 따르는 길은 자기의 욕망을 부정하는 길임을 깨닫도록 돕는다.
				십자가의 길 2 (수난예고 2) 마가복음 9:30~50	예수님을 따르는 길은 자기의 욕망을 부정하는 길인데 그것은 약한 사람과 함께함으로써 가능함을 깨닫도록 돕는다.
4	나의 신앙 생활	10		세계성만찬주일	
				십자가의 길 3 (수난예고 3) 마가복음 10:32~52	섬기러 오신 예수님을 본받아 섬기는 사람이 되도록 돕는다.
				부활과 희망, 계속되는 하느님 나라 마가복음 16:1~8	우리는 계속 예수님이 하시던 일들을 지속함으로써 하느님 나라를 이 땅에 임하도록 해야 하는 사명이 있음을 알도록 돕는다.
		11		사랑방교실	
				가족과 함께 나누는 신앙이야기 1(예수님)	예수님에 대한 다른 가족들의 이야기를 들어보고 자신의 신앙과 비교하며 그 소감이나 느낌을 표현해 본다.
				가족과 함께 나누는 신앙이야기 2(하느님)	하느님에 대한 다른 가족들의 이야기를 들어보고 자신의 신앙과 비교하며 그 소감이나 느낌을 표현해 본다.
				가족과 함께 나누는 신앙이야기 3(신앙생활)	다른 가족들의 신앙생활을 통해 자신의 신앙생활을 돌아본다.
				가족과 함께 나누는 신앙이야기 4(향린교회)	향린교회에서 나누고 배운 신앙에 대한 가족들의 이야기를 들어보고 자신의 것과 비교하며 그 소감이나 느낌을 표현해 본다.
				가족과 함께 나누는 신앙이야기 5(종합편)	그동안 가족들과 나누었던 신앙 이야기들을 다양한 방법으로 표현해본다.
		12		나의 예수님!	자신이 믿는 예수님에 대해 친구들과 나눈다.
				나의 신앙 점검(설문지)	자신의 신앙을 다른 사람들은 어떻게 생각할지 고민해 본다.

분기	목표	월	목표	주(성서본문과 주제)	교육목표
				신앙고백문 쓰기 (사도신경, 향린신앙고백문)	자신만의 신앙고백문을 만들어 본다.
				1년 돌아보기	한 해를 돌아보며 자신의 신앙생활을 점검한다.

● 2년차: 교회와 역사(교회력)

분기	목표	월	목표	주(성서본문과 주제)	교육목표
1	디다케 역사를 보는 눈	1	주현절	연합예배	
				나의 신앙 다짐 (계획 세우기) 로마서 12장	1차연도에 만들었던 신앙고백문을 중심으로 1년 계획을 세움으로(학교/교회/가정생활) 신앙인으로 살도록 돕는다.
				각 부서 1년 목표 또는 다짐 1년 교회력 달력 만들기	각 부서별/반별/개인별로 교회력에 따른 1년 달력을 만들어 교회력을 이해하고 그에 따른 신앙실천을 하도록 돕는다.
				수련회	
		2	세례 주일	진급예배	
				아브라함 (모험, 도전, 떠나라) 창세기 12:1~9	아브라함의 소명기사를 통해 신앙은 현실에의 안주가 아니라 새로운 모험과 도전임을 배운다.
				에서/야곱 (용서와 화해) 창세기 32:4~33:20	야곱과 에서의 화해 이야기를 통해 화해의 중요성을 배우고 분열을 조정하는 법을 배운다.
				모세(해방, 자유) 출애굽기 3:1~10	출애굽 이야기를 통해 하느님은 우리에게 해방과 자유를 주시는 분이심을 알도록 한다.
		3	사순절 성목/ 금요일	시편 1편 (사필귀정) 시편 1편, 하박국 1:1~2:4	성서가 말하는 의인의 길을 깨닫고 모든 것은 하느님 뜻 안에서 올바르게 될 것이라는 희망을 갖도록 돕는다.
				막달라 마리아 (부활 후 첫 사도, 희망) 요한복음 20:1~18	막달라 마리아의 이야기를 통해 부활 사건은 고난을 극복하고 현재의 어려움을 이겨내는 희망의 메시지임을 알게 한다.
				섬김을 행하는 여인들 마가복음 10:45, 15:40~41	섬김을 행하는 여인들의 이야기를 통해 섬김의 삶을 살도록 돕는다.
				사순절 1 겟세마네의 기도 마가복음 14:32~42	예수님의 겟세마네의 기도를 통해 정의를 이루기 위한 고난과 순종에 대해 생각하도록 한다.
				사순절 2 세족식 요한복음 13:1~20	세족식을 통해 사순절의 의미와 예수님의 사랑을 체험하도록 한다.
2		4	부활절	사랑방교실	
				사순절 3 비아돌로로사 마태복음 27:27~56	예수님께서 걸어가신 십자가의 길(14처 묵상)을 묵상함으로써 예수가 겪은 고난과 죽음의 의미를 되새기도록 돕는다.

분기	목표	월	목표	주(성서본문과 주제)	교육목표
	케리그마 세계역사	5	성령강림	부활주일 마태복음 28:1~10, 16~20	부활은 예수 그리스도의 현존 체험이며 임마누엘의 체험이다. 우리의 삶 속에서 예수 그리스도의 현존체험을 하도록 돕는다.
				예수가 그리스도다!(선포) 사도행전 4:1~22	예수가 그리스도라는 성서적 의미를 알게 하고 각자의 삶 속에서 구원자 예수를 고백하도록 돕는다.
				어린이주일 마가복음 10:13~16	어린아이와 같은 믿음을 가진 자가 하느님 나라의 주인공임을 알도록 한다.
				창립주일	
				성령강림주일 사도행전 2:1~11, 37~39	성령 강림의 의미를 알도록 돕는다.
				교회 1 사도행전 2:42~47, 에베소서 1:23, 2:20~22	교회의 발생, 존재 의미, 교회의 역할에 대해 알도록 돕는다.
				교회 2 에베소서 4:1~16	교회는 머리 되시는 그리스도의 몸으로써 다양한 사람들이 모인 곳임을 깨닫고 서로의 역할을 잘 할 수 있도록 한다.
		6		베드로의 선교 (고넬료 만난 사건) 사도행전 10장	하느님의 선교의 대상은 세상 누구나이며 하느님을 믿고 의롭게 사는 이는 어떤 사람이든지 하느님 나라의 주인공임을 알도록 돕는다.
				바울 1 사도행전 22:1~21	바울의 삶을 통해 하느님을 만나고 회개하면, 과거와는 다른 새 사람이 된다는 것을 알도록 돕는다.
				바울 2 로마서 3:22~30	이신칭의의 의미를 알게 하고 예수를 믿는 참 믿음에 대해 생각하도록 돕는다.
				야고보서(행함으로 역사를 바꾼 이들: 마더 테레사), 야고보서 2:14~26	믿음과 행위의 관계에 대해 생각하고 어떤 행동으로 자신의 믿음을 보여줄 것인지 서로 의논하게 한다.
3	디아코니아 한국역사	7		초기 한국 교회의 신앙모습 1 히브리서 12:1~13	견책을 인내하고 옳은 길을 걸음으로써 평화의 열매를 맺었던 초기 한국 교회의 신앙의 모습을 살펴본다.
				초기 한국 교회의 신앙모습 2 누가복음 10:25~37	견책을 인내하고 옳은 길을 걸음으로써 평화의 열매를 맺었던 초기 한국 교회의 신앙의 모습을 살펴본다. "너희는 성경을 어떻게 읽느냐?", 『한국 교회 처음 이야기』, 이덕주 지음(홍성사), 102~108쪽.
				초기 한국 교회의 신앙모습 3 누가복음 3:4~6	견책을 인내하고 옳은 길을 걸음으로써 평화의 열매를 맺었던 초기 한국 교회의 신앙의 모습을 살펴본다. "낮아지고 높아지고", 『한국 교회 처음 이야기』, 이덕주 지음(홍성사), 109~114쪽.
				수련회	

분기	목표	월	목표	주(성서본문과 주제)	교육목표
		8		신앙인물 (윤동주-일제시대)	신앙인 윤동주의 삶의 모습을 통해 신앙인으로 어떻게 살아야 할지 생각하도록 돕는다. 『윤동주 평전』, 송우혜(푸른역사).
				신앙인물(문익환-통일)	문익환 목사님의 삶과 신앙을 통해 배울 점을 찾아보고 느낀 점을 나눈다. 『문익환 평전』, 김형수(실천문학사).
				신앙인물(여성) 에베소서 3:14~21	그리스도인 여성 중에 훌륭한 삶의 모델이 될 수 있는 분을 찾아보고 서로 이야기를 나누면서 배움의 시간을 갖는다. "전주 고아원 설립자 방애인", 『한국 교회 처음 여성들』, 이덕주(홍성사), 196~204쪽.
				신앙인물(여성)	그리스도인 여성 중에 훌륭한 삶의 모델이 될 수 있는 분을 찾아보고 서로 이야기를 나누면서 배움의 시간을 갖는다.
				교회학교주일	
		9	창조절	창조의 신비 시편 8편	만물을 창조하신 하느님의 뜻을 생각해보고 창조의 신비를 느낄 수 있도록 돕는다.
				창조와 한국의 아름다움 시편 104편	하느님이 손수 만드신 한국의 풍요로운 아름다움을 찾고 느낄 수 있도록 돕는다.
				한가위 감사주일 시편 23편	좋은 목자 되셔서 우리를 바른 길로 인도하시는 하느님께 감사하는 삶을 살도록 돕는다.
				세계 속의 한국, 한국 속의 세계 출애굽기 32:30~32	그리스도인에게 민족과 국가는 어떤 의미가 있는지 생각해 보고 세계 속의 한국의 이미지에 대해 서로 이야기하는 시간을 갖는다.
4	코이노니아 향린 역사	10		세계 성만찬 주일	
				향린역사 1: 창립정신	향린교회의 창립정신에 대해 배우고 그 뜻을 이어가도록 돕는다.
				향린역사 2: 갱신선언	향린교회의 갱신선언에 대해 배우고 갱신선언이 어떤 식으로 진행되었는지 알고 이어가도록 돕는다.
				사랑방교실	
		11	대림절	향린역사 3: 오늘의 향린	오늘의 향린교회의 모습에 대해 장단점을 서로 이야기 해 보고 더 나은 향린교회가 되기 위해 할 수 있는 일들을 찾아본다.
				신앙인물 (전태일) 요한복음 15:13	전태일님의 삶과 죽음의 의미에 대해 배우고 신앙과 연결지어 어떤 의미가 있는지 생각해본다.
				친교 1(같은 부서 내)	부서 내의 친구들에 대해 서로 깊이 아는 시간을 갖는다.
				친교 2(같은 부서 내)	부서내의 형/누나/언니/오빠/동생들과 서로 깊이 아는 시간을 갖는다.
				대림절 1 마태복음 1:18~25	예수님의 탄생 이야기를 통해 늘 우리와 함께하시는 하느님(임마누엘)에 대해 알고 느끼도록 돕는다.

분기	목표	월	목표	주(성서본문과 주제)	교육목표
		12	성탄절	대림절 2 누가복음 2:8~14	예수님의 탄생 이야기를 통해 진정한 평화는 힘이 아니라 갓난아이와 같은 부드러움에서 온다는 사실을 깨닫게 한다.
				대림절 3 데살로니가전서 4:13~5:11	다시 오실 예수님을 기다리는 대림절의 의미는 현재의 어려움을 극복하는 힘이 된다는 사실을 알도록 돕는다.
				대림절 4 요한계시록 21:1~4	모든 이들의 눈에서 눈물이 없는 새 하늘과 새 땅의 꿈을 실현하기 위해서 오늘 우리가 할 수 있고 해야만 되는 일이 무엇인지 함께 이야기하도록 한다.
				성탄절(마태복음) 마태복음 2:1~23	예수님의 탄생 이야기를 통해 예수님은 고난당하는 이들에게 참 자유와 해방을 주는 분으로 이 세상에 오신 분임을 알게 한다.

● 3년차: 생명과 평화

분기	목표	월	목표	주(성서본문과 주제)	교육목표
1	민중 (소수자, 약자)	1		연합예배	
				예수 탄생 누가복음 2:1~20	예수님의 탄생 이야기를 통해 예수님은 민중 가운데 태어나고 민중들에게 기쁨의 소식을 주기 위해 오신 분임을 알게 하여 이 땅의 민중들에게 기쁜 소식이 무엇인지 찾아보도록 한다.
				민중과 함께하시는 하느님 신명기 26:5~11	야훼 하느님은 이 땅에서 억압당하고 착취당하는 이들을 구원하시어 좋은 길로 이끄시는 분임을 알게 하여 이 땅에서 불의하게 고통당하는 사람들이 잘 살 수 있는 길이 어디에 있는지 찾아보도록 한다.
				수련회	
		2		진급예배	
				가난 1 (가난한 사람들의 삶) 열왕기상 17:1~24,	아합왕 시절에 이스라엘은 부유했음에도 사렙다 과부처럼 가난한 이들이 있었음을 기억하고 하느님은 가난한 이들을 돌보신다는 것을 깨닫게 한다.
				가난 2 (세계화 속의 빈곤) 아모스 2:6, 5:10~15	아모스 예언자의 준엄한 비판을 통해 자유시장을 기반으로 하는 자본주의의 비인간적인 면모를 알게 하고 더 나은 사회를 위한 방법을 모색해 본다.
				가난 3 (아름다운 가게 헌물) 하박국 3;17~19, 디모데전서 6:17~19	본문의 말씀을 통해 돈에 희망을 두지 말고 오로지 하느님께 희망을 두고 나누는 것이 참된 생명의 삶임을 알도록 한다.

분기	목표	월	목표	주(성서본문과 주제)	교육목표
		3		가부장제하에서 여성과 남성 갈라디아서 3:28, 골로새서 3;18~19, 디도서 2:1~5, 디모데전서 2:9~15, 잠언 31:10~31	남성과 여성은 평등함을 알게 하고 성서와 일상생활에서 남녀 불평등의 사례를 찾아 보고 고쳐나가도록 돕는다. 성서 다시 써 보기(양성평등 성서 만들기) 『돼지책』, 앤서니 브라운 지음, 허은미 옮 김(웅진주니어) 참조.
				어린이 잠언 22:15, 23:13~14, 마태복음 19:13~15	잠언의 말씀과 마태복음서의 말씀을 비교 하여 읽고 어린이 인권에 대해 생각하도록 돕는다. 「어린이 청소년 인권 선언문」, 「유엔 아동 인권선언」 참조.
				노인 레위기 19:32, 잠언 23:22	레위기와 잠언 말씀을 묵상하며 어른들의 경험을 존중하는 마음을 기르고, 약자인 노인들이 겪는 어려움을 함께 찾아보고 경 험해본다. 서울 용산구 효창동 '노인생애체험센터' http://www.aging-simulation.or.kr/index .html
				장애인 레위 19:14	장애인이 당하는 아픔과 설움에 대해 성찰 하고 장애인들이 좀 더 자유롭게 활동할 수 있는 방안을 함께 찾아본다. 불편함이 차별이나 할 수 없음으로 가지 않도록 우 리의 시각을 고친다. 무엇을 장애라 말하 는가? 장애의 개인적 극복과 장애인들이 불편함을 느끼지 않도록 이 사회를 만드는 문제. 장애체험 하는 사회복지관 등 견학 및 체험
				외국인(외국인 노동자) 빌레몬서, 레위기 19:33~34, 출애굽기 22:21, 23:9	외국인 노동자가 처한 현실을 공부하고, 다문화 사회에 대한 이해를 높이고, 모두 함께 잘살 수 있는 방법을 모색한다. 영화 〈방가방가〉
2	삶의 자리	4		사랑방교실	자연 속에 깃든 하느님의 숨결을 발견하게 하고, 더욱 깊은 친교의 장을 만든다.
				차별 1(인종주의) 갈라디아서 2:11~14, 신명기 29:10~15	성서가 제시하는 이상향에 명시된 '함께 사는 세상'을 기억하며, 문화적 이질감과 편견을 극복할 수 있는 방법을 찾아본다.
				차별 2 (학벌, 진정한 배움) 전도서 9;11~12, 빌립보서 3:5~14	결과와 함께 과정을 소중하게 생각할 수 있도록 하고, 진리에 접근해 가는 삶이 진 정한 배움의 자세임을 느끼게 한다.
				차별 3(따돌림, 왕따) 야고보서 2:1~9	차별은 그 어떤 경우에도 정당화될 수 없 음을 알게 하고, 이를 위한 그리스도인의 자세를 생각해본다.
		5		어린이주일 누가복음 18:15~17	가장 어린 모습으로 세상에 오신 예수를 기억하며, 어린이 및 청소년의 인권을 생 각한다.
				창립주일, 가정	가정의 의미와 역할과 함께 향린공동체의 의미를 나누어 본다.

분기	목표	월	목표	주(성서본문과 주제)	교육목표
				가정 데살로니가전서 5:12~28, 골로새서 3:18~21	성서가 기록하고 있는 가정과 그 구성원의 의미에 대한 역사적 배경과 현대적 의미를 생각해 본다.
				우리의 종교문화 로마서 9:1~5	우리 민족의 종교문화에 대한 이해를 높이고 그리스도인으로서 이웃종교와 더불어 사는 방법을 찾도록 돕는다.
				신앙과 민(民) 예레미야 애가	나라 잃은 상황에서의 민(民)의 슬픔과 고통을 기억하며, 지금의 상황을 연결시킨다.
		6		한국전쟁 열왕기하 6:24~30	냉전과 이데올로기 대립이 낳은 '상잔의 비극' 한국전쟁을 생각하며, 평화의 소중함을 알게 한다.
				분단체제의 현실 오바댜 1:10~14	전 세계의 유일한 분단국가인 한국의 상황을 기억하며, 전쟁과 폭력의 중단을 위한 실천방안을 생각한다.
				통일에 대하여 에스겔 37:15~23	이 땅에 살던 사람들 그 누구도 원치 않았던 남북의 나뉨을 아파하며, 이를 극복하기 위해 해야 할 일을 생각한다.
				현장방문	
3	생태와 윤리	7		자연관 창세기 1:26~30	사람은 하느님의 대리자로서 피조세계 한 가운데 서 있다. 피조세계 안에 있는 하느님의 청지기로서 하느님의 형상을 지키고 보호할 책임을 다 할 수 있도록 돕는다.
				생태 1(생태계의 범지구적 파괴) 예레미야 9:10~14	자연 생태계를 보호할 책임을 가진 인간이 욕심으로 인해 범지구적 생태계 파괴를 초래했다는 것을 알고 하느님의 형상으로 돌아가야 한다는 것을 깨닫도록 돕는다.
				생태 2(먹거리) 잠언 27:23~27, 레위기 11장	비정상적인(도축, 사육) 먹거리 섭취는 인간과 생태계 모두에게 해가 된다. 자연스럽게(자연에서) 얻을 수 있는 먹거리야말로 인간뿐만 아니라 피조세계 모두를 건강하게 한다는 것을 알도록 돕는다.
				수련회	
		8		생태 3(에너지 소비) 레위기 25;1~13, 아모스 6:4~8	하느님의 백성은 누구나 자유로운 땅에서 자유로운 사람이어야 하며 쉼이 없는 무분별한 착취(인간, 자연)는 모두에게 위기로 다가옴을 알도록 돕는다.
				대안적 삶 1 (삶의 예를 보여주기) 사사기 9:8~15,	진정한 하느님 나라는 하느님과 인간 모두가 '기쁨'을 만끽할 수 있는 세상이어야 함을 알도록 돕는다.
				대안적 삶 2 (일상에서 실천하기) 골로새서 2:20~3:17	이 세상에서 그리스도인들의 삶의 힘과 목표는 예수 그리스도다. 이전의 잘못된 습관을 버리고 새 사람으로 살기 위해 아주 작은 것부터 실천하도록 돕는다.

분기	목표	월	목표	주(성서본문과 주제)	교육목표
				대안적 삶 3(현장방문)	
				교회학교주일	
		9		생태경제(잘 산다는 것) 예레미야 9:23~24, 출애굽기 16:13~21, 레위기 25:23, 잠언 23:4~5, 고린도후서 6:7~10	하느님 나라는 공평과 공의의 세상이다. 나 자신만이 풍족하게 사는 것이 아니라 모두가 필요한 만큼의 물질을 갖는 것이 참 세상임을 알도록 돕는다.
				민주시민 출애굽기 18:13~24	참 민주시민의 덕목은 자신의 삶과 선택에 신중하며 책임 있는 행동을 하도록 돕는다.
				삶과 죽음 욥기 29~30장, 전도서 3:12~13	하느님의 끝없는 시간 속에서 인간은 처음 과 끝을 알 수 없다. 하느님은 모든 것에 때를 정해 주신 분이기에 인간은 일상의 작은 즐거움을 위해 일하며 그 가운데서 하느님의 자비하심을 찾도록 돕는다.
				성평등과 성교육 창세기 1:25~28, 사무엘하 13:1~22	평등의 가치로 지어진 세상에서 왜곡된 가 치를 지닌 이들에 의해 평등의 가치가 파 괴된 현상을 느끼게 하고, 이를 바로 잡는 삶을 살도록 돕는다.
4	생명과 평화	10		세계성만찬주일	
				생명 존중 전도서 3:18~21, 신명기 20:19, 창세기 9:8~17	인간과 자연은 상생하는 존재임을 알도록 돕고 모든 생명을 존중하는 감수성을 기르 도록 돕는다.
				온 생명 요한복음 10:10, 에베소서 5:8~20	하느님께서 허락하신 생명을 풍성히 누리 도록 돕는다(생명을 누리지 못하게 만드는 여러 환경 분석 및 대안, 예를 들면, 먹거 리, 문화, 스트레스 등).
		11		사랑방교실	
				내 안의 평화 1 빌립보서 2:1~8	사랑과 위로, 격려와 자비, 기쁨과 겸손 등 의 예수님의 마음을 돌아보며 평화를 위해 품어야 할 마음들을 생각해본다.
				내 안의 평화 2	그리스도의 마음에 비추어 자신이 지니고 있는 장점과 단점을 생각해보고 자신이 먼 저 평화를 누릴 수 있도록 돕는다.
				평화 감수성 키우기 1 사무엘하 12:1~14	나단의 예화를 통해 약한 자와 가지지 못 한 자에게의 평화가 무엇인지 생각해본다.
				평화 감수성 키우기 2	
				가정에서 평화 만들기 데살로니가후서 3:6~12	가족 구성원이 각자의 역할을 충실히 이행 하고 동등하게 일할 때 가정의 평화가 온 다는 것을 알고 자신의 역할을 찾도록 돕 는다.
		12		평화 공동체 1(가정/학교) 창세기 42:24~25, 42:38, 43:14, 43:30, 44:30, 45:15, 신명기 12:6~7	가정/학교에서 평화가 필요한 상황들을 떠올려보고 가정/학교가 평화공동체가 되 기 위해 자신이 할 수 있는 일을 생각해 본다.

분기	목표	월	목표	주(성서본문과 주제)	교육목표
				평화 공동체 2(마을/나라)	마을/나라에서 평화가 필요한 상황들을 떠올려보고 마을/나라가 평화공동체가 되기 위해 자신이 할 수 있는 일을 생각해본다.
				세계의 평화(종교 등등) 예례미야 22:1~5	세계에서 평화가 필요한 상황들을 떠올려보고 세계가 평화공동체가 되기 위해 자신이 할 수 있는 일을 생각해본다.
				새 하늘 새 땅을 꿈꾸며 이사야 11:1~9	전쟁과 폭력이 멈추고 약한 사람들이 마음 편히 살 수 있는 세상을 간절히 염원했던 본문의 의미를 생각하며 새 하늘, 새 땅의 도래를 위해 실천할 방법을 찾아본다.

향린교회 창립 60주년 기념 센서스
전 교인 신앙 및 사회의식 조사 결과 요약

향린, 우리는 누구인가?

2011년 9월 25일 향린교회는 '향린교회 창립 60주년 기념 전 교인 신앙 및 사회의식 조사'를 실시했다. 향린교회에서 이러한 조사는 처음이 아니다. 1974년에 창립 20주년을 기념해서, 1983년에는 30주년을 기념해서 조사한 결과가 남아 있다. 향린이 이런 '자화상'을 그리고 남기는 작업을 계속해오고 있는 것은, 자화자찬하며 '오늘'에 머무는 것이 아니라 스스로를 비판적으로 돌아보며 '보다 나은 내일'로 나아가기 위함이라 할 것이다.[1]

이 조사에는 총 354명의 교인이 참석했는데, 향린교회 주일예배에 출석하는 교인의 평균인원이 306명임을 감안할 때 이 센서스는 향린교회의 전체 모수(母數)에 기초한 조사라고 보아도 무방하다. 이 센서스는 응답자의 연령, 성별 등 기본 인적사항에 대한 질문으로부터, 본인의 신앙생활, 종교관, 교회에 대한 만족도, 사회의 주요 이슈에 대한 인식 등 다양한 분야에 대한 질문으로 구성되었다.

원 보고서에서는 1차적으로 수립된 자료에 대한 기본 빈도분석 외에도 그 결과에 기초한 2차적인 교차분석을 실시하고 유의미한 결과들을 표를 통해 제

---

1 향린교회60년사편찬위원회, 「향린, 우리는 누구인가?」, 향린교회 창립 60주년 기념 센서스: 전 교인 신앙 및 사회의식 조사 보고서(2012), 6쪽.

시행지만, 여기서는 향린교회와 교인들의 전반적인 특성을 간략히 제시하기 위해 그러한 상세한 분석은 생략하고 1차 빈도분석의 결과를 위주로 실었다. 원 보고서는 이 센서스의 결과에 대해 심층조사를 통해 추가적인 해석을 제시하고 있으며, 이를 위해 기존 센서스(1974, 1983년) 결과와의 수직적 비교 및 2004년 한신대학교 신학연구소가 우리나라 일반 교회 교인들을 대상으로 실시했던 '한국 기독교인의 정치·사회의식 조사' 결과와의 수평적 비교를 수행하고 있다. 여기서는 마찬가지로, 이러한 해석과 비교 분석을 1차 빈도분석 위주로 부분적으로 발췌·인용하며 필요에 따라 2차 교차분석의 경우도 언급한다.

1. 향린 교인의 인구통계학적 기본 사항

1-1. 연령별 분포

1974년 조사에서는 40세 이하 교인의 비율이 전체의 77.9%이고 30세 이하 교인이 전체의 절반 이상을 차지할 정도로 향린교회는 젊은 교회였다. 1983년에도 40세 이하 비율은 전체의 64.9%였으며 20대가 최대 구

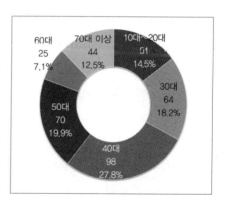

성층을 이루고 있었다. 이것은 교회의 역사가 깊어짐에 따라 자연스럽게 예전의 젊은 교우들이 이제 장년 또는 고령의 교우가 된 것으로 이해할 수도 있다. 그러나 이러한 현상은 오늘날 한국 사회의 전반적인 노령화 추세와 한국 교회에서 벌어지는 교인 감소, 특히 젊은 층의 교회 이탈 현상과 맞물려 향린교회가 당면한 하나의 과제임에 틀림없다.

1-2. 성별 분포

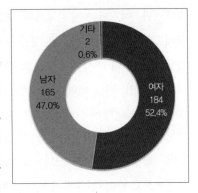

향린교회 초기에는 남자가 여자보다 약간 많았다고 하며, 1983년 조사에서는 여자 대 남자의 비율이 6 대 4였다고 하니, 60년 역사를 거치며 남녀의 비율이 크게 차이 나지 않고 조화를 이루어 나가고 있음을 알 수 있다.

1-3. 학력

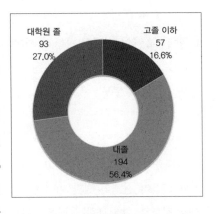

향린교회는 설립 초기부터 교우들의 학력이 높았다. 대학 졸업자가 지금처럼 많지 않았던 1974년에 대학 졸업자가 62.2%, 대학원 졸업자는 5.5%였고, 1983년에는 대학졸업자가 64.2% (신학교 졸업생 19% 포함), 대학원 졸업자가 13.8%였으니, 향린 교우들의 학력은 시작부터 지금까지 일관되게 매우 높은 수준을 보이고 있다. 현재 향린 교우 중 대학원 졸업 이상의 고학력자가 전체의 1/3에 근접한다는 점은 우리나라 다른 교회와 비교해보았을 때 이례적인 현상이다. 더욱 놀라운 것은 70대 이상에서도 이러한 비율이 거의 떨어지지 않는다는 사실이다. 이로 미루어 우리는 향린교회가 사회에 대한 인식이나 신학의 이해 등에서 한국의 여타 교회들과는 매우 다를 것으로 예측할 수 있다. 그러나 지식정보가 매우 빠르게 변할 뿐 아니라 공유와 소통이 원활한 오늘날에는 학력이 결코 지식정보의 양과 질을 담보할 수 없다는 점에서, 과거 향린 교인들이 지녔던 장점이 오늘날까지 여전히 유지되고 있는지에 대해서는 세부적인 평가가 있어야 할 것이다.

조금 다른 각도에서 볼 때, 고학력자들이 많다는 사실은 학벌사회의 폐해가 향린교회에도 나타나고 있지 않은지 냉철하게 성찰할 것을 요구하는 대목이기도 하다.

1-4. 가구별 1년 소득

향린교회 교인들은 대체로 4개 집단 각각에 비슷한 비율로 분포되어 있었다. 경제적인 차원에서 한쪽으로 치우치지 않고 고르게 분포된 편이라고 할 수 있다.

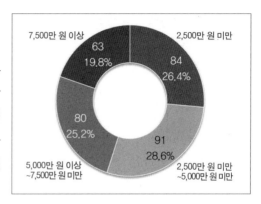

1-5. 농거인 수(본인 포함)

본인을 포함하여 4인 이하가 전체의 84.9%이고, 홀로 사는 이와 2인 가구도 27.7%나 된다. 이러한 동거 가구원 수의 분포는 향린교회가 감당해야 할 공동체적 역할이 얼마나 중요한지를 잘 보여주는 지표라고 할 수 있다.

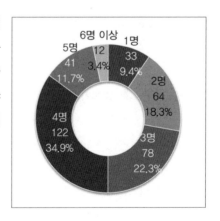

2. 향린 교인의 교회생활 관련 기본 사항

2-1. 신앙생활 시작 시기

1983년도 조사에서 모태신앙의 비율은 23.4%였다. 30년 사이에 그 비율이 크게 높아진 것이다. 이러한 현상은 교회의 역사가 60년을 바라보는 시점에서 향린 교인들의 신앙이 대를 이어가고 있으며, 새로 향린교회를 찾는 교인들 중에도

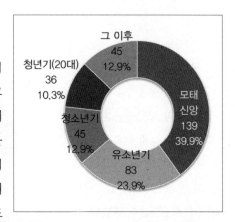

다른 교회에서 신앙생활을 하던 사람들이 많은 데 따른 것으로 이해된다. 한편, 이렇게 모태신앙을 가진 이들이 향린교회를 많이 찾는다는 것은 교인의 수평이동을 말하는 것이고, 비그리스도인이 새롭게 신앙을 가지려고 향린교회에 오는 경우는 상대적으로 드물다는 말이 된다. 이러한 현상은 기존 교회에 대한 변화 욕구의 반영이면서도, 향린교회의 선교와 교육에 대해서 새롭게 고민할 지점들을 보여주고 있다.

2-2. 향린교회 출석기간

향린교회 교인들은 교회 출석기간이 짧은 집단과 긴 집단이 상대적으로 많고, 출석기간이 중간 정도 되는 집단은 다소 적은 형태로 구성되어 있다. 1980년대에는 새 교우가 향린교회 구성의 대부분을 차지한

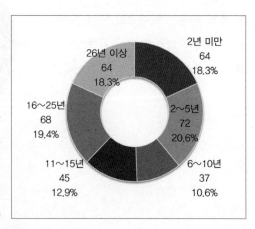

반면, 지금은 그 당시에 비해 출석기간별로 교우들이 균형 있게 분포하고 있다고 볼 수 있다.

특이한 점은 현재 출석교인들의 분포도에서 5년 이하까지는 비교적 높은 분포를 보이다가 6년 이후부터 15년 사이에는 상대적으로 낮은 분포가 유지된다는 사실이다. 이는 향린교회에는 여전히 새 교우가 많이 오고 있으며 정착률도 5년까지는 크게 나쁘지 않지만, 완전히 향린 교인으로 뿌리 내리는 비율은 그 이후 다소간 약화된다고 해석해볼 수 있다.

2-3. 향린교회 출석 계기

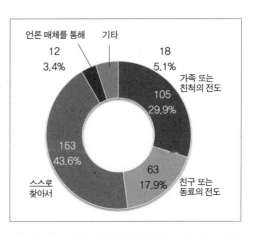

1983년에는 '가족의 전도'가 30.9%로 가장 많았고, 다음으로 '친구의 전도'가 29.1%, '스스로 찾아서'가 26.3%였다. 스스로 찾아오는 경우가 이전보다 크게 늘었다는 사실이 이번 센서스를 통해 확인됐다. 스스로 찾아오는 경우 어떤 경로를 통해 향린교회에 출석하게 되었는지 설문에서 묻지 않아 그 구체적인 경로는 알 수 없지만, 새 교우 프로그램에서 많은 새 교우들이 인터넷을 통해 향린교회 홈페이지를 경험하고 나서 향린교회를 방문했다고 말하곤 한다. 교차분석의 결과에 의하면 향린교회 출석 계기가 점차 대인적 채널(가족이나 친구들의 전도)에서 인터넷이나 언론매체를 통해 노출되는 향린교회의 모습으로 옮아가고 있음을 알 수 있다. 자발적으로 향린의 문을 두드리는 사람이 많아지고 있다는 얘기다.

특히 향린교회에 다닌 기간이 짧을수록 스스로 찾아오는 비율이 높았다. 향린교회 출석기간이 5년 이하인 경우에는 절반 이상이 스스로 찾아오는 것으로 나타났다. 이렇게 자발성이 높은 이들은 향린교회의 다양한 활동에 적극적으로 참여할 의사 또한 높을 것으로 추정해볼 수 있다. 그럼에도 불구하고 교인 전체적으로 보았을 때 세 명 중 한 명은 예배 외에 다른 활동을 전혀 하지 않는 다는 것과 일정 기간 이후 출석이 저조해진다는 것은 새 교인들의 정착이나 성인 교육 등에서 더욱 세밀한 준비와 실행이 필요하다는 점을 시사한다.

2-4. 향린교회 모임에서의 활동 정도

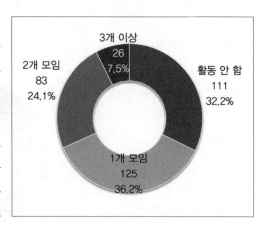

1983년 조사를 보면, 1개 부서 참여는 29.3%, 2개 부서 참여는 9.2%, 3개 이상 부서 참여는 4.5%로 전체 교인의 43.0%가 1개 이상의 부서에서 활동하고 있었지만 그에 반해 전체의 절반 가까운 48.4%는 어떤 부서에도 가입하지 않고 있었다. 부서나 신도회에 전혀 관심을 보이지 않는 교인들이 적지 않게 존재하는 현상이 30년 전이나 지금이나 동일하게 향린교회의 특성 중 하나임을 알 수 있다. 비활동 교인의 비율이 1983년에 비해 현재 많이 줄었다는 점을 감안해도 여전히 전체 교인의 32.2%가 전혀 활동하고 있지 않다는 점은 목회 차원에서 심각한 고민의 지점이라 할 것이다.

3. 향린교회 교인의 신앙생활

3-1. 교회 출석 횟수

1983년 설문결과를 보면 '어쩌다 한 번'이 2.3%, '매월 2~3회'가 8.0%, '매주 1회'가 70.5%, 매주 2~3회가 11.3%였다. 당시에 비해 출석률이 조금 낮아졌음을 알 수 있다.

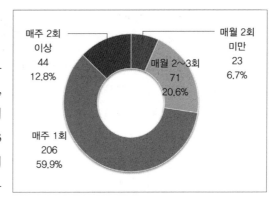

3-2. 소득 대비 교회헌금 비율

전통적인 교회의 관점에서 십일조에 해당하는 금액을 헌금하는 교우의 비율은 13.4%에 그치고 있다.

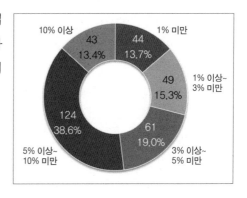

3-3. 소득 대비 사회기부 비율

통계청의 2011년 사회조사 결과에 의하면 2011년 1년 동안 기부를 해본 경험이 있는 사람은 전체의 36.4%이고, 1인당 평균 기부액은 16만 7천 원이라고 한다. 향린교회 교인 중 최소한 소득의 1% 이상을 기부하는 사람의 비율이 63.1%이니 우리나라 평균보다는 매우 높

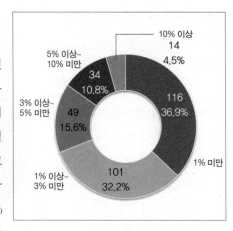

은 비율인 셈이다. 향린교회 교인 가운데 헌금과 사회기부를 합한 총합이 전체 소득의 10%를 넘는 사람의 비율은 29.9%였으며, 대체로 신앙생활 기간이 길수록 교회헌금과 사회기부의 수준이 높아지는 것으로 나타났다.

또 헌금과 사회기부의 상관관계를 살펴본 결과, 두 변인들 사이에는 긍정적인 상관관계가 발견되었다. 다시 말해서, 교회에 헌금을 많이 하는 사람은 사회기부도 많이 한다는 것이다. 한편으로, 5천만 원을 기준으로 향린 교인을 두 소득집단으로 나누었을 때 소득이 적은 집단의 교회헌금 및 사회기부 비율이 더 높게 나타난 점은 여러 가지 고민과 생각거리들을 던져주고 있다.

3-4. 성서 읽는 빈도

향린교회 교인들의 성서 읽기 빈도는 대체로 높은 편은 아닌 것으로 보인다. 1983년 조사와 단순하게 비교하기는 힘들지만, 성서를 한 번도 통독하지 않은 사람이 60%를 넘었다는 점을 보면 당시에도 성서를 많이

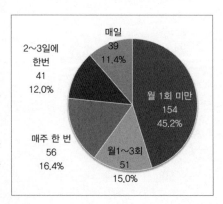

읽는 수준은 아니었던 것 같다. 교차분석 결과 연령이 높을수록 성서 읽는 빈도가 높게 나타났으며 소득 중 헌금을 하는 비율이 높을수록 성서를 많이 읽는 경향이 있었다.

3-5. 개인적으로 기도하는 빈도

1983년 설문에서는 매일 기도한다는 비율이 32.6%, 매주 3~4회가 5.4%, 어려운 일, 감사한 일이 있을 때가 38.7%였다. 그 당시와 지금의 경향이 크게 다르지 않음을 알 수 있다. 매일 규칙적으로 기도하는 비율이 높은 집단은 70대

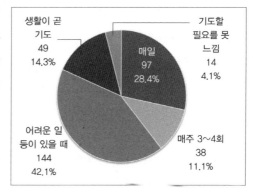

이상(48.8%)과 60대(37.5%)였으며 '어려운 일, 감사한 일이 있을 때 주로 한다'의 비율이 높은 집단은 40대(56.8%), 50대(50.7%)이며, 기도할 필요를 느끼지 않는다고 응답한 비율이 가장 높은 집단은 10~20대(14.3%)였다. 10~20대 집단은 매일 규칙적으로 기도하는 비율이 높은 반면 기도의 필요성을 느끼지 않는 비율도 동시에 높게 나타나 양극화 현상을 보이고 있다.

전체적으로 볼 때 교회 출석, 성서 읽기, 기도생활, 헌금이 서로 밀접하게 연결되어 있어 성서 열심히 읽는 사람이 헌금도 많이 하고, 헌금을 많이 하는 사람이 기도도 열심히 하는 비례 관계가 성립하고 있다.

4. 향린교회 교인의 교회생활 만족도

4-1. 향린교회에서 느끼는 차별

향린교회 내의 차별에 대해서는 과반수인 53.6%가 대체로 차별이 없다고 말하거나 차별이 없다고 느끼는 것으로 나타났다. 그러나 뒤집어서 보면 46.4%가 차별을 느끼고 있다고 응답한 것이다. 우리 사회의 불평등을 없애기 위해 부단한 노력을 기울이고 있는 향린교회 안에서 거의 절반에

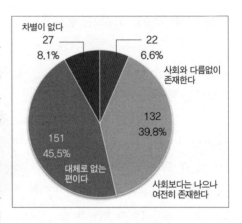

가까운 교우들이 차별감을 느낀다고 응답한 것은 유의해야 할 대목이다.

4-2. 향린교회에서 느끼는 차별의 원인

향린교회 구성원들은 초창기부터 전문직의 비율이 높은 편이었다. 1974년의 자료에도 교육계 및 의료계의 전문직 종사자 비율이 전체의 절반을 넘을 정도로 높았다. 2011년 센서스에서도 전체의 1/3 정도가 대학원 졸업 이상의 높은 학력을 갖추고 있다고 나온 점으로 미루어보면, 상당히 많은 향린 교인들이 다양한 전문 직종에 종사하

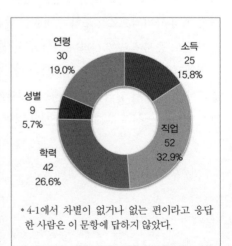

* 4-1에서 차별이 없거나 없는 편이라고 응답한 사람은 이 문항에 답하지 않았다.

고 있다고 보인다. 이러한 배경에서 상대적으로 직업지위나 학력이 낮은 사람들이 차별감을 느낄 수 있다는 가능성을 염두에 두고 교차분석을 실시했다. 그러자 최종학력이 고졸 이하인 경우 차별이 존재한다는 입장이 37.1%, 대졸자는 45.9%, 대학원 졸업자는 50.5%인 것으로 나타나 오히려 학력 수준이 높을수록 더 높은 차별감이 보고되었다. 대졸 혹은 대학원 졸업자들의 경우 현재 우리 사회에서 느끼는 양극화, 불평등의 심화에 대한 문제의식이 크고, 이 때문에 향린 교회에 대한 기대가 클 가능성이 높다. 이런 높은 기대감이 향린 교회의 현실에 대해 비판적으로 작용했기 때문에 이러한 응답이 나왔을 것으로 추정된다. 따라서 향린교회 안에서 차별이 존재한다는 응답은 실제 발생한 차별에 기인하기보다는 교회 안의 현실이 기대치에 미치지 못한다는 인식적 차별감에 기인한다는 설명이 더 설득력이 있을 것으로 보인다. 그럼에도 불구하고, 고졸 이하의 학력자들 중 13%가 향린교회에서 사회와 다름없는 차별을 느끼고 있다고 응답한 점은 눈여겨보고 심층적으로 분석하여 개선 방향을 모색할 필요가 있다.

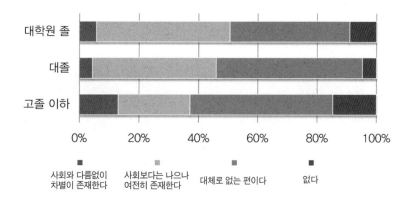

4-3. 향린교회에서 느끼는 가장 큰 문제

향린교회의 각종 모임에서 전혀 활동하지 않고 있다는 응답이 32.2%였다는 점을 상기해 보면, 교회 차원에서 교인들의 보다 적극적인 참여를 위한 프로그램을 개발하고 권장할 필요성이 더욱 절실하게 느껴진다. 향린교회에서 느끼는 두 번째 문제가 세대

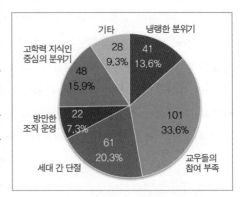

간 단절이라는 점도 시사하는 바가 크다. 향린 교인들은 연령층이 대체로 고르게 분포하고 있음에도 불구하고 세대 간의 단절을 많이 느낀다는 것은 좀 더 세심한 원인 분석과 대책이 요망된다.

4-4. 향린교회의 특성 중 가장 끌리는 것

목회자의 설교가 가장 끌리는 특성으로 나타난 것은 한국의 일반 교인들과 맥을 같이하는 것이다. 하지만 1983년 센서스 결과에서는 목회자 설교에 대한 의존도가 훨씬 더 높게 나타났는데(62.1%), 당시에는 거의 절대적인 설교자(안병무, 김호식)가 존재하고 있었기 때문이라고

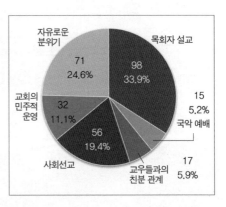

할 수 있다. 2011년 현재는 사회선교, 교회의 민주적 운영, 국악예배 등과 같은 새로운 특성들이 다양하게 개발된 상태이기 때문에 목회자 설교에 대한 의존도가 과거에 비해 상대적으로 낮게 나타난 것으로 해석할 수 있다.

4-5. 목회, 친교, 교회봉사, 교육, 선교, 예배에 대한 만족도

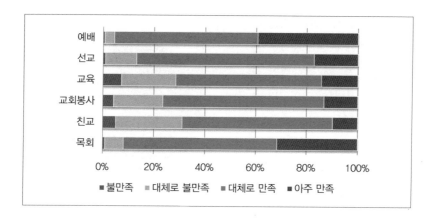

향린교회에서 이뤄지는 목회, 친교, 교회봉사, 교육, 선교, 예배에 대한 만족도에서 모두 '대체로 만족'이 높게 나타났다. 대체로 만족하거나 아주 만족하는 비율을 합해 보면 예배 만족이 95.6%로 가장 높았고 목회 만족 91.8%, 선교 만족 86.8%, 교회봉사 만족 76.6%, 교육 만족 71.5%, 친교 만족 69.0%의 순으로 나타났다. 친교 만족이 낮다는 점은 앞에서 언급된 교인들의 참여 부족, 세대 간 단절 등과 관련지어 생각해볼 수 있을 것이다.

1983년 설문에서 친교활동에 만족하지 않은 비율은 43.0%로, 지금의 31.1%에 비하면 더 높았다. 다시 말해 향린 교인들은 친교활동에 대해 1983년보다는 더 만족하고 있다고 볼 수 있다. 하지만 1983년에 비해 교인 수가 200명이나 줄어든 현재에도 여전히 친교 만족도가 크게 높지 않은 이유는 고민을 던지는 대목이다.

교차분석을 통해 보았을 때 교회 출석기간에 따른 차이는 여러 항목에서 명확하게 나타났다. 향린교회 출석 5년 이하 집단은 대체적으로 그들의 기대를 충족하는 높은 만족감을 느끼고 있었다. 하지만 교회 출석기간이 길어질수록 만족도가 점차 감소하고 있다는 점은 목회적 차원에서 성찰이 필요한 부분이다.

4-6. 향린교회의 사회참여 정도에 대한 인식

사회참여가 적절하다 또는 더
활발하게 해야 한다고 응답한 사
람들을 사회참여에 적극적인 사
람들이라고 본다면, 교인 3명 중
2명은 사회참여에 적극적이고 1
명은 소극적인 셈이다.

향린교회의 사회참여 정도에
대한 답변이 연령별로 차이가 있

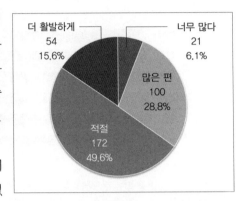

는지 살펴보니 30대 이상 60대 이하의 집단에서 적절하다고 응답한 비율이 가
장 높았다. 더 활발하게 해야 한다는 응답 비율이 상대적으로 높은 집단은 50
대였다. 10~20대의 경우 '많은 편이다' 또는 '너무 많다'는 비율이 50%로 나타
나 사회참여에 대한 부담감이 상당함을 보여주었다. 이러한 결과는 저연령층=
진보, 고연령층=보수라는 과거의 상식적인 관점과는 상당히 다른 것이었다.
한국 사회의 10~20대가 그 윗세대들과 대단히 다른 사고 및 행동 방식을 보이
고 있는 것과 마찬가지로 향린교회의 10~20대 역시 그런 흐름 속에 있음을 보
여주고 있다고 보인다.

4-7. 향린교회 출석 이후
신앙적 관점의 변화

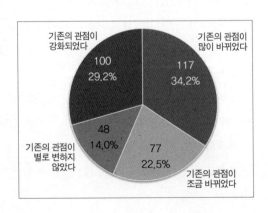

4-8. 향린교회 출석 이후 정치·사회적 관점의 변화

정치·사회적 관점에서는 기존의 관점이 강화된 경우가 가장 많았고, 신앙의 관점에서는 기존의 관점이 많이 바뀐 경우가 가장 많았다. 향린교회 교우들은 이미 어느 정도 진보적 의식을 가진 상태에서 기존 교회에 실망해서 온 경우가 많다는 점에서 유추해볼 수 있는 대목이기도 하다.

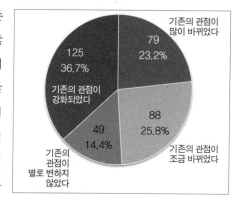

5. 향린교회 교인들의 신앙관

5-1. 내세 유무에 대한 인식

64.8%가 내세를 긍정했던 1983년 설문 때보다는 내세의 존재에 대한 믿음이 약화된 것으로 보인다. 또한 내세가 없다는 부정적인 입장도 2011년에는 1983년의 3.6%보다 훨씬 높은 21%의 수치를 보이고 있

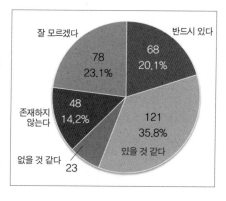

어, 내세에 부정적인 교우들의 수가 크게 증가한 것을 알 수 있다.

연령별 분석에서 내세가 반드시 있다 또는 있을 것 같다고 대답한 비율이 가장 높은 집단은 60대(64.0%)였고, 내세가 반드시 있다고 응답한 비율이 가장 높은 집단은 70대 이상(26.3%)이었다. 동시에 내세가 '없을 것 같다,' '종교적 메시지일 뿐 내세는 존재하지 않는다' 등 내세에 부정적인 입장을 가장 많이 나타낸 집단 역시 70대 이상(31.5%)이었다. 즉, 70대 이상의 집단에서는 내세에 대해 서로 상반된 두 가지 인식이 동시에 혼재되어 있었다.

5-2. 예수의 부활에 대한 인식

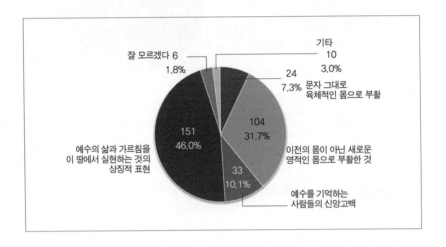

많은 향린 교인들이 '예수의 부활'을 하나의 상징적 표현, 즉 예수운동의 재현에서 예수의 부활 현존을 만나는 것으로 이해하고 있다. 1983년 설문과는 설문 항목들의 내용이 조금씩 달라서 단순 비교하기는 어렵지만, 예수 부활을 육체적인 몸의 부활로 믿는 비율이 30년 사이에 23.3%에서 7.3%로 크게 줄어든 것만은 분명하다.

5-3. 하느님 나라에 대한 인식

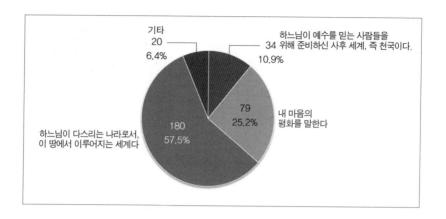

일반적인 한국 교회의 그리스도인들이 '하느님 나라'를 피안(彼岸)적이고 내세적으로 이해해 현실 도피적 경향을 보이는 반면, 향린 교인들은 그것을 차안(此岸)적이고 이 세상에서 이뤄지는 것으로, 즉 현실 참여적으로 이해하고 있었다.

질문 5-3에서 사후 내세를 믿는 사람들의 비율이 55.9%인 점에 비추어 보면, 향린 교인들은 내세와 하느님 나라를 별개의 개념으로 접근하고 있는 것으로 보인다. 내세는 믿지만 하느님 나라는 죽어서 가는 나라가 아니라 이 땅에서 이뤄지는 세계라는 신앙관이 향린 교인들의 다수를 차지하고 있는 것이다. 이는 질문 4-6에서 나타난 것과 같이 향린 교인들의 다수가 사회참여에 적극적인 것과 동전의 앞뒷면을 이루는 현상으로 이해된다.

5-4. 성서는 전적으로 하느님의 말씀이라고 생각하십니까?

'그렇다' 또는 '그런 편이다'라는 응답이 65.9%로 긍정적인 반응을 나타냈다. 반면 성서가 전적으로 하느님의 말씀이 아니라는 부정적인 응답자의 비율도 34.1%라는 무시 못할 수치를 보였다.

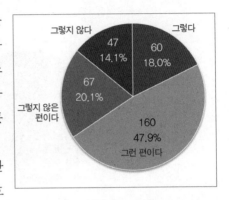

이 문항은 질문의 표현을 가능한 한 쉽게 하려다 본래의 취지를 모호하게 만든 측면이 있다. 성서를 문자 그대로 하느님의 말씀으로 볼 수도 있고, 인간의 언어이지만 하느님의 뜻이 반영되어 있다는 의미에서 하느님의 말씀으로 볼 수도 있는데, 이런 세부적인 구분이 되어 있지 않아 응답자들이 혼란을 겪었을 것으로 생각된다. 또 "전적으로 하느님 말씀인가"라는 질문에서 "전적으로"라는 표현에 민감하게 반응한 응답자들은 부정적으로 답했을 가능성이 높다.

앞에서 분석한 내용을 종합해 보면, 신앙생활 전반은 서로 비례하는 경향을 보였다. 평상시에 성서를 자주 볼수록, 기도를 많이 할수록 성서는 전적으로 하느님의 말씀이라고 인식하는 경향이 높았으며, 인구통계 변인들의 영향 면에서는 대체적으로 남성, 고학력자일수록 성서를 비판적으로 보는 경향이 높은 것으로 나타났다.

5-5. 타 종교에 대한 인식

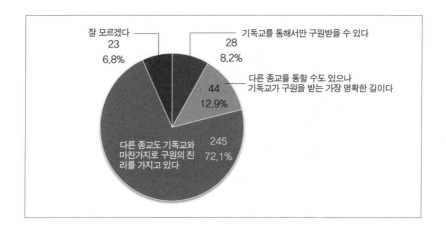

잘 모르겠다
23
6.8%

기독교를 통해서만 구원받을 수 있다
28
8.2%

다른 종교를 통할 수도 있으나
기독교가 구원을 받는 가장 명확한 길이다
44
12.9%

다른 종교도 기독교와
마찬가지로 구원의 진
리를 가지고 있다
245
72.1%

'기독교만이 참 진리'이거나 다른 종교보다 진리를 더 담고 있다고 여겼던 교인이 절반이 넘었던 1983년에 비해 지금의 교인들이 다른 종교에 대해 훨씬 더 개방적인 태도를 가지고 있다고 볼 수 있다. 기독교를 통해서만 구원이 가능하다는 유일신 신앙을 가진 사람이 향린교회 전체 교인의 8.2%에 불과하다는 점은 향린교회의 신앙관이 한국 기독교의 일반적인 신앙관과 크게 다르다는 사실을 보여준다.

한국갤럽조사연구소의 통계자료에 의하면 '여러 종교의 진리는 서로 비슷하다'는 종교다원주의적 인식에 대한 질문에 우리나라 기독교인들이 동의한 정도는 1984년 64.6%에서 2004년 53.1%로 점차 감소하고 있으나 이와는 반대로 향린교회에서는 30년 전에 비해 종교다원주의적 인식 경향이 더욱 커져 가고 있다.

5-6. 하느님에 대한 인식

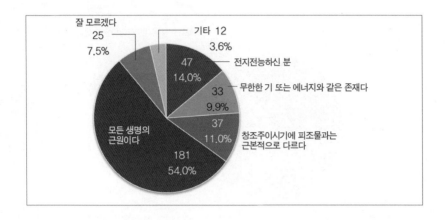

대다수 한국 그리스도교인들이 '하느님'을 초월적인 분으로 이해하는 반면, 향린 교인의 절반 이상은 하느님이 모든 생명의 근원으로서 우리 안에 내재한다고 본다.

5-7. 하느님은 나의 청원기도가 기복적인 내용이라 하더라도 모두 들어주실까?

최종학력이 무척 높은 향린교회 교인 중 하느님이 기복적 청원기도를 들어주실 것으로 생각하는 사람들의 비율이 절반에 가까운 49.8%에 이른다는 매우 흥미로운 결과가 나타났다.

5-8. 자녀가 다른 종교를 믿는 가정의 자녀와 결혼하려 한다면?

적극적이든 소극적이든 반대하겠다는 생각이 60%가 넘었던 1983년과 비교하면 자녀가 다른 종교인과 결혼하는 것에 대해 지금 교인들이 훨씬 개방적인 것으로 나타났다.

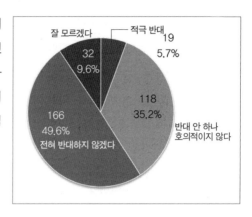

6. 향린 교인들의 사회의식

6-1. 현재 종사하는 직업에 대한 만족도

현재 종사하는 직업에 만족하는 경향이 80.2%로 아주 높은 편이었다. 이것을 기도의 빈도와 연결시켜 교차분석해보면, '생활이 기도'라고 한 집단(91.6%)과 매일 규칙적으로 기도하는 집단의 직업 만족도(90.6%)가 상대적으로 높은 것으로 나왔다. 매일 규칙적으로 기도하거나 생활이 기도일 정도의 신앙을

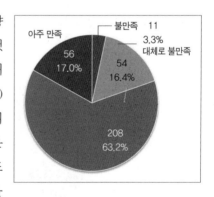

가지고 있다면 직업에서 생기는 작은 문제들을 잘 극복할 것으로 추정해볼 수 있고, 이 또한 기도의 일상화가 우리의 다른 삶에 어떤 영향을 주는지를 보여주는 좋은 예라고 할 수 있다.

6-2. 자신의 정치·사회적인 성향은?

2004년 한신대학교 신학연구소 설문조사의 결과는 우리나라 모든 교단을 망라한 기독교인들의 자신의 정치 성향에 대한 생각은 전체적으로 진보 29.1%, 보수 70.9%의 비율이었다. 비록 샘플 숫자가 적어서 해석에 조심해야겠지만 한국기독교장로회에 소속된 기독교인들의 경우에도 진보 24.8%,

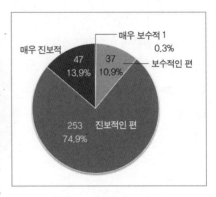

보수 75.4%로 전체 기독교인 중의 비율에서 크게 벗어나지 않았다. 이러한 현황에 비추어 보았을 때 향린교회 구성원들의 정치·사회적 성향은 한국 교회의 일반적인 성향에 비해 대단히 진보적임을 수치상으로도 확연히 알 수 있다.

6-3. 동성애에 대한 인식

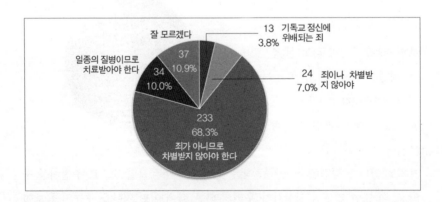

한국 교회의 뜨거운 감자라고 할 수 있는 동성애 이해와 관련해 향린 교인들은 여타 교회에 비해 훨씬 개방성을 보이기고 있기는 하나, 이를 죄나 병으로 인식하는 이도 20.8%가 있었다.

6-4. 고액 과외, 체벌, 부동산 투자, 주식 투자, 사주 팔자에 대하여

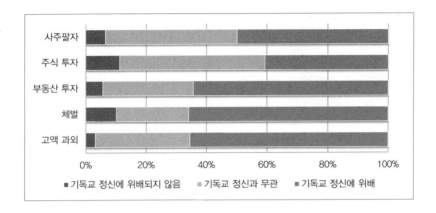

기독교 정신에 위배된다는 응답이 가장 많았던 행위는 체벌(66.0%)이었고, 그다음 고액 과외(65.5%), 부동산 투자(64.4%), 사주팔자(49.8%), 주식 투자(40.7%) 순이었다. 주식투자는 기독교 정신과 무관하다는 응답이 48.1%로 가장 많았는데, 부동산 투자는 투기의 성격이 강하지만, 주식은 자본주의 사회를 유지하기 위해 불가피하다는 인식이 많았기 때문인 것으로 짐작된다.

교차분석에서는 매우 재미있는 결과가 나왔다. 기도 빈도가 제일 낮은 집단에서는 고액 과외에 대해 기독교 정신과 무관하다는 응답이 가장 높은 반면(69.2%), 기도를 매일 규칙적으로 하는 집단에서는 고액 과외가 기독교 정신에 위배된다고 생각하는 비율이 가장 높았다(72.2%). 기도의 중요한 기능은 하느님의 뜻에 자신을 비추고 사회를 성찰하는 것이다. 고액 과외에 대한 인식과 기도 빈도를 연관시켜 분석한 결과가 이렇게 나온 것은 당연하다 하겠다. 사주팔자가 기독교 정신에 위배된다고 응답한 비율은 정확하게 연령이 많을수록 더 높아지는 경향을 보였다. 또 위에 나열한 여러 가지 사회적 현상들에 대해 기독교 정신과 무관하다는 대답을 가장 많이 한 연령별 집단은 10~20대였다. 이것은 꽤 심각한 문제로 보인다. 그리스도인의 경제 및 사회 윤리에 대한 성찰과 교육이 절실히 요청된다고 하겠다.

글쓴이(가나다순)

강은성 향린교회 교인

김진호 제3시대그리스도교연구소 연구실장

김창희 향린교회 교인

양회석 향린교회 교인

이규성 향린교회 교인

이영미 한신대학교 교수(구약학)

이정훈 성실교회 담임목사

임보라 섬돌향린교회 목사, 전 향린교회 부목사

정수미 향린교회 교인

조헌정 향린교회 담임목사

최형묵 천안살림교회 담임목사, 한신대학교 외래교수(기독교 사회윤리학)

한동철 향린교회 교인

한문덕 향린교회 부목사

자유인의 교회 향린교회를 말하다

ⓒ 향린교회60년사편집위원회, 2013

엮은이 ┃ 향린교회60년사편집위원회
지은이 ┃ 강은성 · 김진호 · 김창희 · 양회석 · 이규성 · 이영미 · 이정훈 · 임보라 · 정수미 · 조헌정 ·
　　　　 최형묵 · 한동철 · 한문덕
펴낸이 ┃ 김종수
펴낸곳 ┃ 도서출판 한울
편집책임 ┃ 박록희

초판 1쇄 인쇄 ┃ 2013년 5월 7일
초판 1쇄 발행 ┃ 2013년 5월 24일

주소 ┃ 413-756 경기도 파주시 파주출판도시 광인사길 153 한울시소빌딩 도서출판 한울
　　　 (문발동 507-14)
전화 ┃ 031-955-0655
팩스 ┃ 031-955-0656
홈페이지 ┃ www.hanulbooks.co.kr
등록번호 ┃ 제406-2003-000051호

Printed in Korea.
ISBN (양　장) 978-89-460-4720-4 03230
ISBN (반양장) 978-89-460-4721-1 03230

* 책값은 겉표지에 표시되어 있습니다.